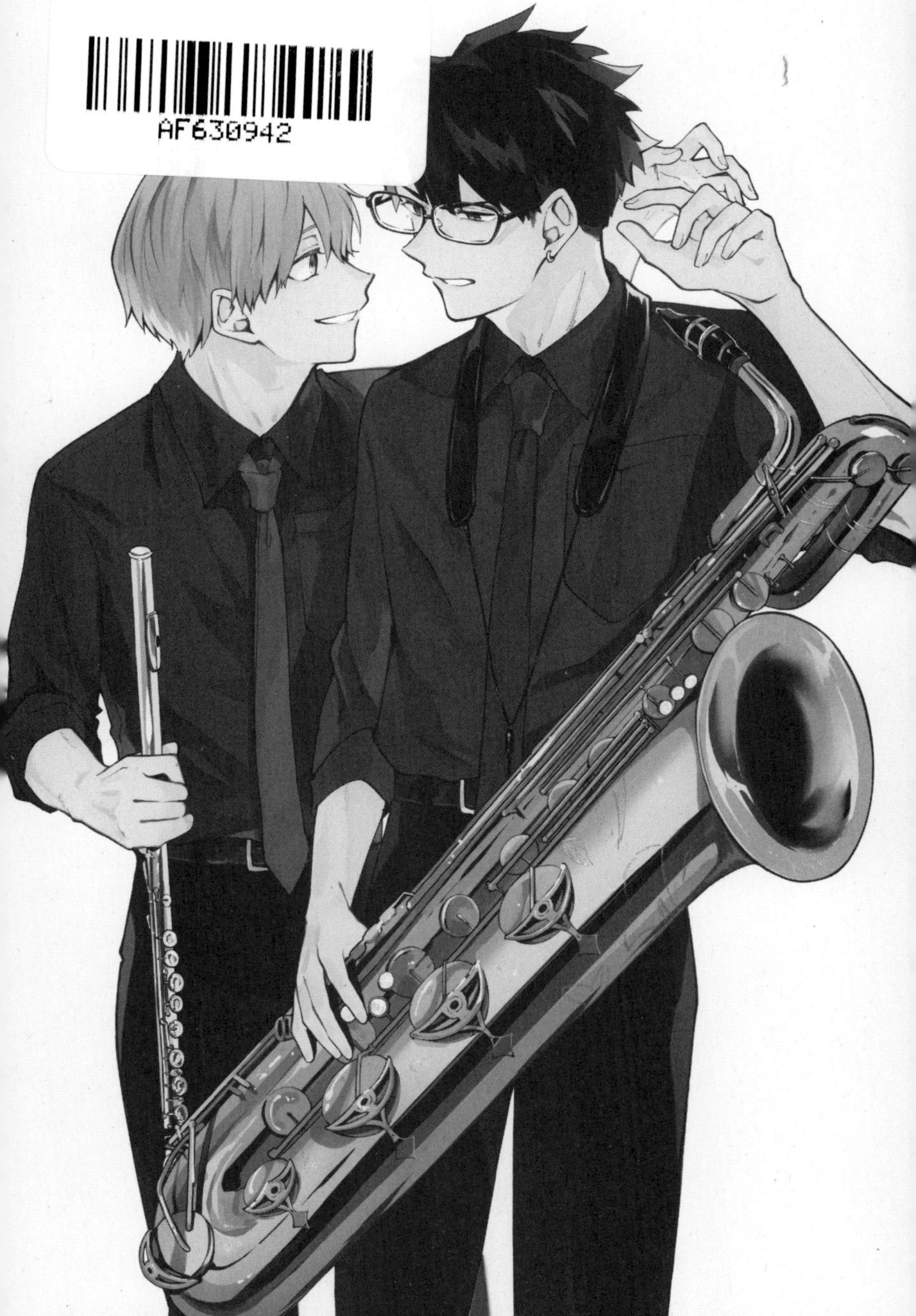

Inhalt

#01	**Ich kann ihn nicht leiden**	003
#02	**Spaß und Lust**	023
#03	**Geständnisse am Abend**	041
#04	**Zu nett zum Verlieben**	059
#05	**Das Gleiche wie damals**	081
#06	**Innere Monologe**	101
#07	**Gewissheit einer Verliebten**	121
#08	**Nur noch mal schauen**	141
#09	**Satt und zufrieden**	165
Extra	**Männermorgen**	183
	Nachwort	191

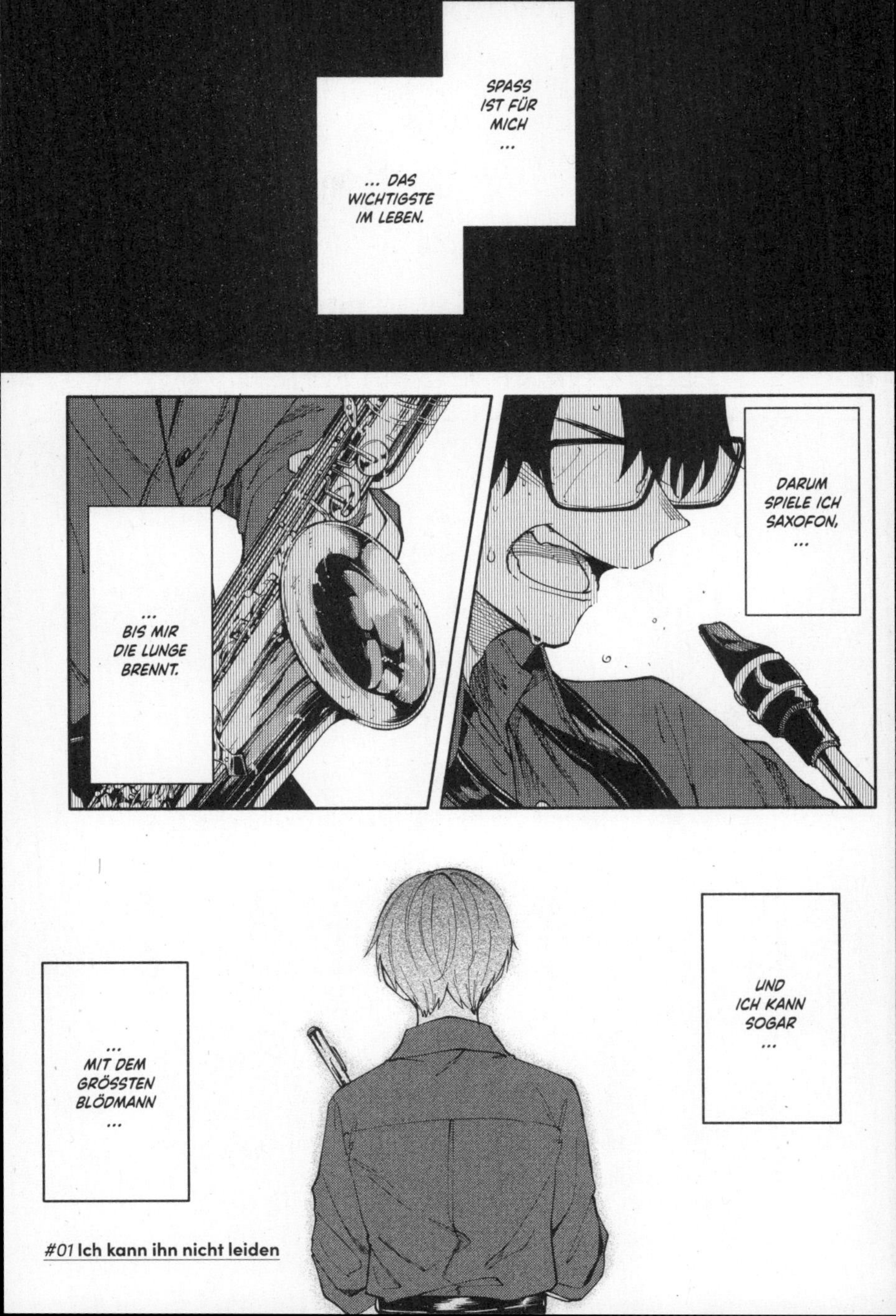

#01 Ich kann ihn nicht leiden

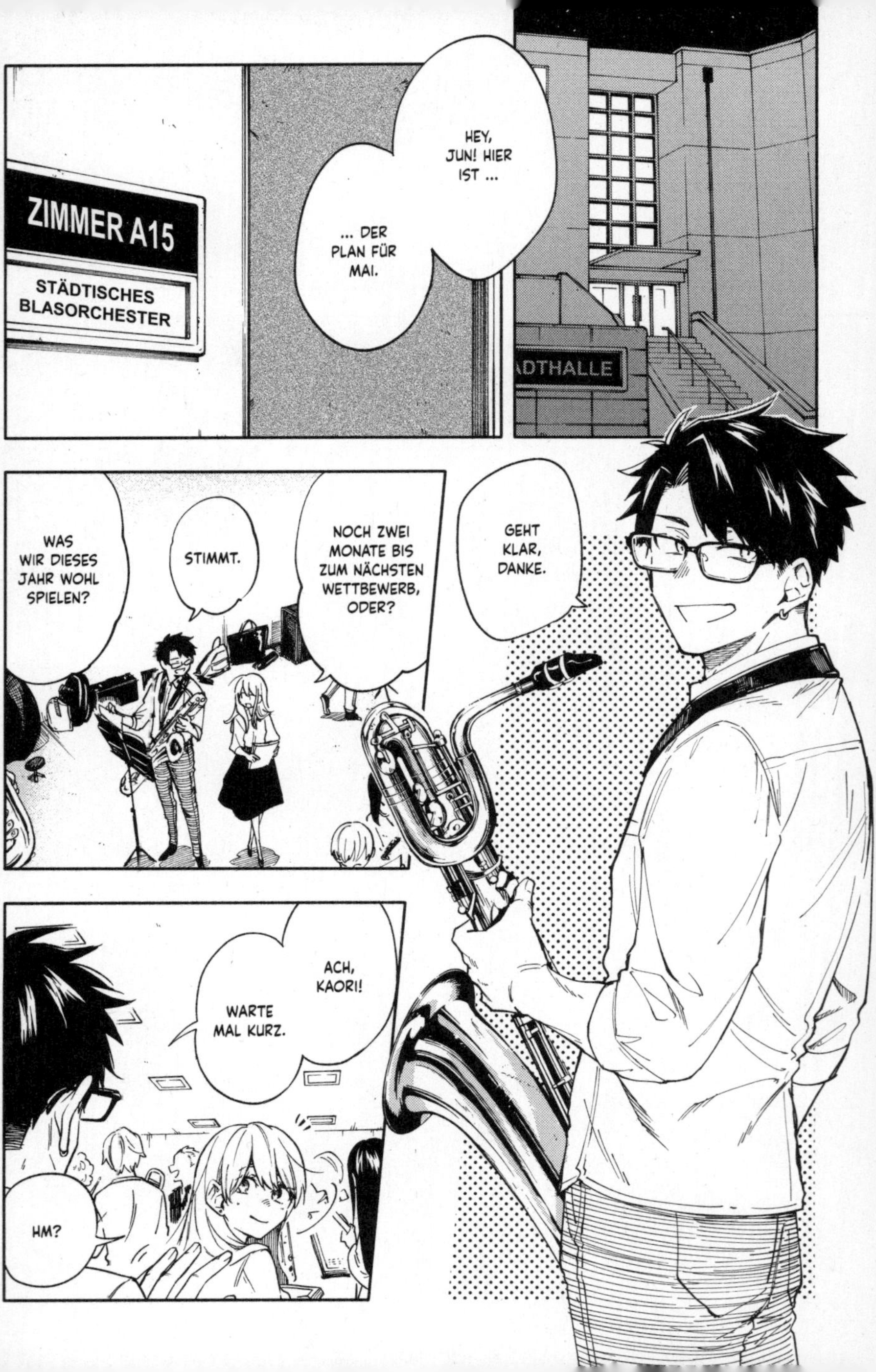
ADTHALLE
HEY, JUN! HIER IST ...
... DER PLAN FÜR MAI.
ZIMMER A15
STÄDTISCHES BLASORCHESTER
GEHT KLAR, DANKE.
NOCH ZWEI MONATE BIS ZUM NÄCHSTEN WETTBEWERB, ODER?
STIMMT.
WAS WIR DIESES JAHR WOHL SPIELEN?
ACH, KAORI!
WARTE MAL KURZ.
HM?

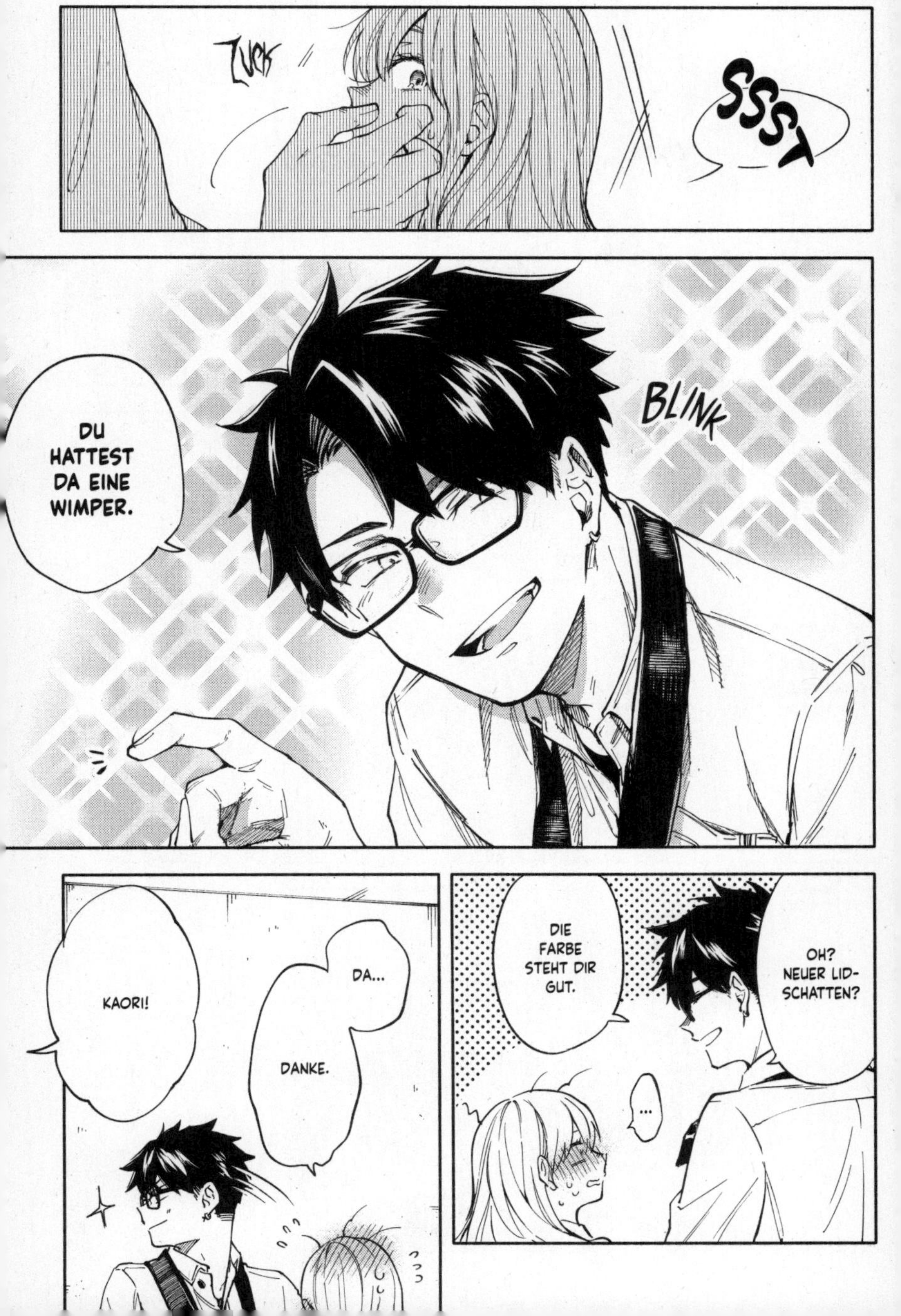
SSST
ZUCK
BLINK
DU HATTEST DA EINE WIMPER.
OH? NEUER LID-SCHATTEN?
DIE FARBE STEHT DIR GUT.
...
DA... DANKE.
KAORI!

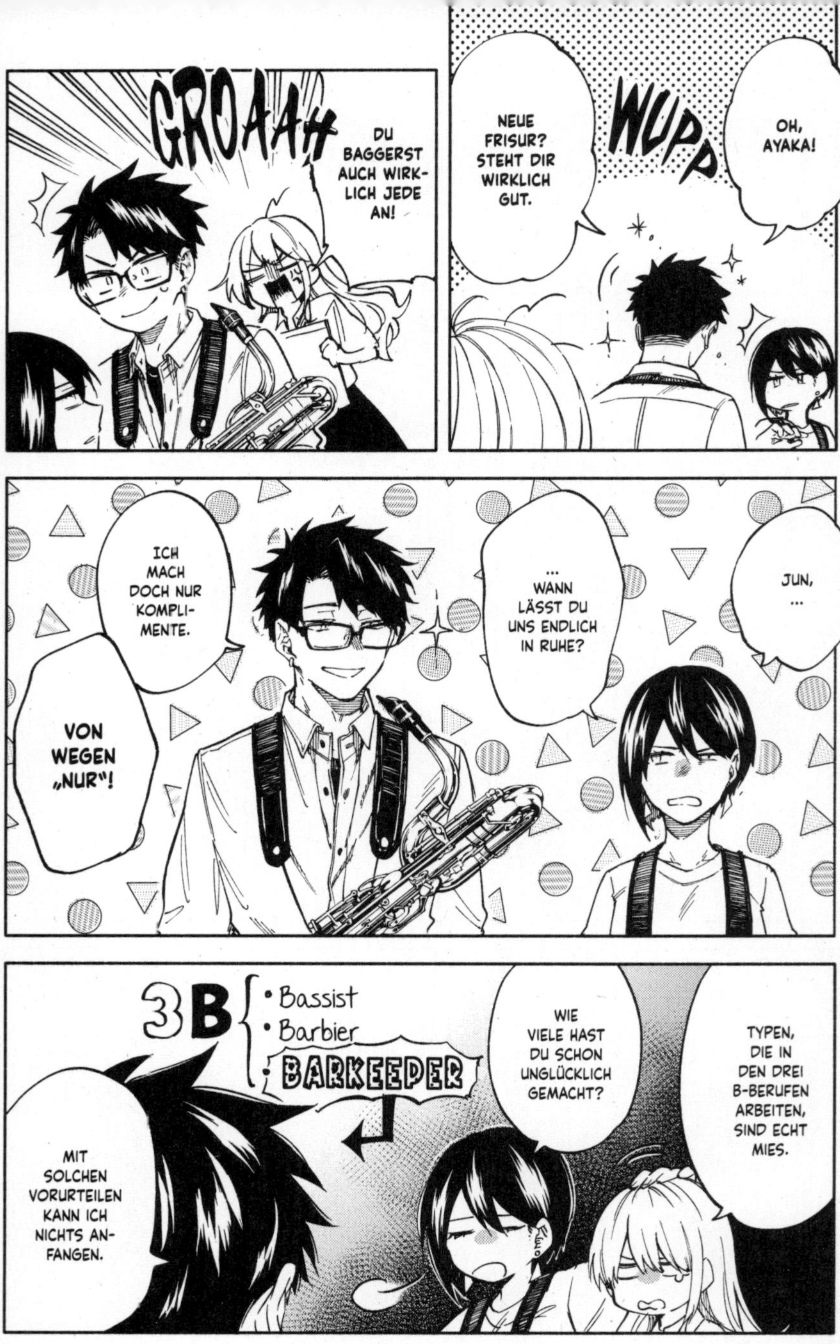
OH, AYAKA!
WUPP
NEUE FRISUR? STEHT DIR WIRKLICH GUT.
DU BAGGERST AUCH WIRKLICH JEDE AN!
GROAAH
JUN, ...
... WANN LÄSST DU UNS ENDLICH IN RUHE?
ICH MACH DOCH NUR KOMPLIMENTE.
VON WEGEN „NUR“!
TYPEN, DIE IN DEN DREI B-BERUFEN ARBEITEN, SIND ECHT MIES.
WIE VIELE HAST DU SCHON UNGLÜCKLICH GEMACHT?
3B
• Bassist
• Barbier
• BARKEEPER
MIT SOLCHEN VORURTEILEN KANN ICH NICHTS ANFANGEN.

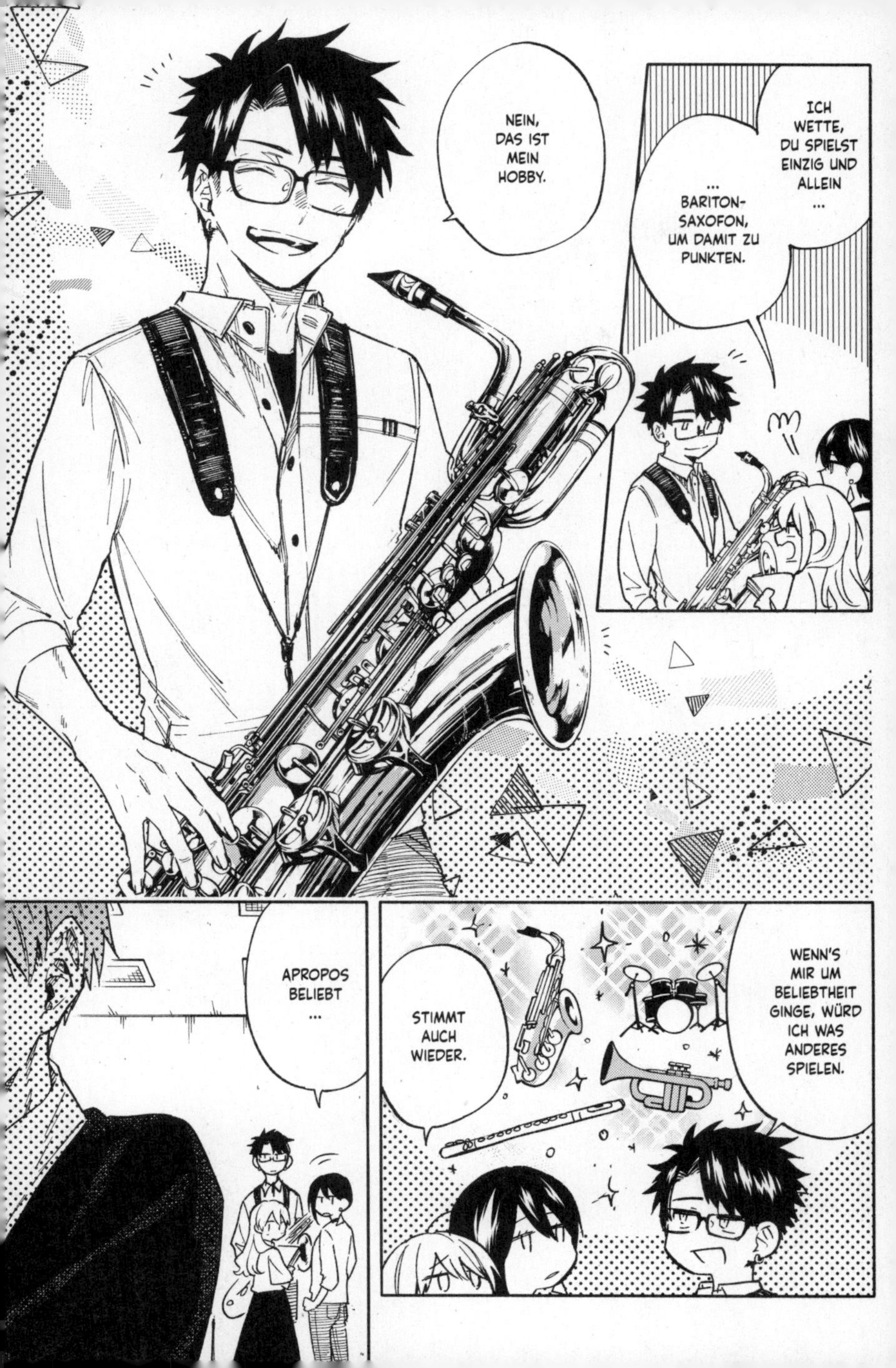
ICH WETTE, DU SPIELST EINZIG UND ALLEIN ...
... BARITON-SAXOFON, UM DAMIT ZU PUNKTEN.
NEIN, DAS IST MEIN HOBBY.
WENN'S MIR UM BELIEBTHEIT GINGE, WÜRD ICH WAS ANDERES SPIELEN.
STIMMT AUCH WIEDER.
APROPOS BELIEBT ...

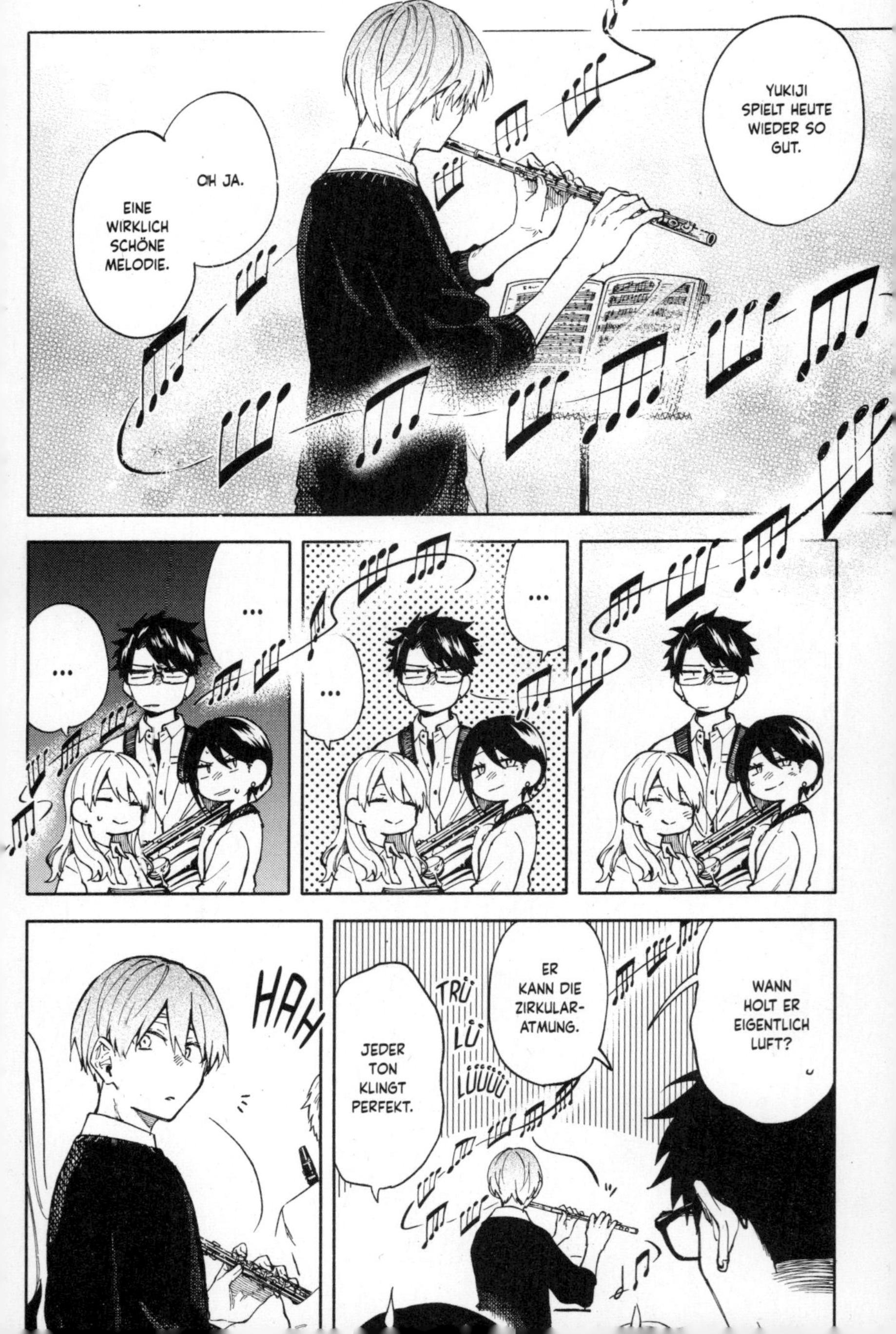
YUKIJI SPIELT HEUTE WIEDER SO GUT.
OH JA.
EINE WIRKLICH SCHÖNE MELODIE.
...
...
...
...
...
WANN HOLT ER EIGENTLICH LUFT?
ER KANN DIE ZIRKULAR-ATMUNG.
TRÜ LÜ LÜÜÜÜ
JEDER TON KLINGT PERFEKT.
HAH

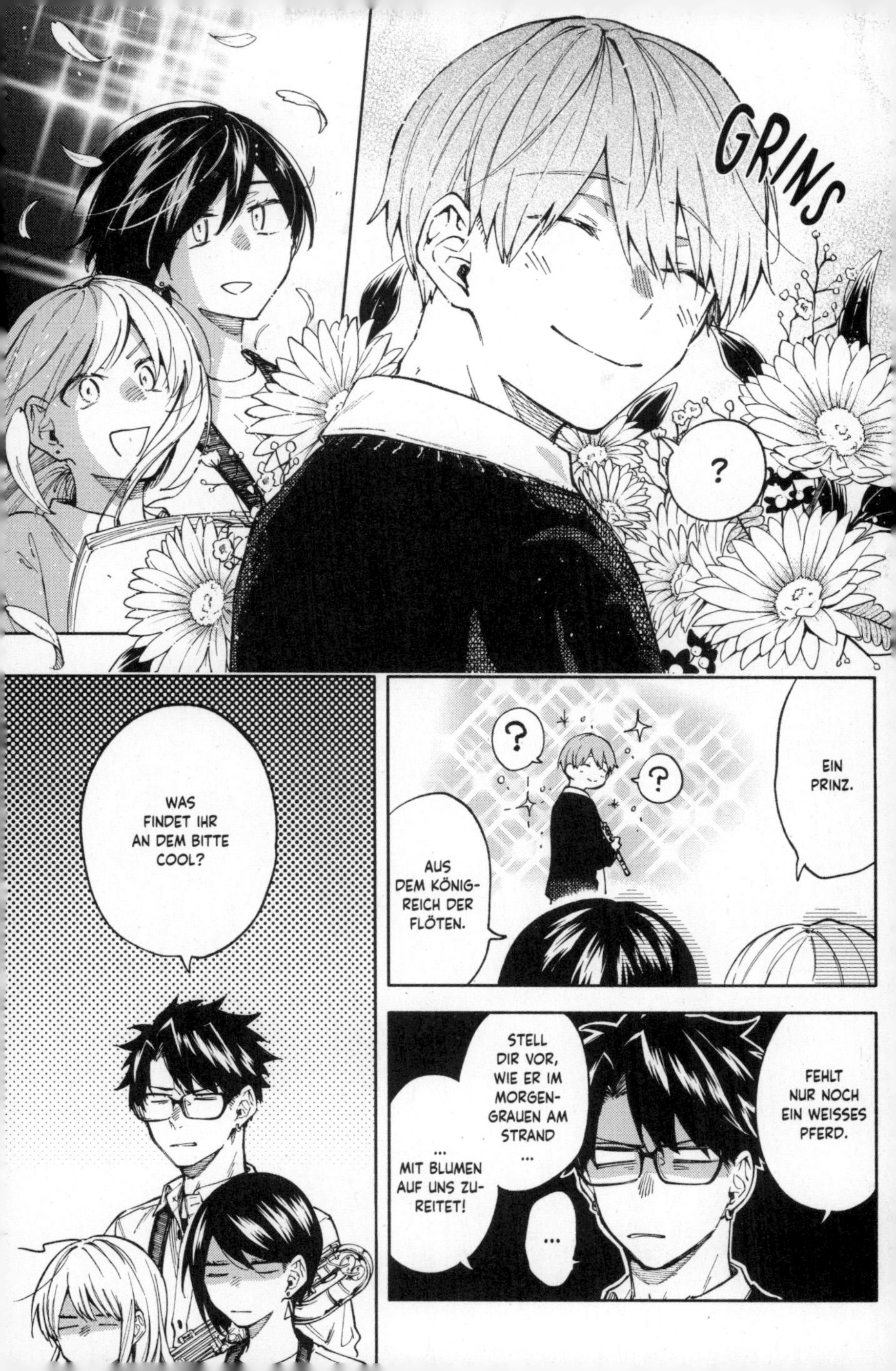
GRINS
?
?
?
EIN PRINZ.
AUS DEM KÖNIGREICH DER FLÖTEN.
FEHLT NUR NOCH EIN WEISSES PFERD.
STELL DIR VOR, WIE ER IM MORGENGRAUEN AM STRAND ...
... MIT BLUMEN AUF UNS ZUREITET!
...
WAS FINDET IHR AN DEM BITTE COOL?

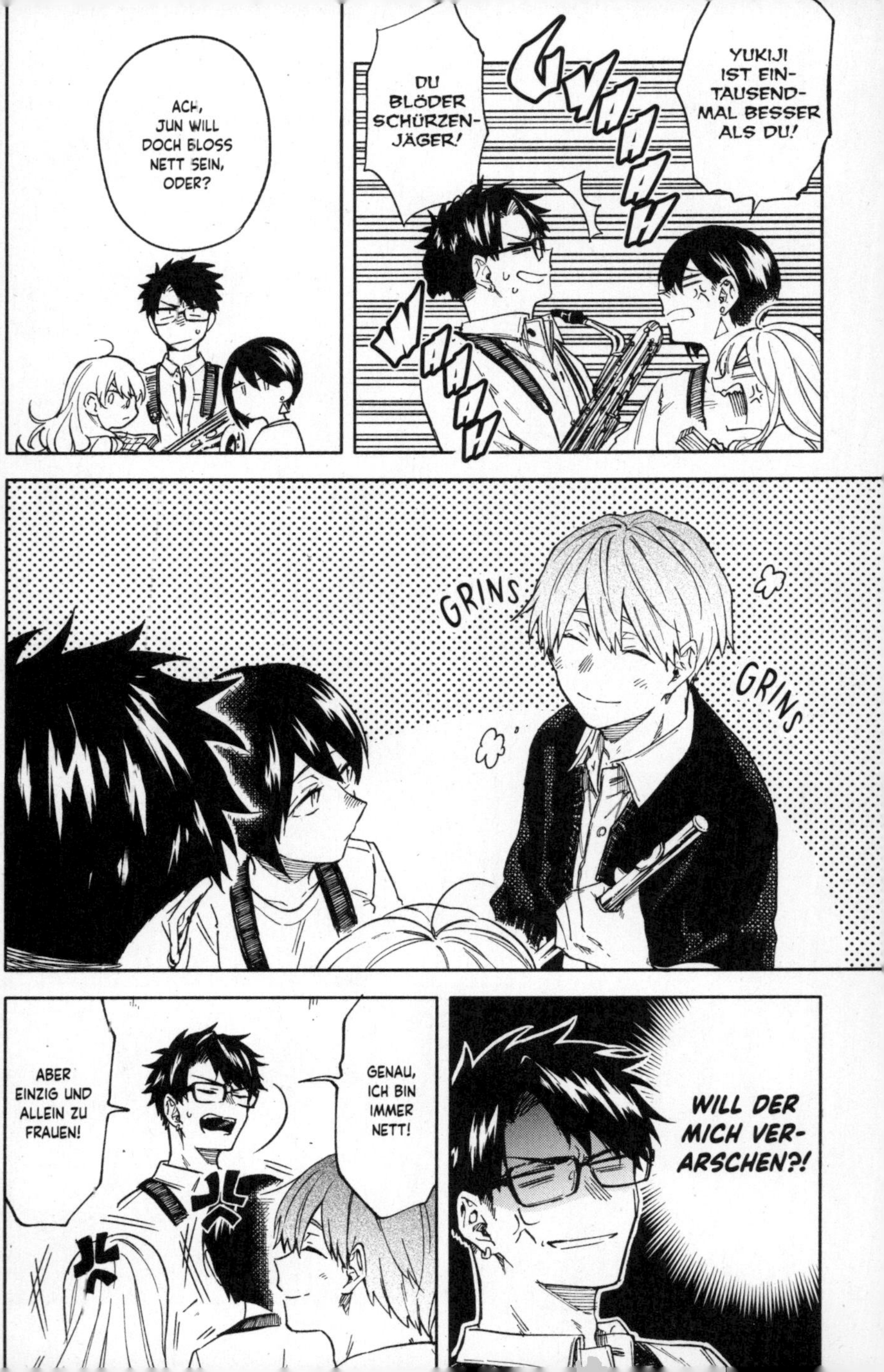
YUKIJI IST EINTAUSENDMAL BESSER ALS DU!
GWAAAAH
DU BLÖDER SCHÜRZENJÄGER!
WAAAAH
ACH, JUN WILL DOCH BLOSS NETT SEIN, ODER?
GRINS
GRINS
GENAU, ICH BIN IMMER NETT!
ABER EINZIG UND ALLEIN ZU FRAUEN!
WILL DER MICH VERARSCHEN?!

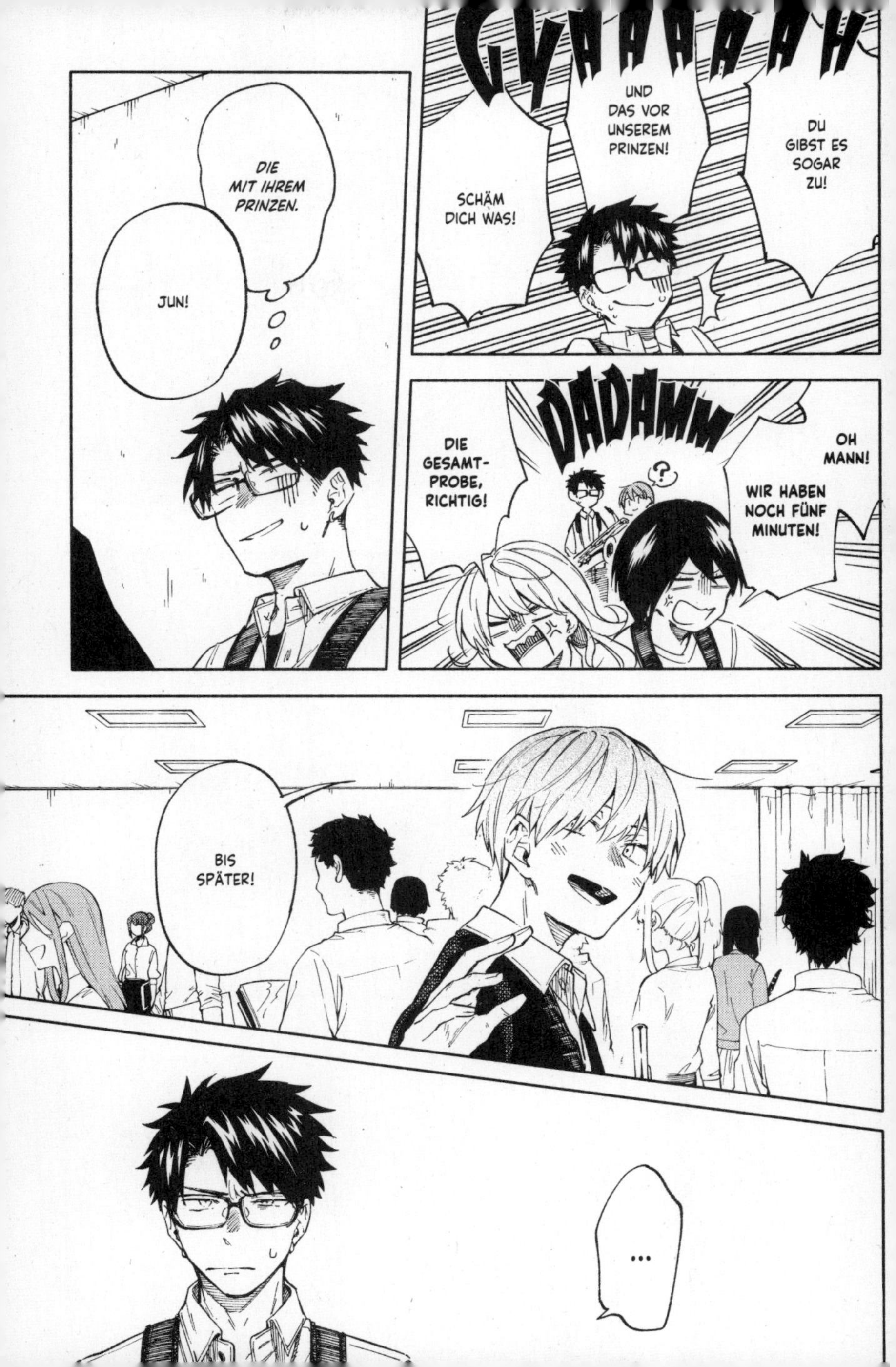
GYAAAAAH
DU GIBST ES SOGAR ZU!
UND DAS VOR UNSEREM PRINZEN!
SCHÄM DICH WAS!
DADAMM
OH MANN!
WIR HABEN NOCH FÜNF MINUTEN!
DIE GESAMT-PROBE, RICHTIG!
DIE MIT IHREM PRINZEN.
JUN!
BIS SPÄTER!
...

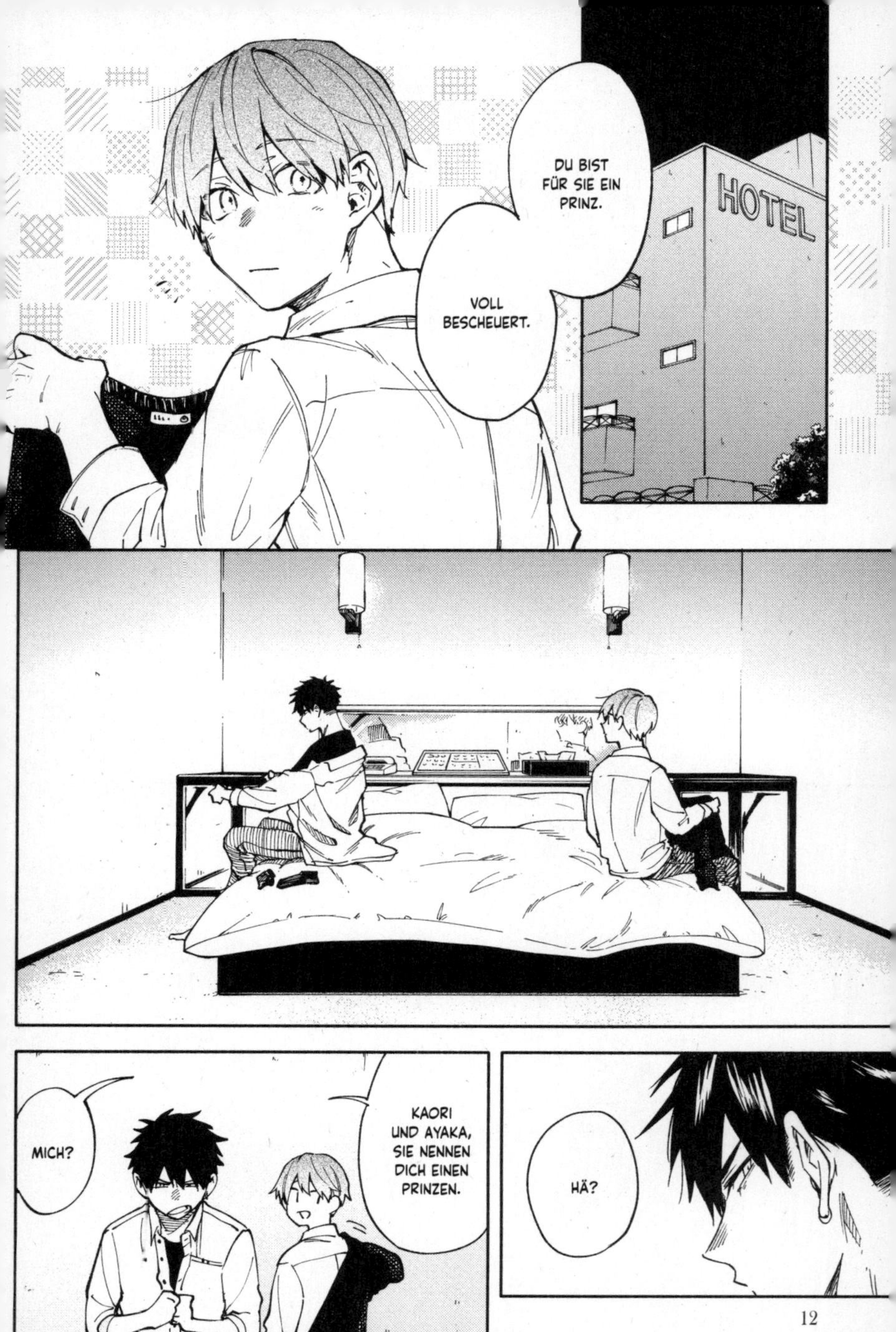
DU BIST FÜR SIE EIN PRINZ.
VOLL BESCHEUERT.
HOTEL
HÄ?
KAORI UND AYAKA, SIE NENNEN DICH EINEN PRINZEN.
MICH?

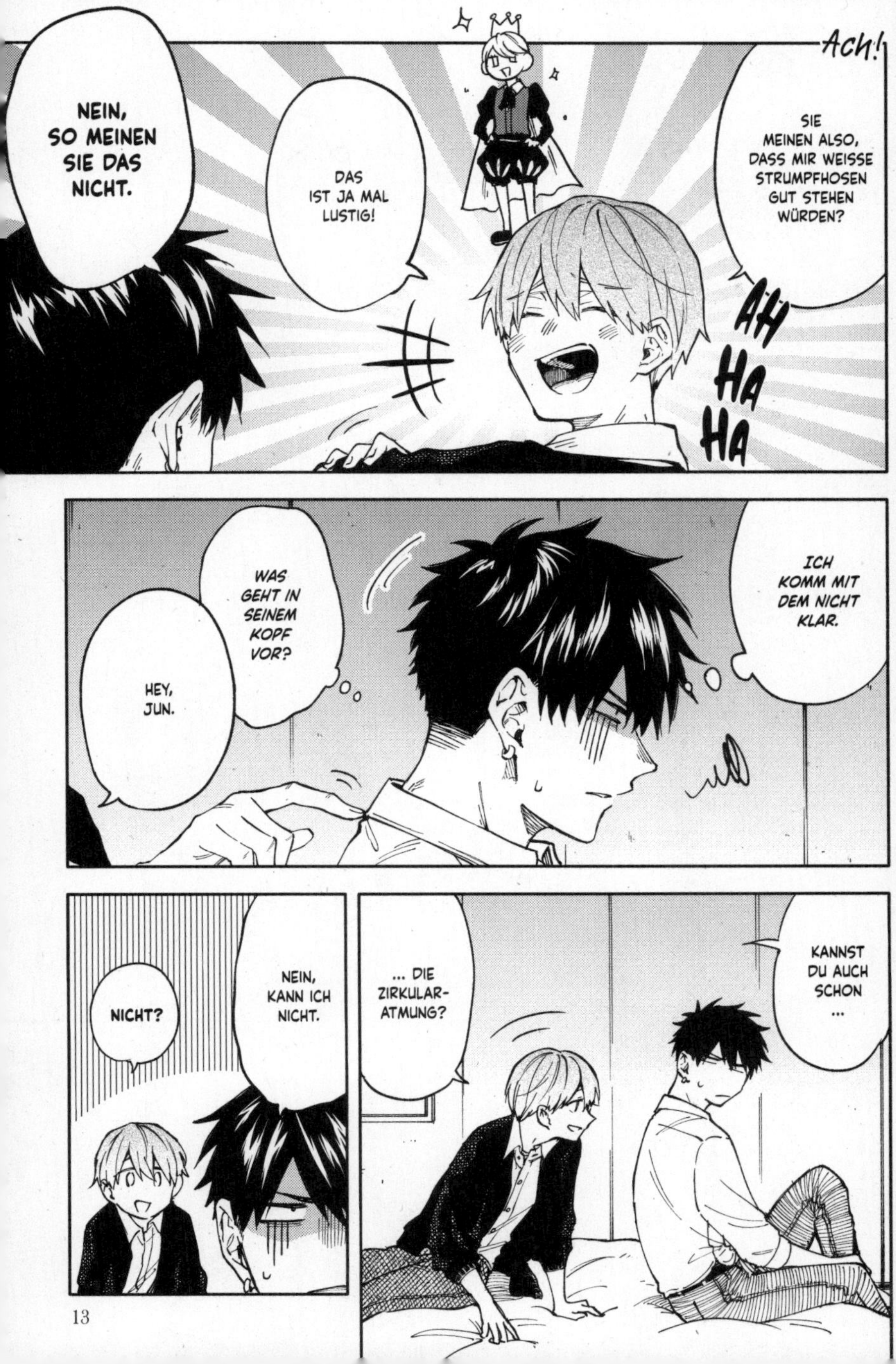

Ach!
SIE MEINEN ALSO, DASS MIR WEISSE STRUMPFHOSEN GUT STEHEN WÜRDEN?
AH HA HA HA
DAS IST JA MAL LUSTIG!
NEIN, SO MEINEN SIE DAS NICHT.
ICH KOMM MIT DEM NICHT KLAR.
WAS GEHT IN SEINEM KOPF VOR?
HEY, JUN.
KANNST DU AUCH SCHON ...
... DIE ZIRKULAR-ATMUNG?
NEIN, KANN ICH NICHT.
NICHT?

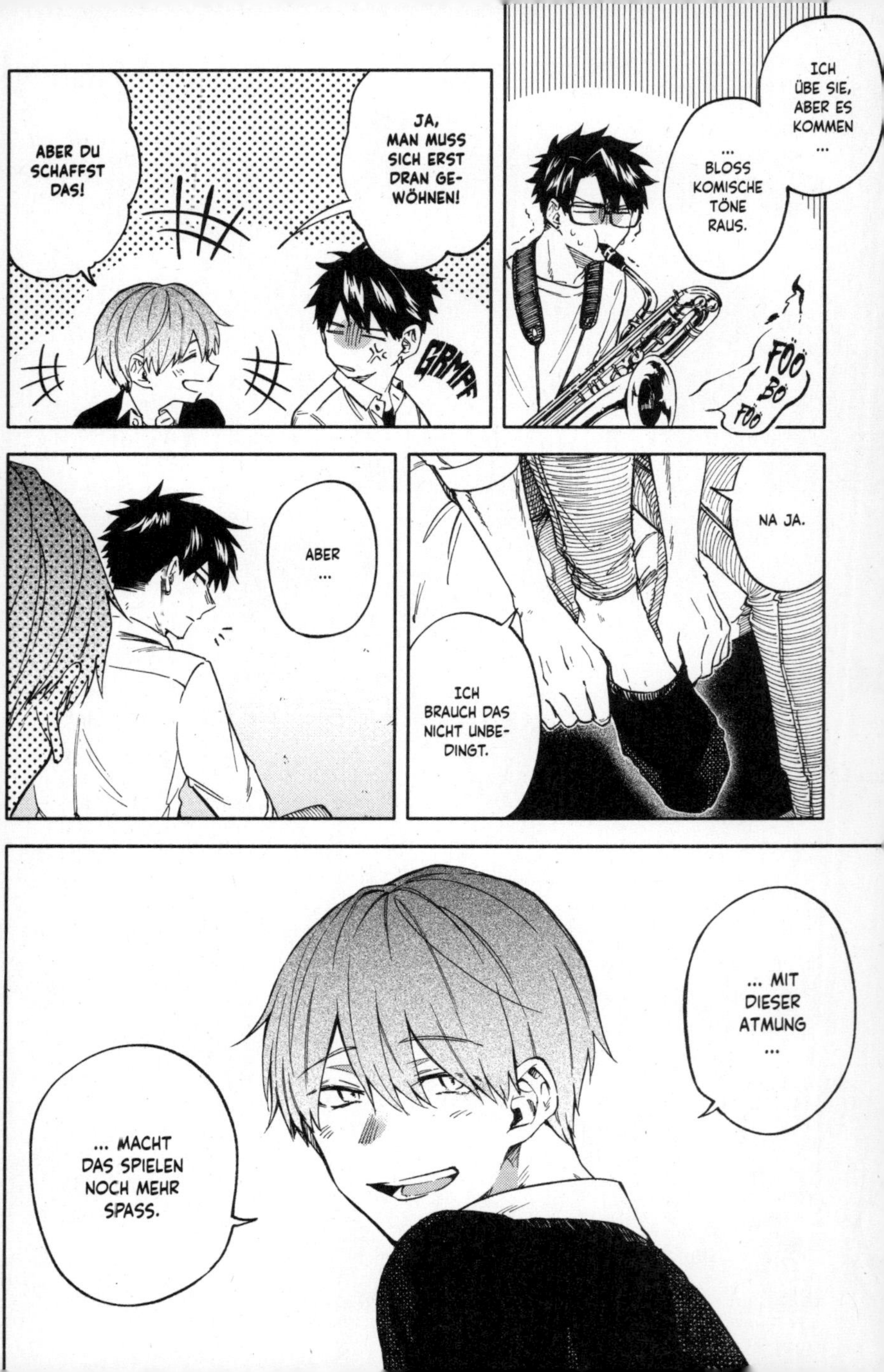
ICH ÜBE SIE, ABER ES KOMMEN ...
... BLOSS KOMISCHE TÖNE RAUS.
FÖÖ BÖ FÖÖ
JA, MAN MUSS SICH ERST DRAN GEWÖHNEN!
GRMPF
ABER DU SCHAFFST DAS!
NA JA.
ICH BRAUCH DAS NICHT UNBEDINGT.
ABER ...
... MIT DIESER ATMUNG ...
... MACHT DAS SPIELEN NOCH MEHR SPASS.

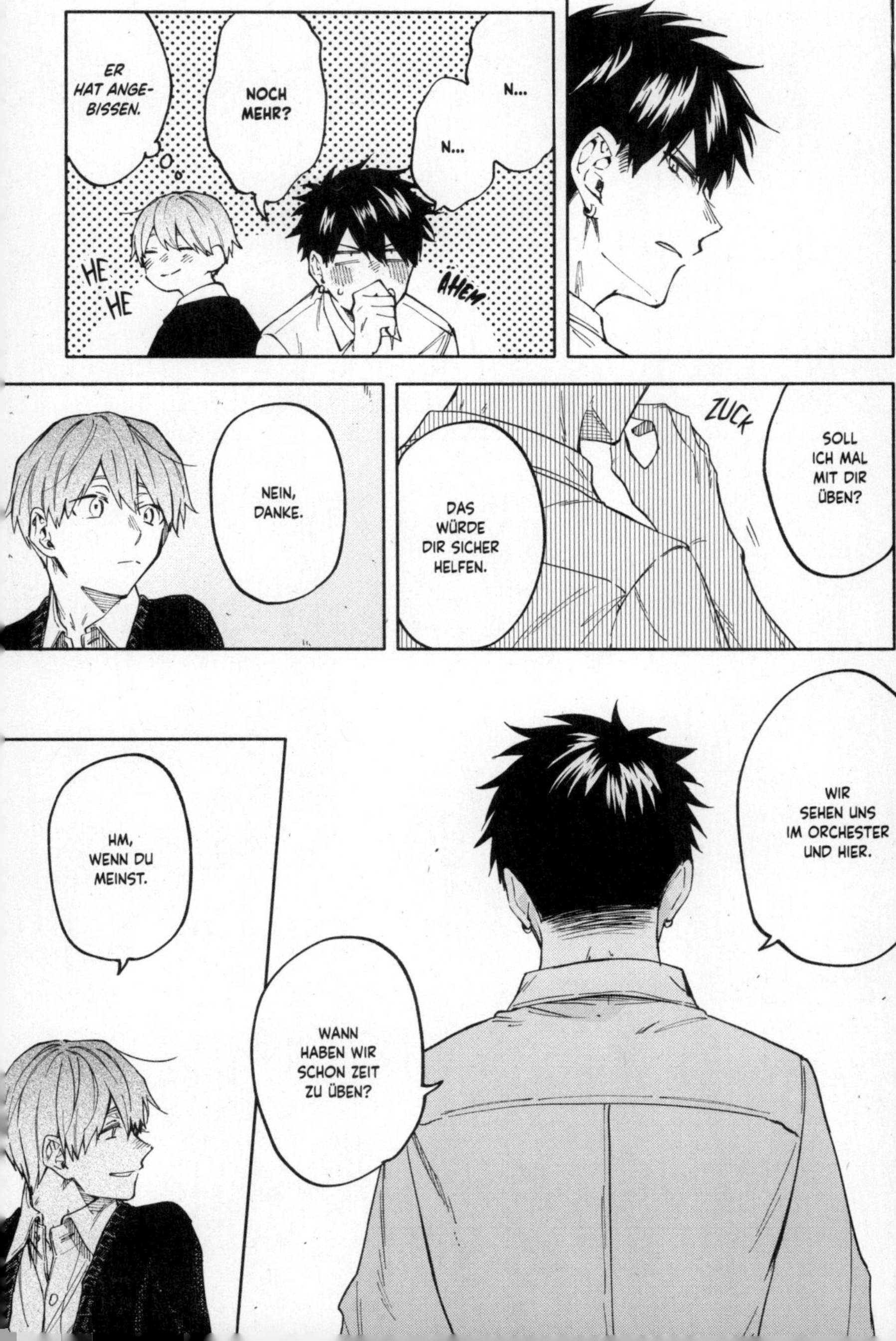

N...
N...
AHEM
NOCH MEHR?
ER HAT ANGE-BISSEN.
HE HE
SOLL ICH MAL MIT DIR ÜBEN?
ZUCK
DAS WÜRDE DIR SICHER HELFEN.
NEIN, DANKE.
WIR SEHEN UNS IM ORCHESTER UND HIER.
WANN HABEN WIR SCHON ZEIT ZU ÜBEN?
HM, WENN DU MEINST.

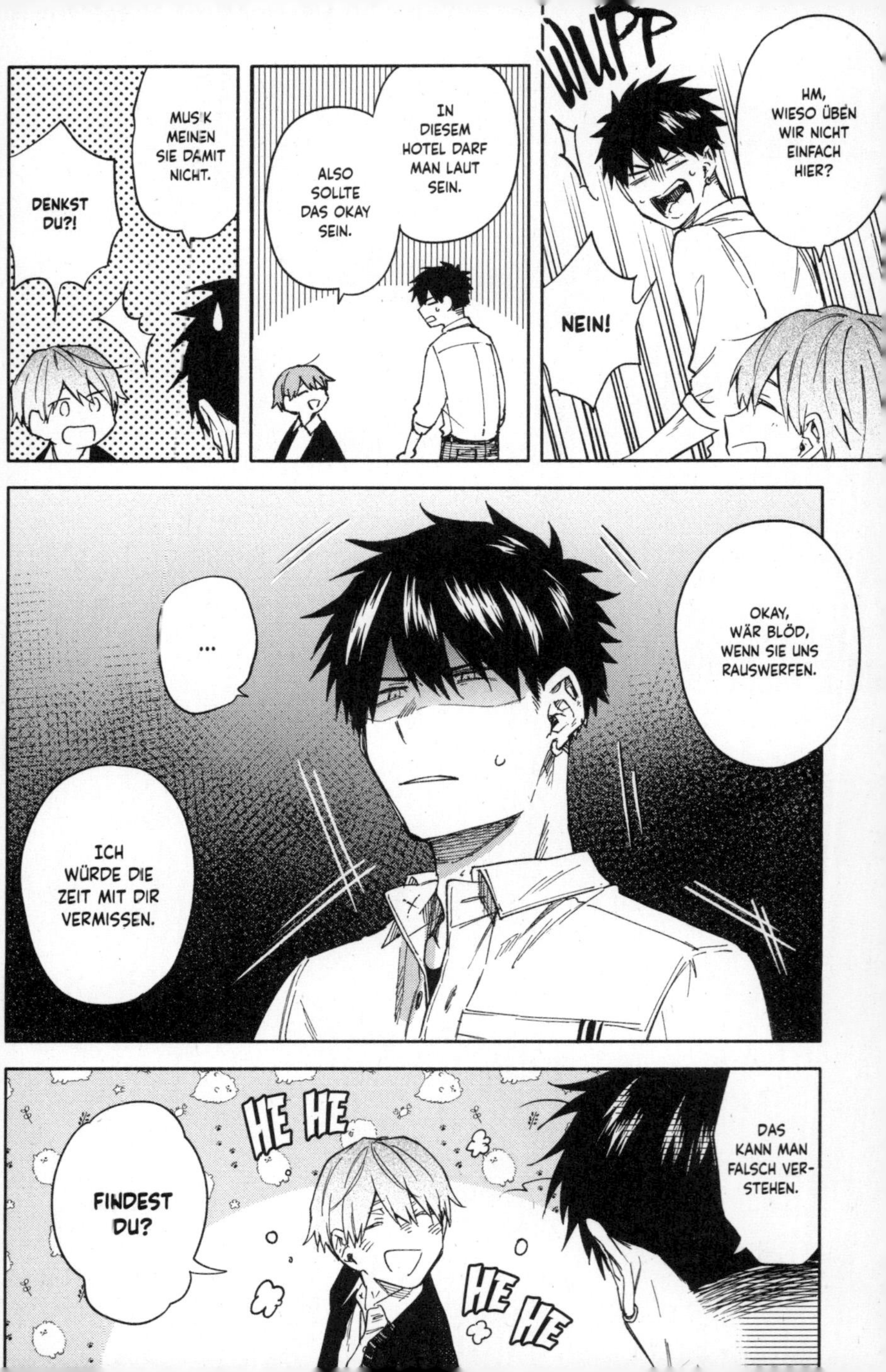
WUPP
HM, WIESO ÜBEN WIR NICHT EINFACH HIER?
NEIN!
IN DIESEM HOTEL DARF MAN LAUT SEIN.
ALSO SOLLTE DAS OKAY SEIN.
MUSIK MEINEN SIE DAMIT NICHT.
DENKST DU?!
OKAY, WÄR BLÖD, WENN SIE UNS RAUSWERFEN.
...
ICH WÜRDE DIE ZEIT MIT DIR VERMISSEN.
DAS KANN MAN FALSCH VER-STEHEN.
HE HE
FINDEST DU?
HE HE

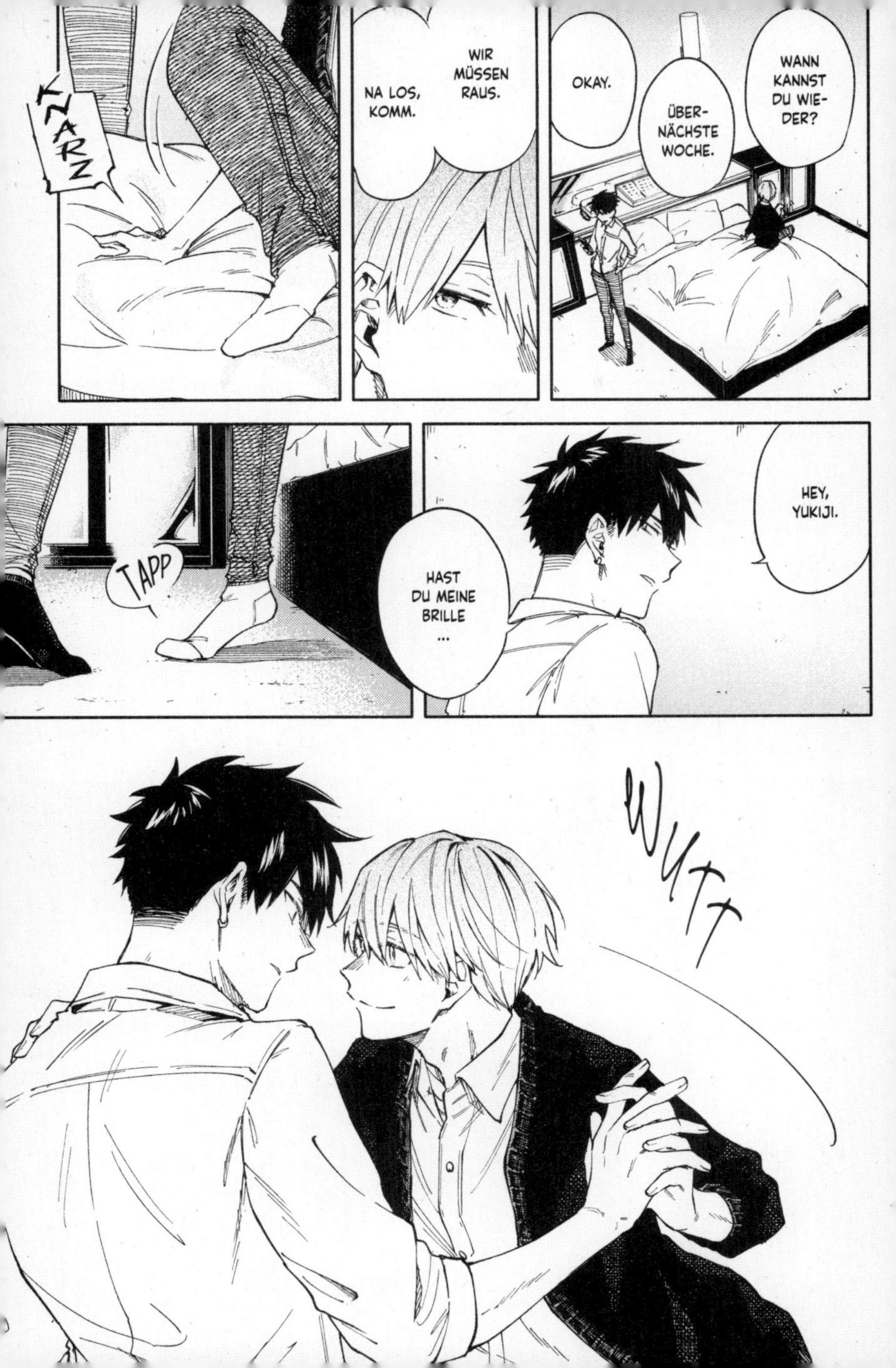
WANN KANNST DU WIEDER?
ÜBER-NÄCHSTE WOCHE.
OKAY.
WIR MÜSSEN RAUS.
NA LOS, KOMM.
KNARZ
HEY, YUKIJI.
HAST DU MEINE BRILLE ...
TAPP
WUTT

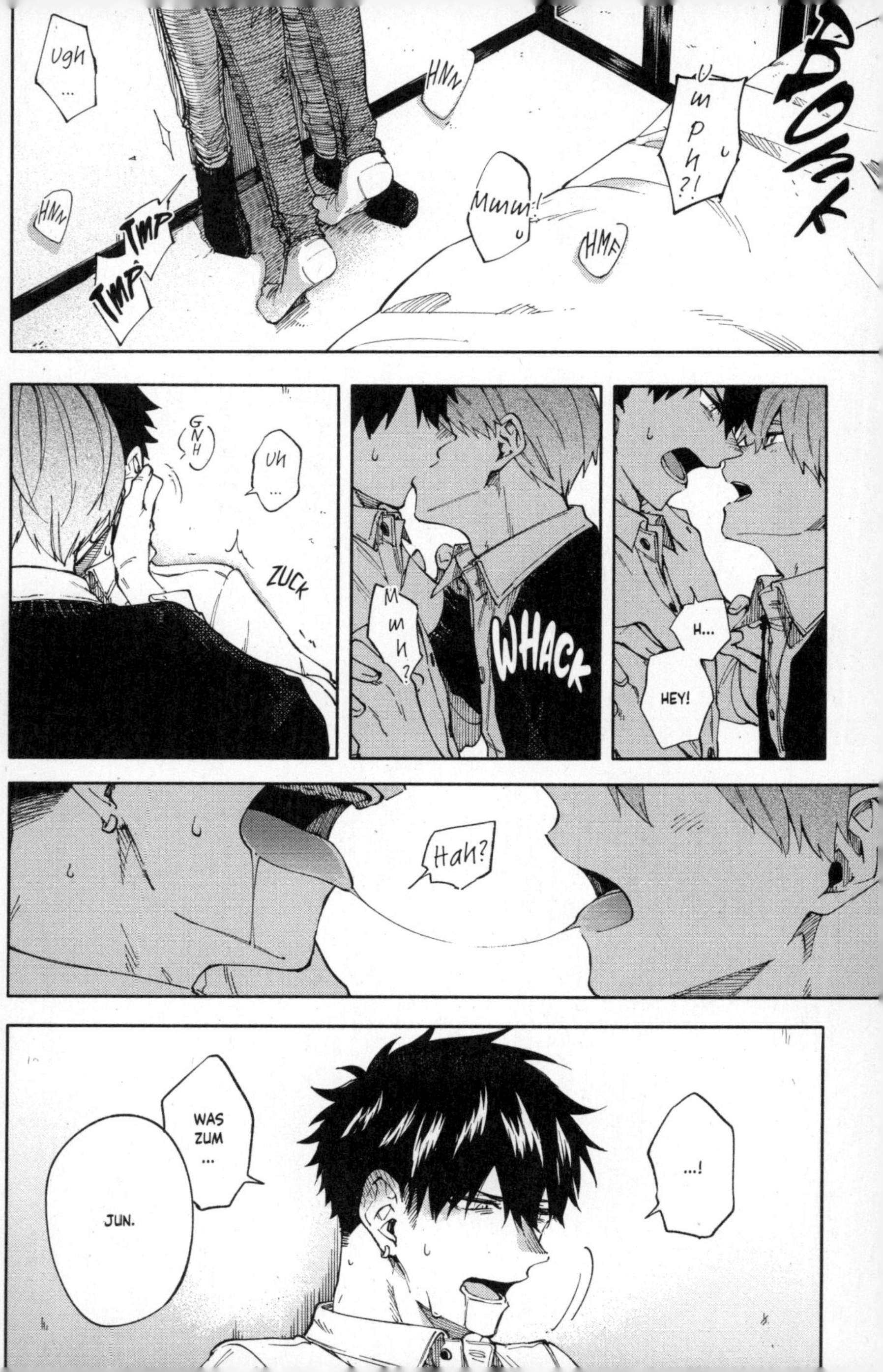
BONK
Umph?!
Mumu!
HMF
HNN
Ugh …
HNN
TMP
TMP
H…
HEY!
WHACK
Mmh?
GNH
Uh …
ZUCK
Hah?
…!
WAS ZUM …
JUN.

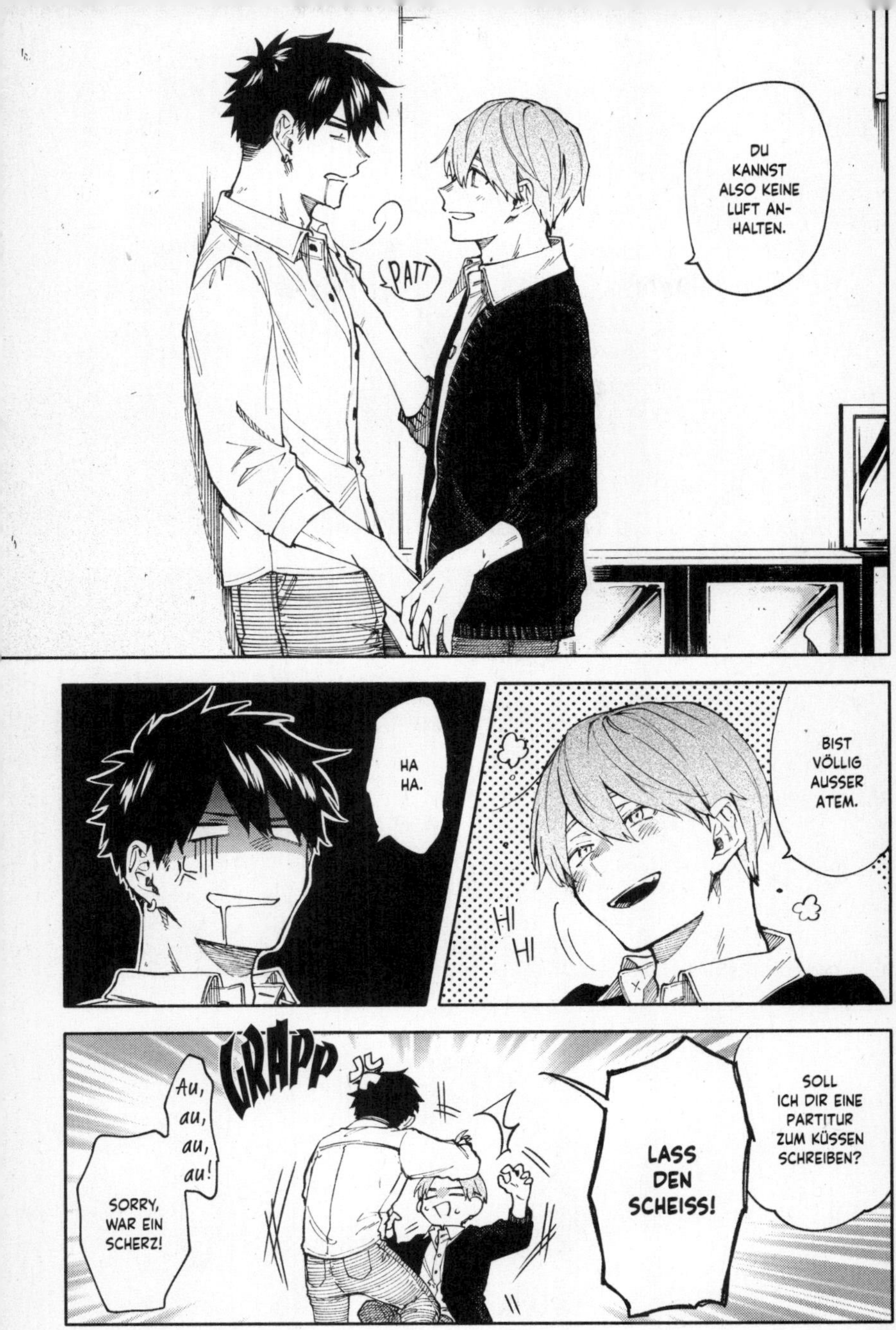
DU KANNST ALSO KEINE LUFT AN-HALTEN.
PATT
BIST VÖLLIG AUSSER ATEM.
HI HI
HA HA.
SOLL ICH DIR EINE PARTITUR ZUM KÜSSEN SCHREIBEN?
LASS DEN SCHEISS!
GRAPP
Au, au, au, au!
SORRY, WAR EIN SCHERZ!

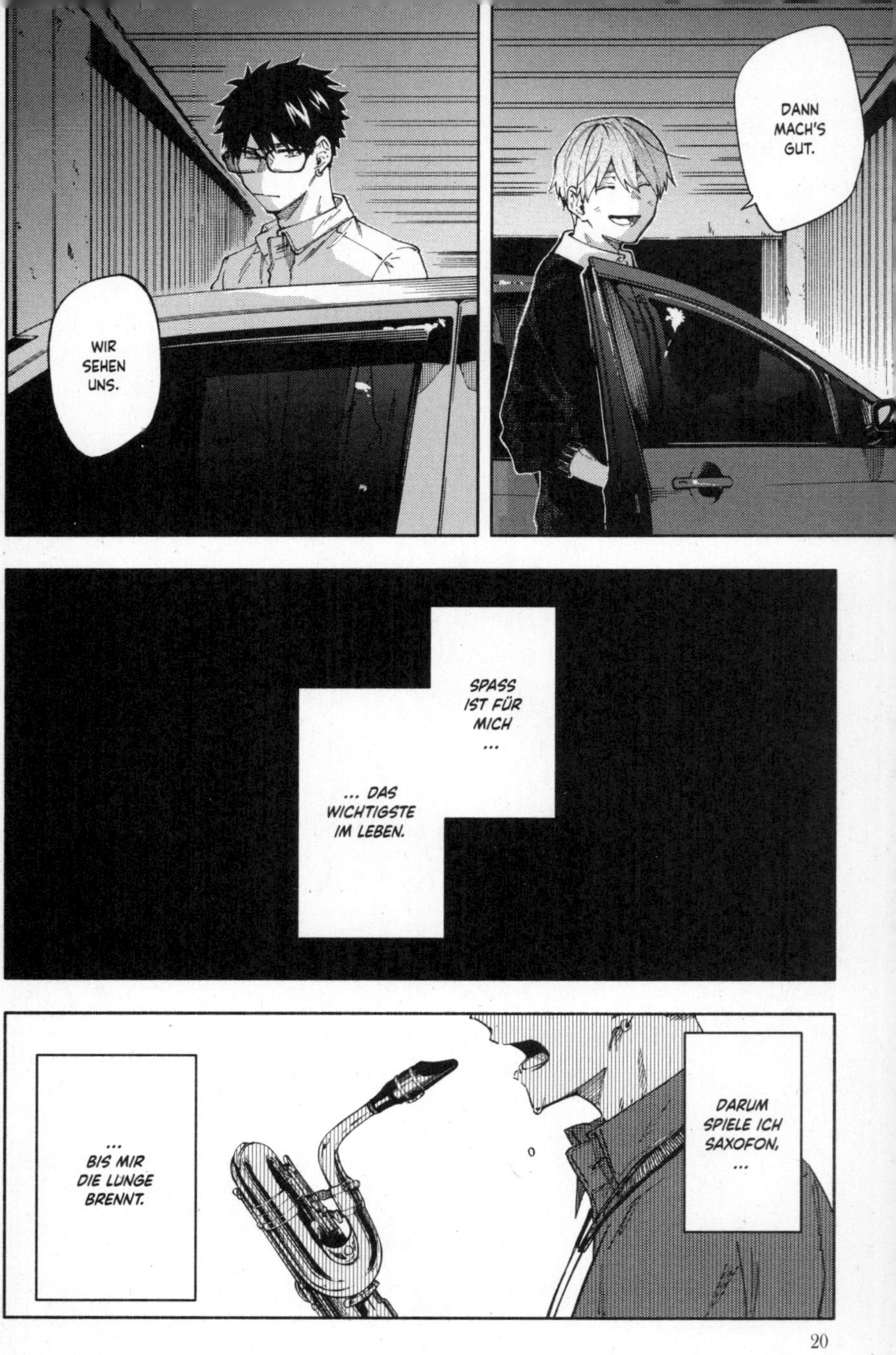
DANN MACH'S GUT.
WIR SEHEN UNS.
SPASS IST FÜR MICH ...
... DAS WICHTIGSTE IM LEBEN.
DARUM SPIELE ICH SAXOFON, ...
... BIS MIR DIE LUNGE BRENNT.

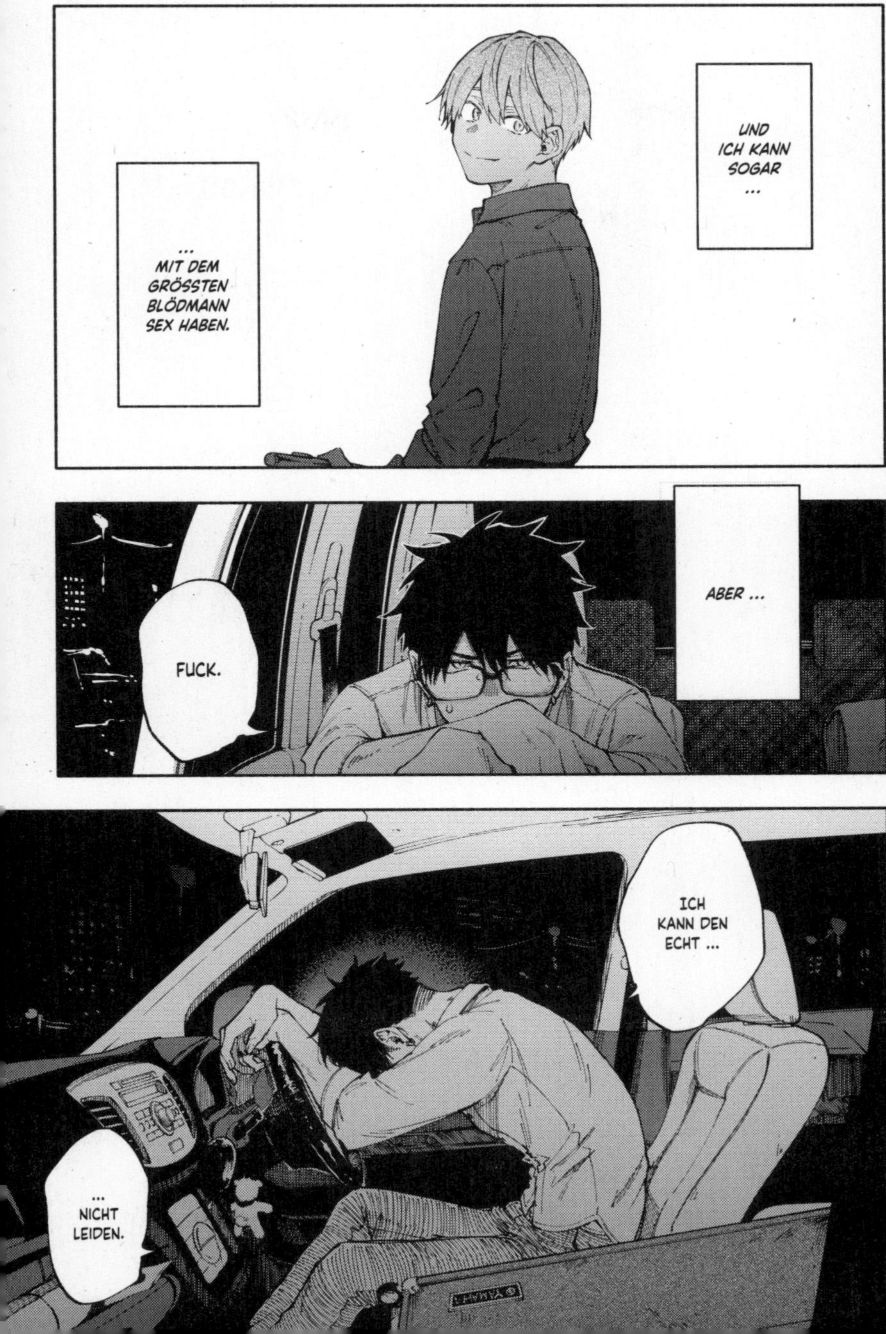
UND ICH KANN SOGAR ...
... MIT DEM GRÖSSTEN BLÖDMANN SEX HABEN.
ABER ...
FUCK.
ICH KANN DEN ECHT ...
... NICHT LEIDEN.

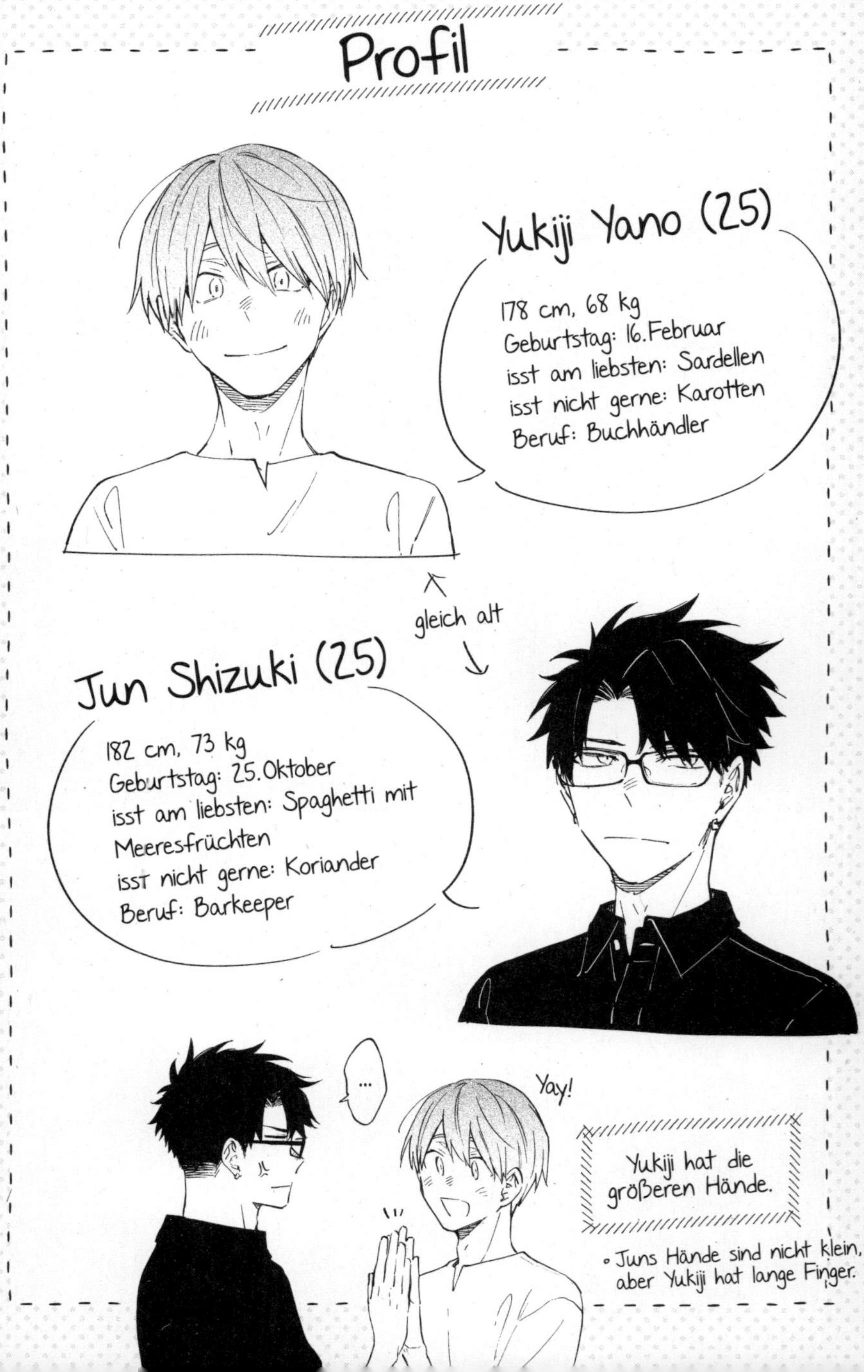
Profil
Yukiji Yano (25)
178 cm, 68 kg
Geburtstag: 16. Februar
isst am liebsten: Sardellen
isst nicht gerne: Karotten
Beruf: Buchhändler
gleich alt
Jun Shizuki (25)
182 cm, 73 kg
Geburtstag: 25. Oktober
isst am liebsten: Spaghetti mit Meeresfrüchten
isst nicht gerne: Koriander
Beruf: Barkeeper
…
Yay!
Yukiji hat die größeren Hände.
• Juns Hände sind nicht klein, aber Yukiji hat lange Finger.

#02 Spaß und Lust

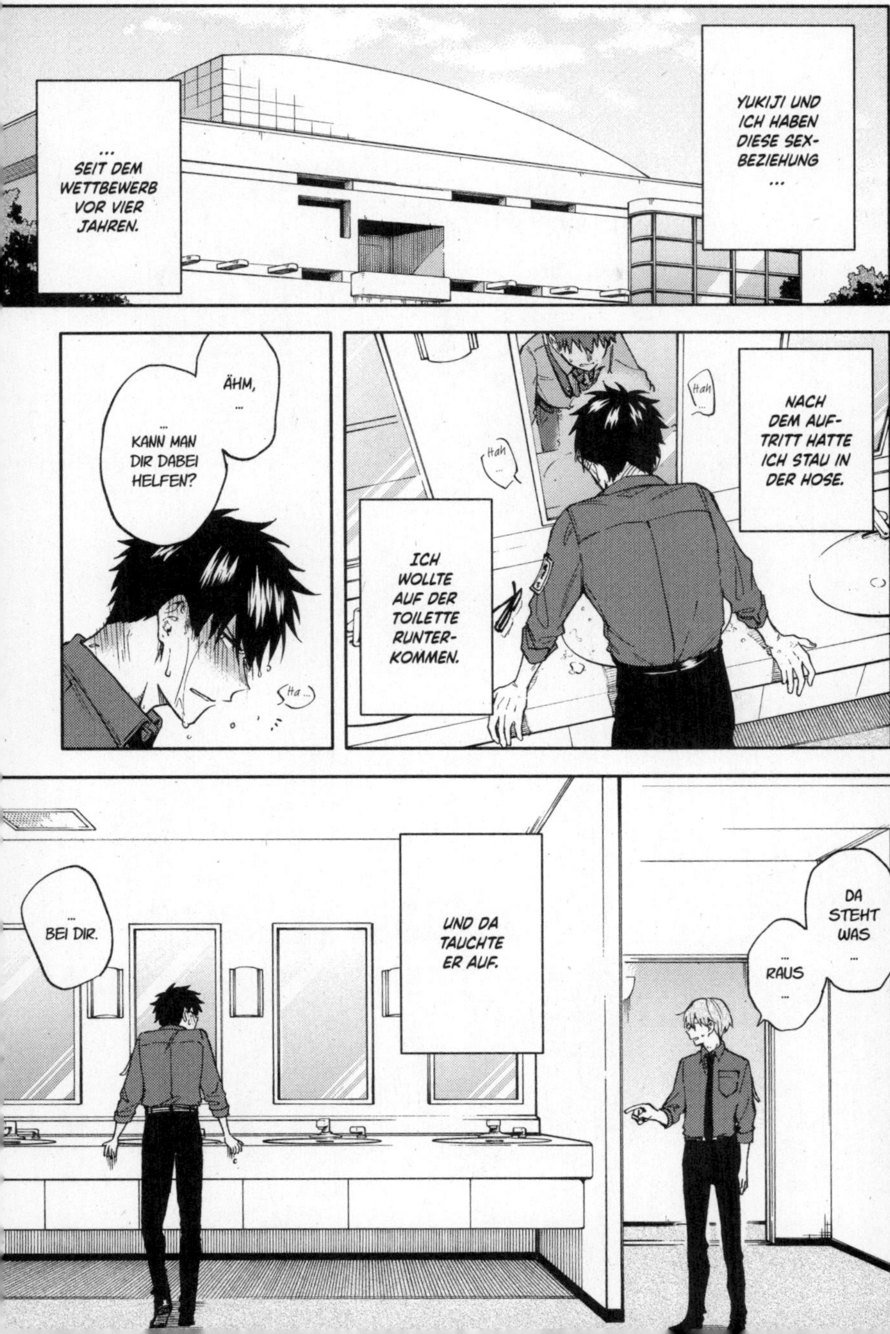

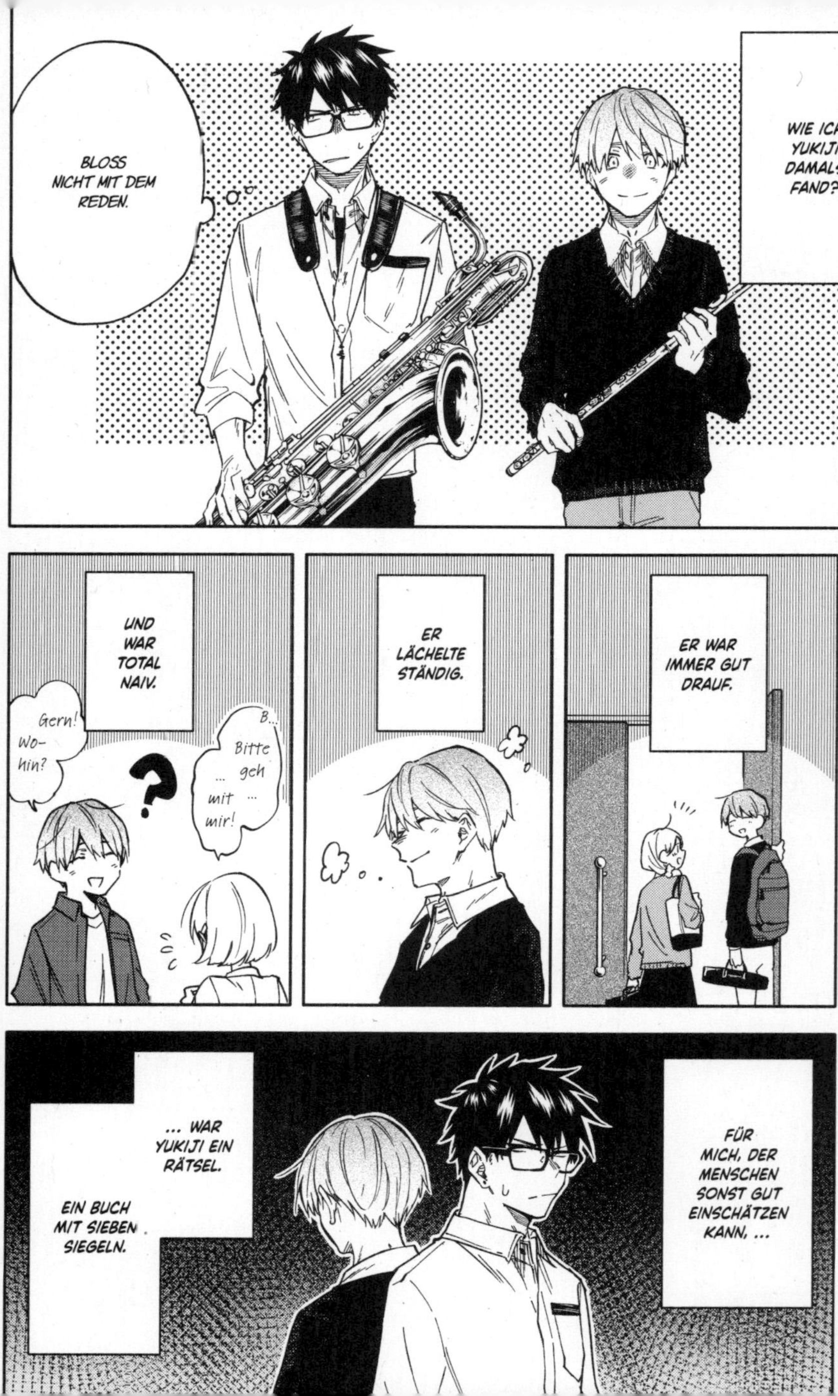
WIE ICH YUKIJI DAMALS FAND?
BLOSS NICHT MIT DEM REDEN.
ER WAR IMMER GUT DRAUF.
ER LÄCHELTE STÄNDIG.
UND WAR TOTAL NAIV.
B... Bitte ... geh ... mit mir!
Gern! Wo-hin?
FÜR MICH, DER MENSCHEN SONST GUT EINSCHÄTZEN KANN, ...
... WAR YUKIJI EIN RÄTSEL.
EIN BUCH MIT SIEBEN SIEGELN.

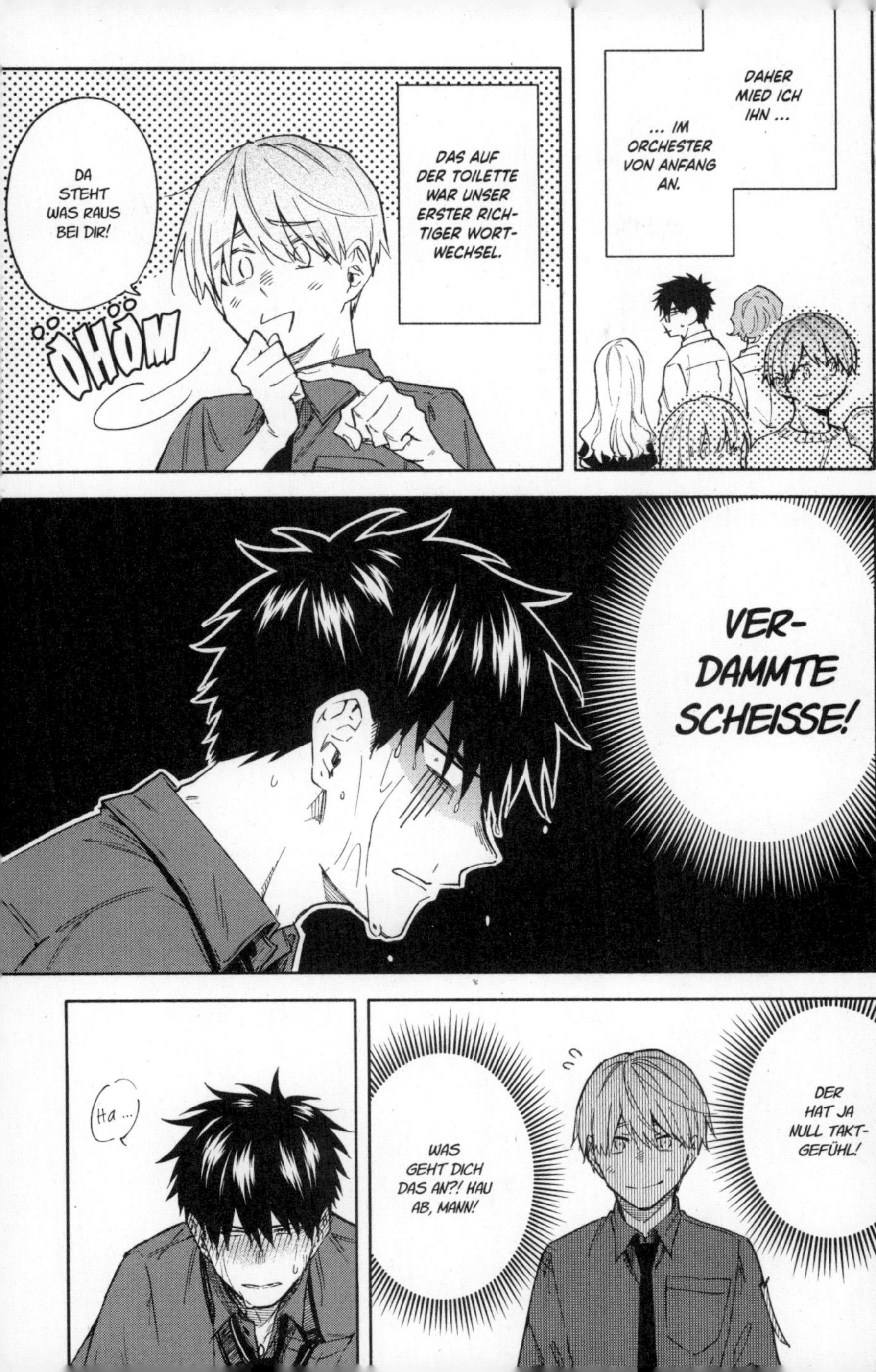
DAHER MIED ICH IHN ...
... IM ORCHESTER VON ANFANG AN.
DAS AUF DER TOILETTE WAR UNSER ERSTER RICHTIGER WORTWECHSEL.
DA STEHT WAS RAUS BEI DIR!
ÖHÖM
VERDAMMTE SCHEISSE!
DER HAT JA NULL TAKTGEFÜHL!
WAS GEHT DICH DAS AN?! HAU AB, MANN!
Ha ...

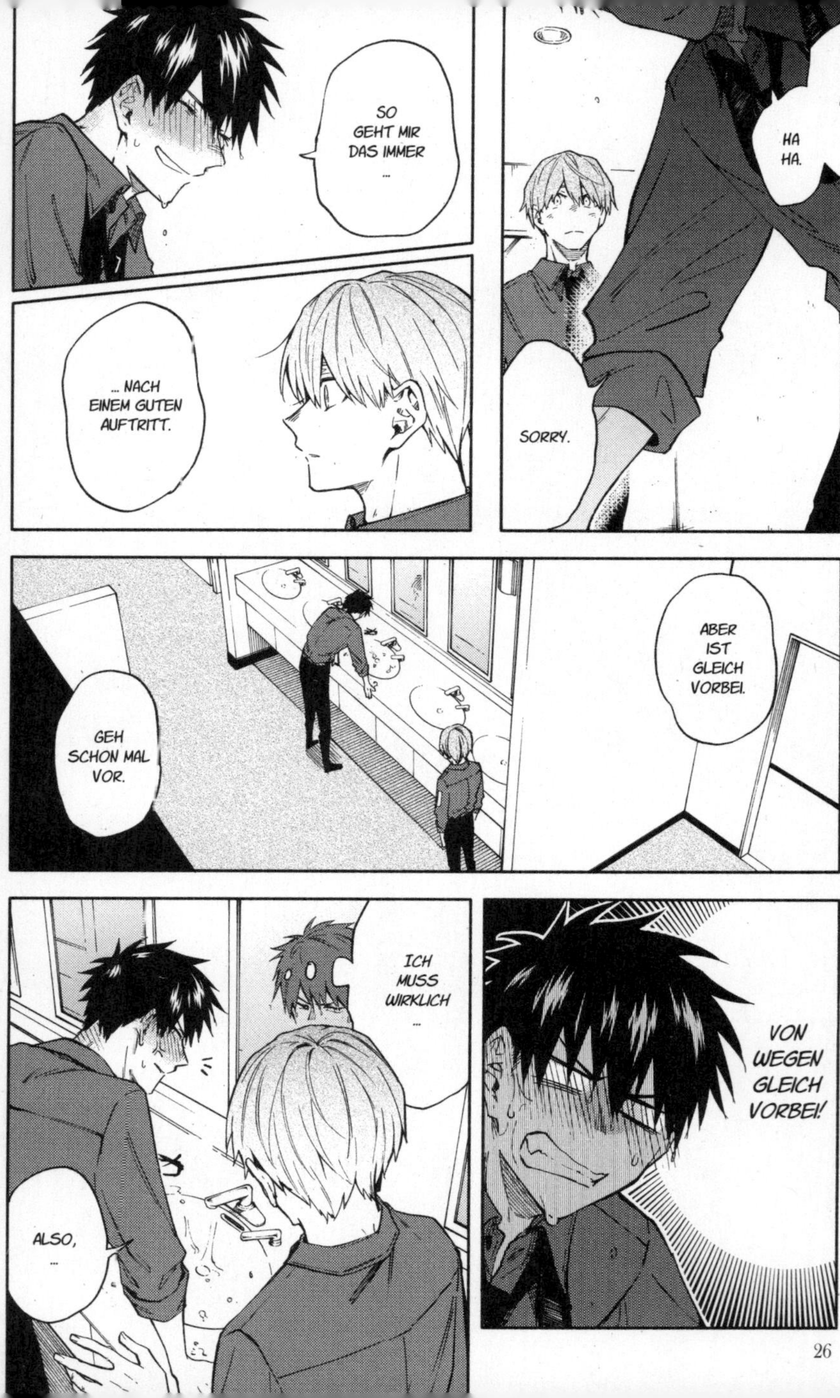
AH.
HA HA.
SORRY.
SO GEHT MIR DAS IMMER ...
... NACH EINEM GUTEN AUFTRITT.
ABER IST GLEICH VORBEI.
GEH SCHON MAL VOR.
VON WEGEN GLEICH VORBEI!
ICH MUSS WIRKLICH ...
ALSO, ...

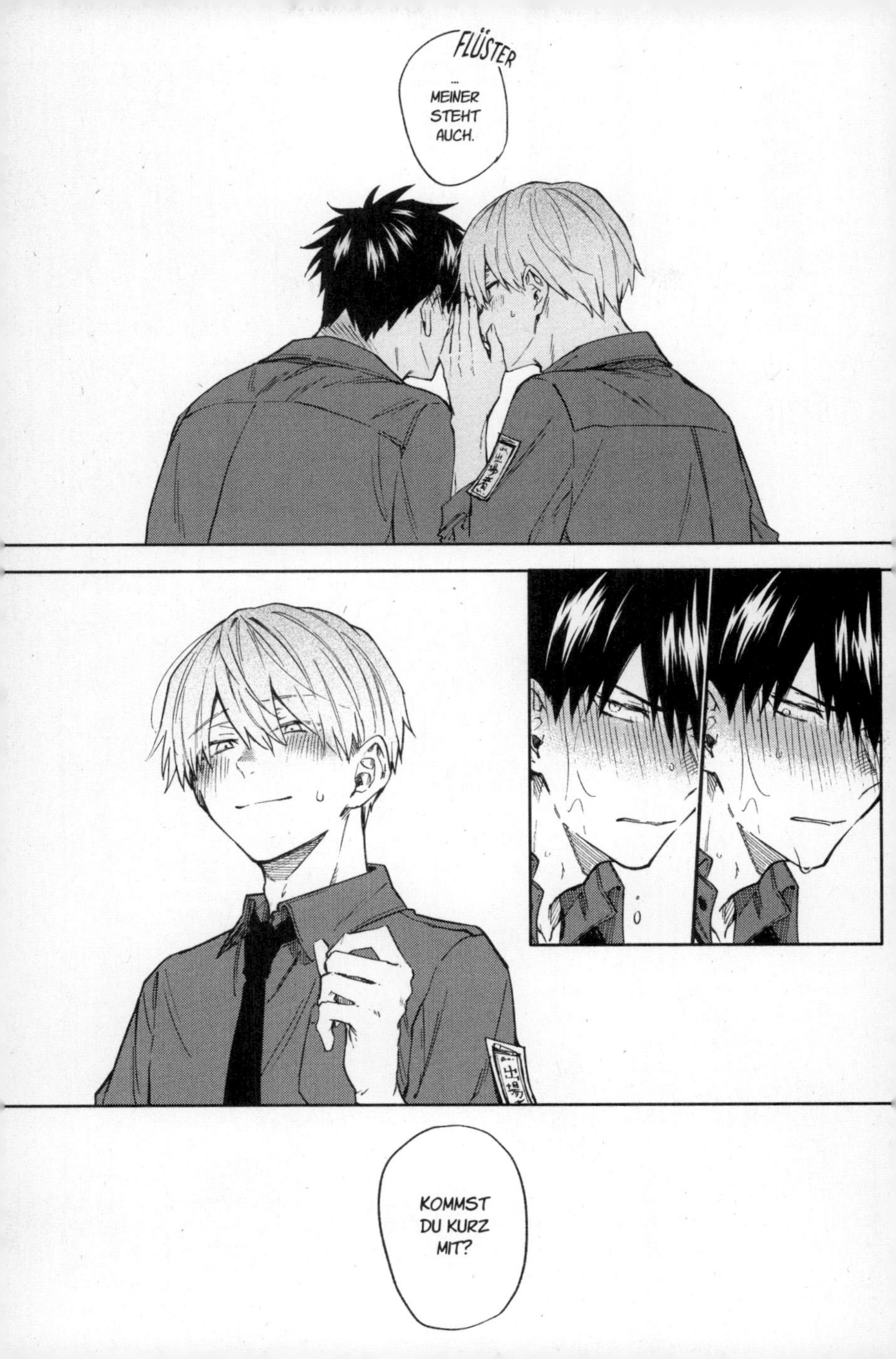

FLÜSTER
... MEINER STEHT AUCH.
KOMMST DU KURZ MIT?

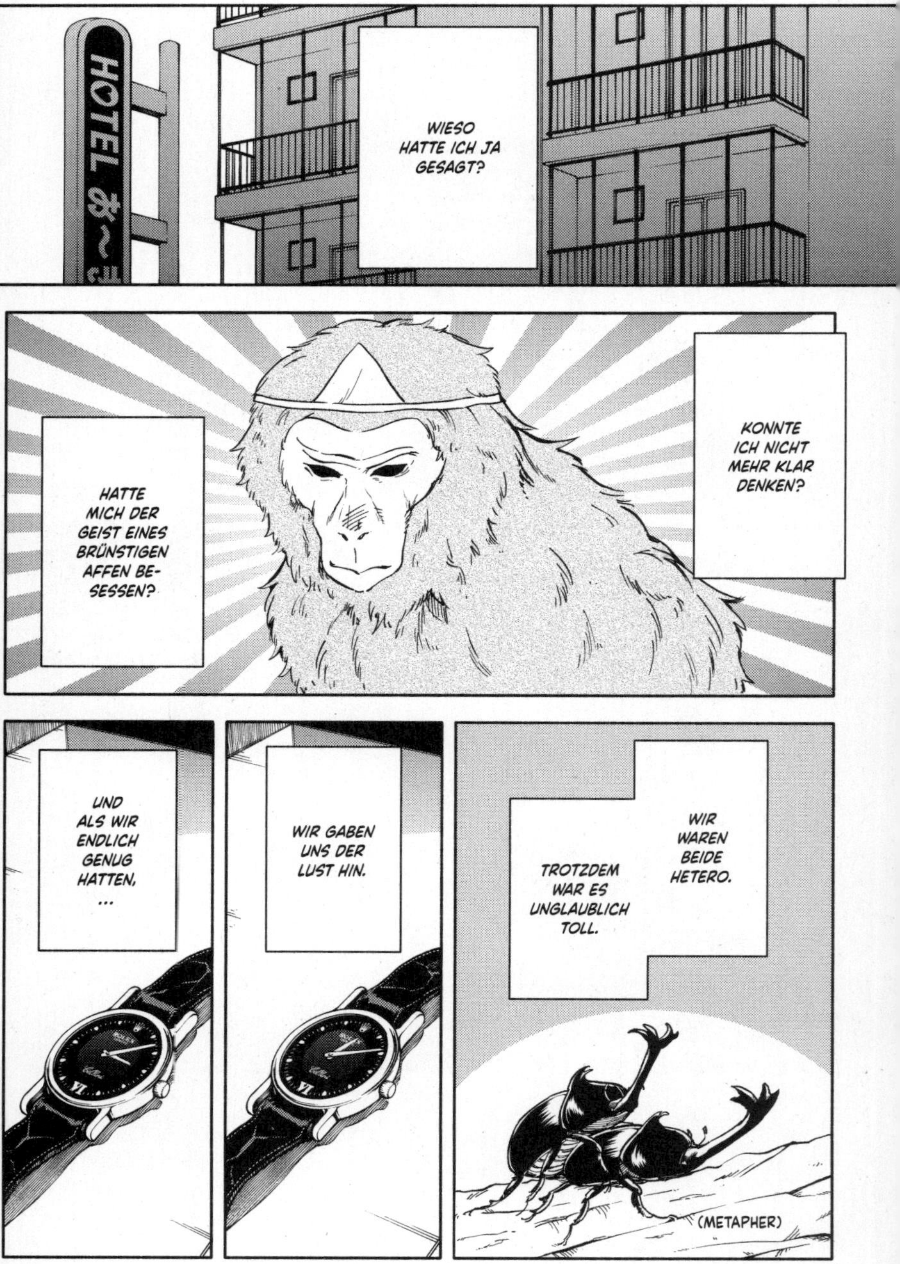
HOTEL あ～
WIESO HATTE ICH JA GESAGT?
KONNTE ICH NICHT MEHR KLAR DENKEN?
HATTE MICH DER GEIST EINES BRÜNSTIGEN AFFEN BE-SESSEN?
WIR WAREN BEIDE HETERO.
TROTZDEM WAR ES UNGLAUBLICH TOLL.
(METAPHER)
WIR GABEN UNS DER LUST HIN.
UND ALS WIR ENDLICH GENUG HATTEN, ...

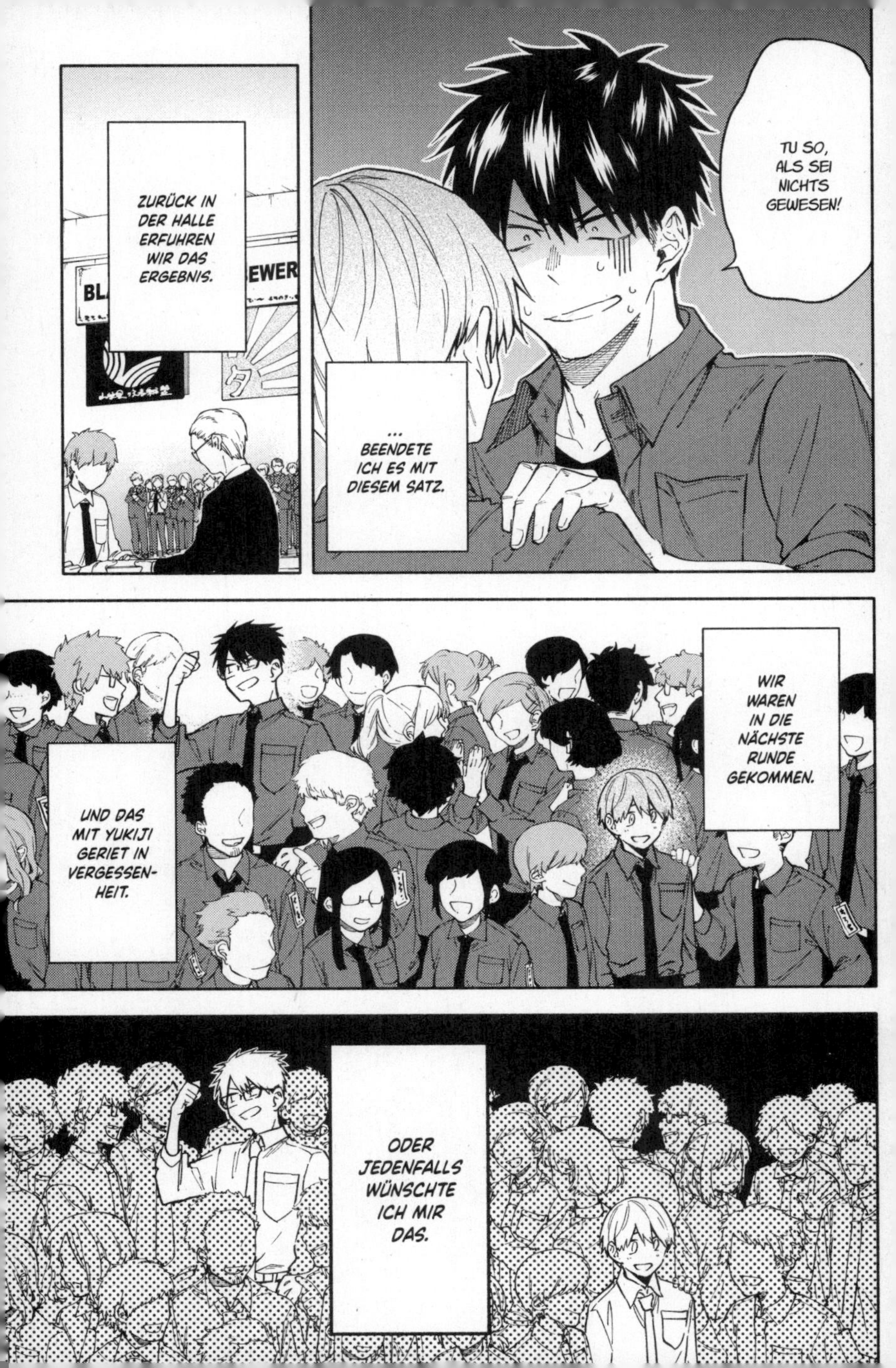
TU SO, ALS SEI NICHTS GEWESEN!
... BEENDETE ICH ES MIT DIESEM SATZ.
ZURÜCK IN DER HALLE ERFUHREN WIR DAS ERGEBNIS.
WIR WAREN IN DIE NÄCHSTE RUNDE GEKOMMEN.
UND DAS MIT YUKIJI GERIET IN VERGESSEN-HEIT.
ODER JEDENFALLS WÜNSCHTE ICH MIR DAS.

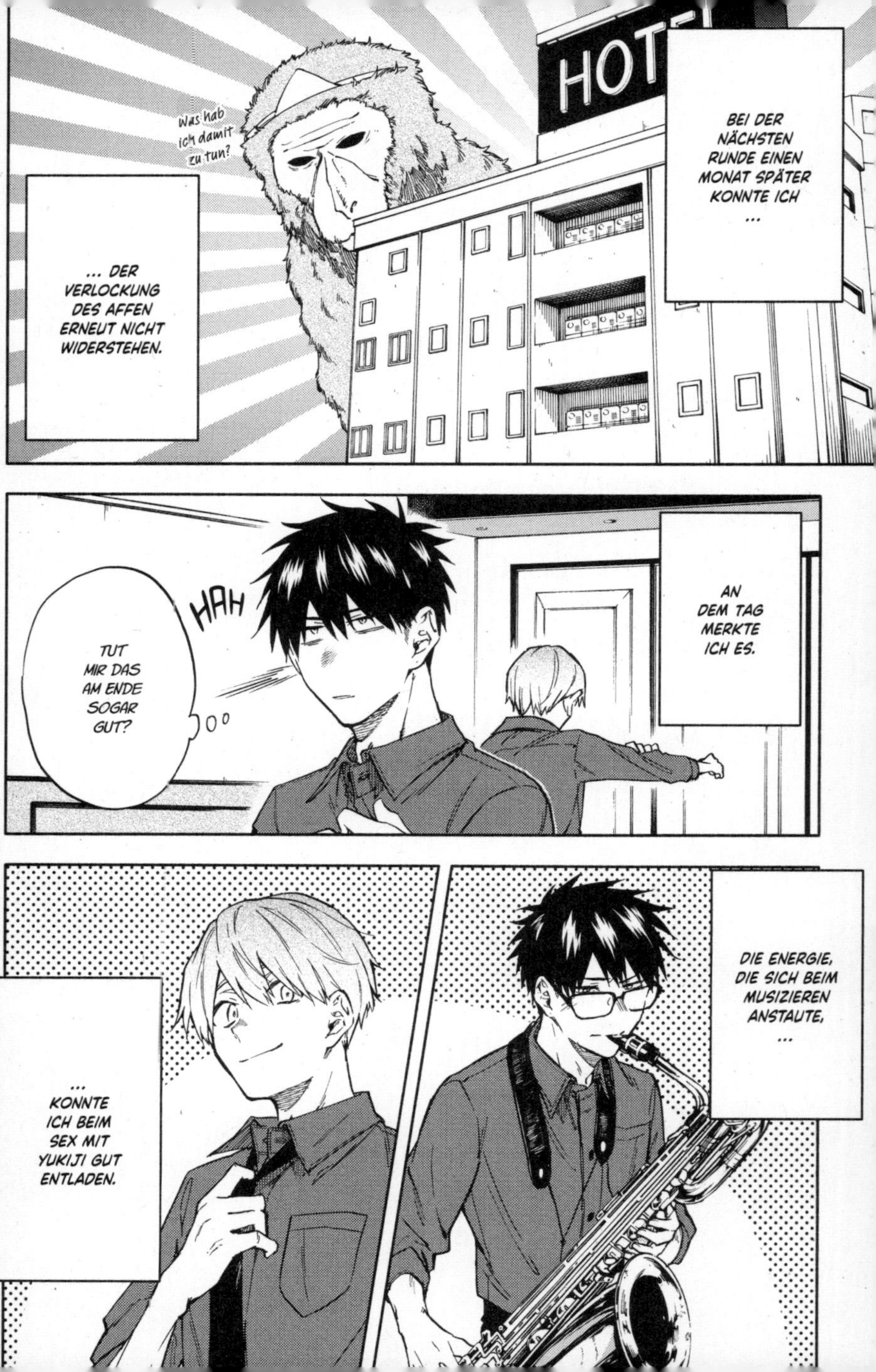
BEI DER NÄCHSTEN RUNDE EINEN MONAT SPÄTER KONNTE ICH …
HOTE
Was hab ich damit zu tun?
… DER VERLOCKUNG DES AFFEN ERNEUT NICHT WIDERSTEHEN.
AN DEM TAG MERKTE ICH ES.
HAH
TUT MIR DAS AM ENDE SOGAR GUT?
DIE ENERGIE, DIE SICH BEIM MUSIZIEREN ANSTAUTE, …
… KONNTE ICH BEIM SEX MIT YUKIJI GUT ENTLADEN.

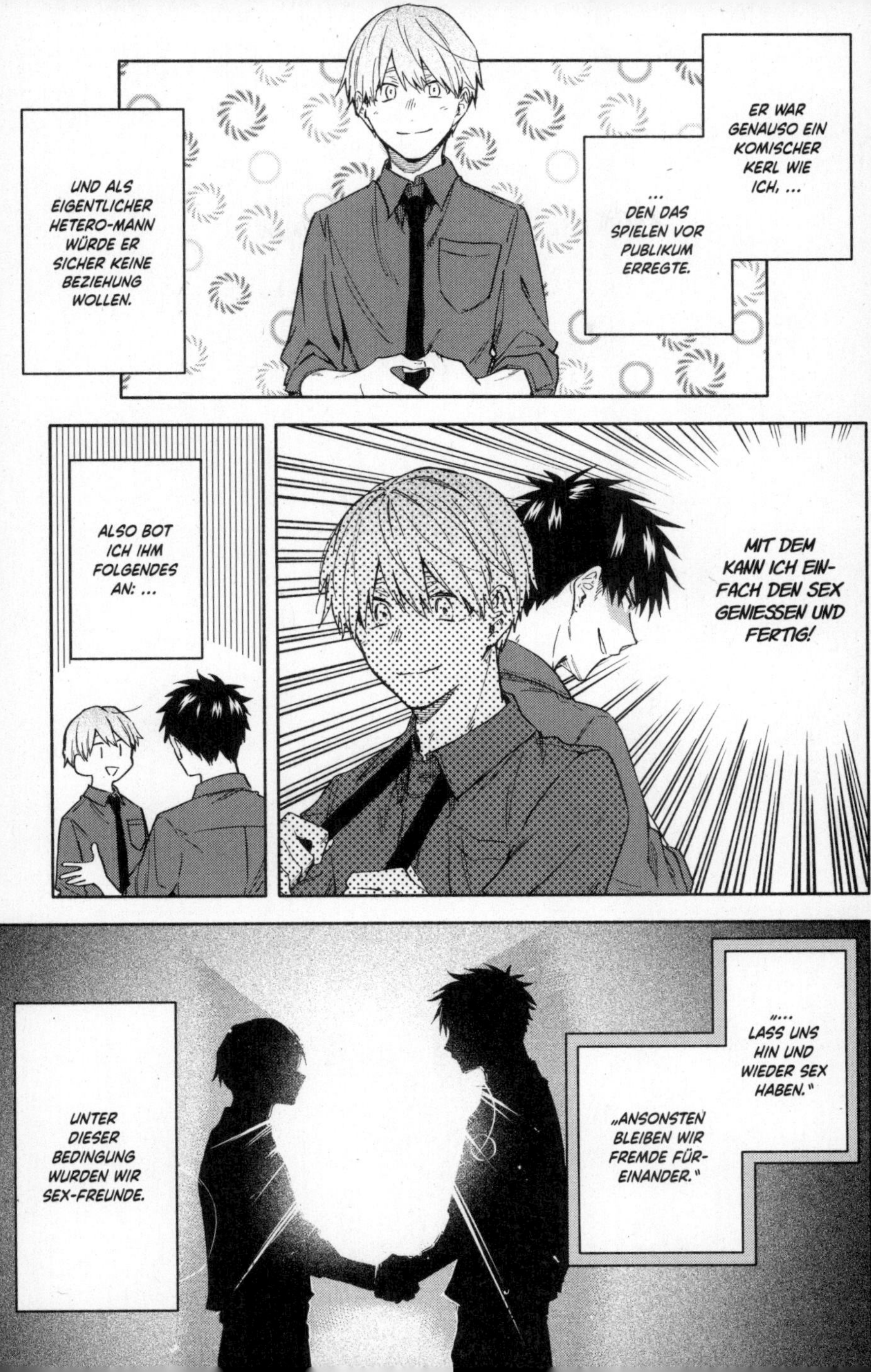
ER WAR GENAUSO EIN KOMISCHER KERL WIE ICH, ...
... DEN DAS SPIELEN VOR PUBLIKUM ERREGTE.
UND ALS EIGENTLICHER HETERO-MANN WÜRDE ER SICHER KEINE BEZIEHUNG WOLLEN.
MIT DEM KANN ICH EIN-FACH DEN SEX GENIESSEN UND FERTIG!
ALSO BOT ICH IHM FOLGENDES AN: ...
„... LASS UNS HIN UND WIEDER SEX HABEN.“
„ANSONSTEN BLEIBEN WIR FREMDE FÜR-EINANDER.“
UNTER DIESER BEDINGUNG WURDEN WIR SEX-FREUNDE.

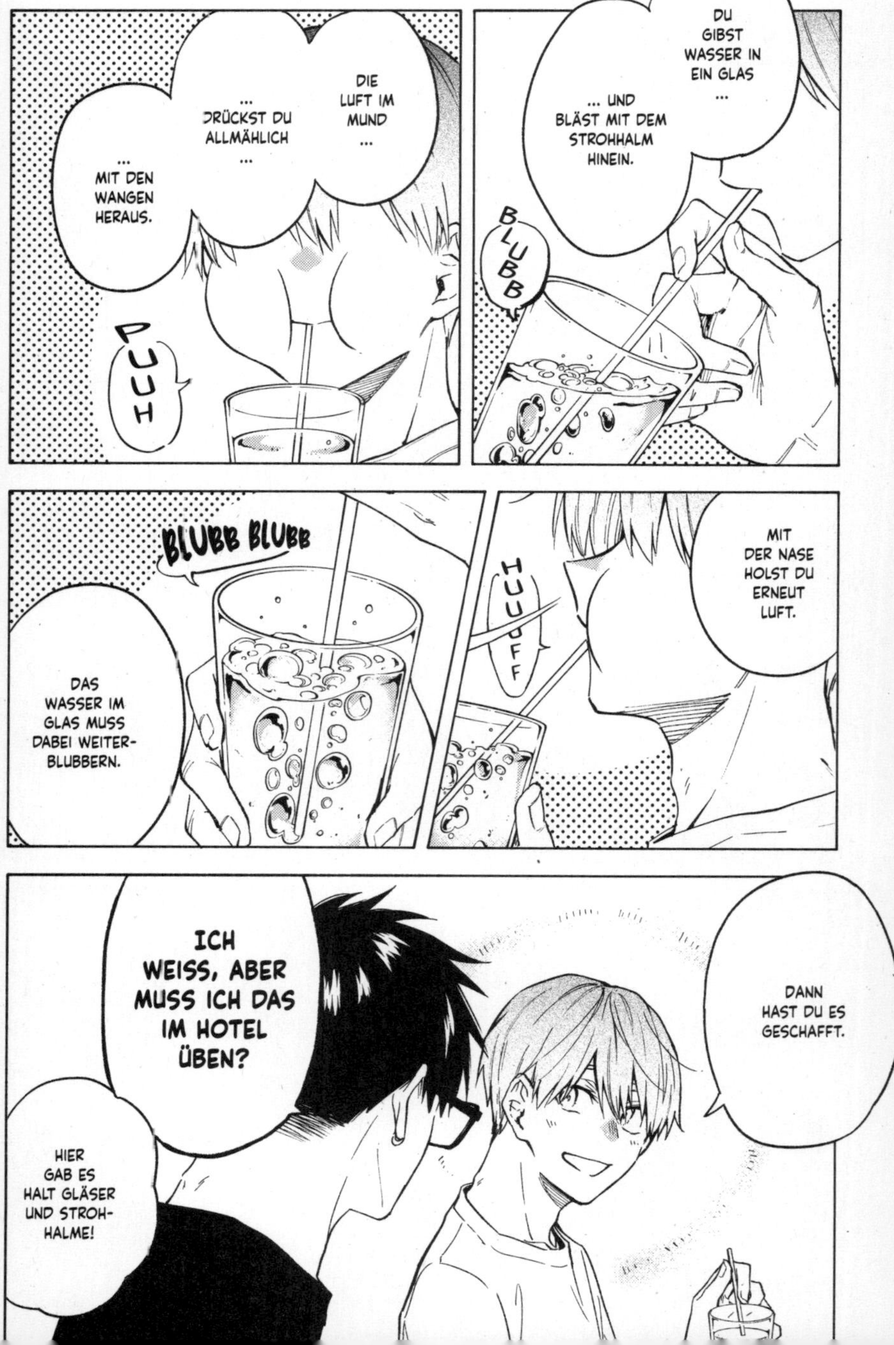
DU GIBST WASSER IN EIN GLAS ...
... UND BLÄST MIT DEM STROHHALM HINEIN.
BLUBB
DIE LUFT IM MUND ...
... DRÜCKST DU ALLMÄHLICH ...
... MIT DEN WANGEN HERAUS.
PUUH
MIT DER NASE HOLST DU ERNEUT LUFT.
HUUUFF
BLUBB BLUBB
DAS WASSER IM GLAS MUSS DABEI WEITER-BLUBBERN.
DANN HAST DU ES GESCHAFFT.
ICH WEISS, ABER MUSS ICH DAS IM HOTEL ÜBEN?
HIER GAB ES HALT GLÄSER UND STROH-HALME!

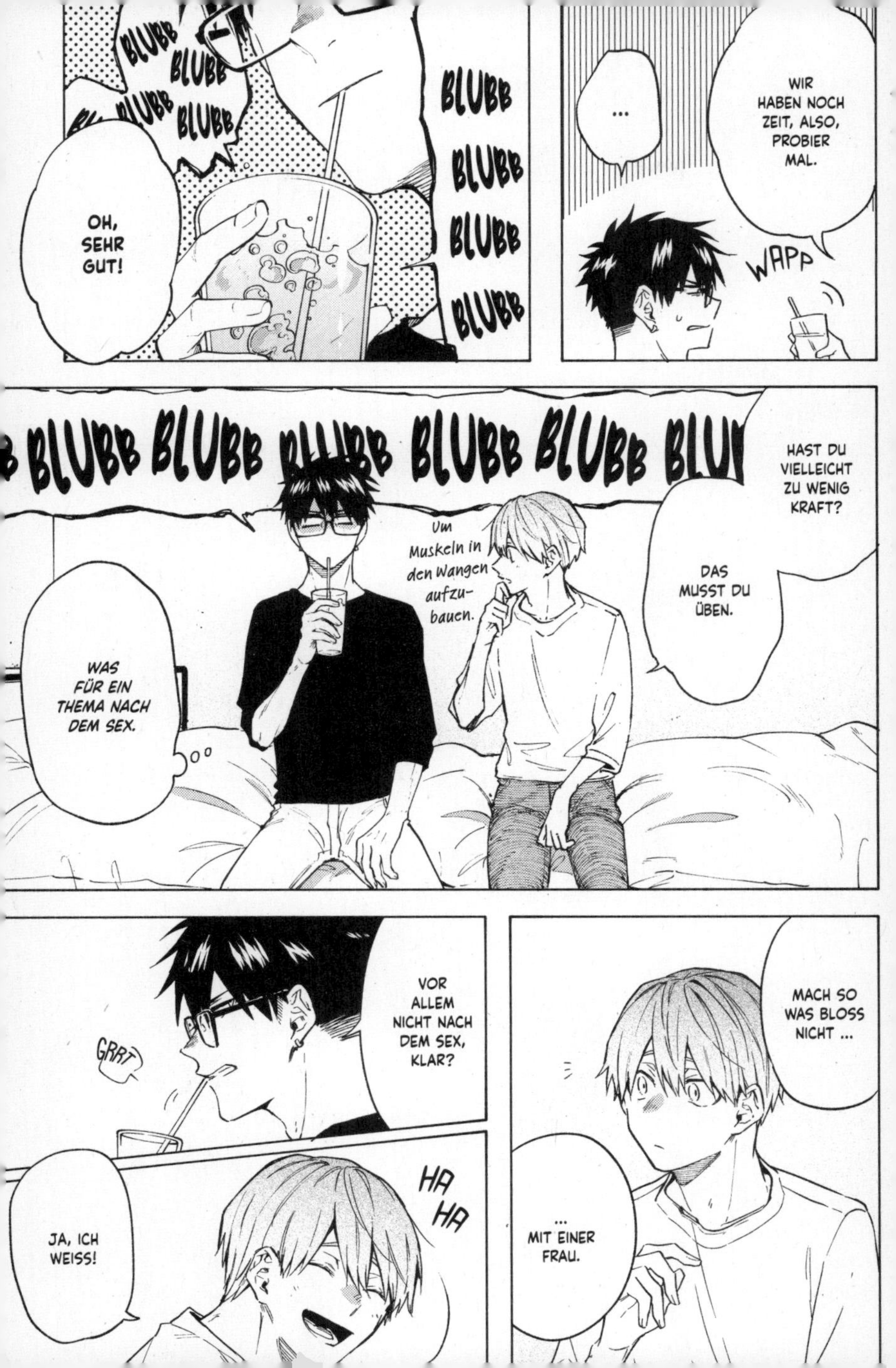
WIR HABEN NOCH ZEIT, ALSO, PROBIER MAL.
...
WAPP
BLUBB BLUBB BLUBB BLUBB BLUBB
BLUBB BLUBB BLUBB BLUBB BLUBB
OH, SEHR GUT!
HAST DU VIELLEICHT ZU WENIG KRAFT?
DAS MUSST DU ÜBEN.
Um Muskeln in den Wangen aufzubauen.
BLUBB BLUBB BLUBB BLUBB BLUBB BLUBB
WAS FÜR EIN THEMA NACH DEM SEX.
MACH SO WAS BLOSS NICHT ...
... MIT EINER FRAU.
VOR ALLEM NICHT NACH DEM SEX, KLAR?
GRRT
HA HA
JA, ICH WEISS!

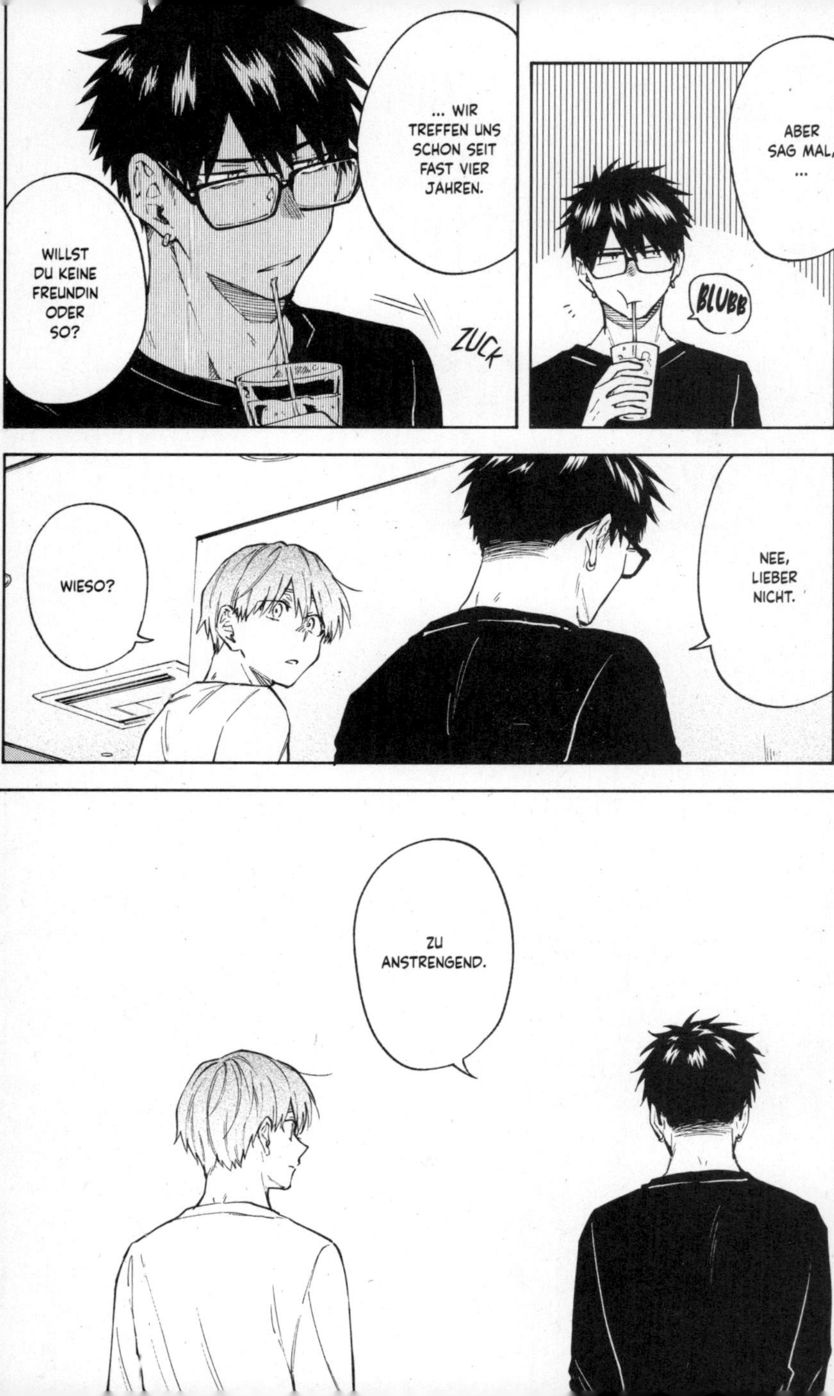
ABER SAG MAL, ...
BLUBB
... WIR TREFFEN UNS SCHON SEIT FAST VIER JAHREN.
ZUCK
WILLST DU KEINE FREUNDIN ODER SO?
NEE, LIEBER NICHT.
WIESO?
ZU ANSTRENGEND.

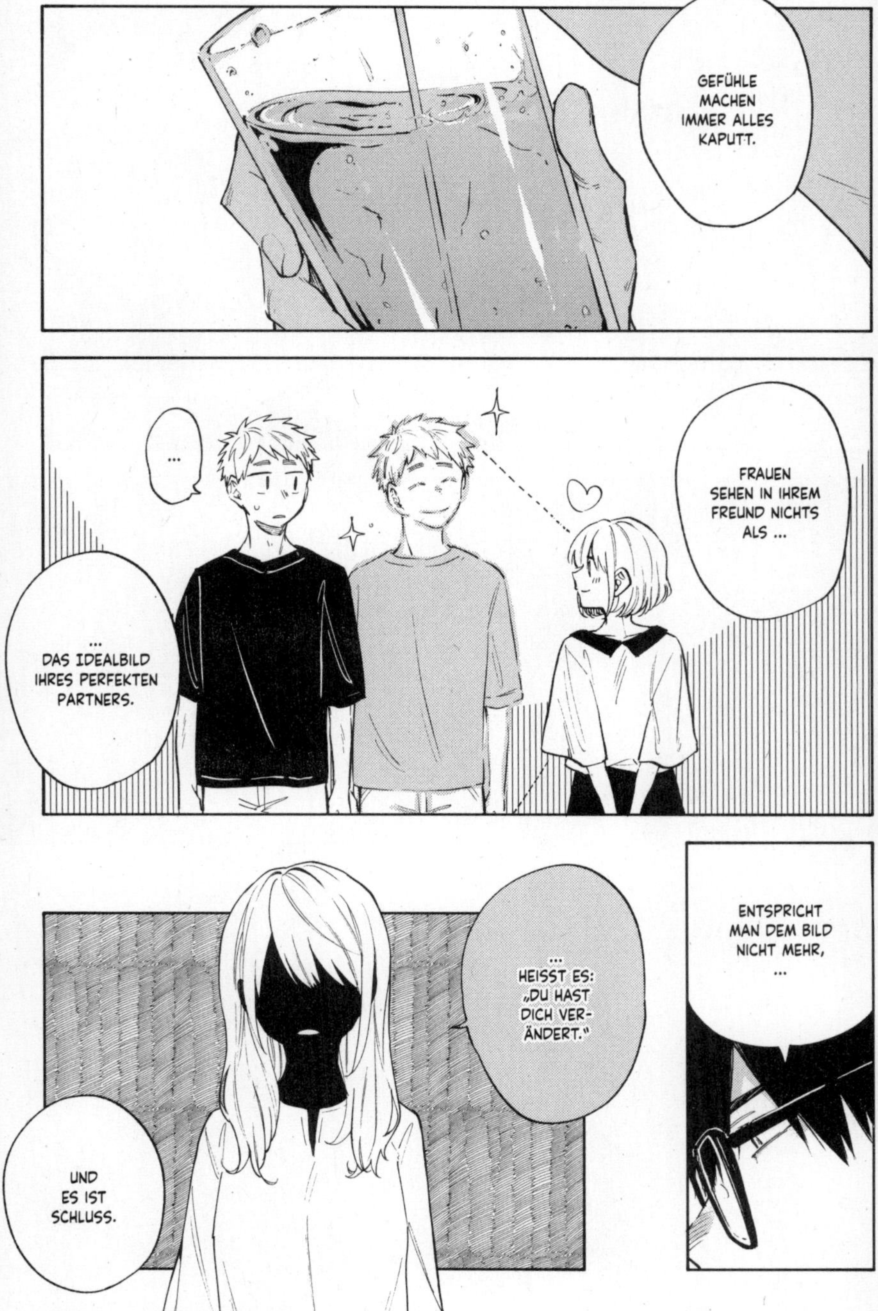
GEFÜHLE MACHEN IMMER ALLES KAPUTT.
FRAUEN SEHEN IN IHREM FREUND NICHTS ALS ...
...
... DAS IDEALBILD IHRES PERFEKTEN PARTNERS.
ENTSPRICHT MAN DEM BILD NICHT MEHR, ...
... HEISST ES: „DU HAST DICH VER-ÄNDERT."
UND ES IST SCHLUSS.

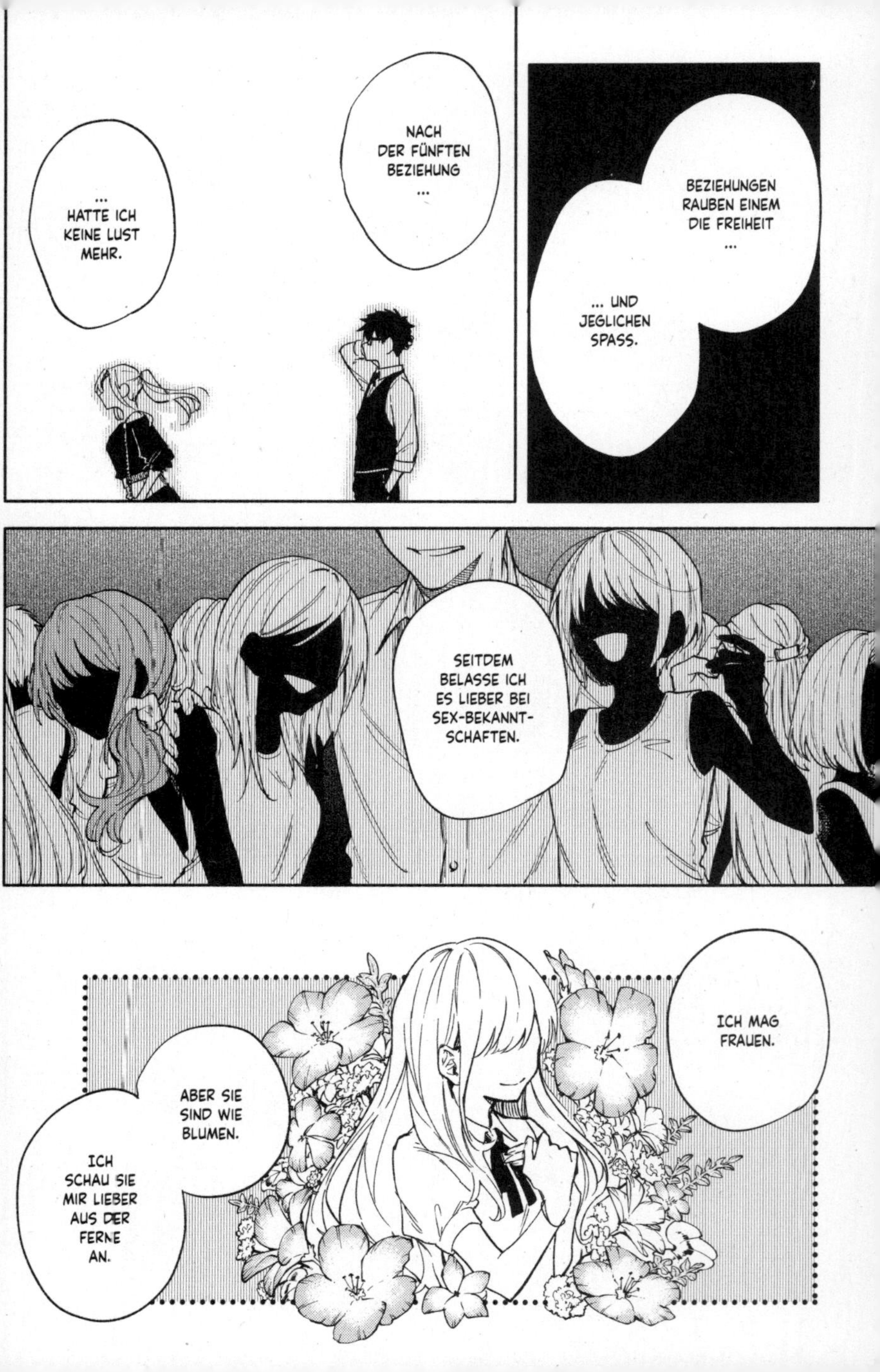
BEZIEHUNGEN RAUBEN EINEM DIE FREIHEIT ...
... UND JEGLICHEN SPASS.
NACH DER FÜNFTEN BEZIEHUNG ...
... HATTE ICH KEINE LUST MEHR.
SEITDEM BELASSE ICH ES LIEBER BEI SEX-BEKANNT-SCHAFTEN.
ICH MAG FRAUEN.
ABER SIE SIND WIE BLUMEN.
ICH SCHAU SIE MIR LIEBER AUS DER FERNE AN.

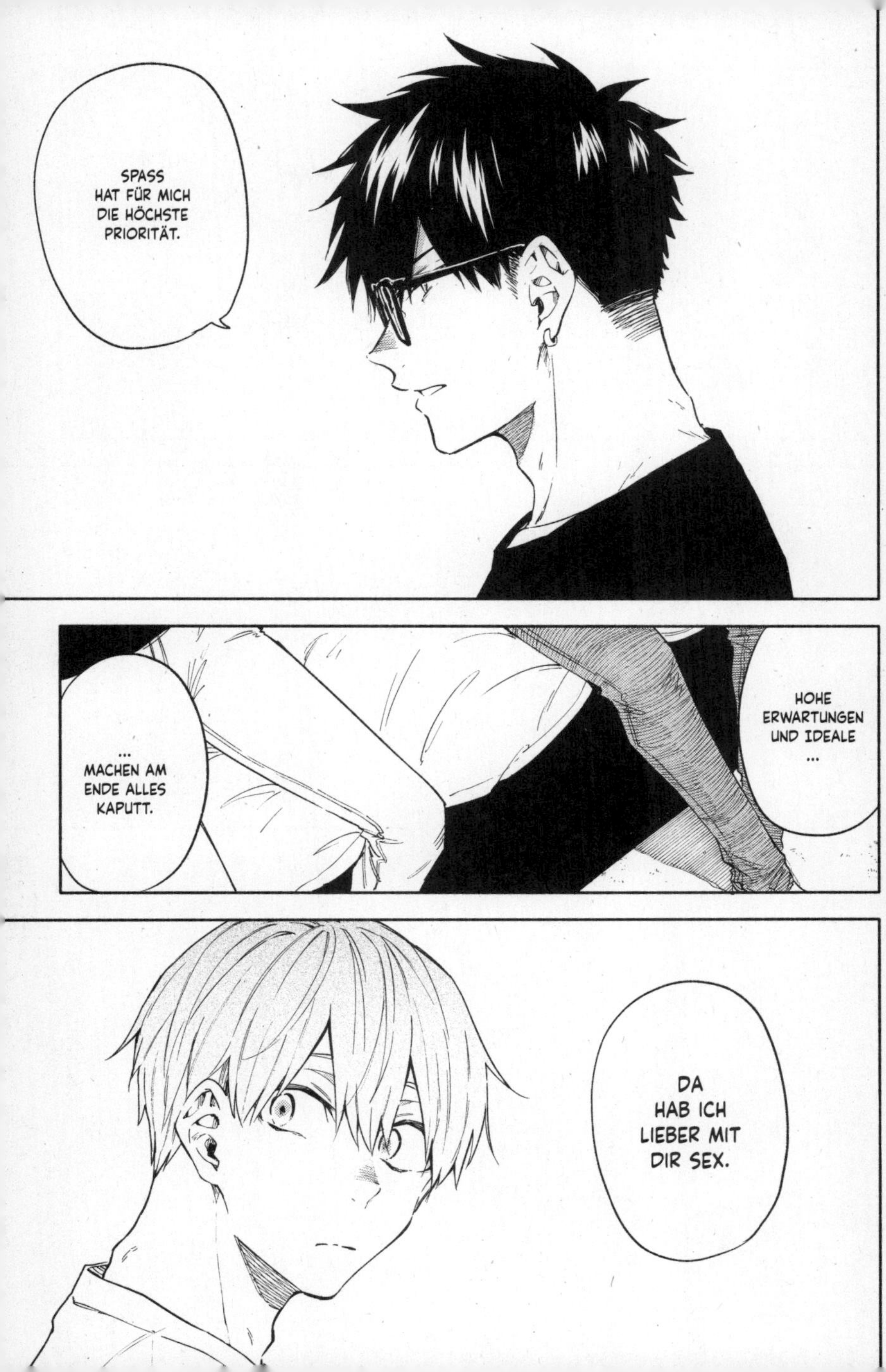
SPASS HAT FÜR MICH DIE HÖCHSTE PRIORITÄT.
HOHE ERWARTUNGEN UND IDEALE ...
... MACHEN AM ENDE ALLES KAPUTT.
DA HAB ICH LIEBER MIT DIR SEX.

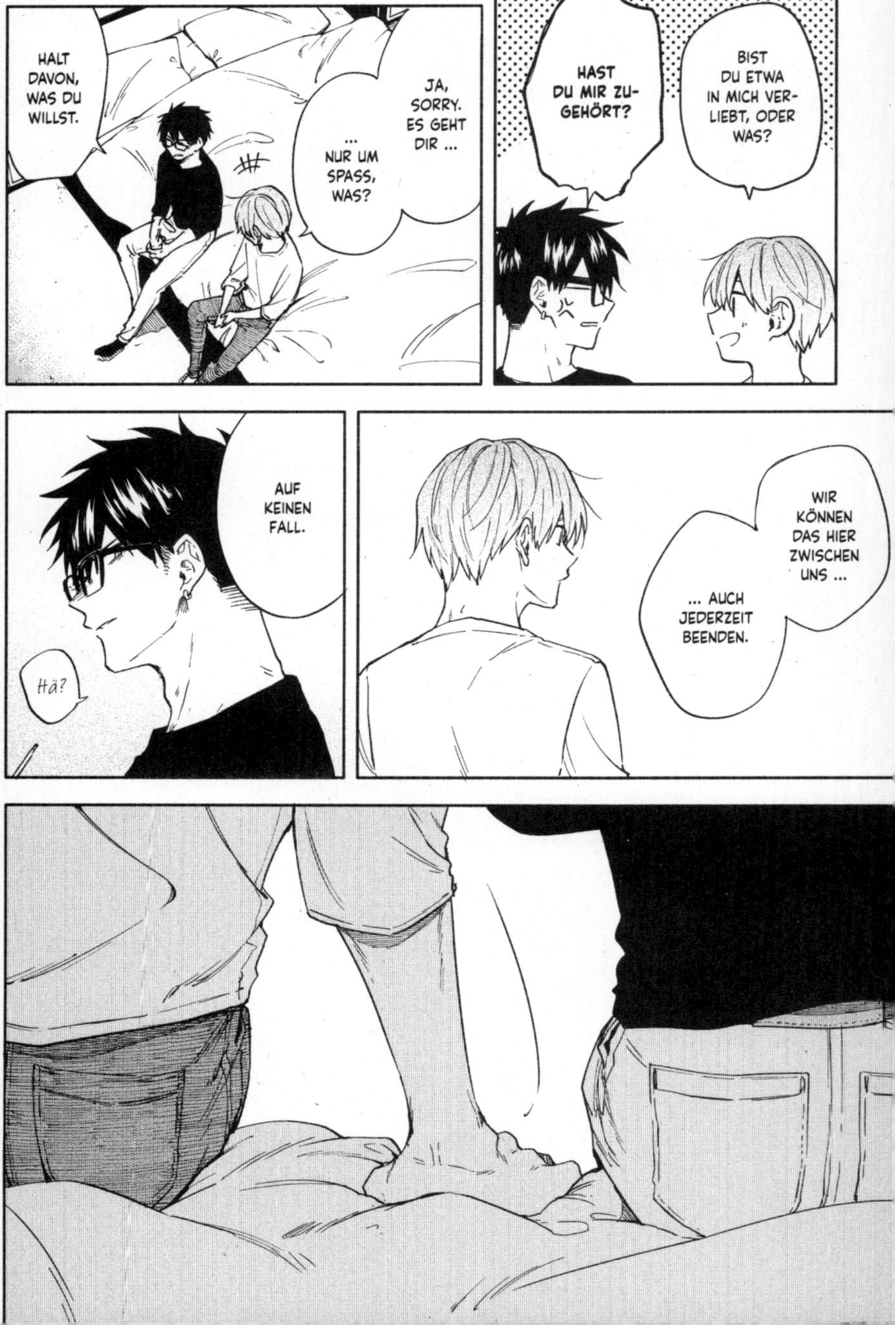
BIST DU ETWA IN MICH VER-LIEBT, ODER WAS?
HAST DU MIR ZU-GEHÖRT?
JA, SORRY. ES GEHT DIR ...
... NUR UM SPASS, WAS?
HALT DAVON, WAS DU WILLST.
WIR KÖNNEN DAS HIER ZWISCHEN UNS ...
... AUCH JEDERZEIT BEENDEN.
AUF KEINEN FALL.
Hä?

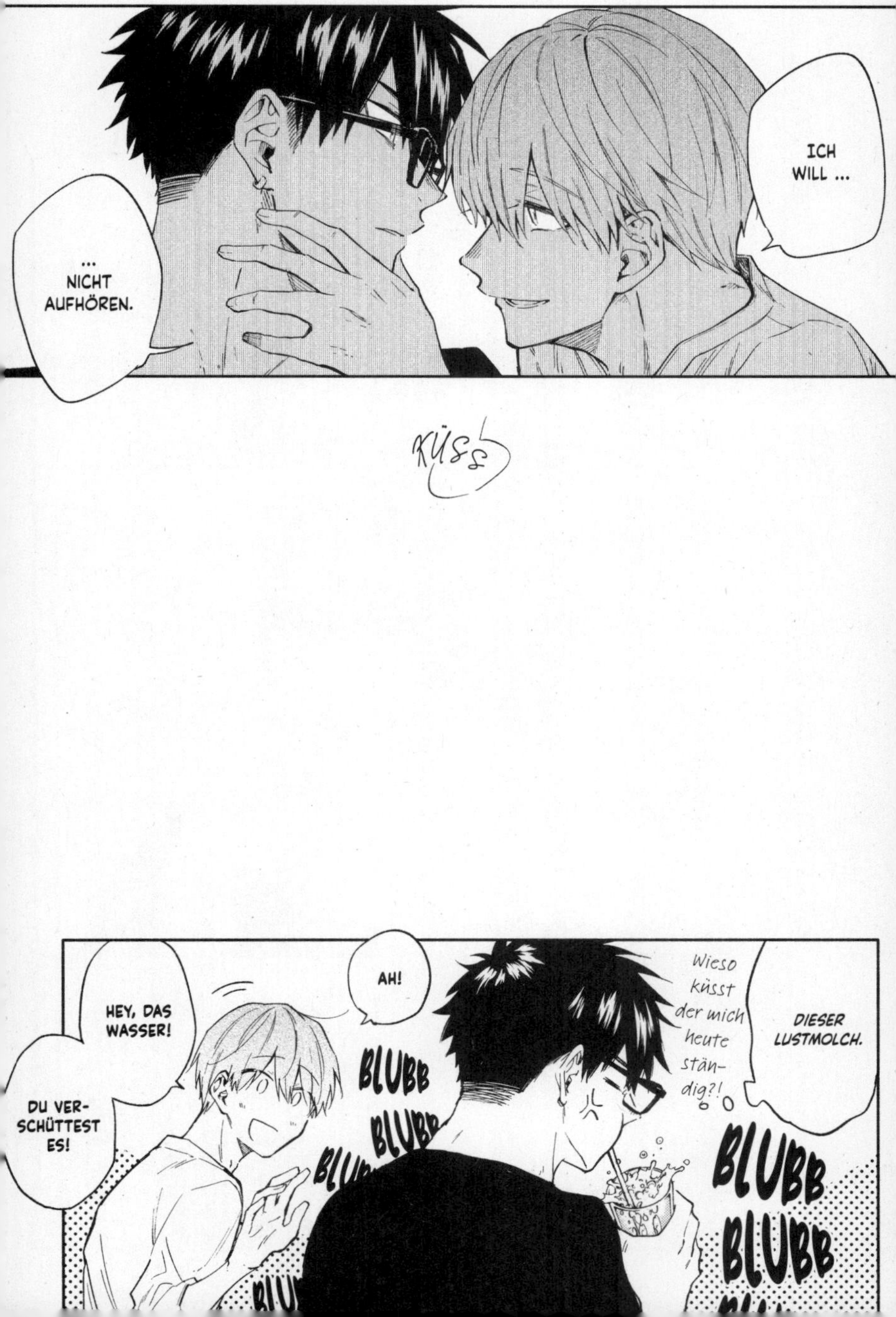
ICH WILL ...
... NICHT AUFHÖREN.
KÜSS
DIESER LUSTMOLCH.
Wieso küsst der mich heute stän-dig?!
BLUBB
BLUBB
AH!
HEY, DAS WASSER!
DU VER-SCHÜTTEST ES!
BLUBB

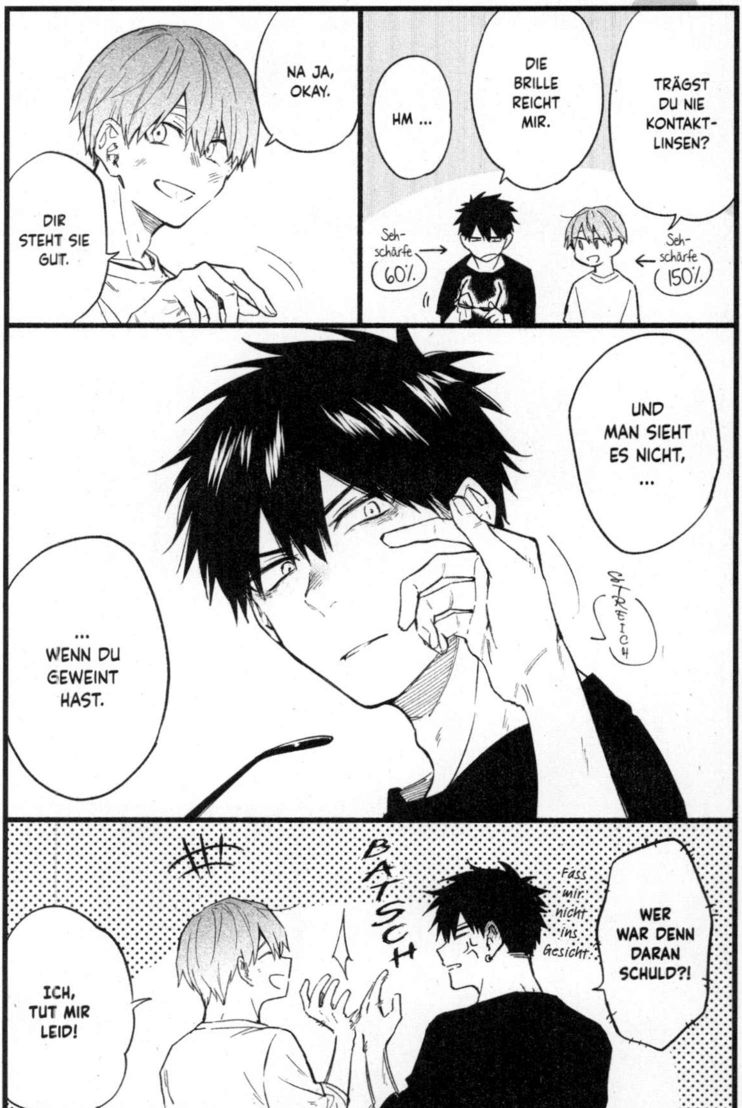
TRÄGST DU NIE KONTAKT-LINSEN?
DIE BRILLE REICHT MIR.
HM ...
Seh-schärfe 150%
Seh-schärfe 60%
NA JA, OKAY.
DIR STEHT SIE GUT.
UND MAN SIEHT ES NICHT, ...
STREICH
... WENN DU GEWEINT HAST.
WER WAR DENN DARAN SCHULD?!
Fass mir nicht ins Gesicht.
BATSCH
ICH, TUT MIR LEID!

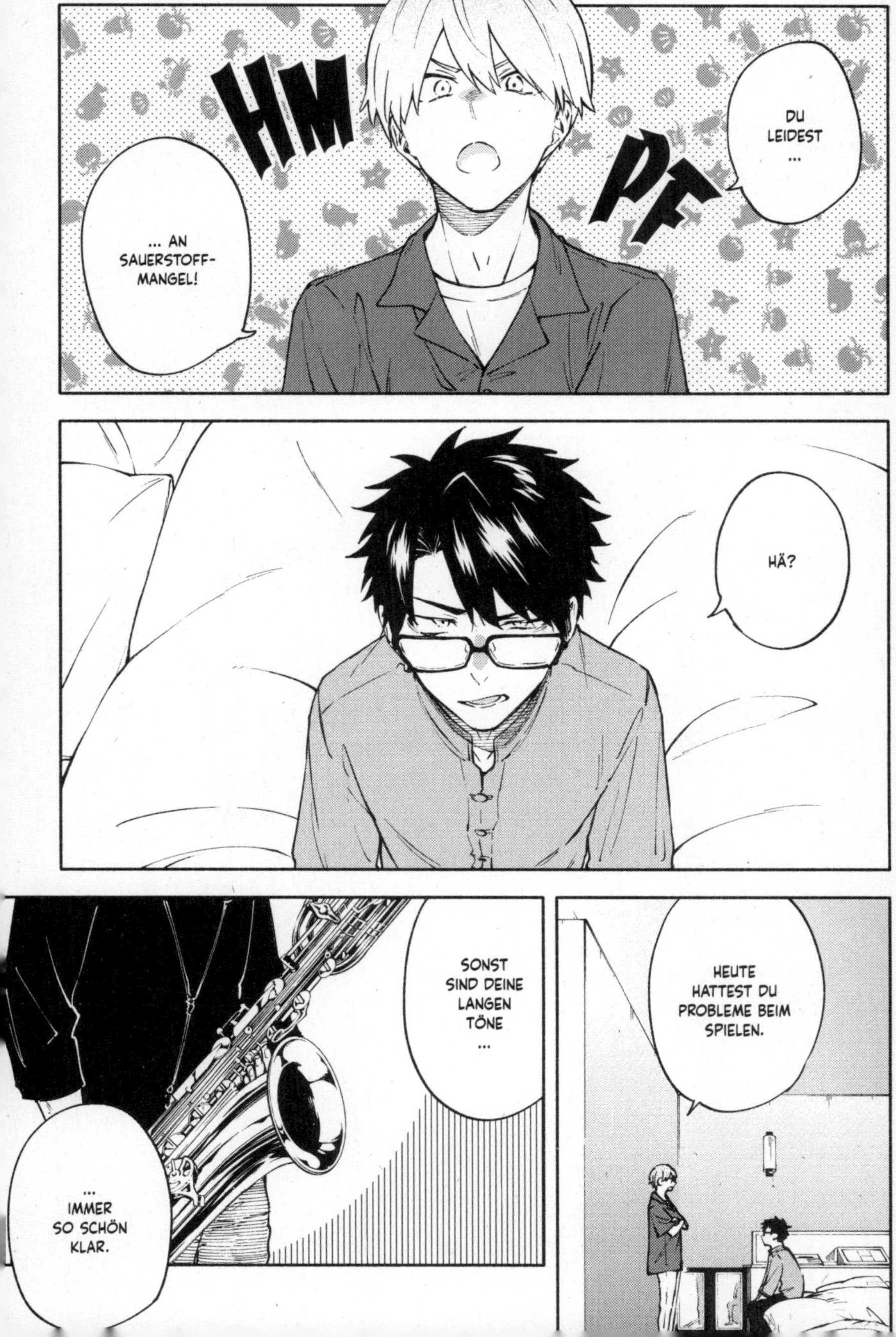
DU LEIDEST ...
HMPF
... AN SAUERSTOFF-MANGEL!
HÄ?
HEUTE HATTEST DU PROBLEME BEIM SPIELEN.
SONST SIND DEINE LANGEN TÖNE ...
... IMMER SO SCHÖN KLAR.

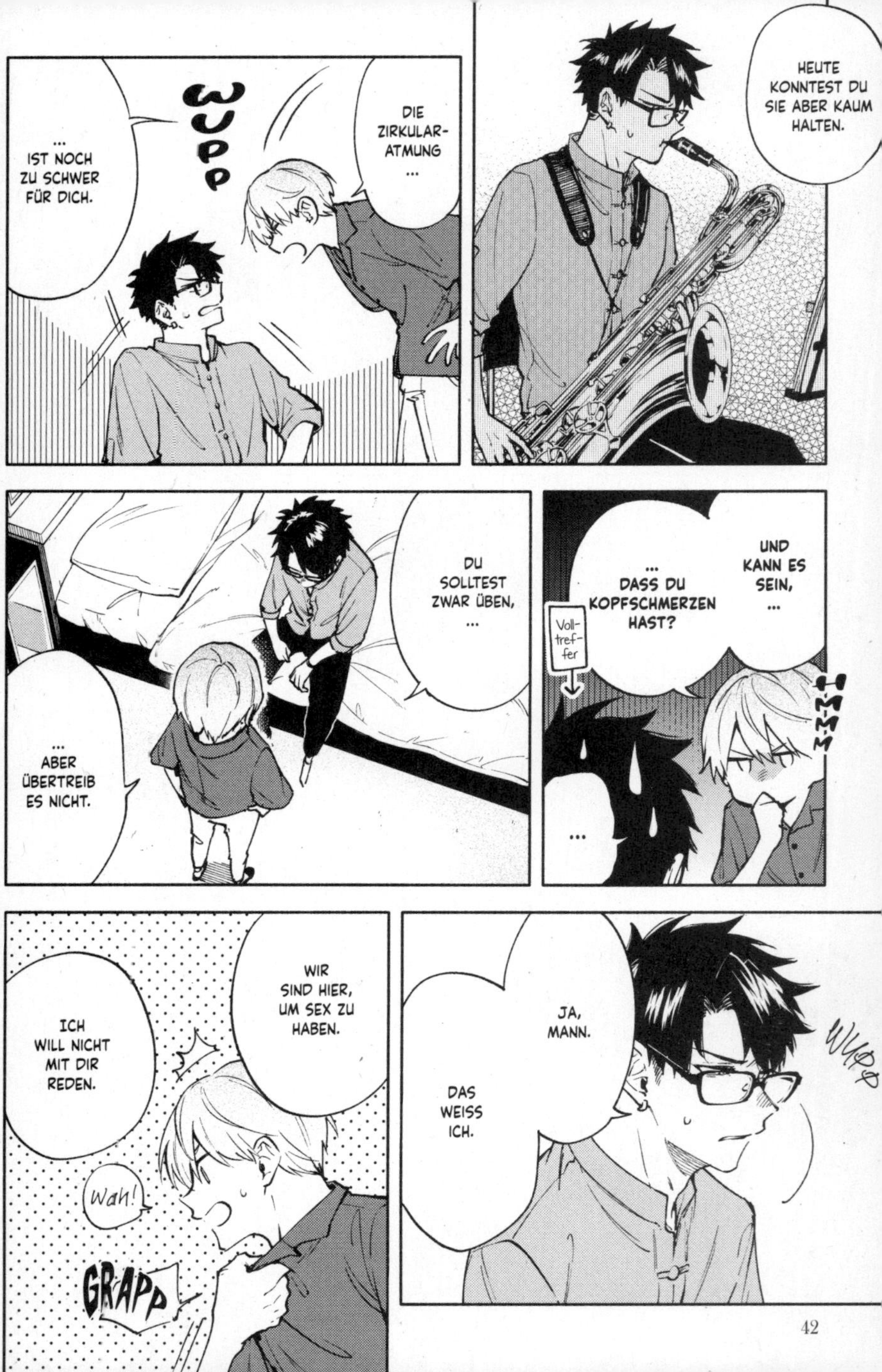
HEUTE KONNTEST DU SIE ABER KAUM HALTEN.
DIE ZIRKULAR-ATMUNG ...
WUPP
... IST NOCH ZU SCHWER FÜR DICH.
UND KANN ES SEIN, ...
... DASS DU KOPFSCHMERZEN HAST?
Voll-tref-fer
HMMM
...
DU SOLLTEST ZWAR ÜBEN, ...
... ABER ÜBERTREIB ES NICHT.
JA, MANN.
DAS WEISS ICH.
WIR SIND HIER, UM SEX ZU HABEN.
ICH WILL NICHT MIT DIR REDEN.
Wah!
GRAPP

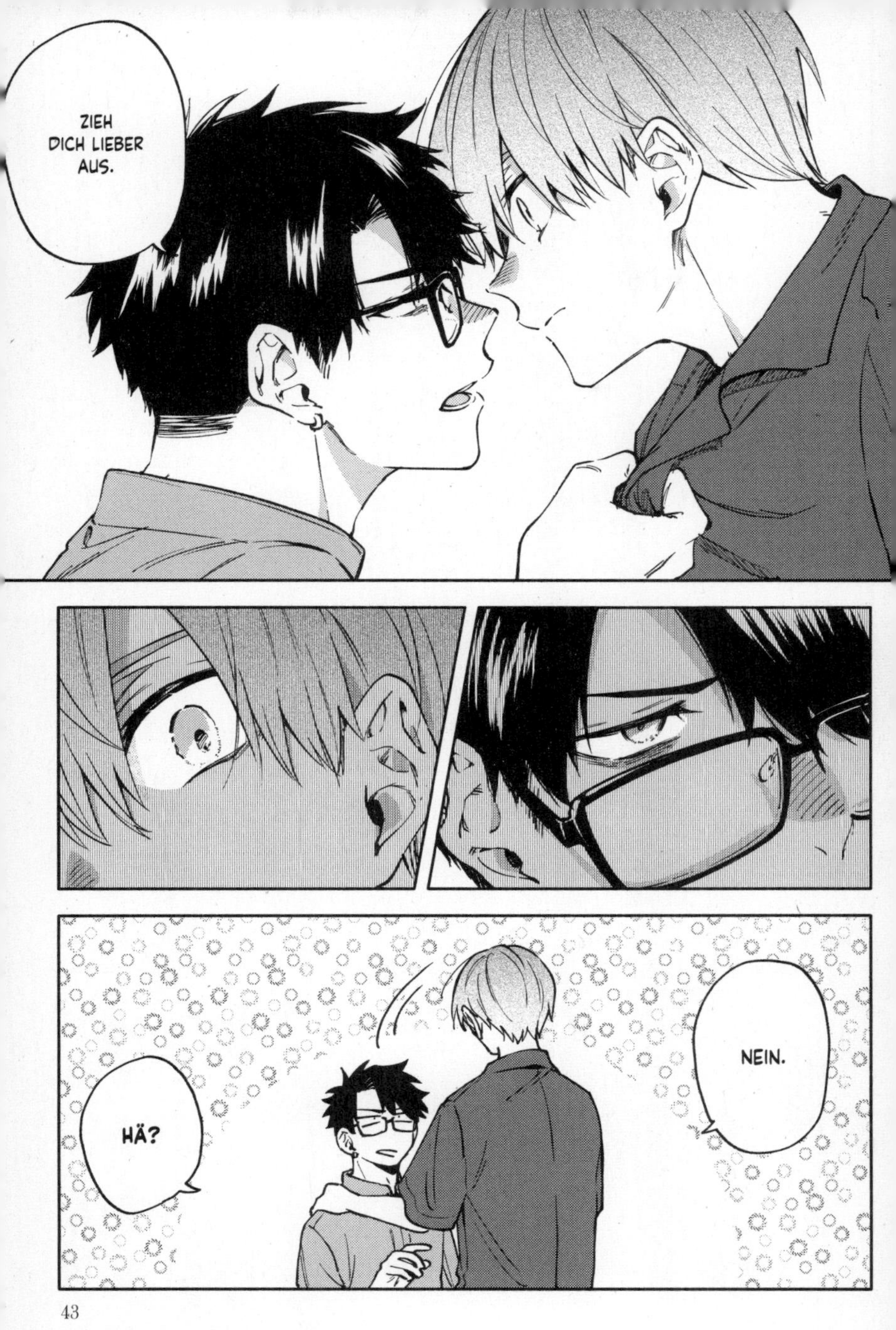
ZIEH DICH LIEBER AUS.
NEIN.
HÄ?

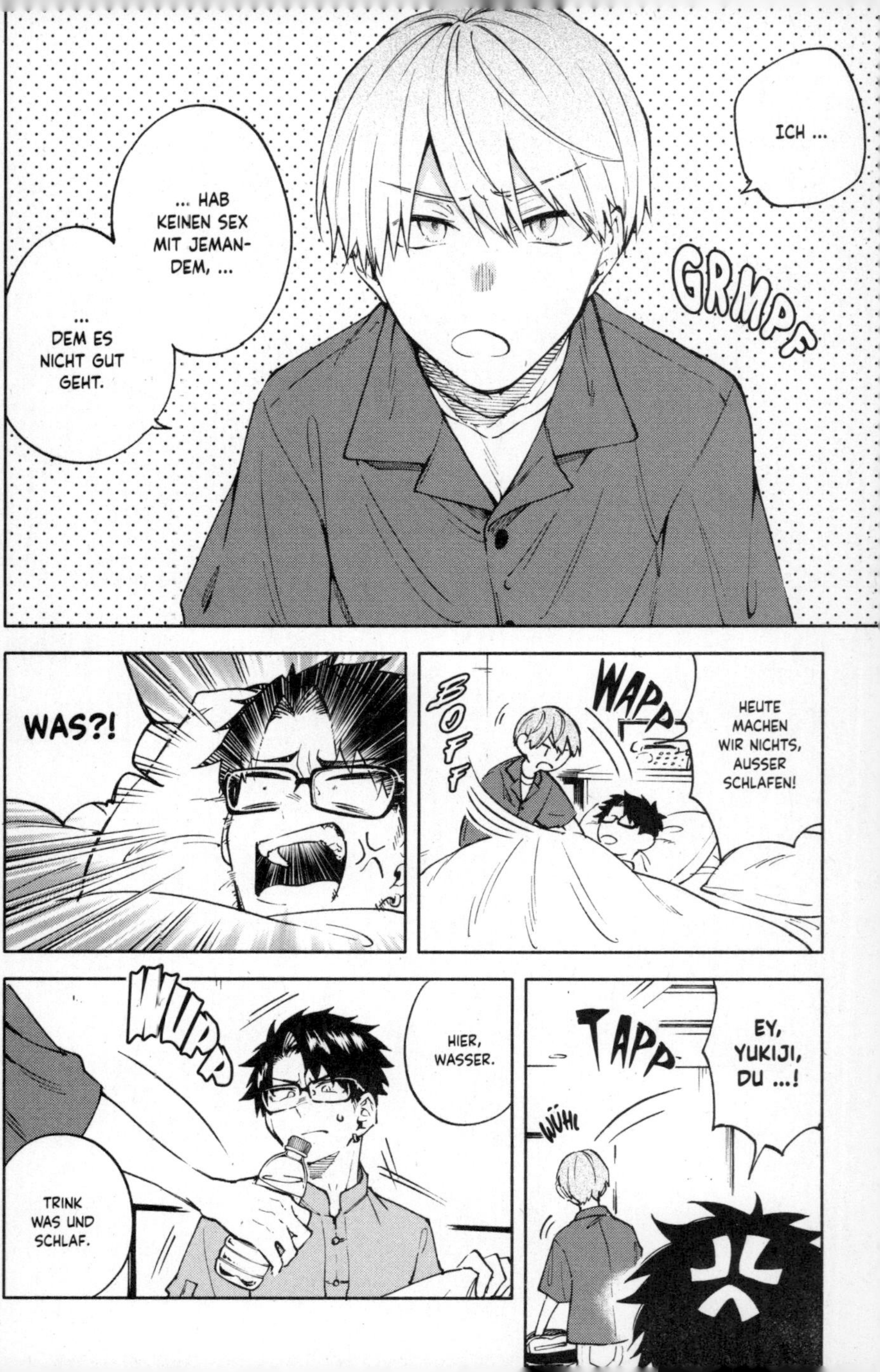
ICH ...
GRMPF
... HAB KEINEN SEX MIT JEMAN-DEM, ...
... DEM ES NICHT GUT GEHT.
WAPP
BOFF
HEUTE MACHEN WIR NICHTS, AUSSER SCHLAFEN!
WAS?!
TAPP
EY, YUKIJI, DU ...!
WÜHL
WUPP
HIER, WASSER.
TRINK WAS UND SCHLAF.

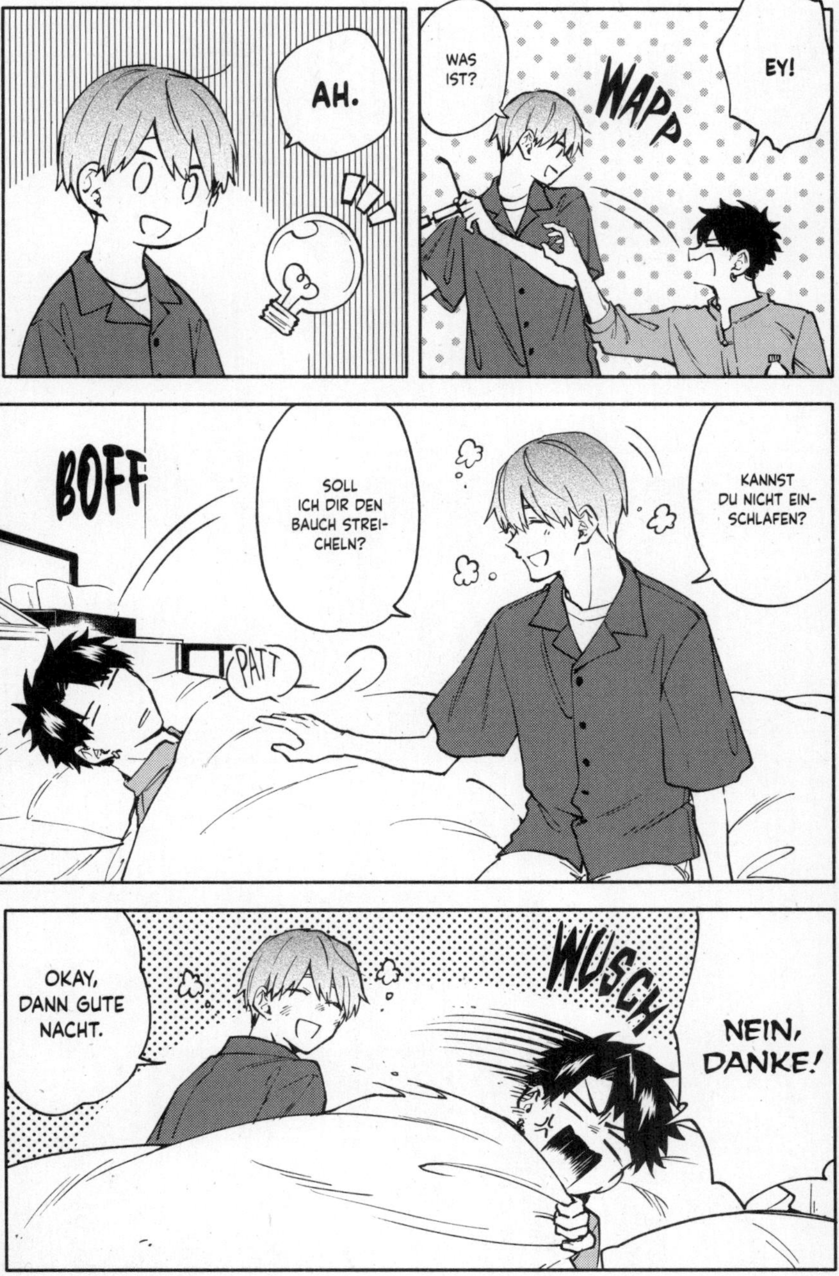
EY!
WAPP
WAS IST?
AH.
KANNST DU NICHT EIN-SCHLAFEN?
SOLL ICH DIR DEN BAUCH STREI-CHELN?
BOFF
PATT
NEIN, DANKE!
WUSCH
OKAY, DANN GUTE NACHT.

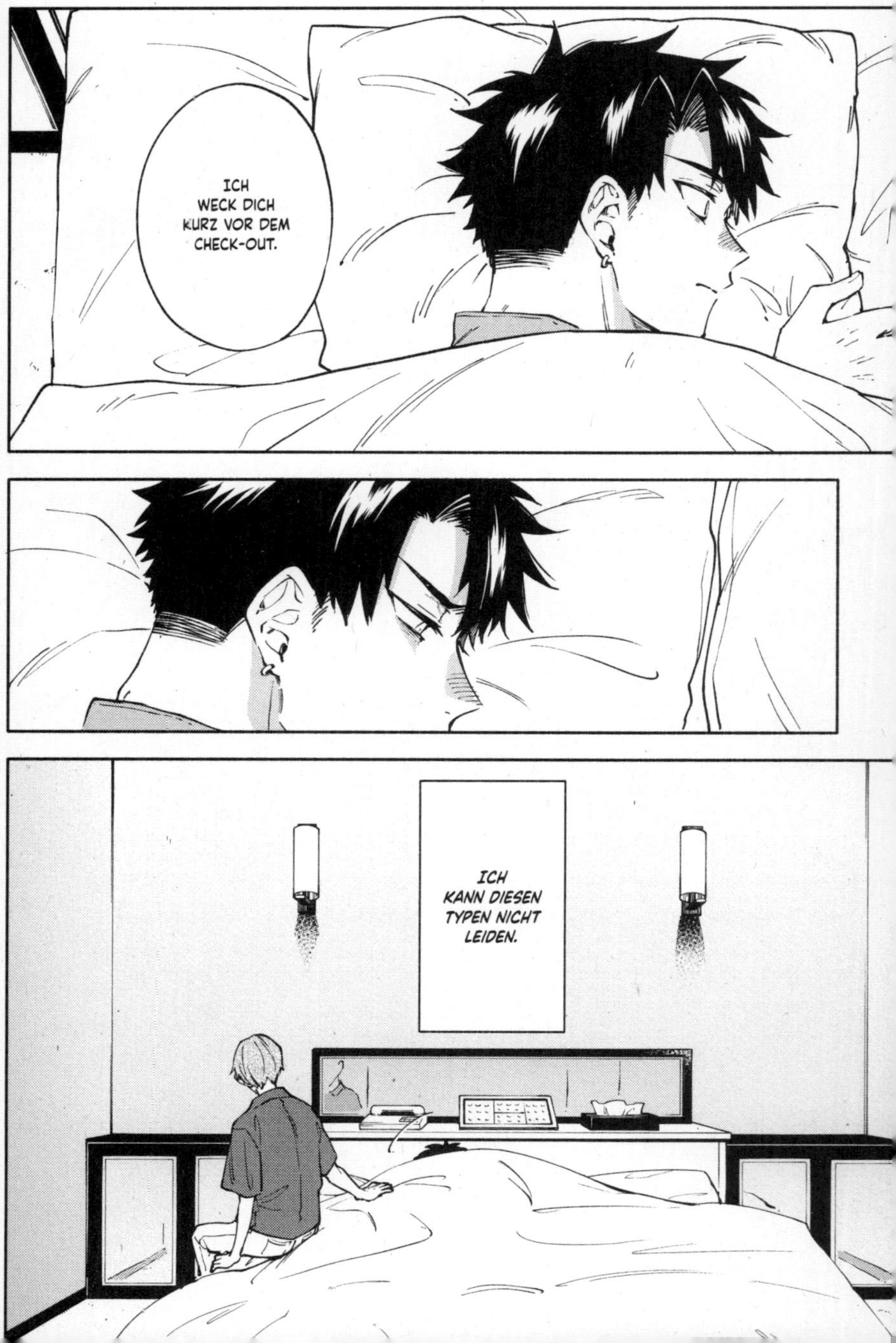
ICH WECK DICH KURZ VOR DEM CHECK-OUT.
ICH KANN DIESEN TYPEN NICHT LEIDEN.

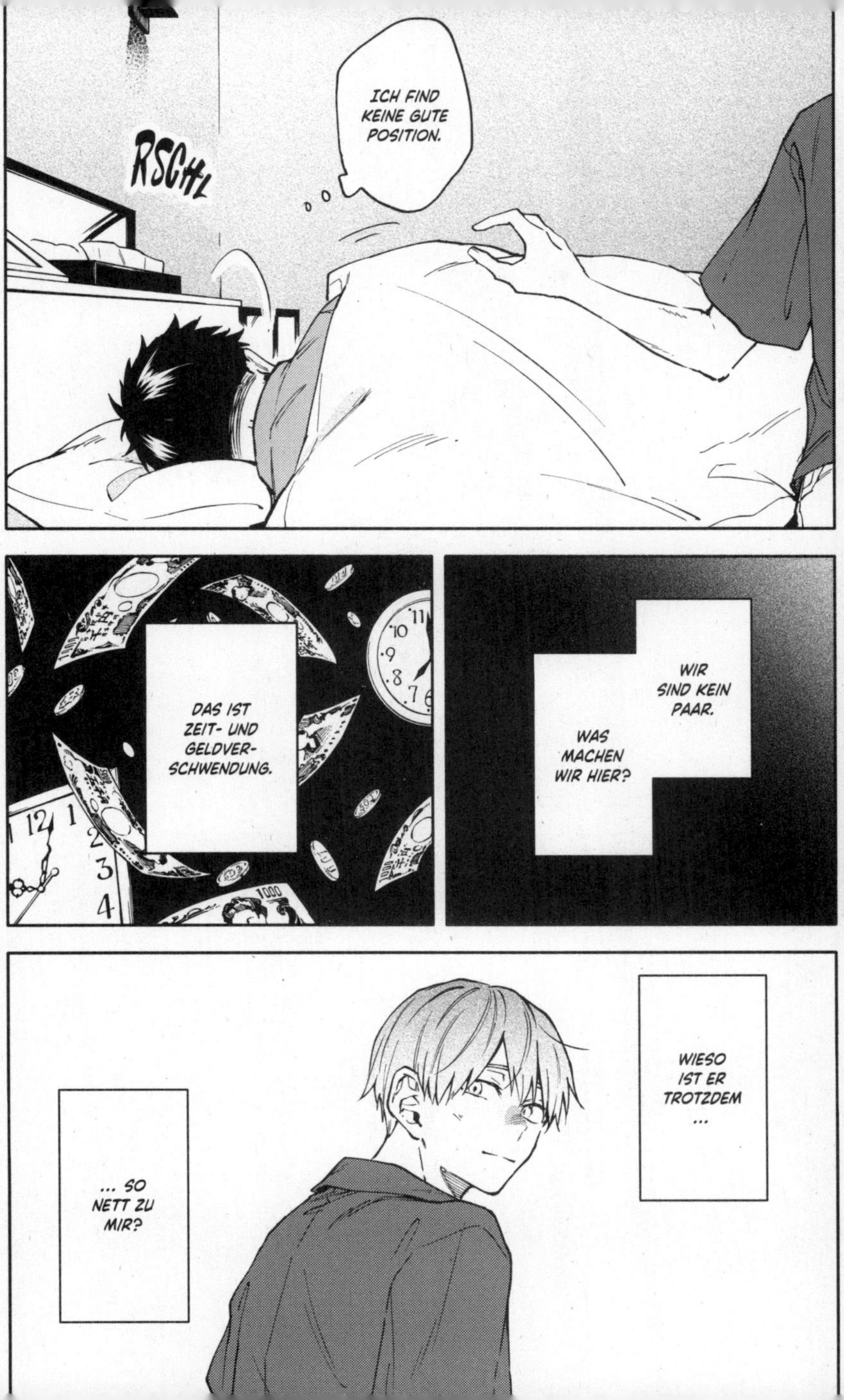

RSCHL
ICH FIND KEINE GUTE POSITION.
WIR SIND KEIN PAAR.
WAS MACHEN WIR HIER?
DAS IST ZEIT- UND GELDVER-SCHWENDUNG.
WIESO IST ER TROTZDEM ...
... SO NETT ZU MIR?

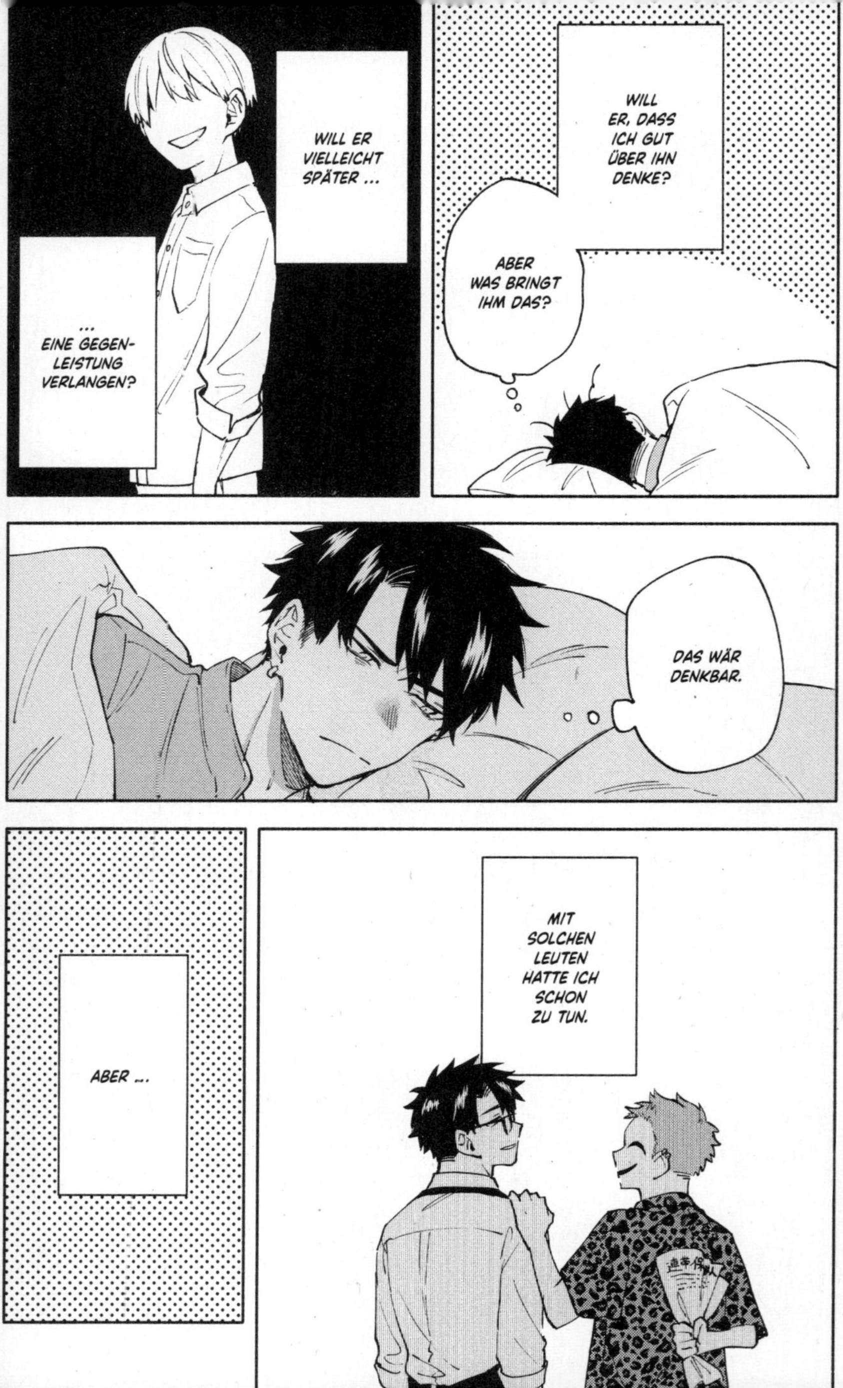
WILL ER, DASS ICH GUT ÜBER IHN DENKE?
ABER WAS BRINGT IHM DAS?
WILL ER VIELLEICHT SPÄTER ...
... EINE GEGEN-LEISTUNG VERLANGEN?
DAS WÄR DENKBAR.
MIT SOLCHEN LEUTEN HATTE ICH SCHON ZU TUN.
ABER ...

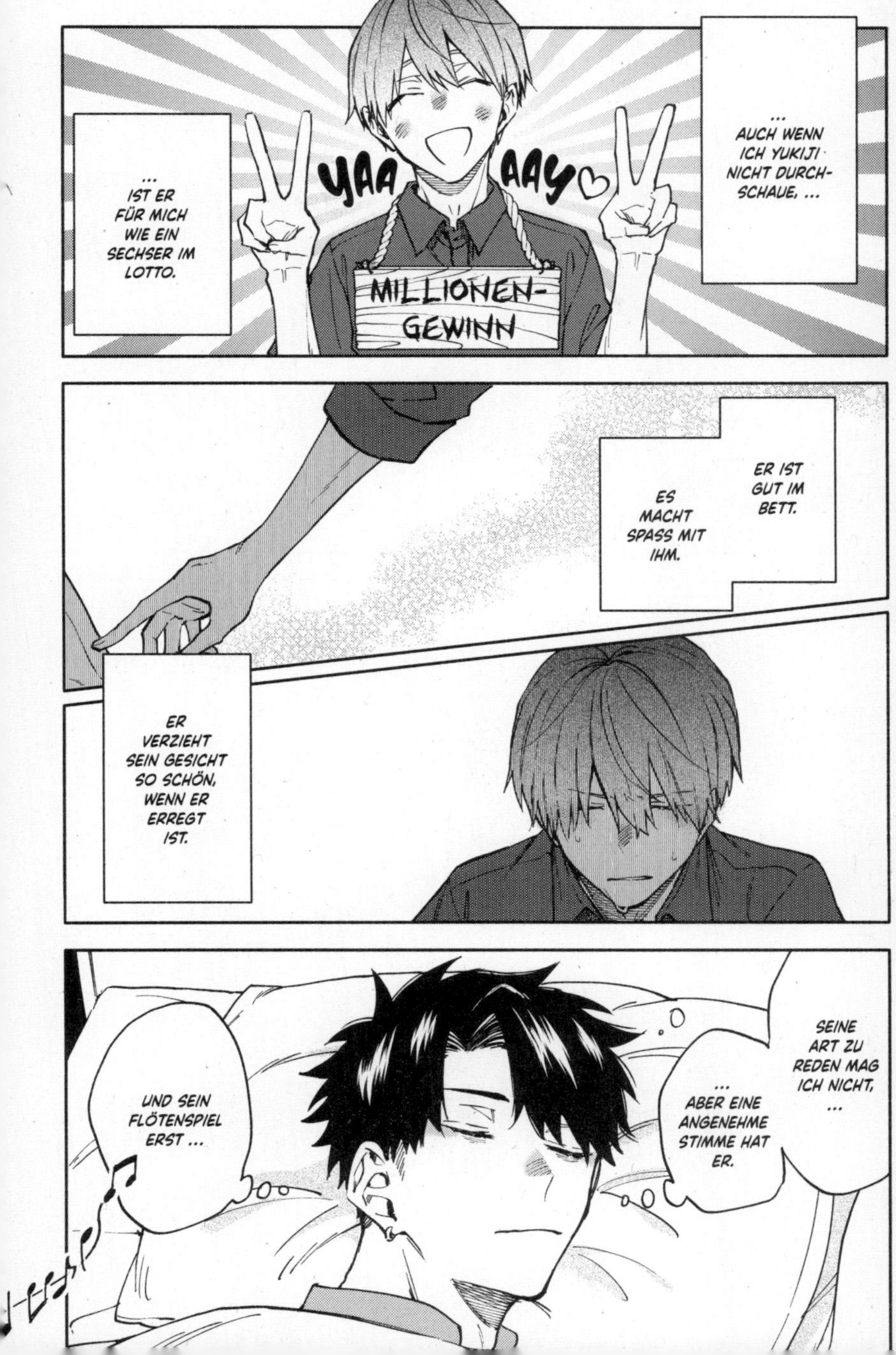
... AUCH WENN ICH YUKIJI NICHT DURCHSCHAUE, ...
YAAAAY
MILLIONEN-GEWINN
... IST ER FÜR MICH WIE EIN SECHSER IM LOTTO.
ER IST GUT IM BETT.
ES MACHT SPASS MIT IHM.
ER VERZIEHT SEIN GESICHT SO SCHÖN, WENN ER ERREGT IST.
SEINE ART ZU REDEN MAG ICH NICHT, ...
... ABER EINE ANGENEHME STIMME HAT ER.
UND SEIN FLÖTENSPIEL ERST ...

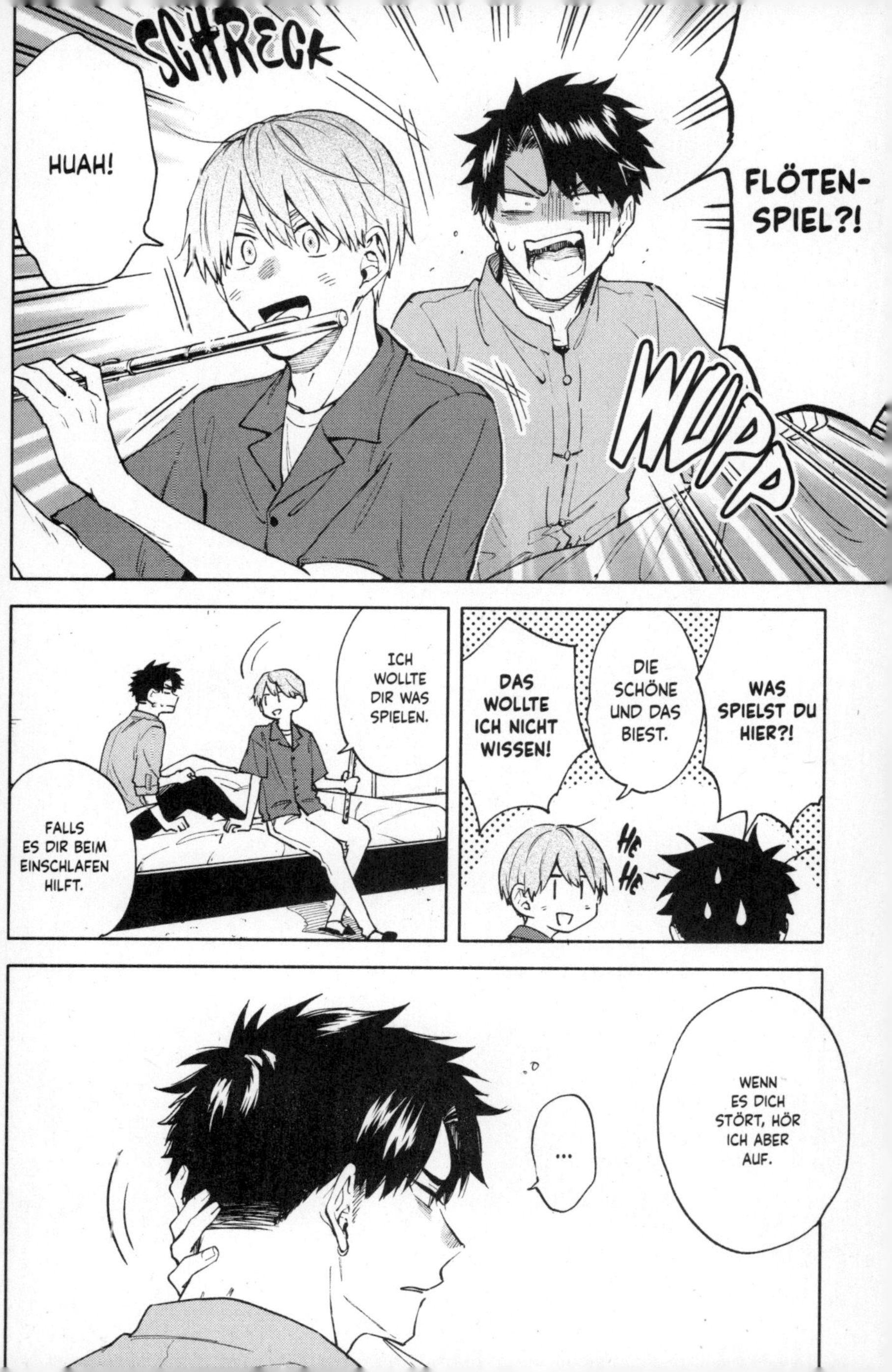

SCHRECK
FLÖTEN-SPIEL?!
HUAH!
WUPP
WAS SPIELST DU HIER?!
DIE SCHÖNE UND DAS BIEST.
DAS WOLLTE ICH NICHT WISSEN!
HE HE
ICH WOLLTE DIR WAS SPIELEN.
FALLS ES DIR BEIM EINSCHLAFEN HILFT.
WENN ES DICH STÖRT, HÖR ICH ABER AUF.
...

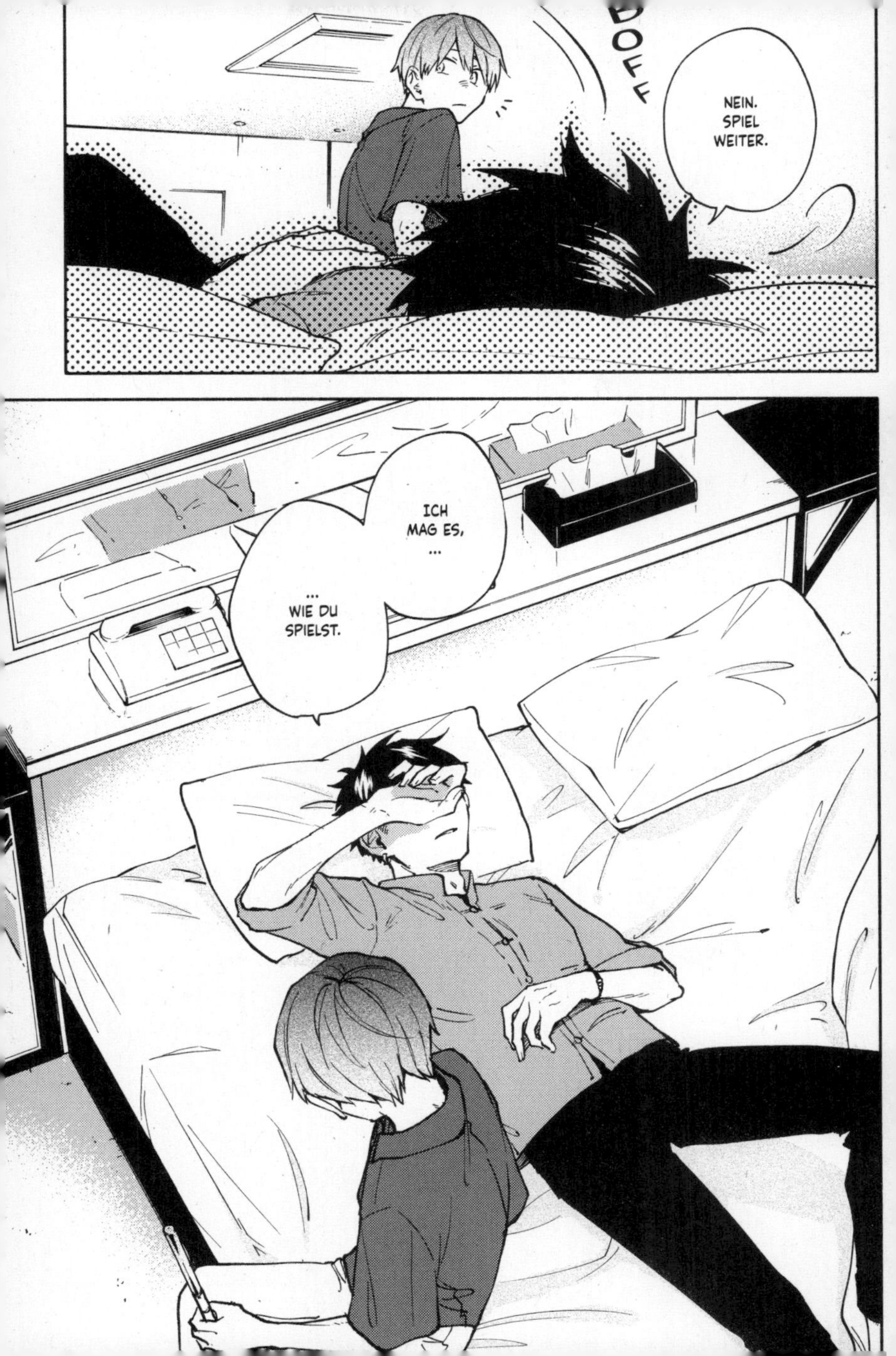
DOFF
NEIN. SPIEL WEITER.
ICH MAG ES, ...
... WIE DU SPIELST.

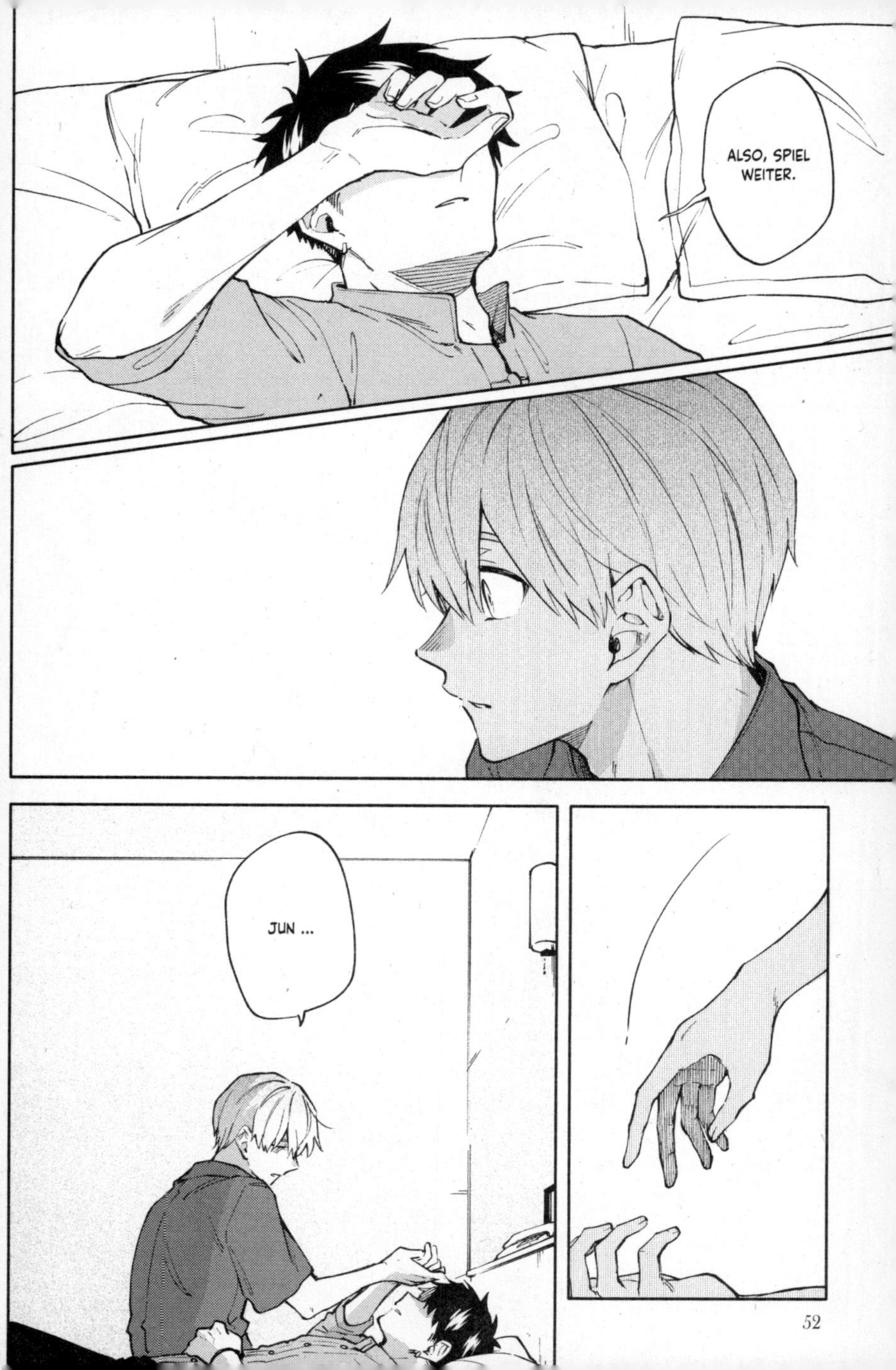
ALSO, SPIEL WEITER.
JUN ...

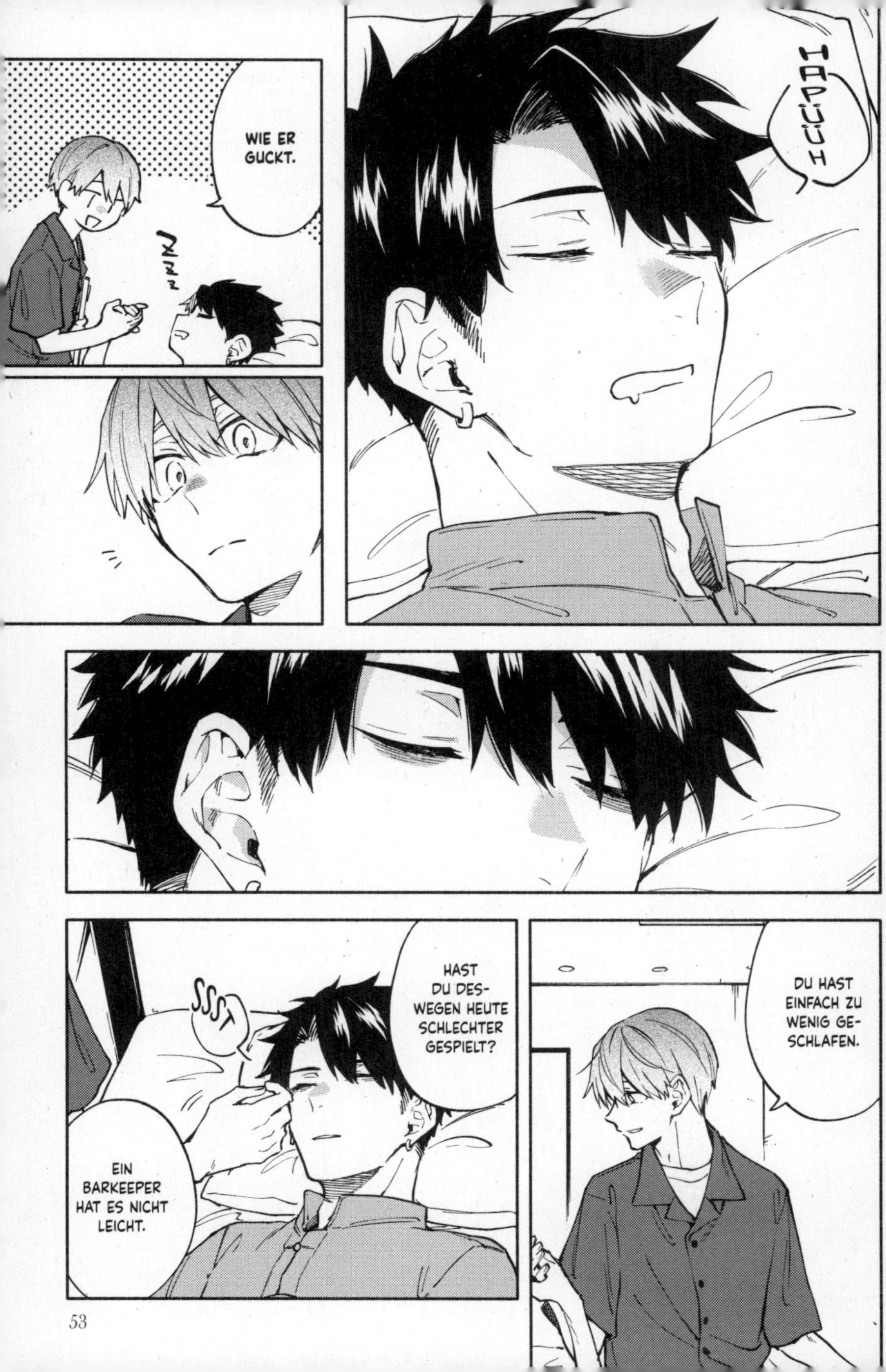
HAPÜÜH
WIE ER GUCKT.
DU HAST EINFACH ZU WENIG GE-SCHLAFEN.
HAST DU DES-WEGEN HEUTE SCHLECHTER GESPIELT?
SSST
EIN BARKEEPER HAT ES NICHT LEICHT.

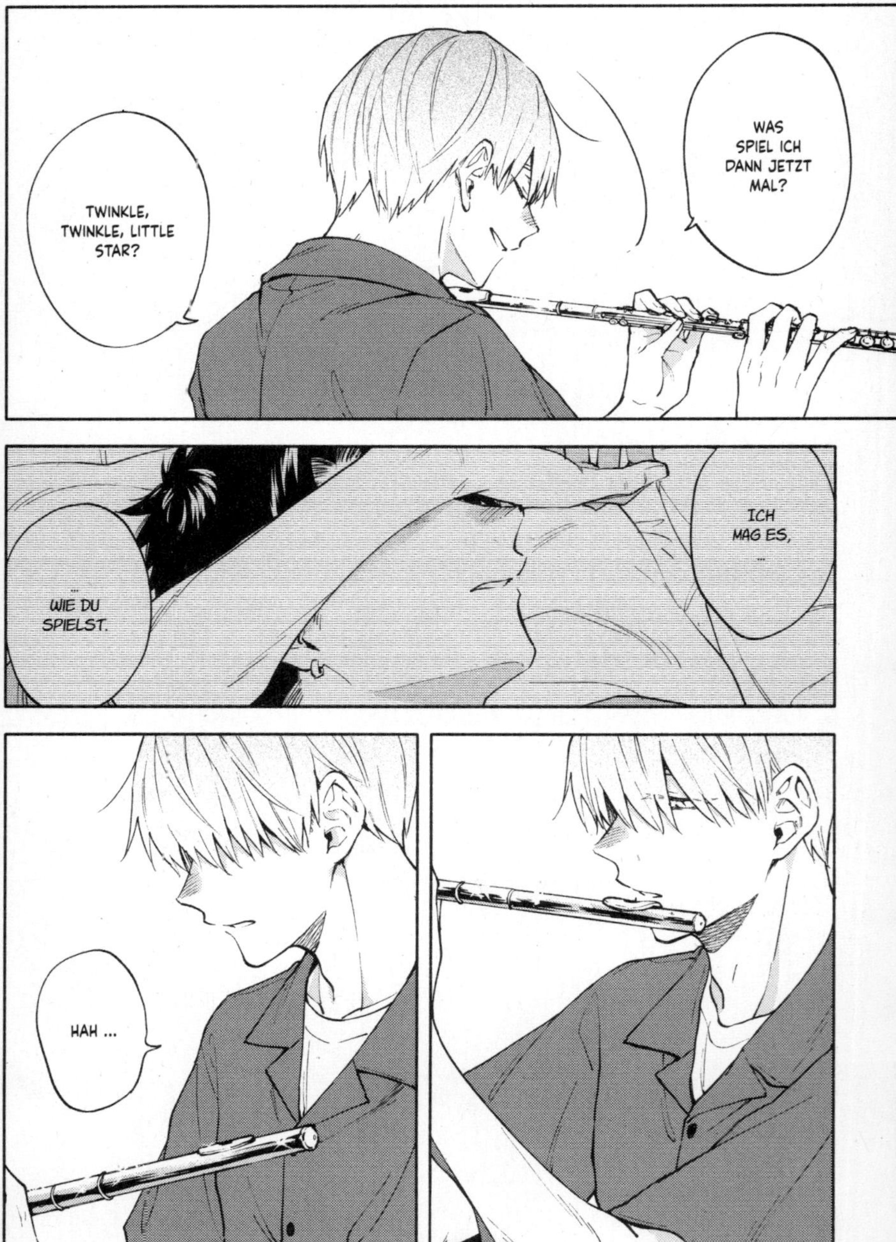
WAS SPIEL ICH DANN JETZT MAL?
TWINKLE, TWINKLE, LITTLE STAR?
ICH MAG ES, ...
... WIE DU SPIELST.
HAH ...

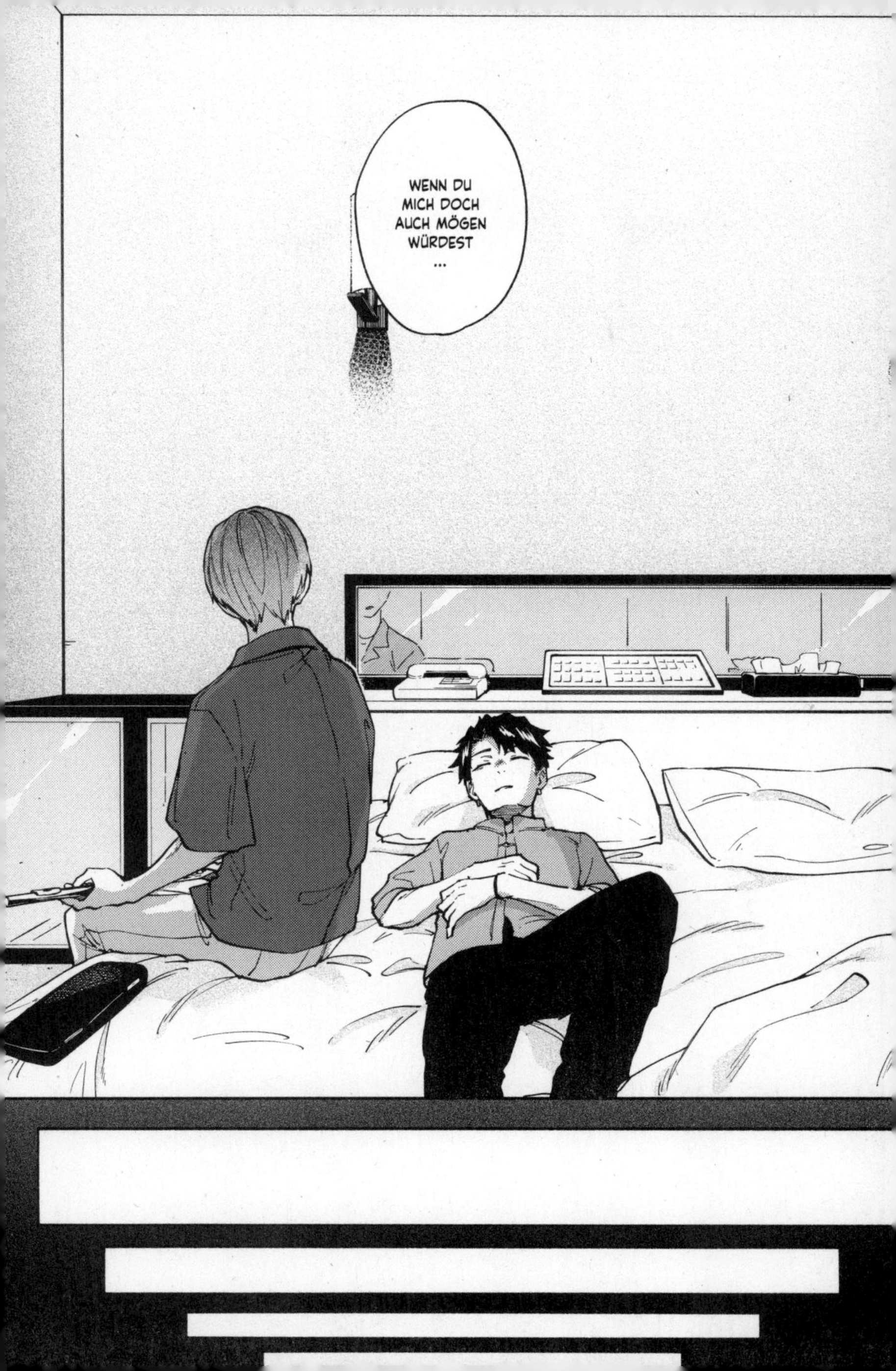
WENN DU MICH DOCH AUCH MÖGEN WÜRDEST ...

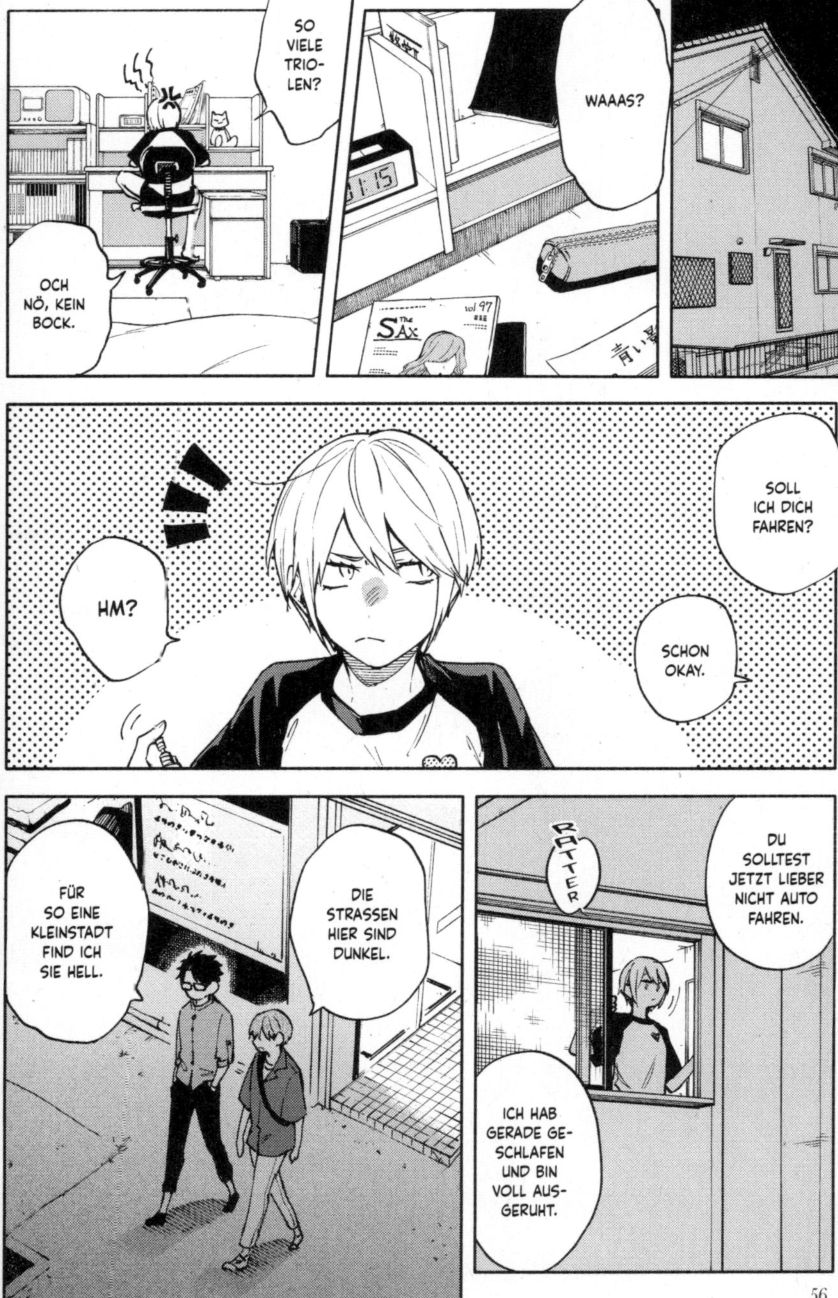
WAAAS?
SO VIELE TRIOLEN?
OCH NÖ, KEIN BOCK.
SOLL ICH DICH FAHREN?
SCHON OKAY.
HM?
RATTER
DU SOLLTEST JETZT LIEBER NICHT AUTO FAHREN.
ICH HAB GERADE GESCHLAFEN UND BIN VOLL AUSGERUHT.
DIE STRASSEN HIER SIND DUNKEL.
FÜR SO EINE KLEINSTADT FIND ICH SIE HELL.

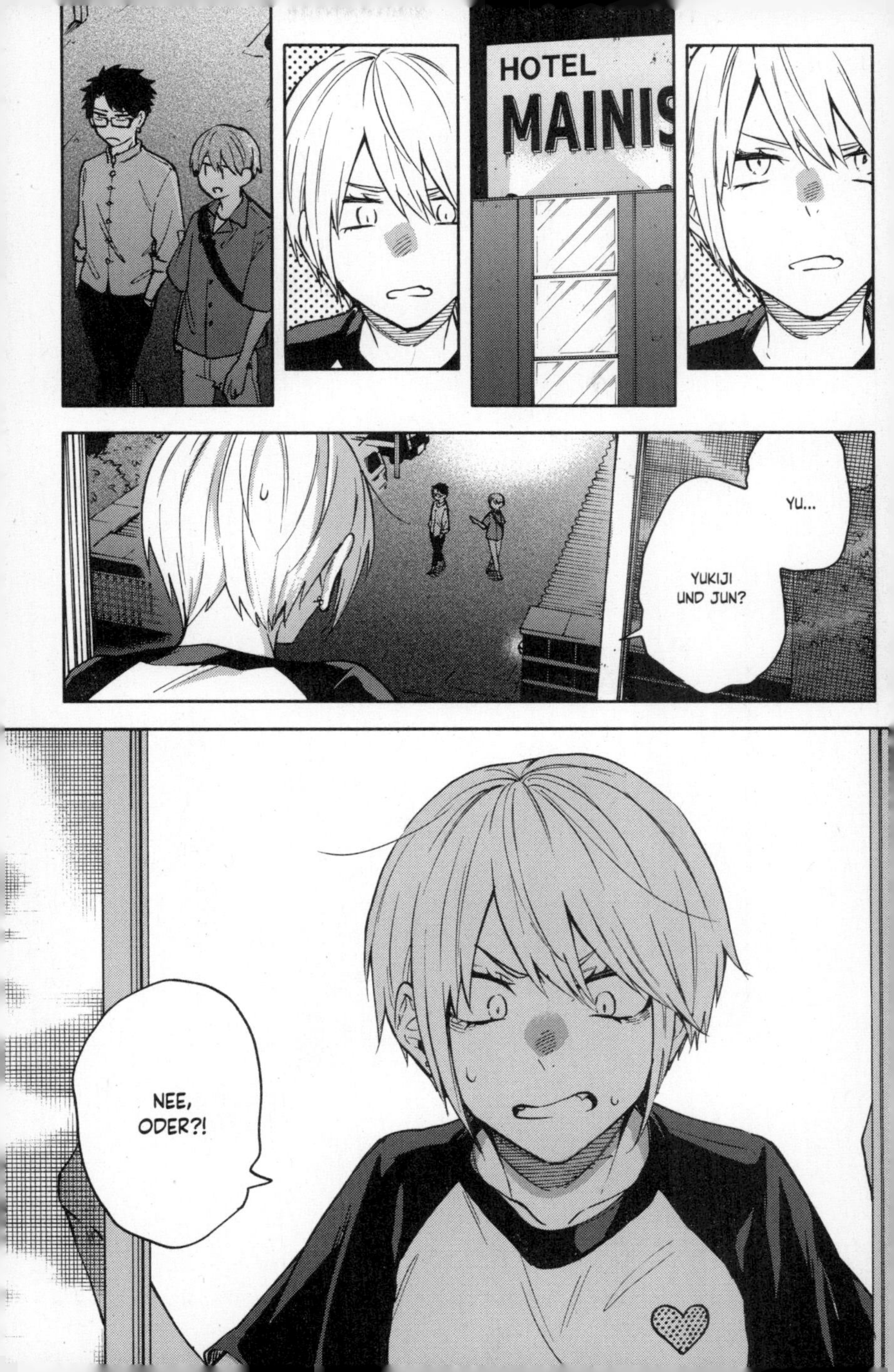
HOTEL
MAINIS
YU...
YUKIJI UND JUN?
NEE, ODER?!

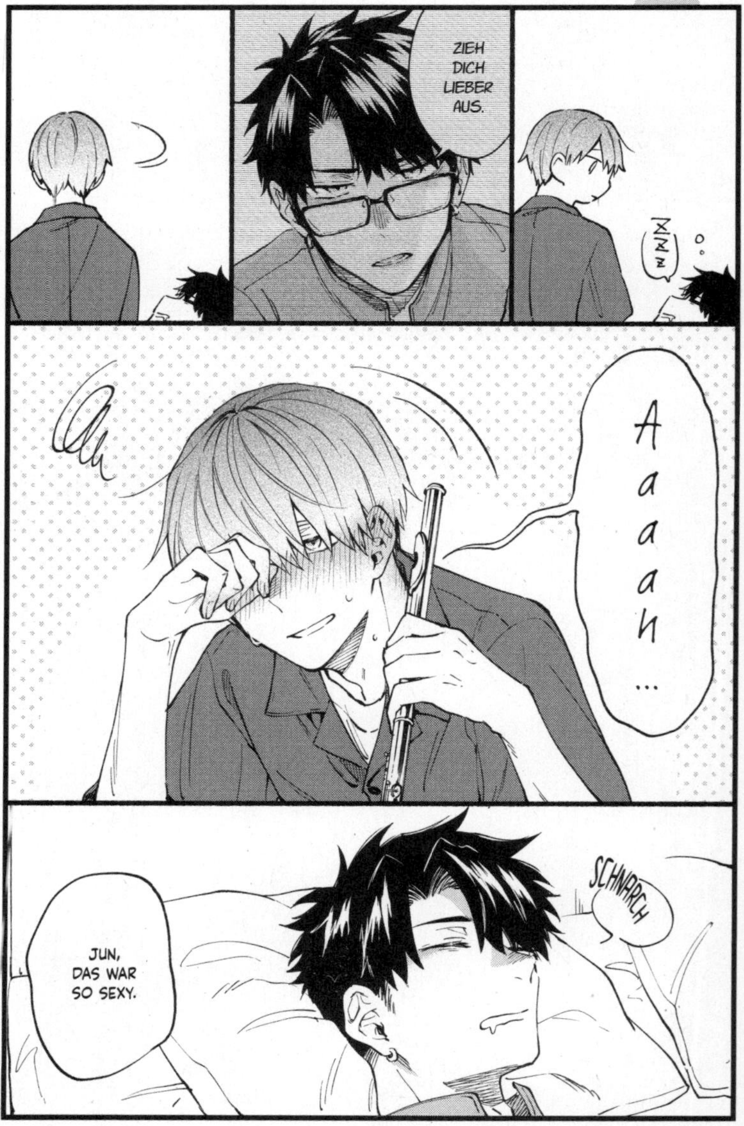
ZIEH DICH LIEBER AUS.
Aaaah ...
SCHNARCH
JUN, DAS WAR SO SEXY.

#04 Zu nett zum Verlieben

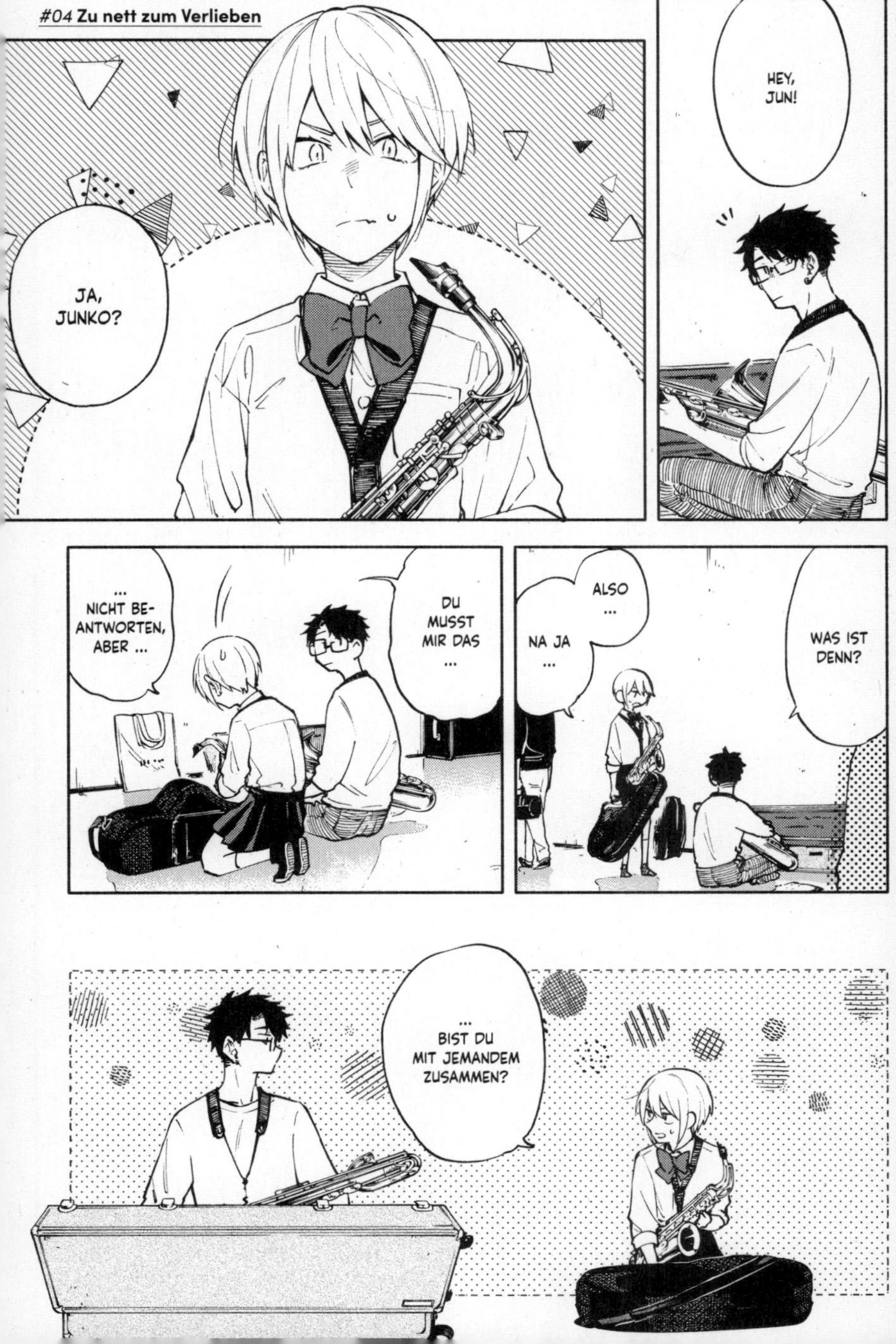

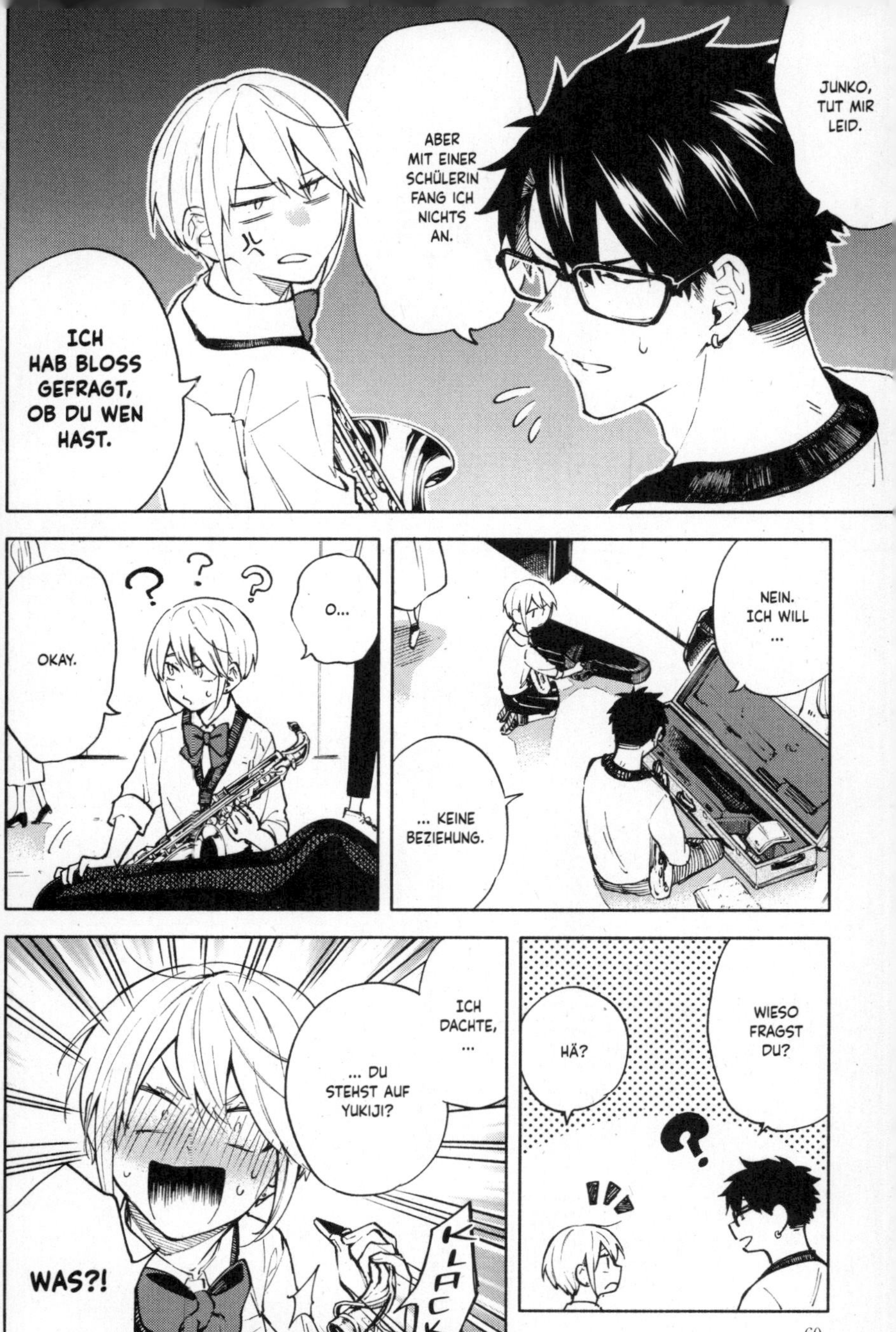
JUNKO, TUT MIR LEID.
ABER MIT EINER SCHÜLERIN FANG ICH NICHTS AN.
ICH HAB BLOSS GEFRAGT, OB DU WEN HAST.
NEIN. ICH WILL ...
... KEINE BEZIEHUNG.
O...
OKAY.
WIESO FRAGST DU?
HÄ?
ICH DACHTE, ...
... DU STEHST AUF YUKIJI?
KLACK
WAS?!

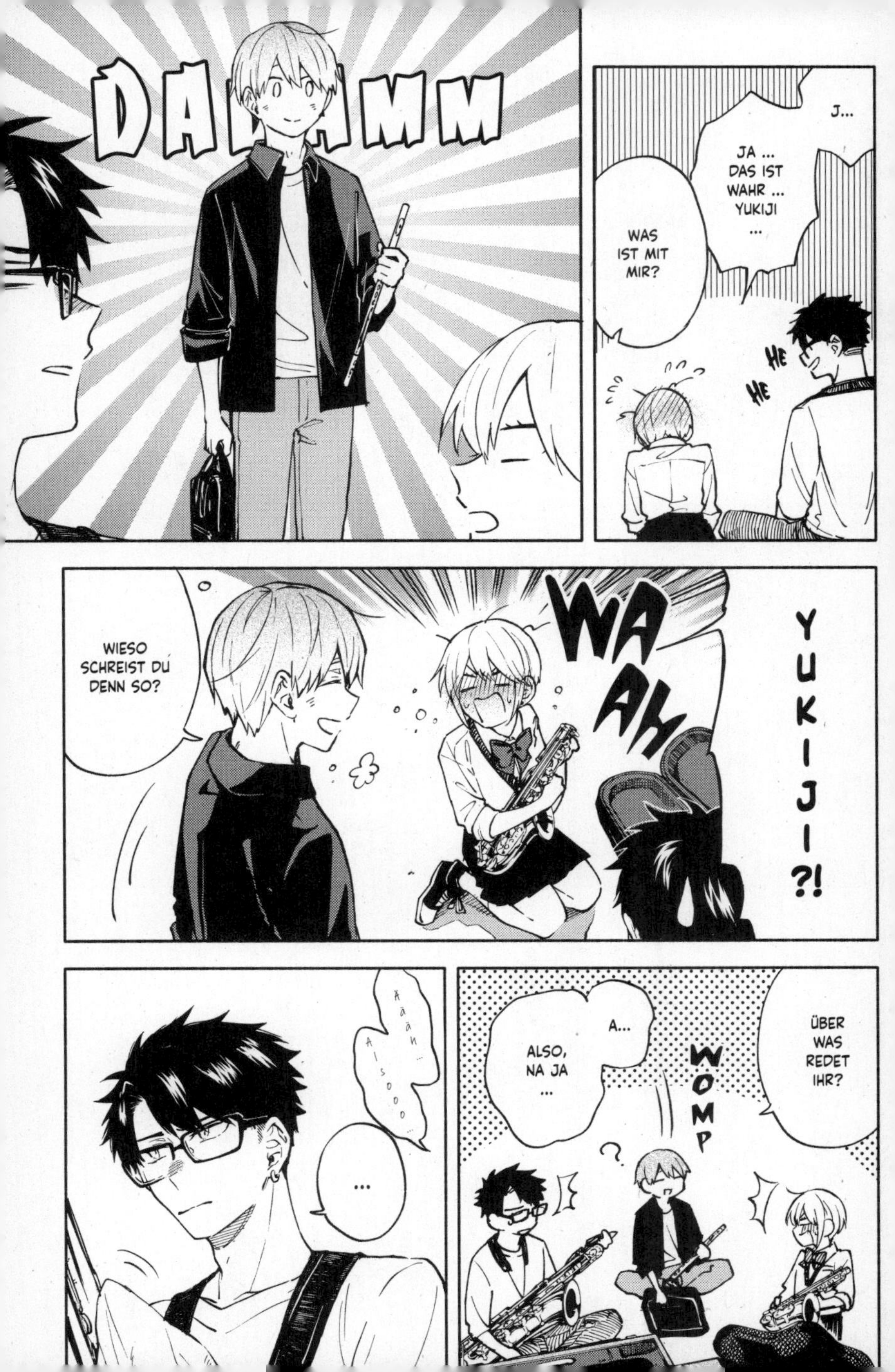
J...
JA ... DAS IST WAHR ... YUKIJI ...
WAS IST MIT MIR?
HE
HE
DA AMM
YUKIJI?!
WA AH
WIESO SCHREIST DU DENN SO?
ÜBER WAS REDET IHR?
WOMP
A...
ALSO, NA JA ...
Ääh ...
Alsooo ...
...

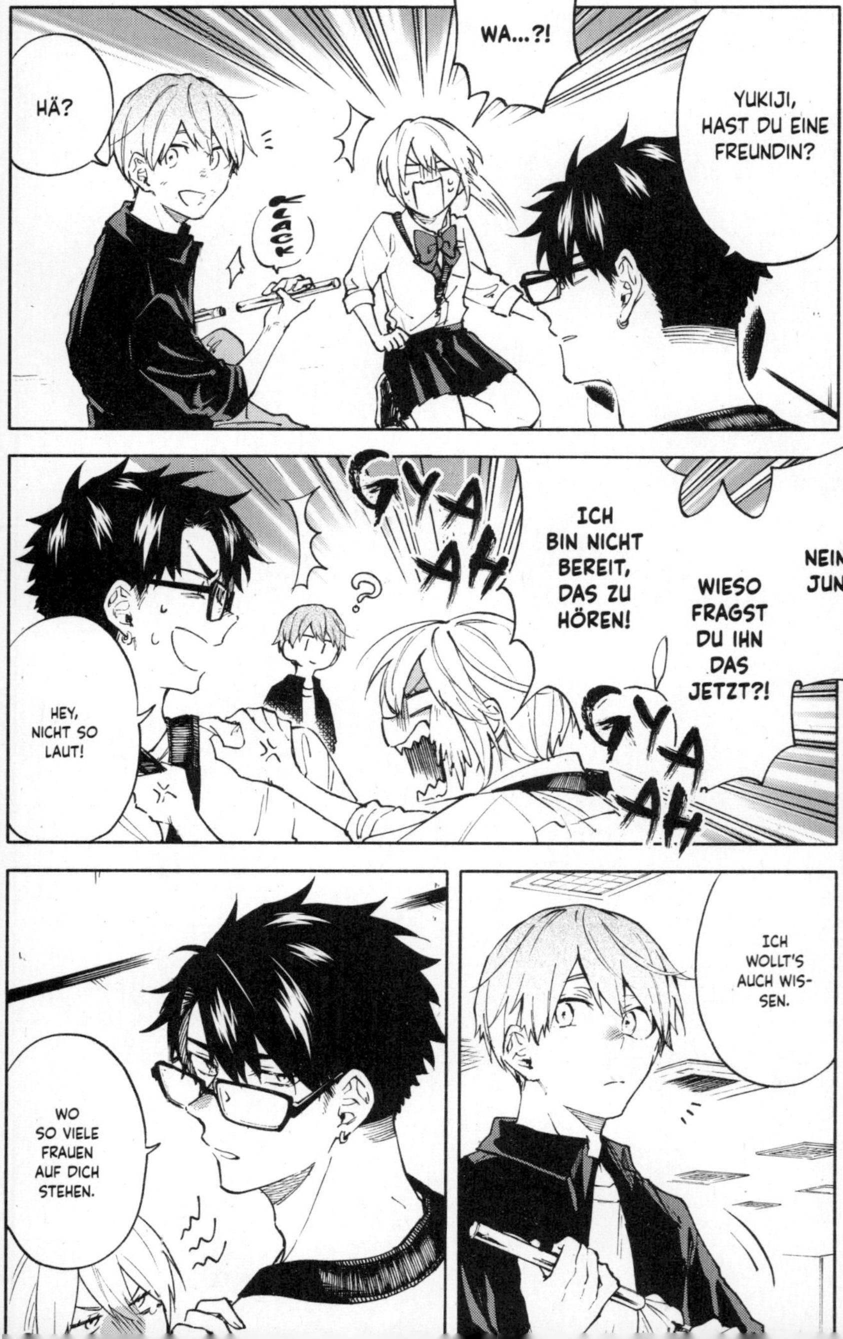
YUKIJI, HAST DU EINE FREUNDIN?
WA...?!
KLACK
HÄ?
NEIN, JUN!
WIESO FRAGST DU IHN DAS JETZT?!
ICH BIN NICHT BEREIT, DAS ZU HÖREN!
GYAAH
GYAAH
HEY, NICHT SO LAUT!
ICH WOLLT'S AUCH WISSEN.
WO SO VIELE FRAUEN AUF DICH STEHEN.

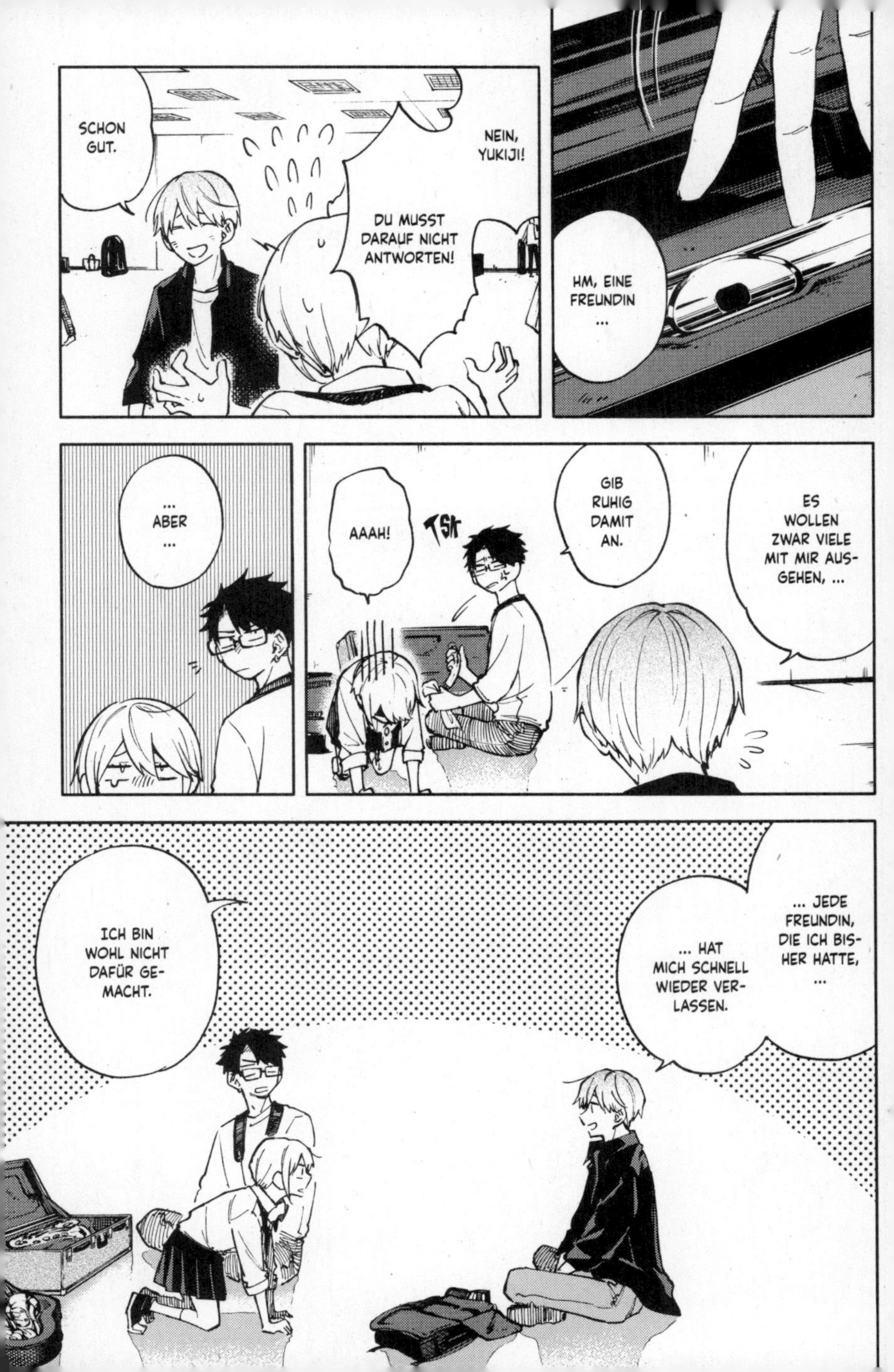
HM, EINE FREUNDIN ...
NEIN, YUKIJI!
DU MUSST DARAUF NICHT ANTWORTEN!
SCHON GUT.
ES WOLLEN ZWAR VIELE MIT MIR AUS-GEHEN, ...
GIB RUHIG DAMIT AN.
TSK
AAAH!
... ABER ...
... JEDE FREUNDIN, DIE ICH BIS-HER HATTE, ...
... HAT MICH SCHNELL WIEDER VER-LASSEN.
ICH BIN WOHL NICHT DAFÜR GE-MACHT.

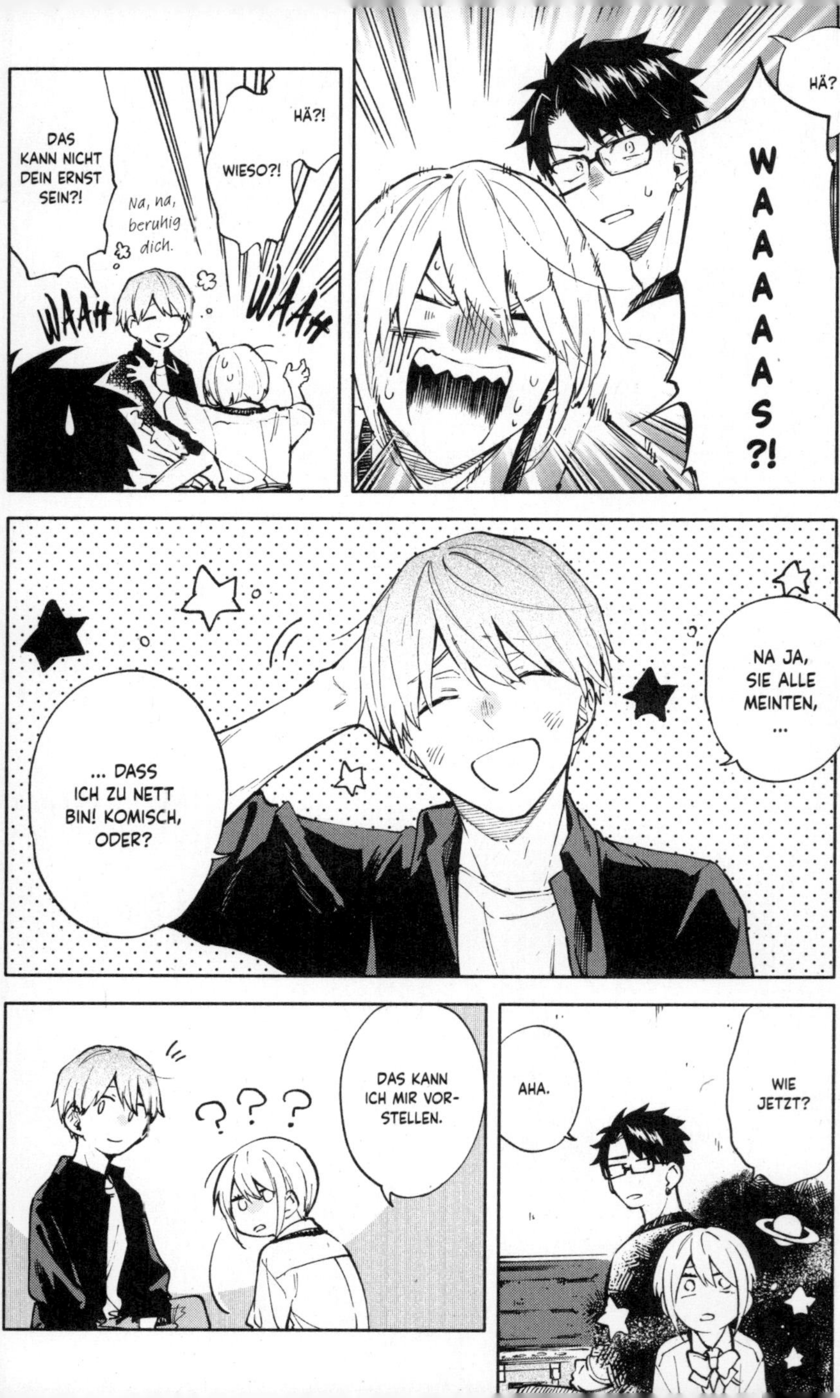
HÄ?
WAAAAAAS?!
HÄ?!
WIESO?!
DAS KANN NICHT DEIN ERNST SEIN?!
Na, na, beruhig dich.
WAAH
WAAH
NA JA, SIE ALLE MEINTEN, ...
... DASS ICH ZU NETT BIN! KOMISCH, ODER?
WIE JETZT?
AHA.
DAS KANN ICH MIR VORSTELLEN.

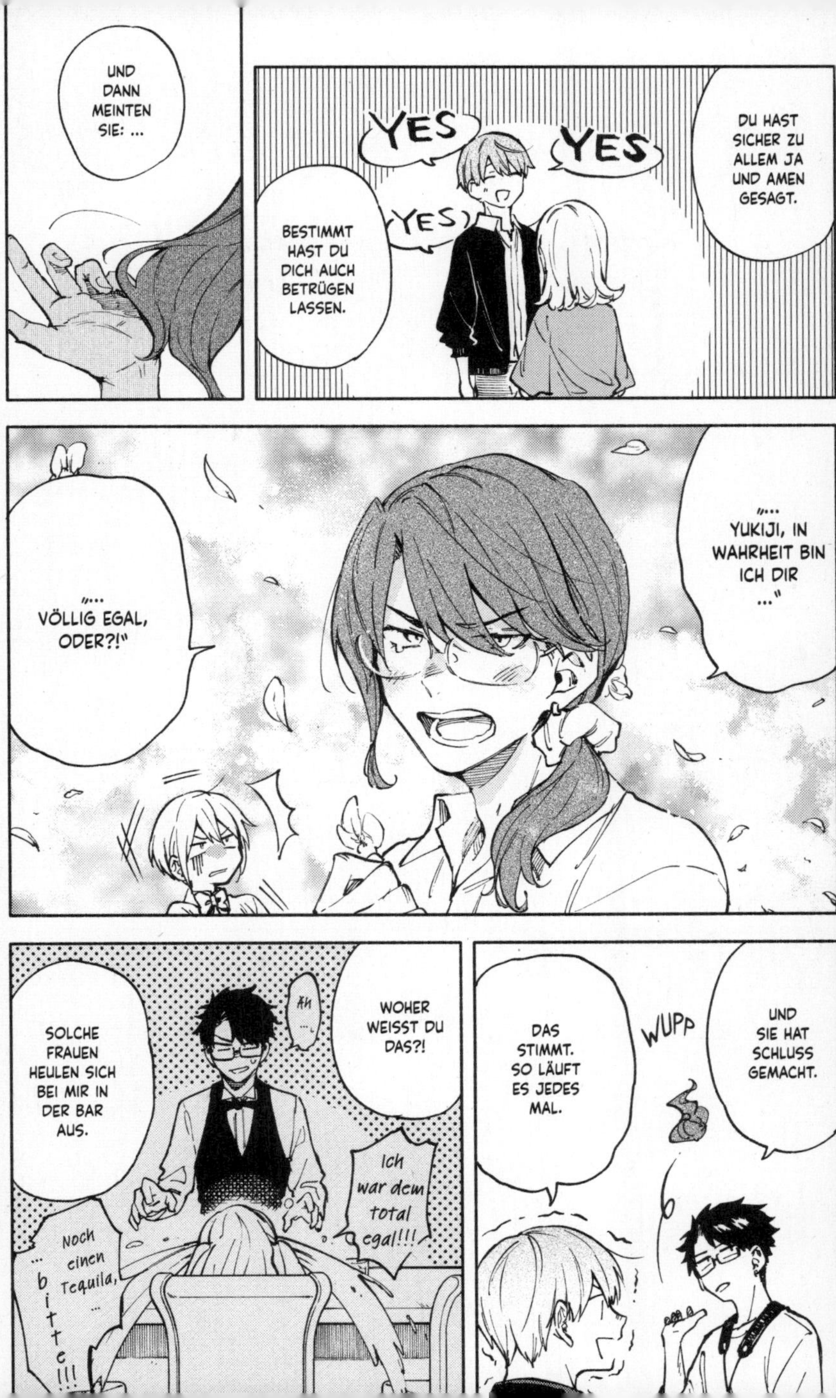
DU HAST SICHER ZU ALLEM JA UND AMEN GESAGT.
YES
YES
YES
BESTIMMT HAST DU DICH AUCH BETRÜGEN LASSEN.
UND DANN MEINTEN SIE: ...
„... YUKIJI, IN WAHRHEIT BIN ICH DIR ...“
„... VÖLLIG EGAL, ODER?!“
UND SIE HAT SCHLUSS GEMACHT.
WUPP
DAS STIMMT. SO LÄUFT ES JEDES MAL.
WOHER WEISST DU DAS?!
Ah ...
SOLCHE FRAUEN HEULEN SICH BEI MIR IN DER BAR AUS.
Ich war dem total egal!!!
Noch einen Tequila, ...
... bitte!!!

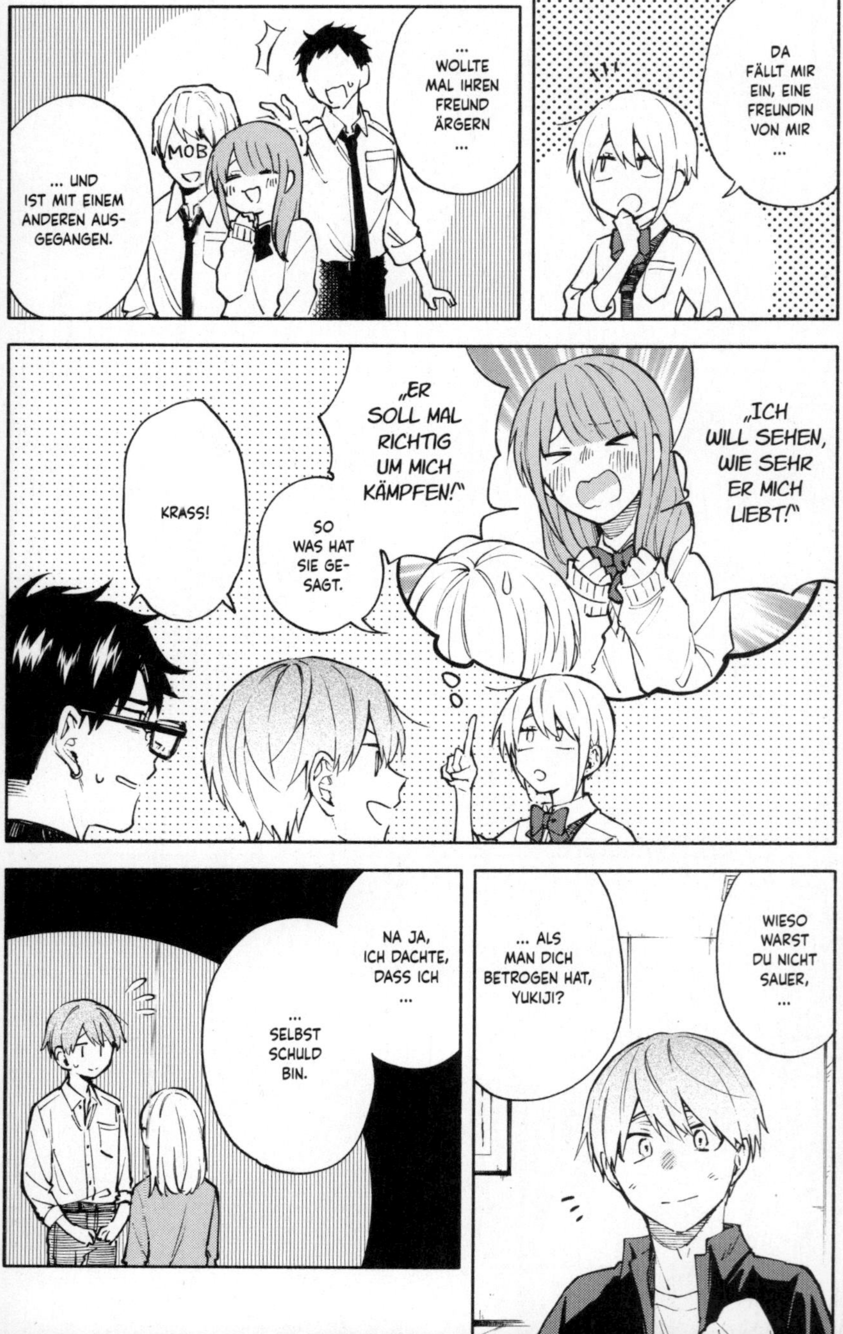
DA FÄLLT MIR EIN, EINE FREUNDIN VON MIR ...
... WOLLTE MAL IHREN FREUND ÄRGERN ...
... UND IST MIT EINEM ANDEREN AUS-GEGANGEN.
MOB
„ICH WILL SEHEN, WIE SEHR ER MICH LIEBT!"
„ER SOLL MAL RICHTIG UM MICH KÄMPFEN!"
SO WAS HAT SIE GE-SAGT.
KRASS!
WIESO WARST DU NICHT SAUER, ...
... ALS MAN DICH BETROGEN HAT, YUKIJI?
NA JA, ICH DACHTE, DASS ICH ...
... SELBST SCHULD BIN.

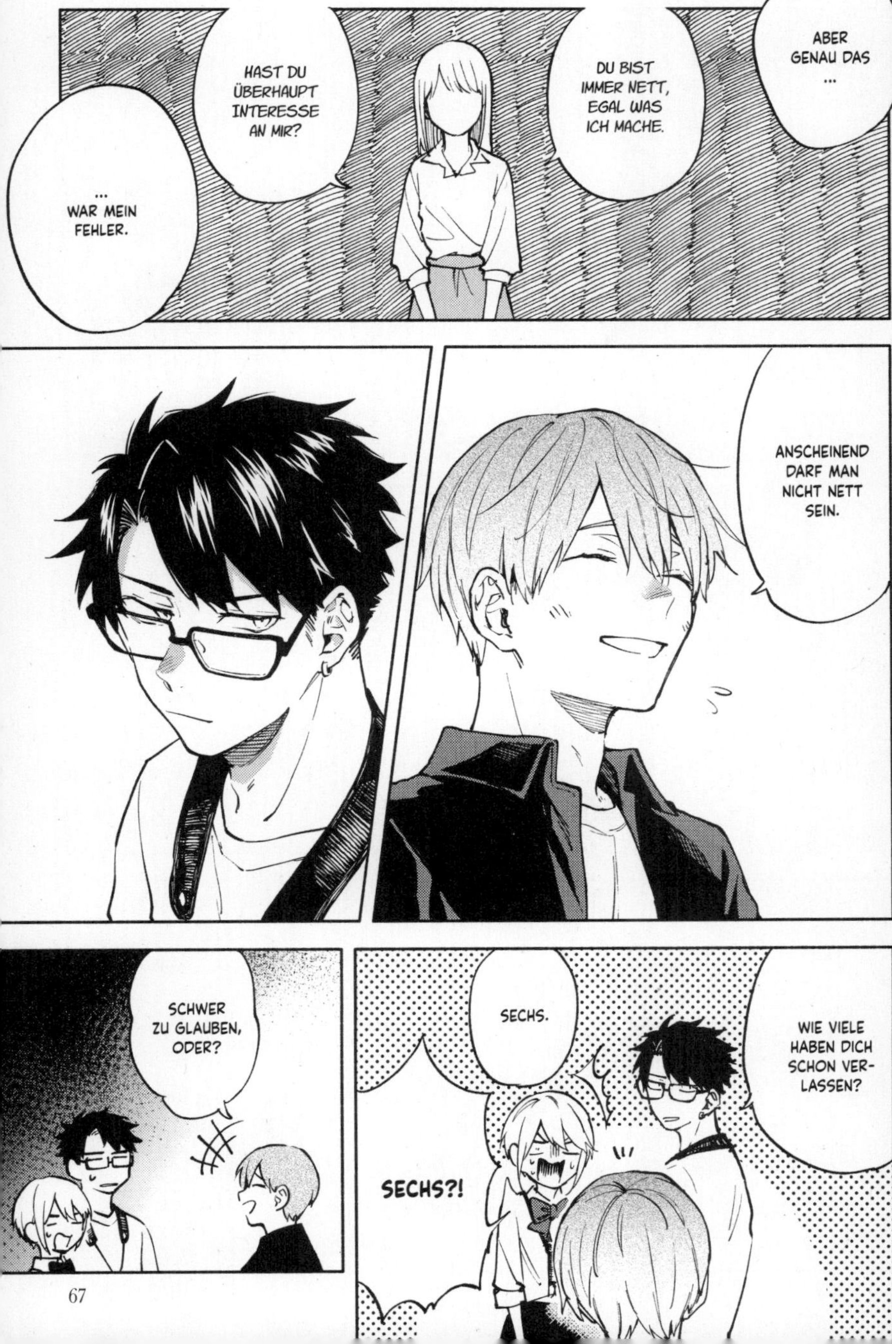
ABER GENAU DAS ...
DU BIST IMMER NETT, EGAL WAS ICH MACHE.
HAST DU ÜBERHAUPT INTERESSE AN MIR?
... WAR MEIN FEHLER.
ANSCHEINEND DARF MAN NICHT NETT SEIN.
WIE VIELE HABEN DICH SCHON VERLASSEN?
SECHS.
SECHS?!
SCHWER ZU GLAUBEN, ODER?

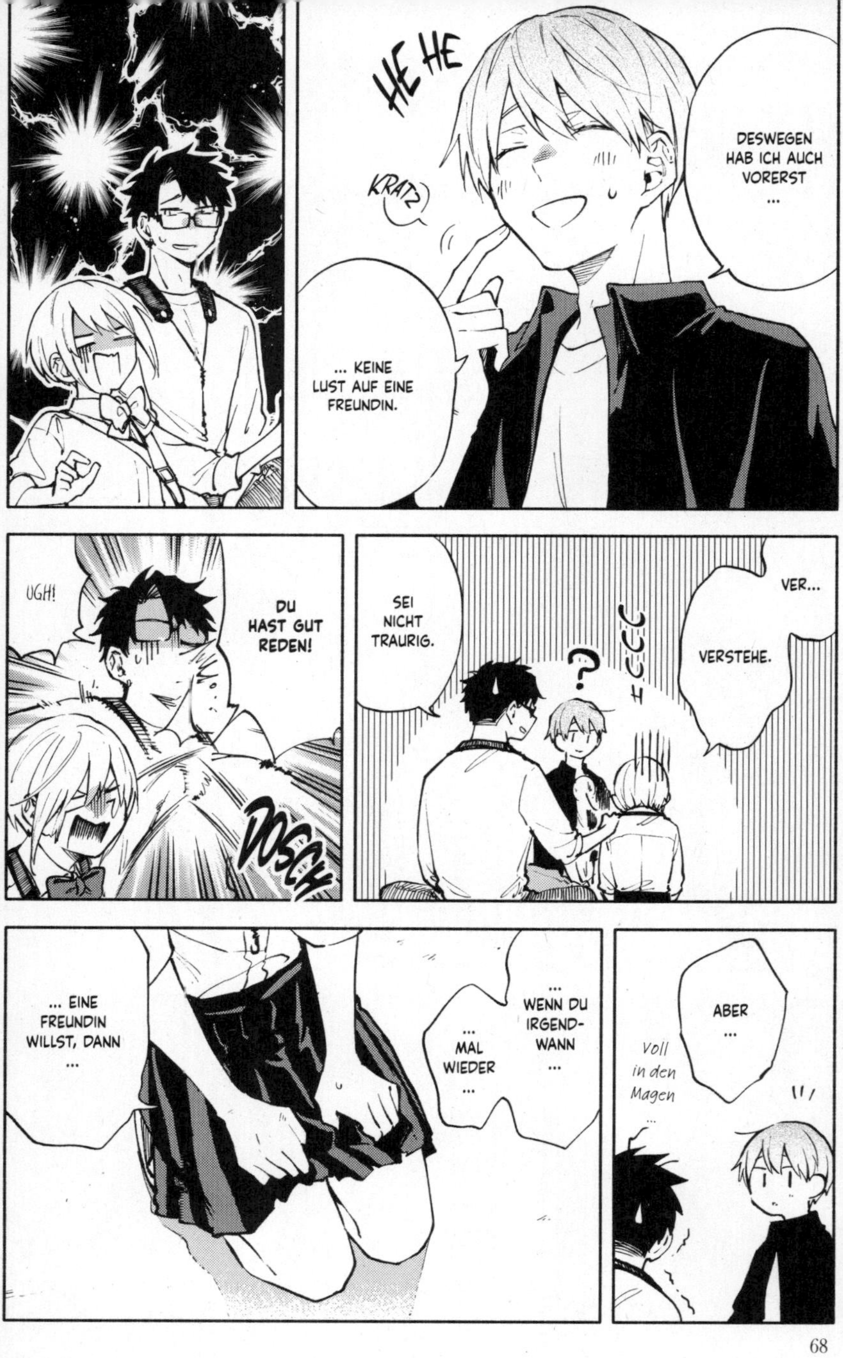
HE HE
DESWEGEN HAB ICH AUCH VORERST ...
KRATZ
... KEINE LUST AUF EINE FREUNDIN.
VER...
VERSTEHE.
SEI NICHT TRAURIG.
DU HAST GUT REDEN!
UGH!
DOSCH
ABER ...
Voll in den Magen ...
... WENN DU IRGEND-WANN ...
... MAL WIEDER ...
... EINE FREUNDIN WILLST, DANN ...

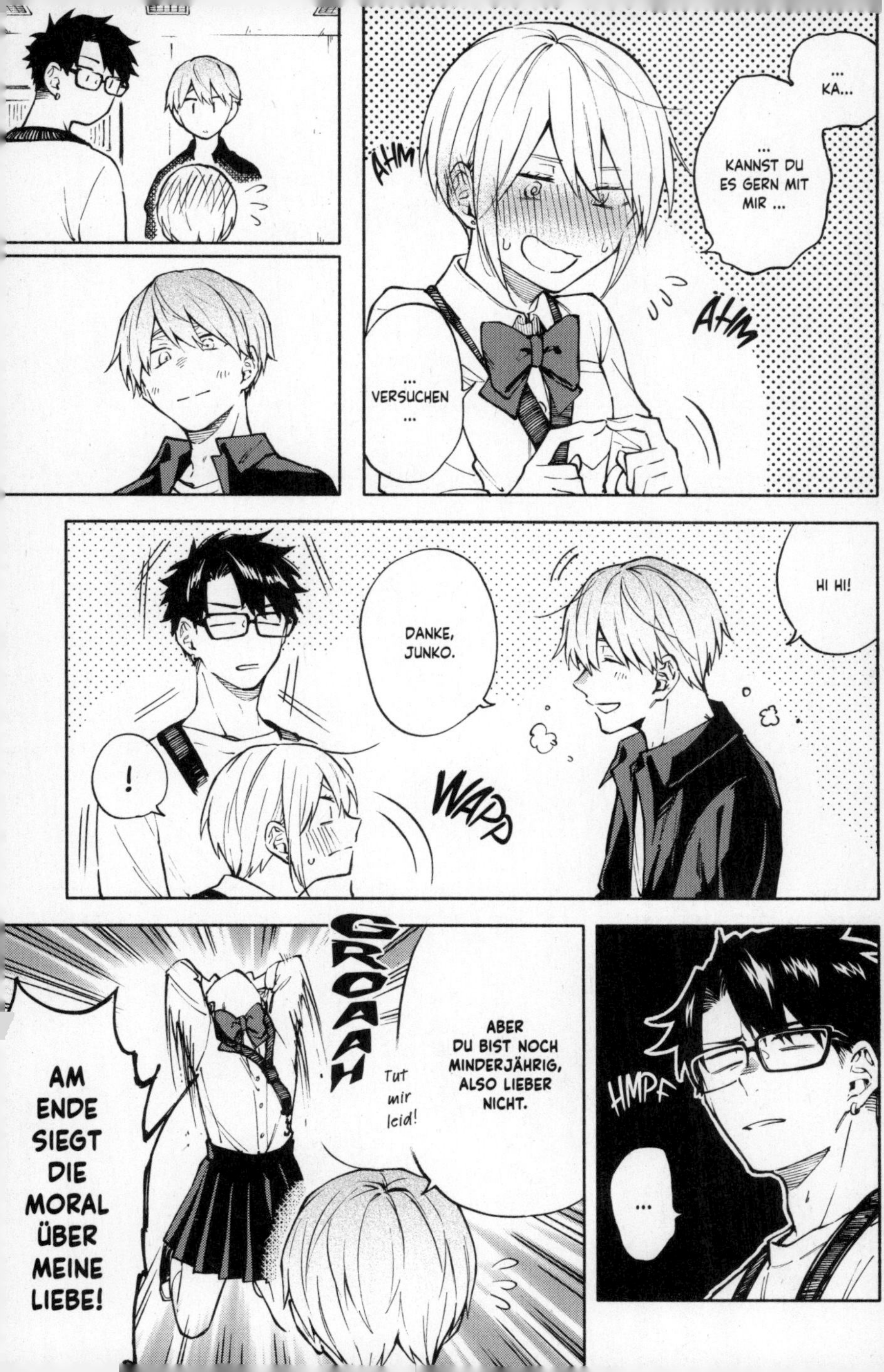
... KA...
... KANNST DU ES GERN MIT MIR ...
ÄHM
ÄHM
... VERSUCHEN ...
HI HI!
DANKE, JUNKO.
WAPP
!
HMPF
...
ABER DU BIST NOCH MINDERJÄHRIG, ALSO LIEBER NICHT.
GROAAH
Tut mir leid!
AM ENDE SIEGT DIE MORAL ÜBER MEINE LIEBE!

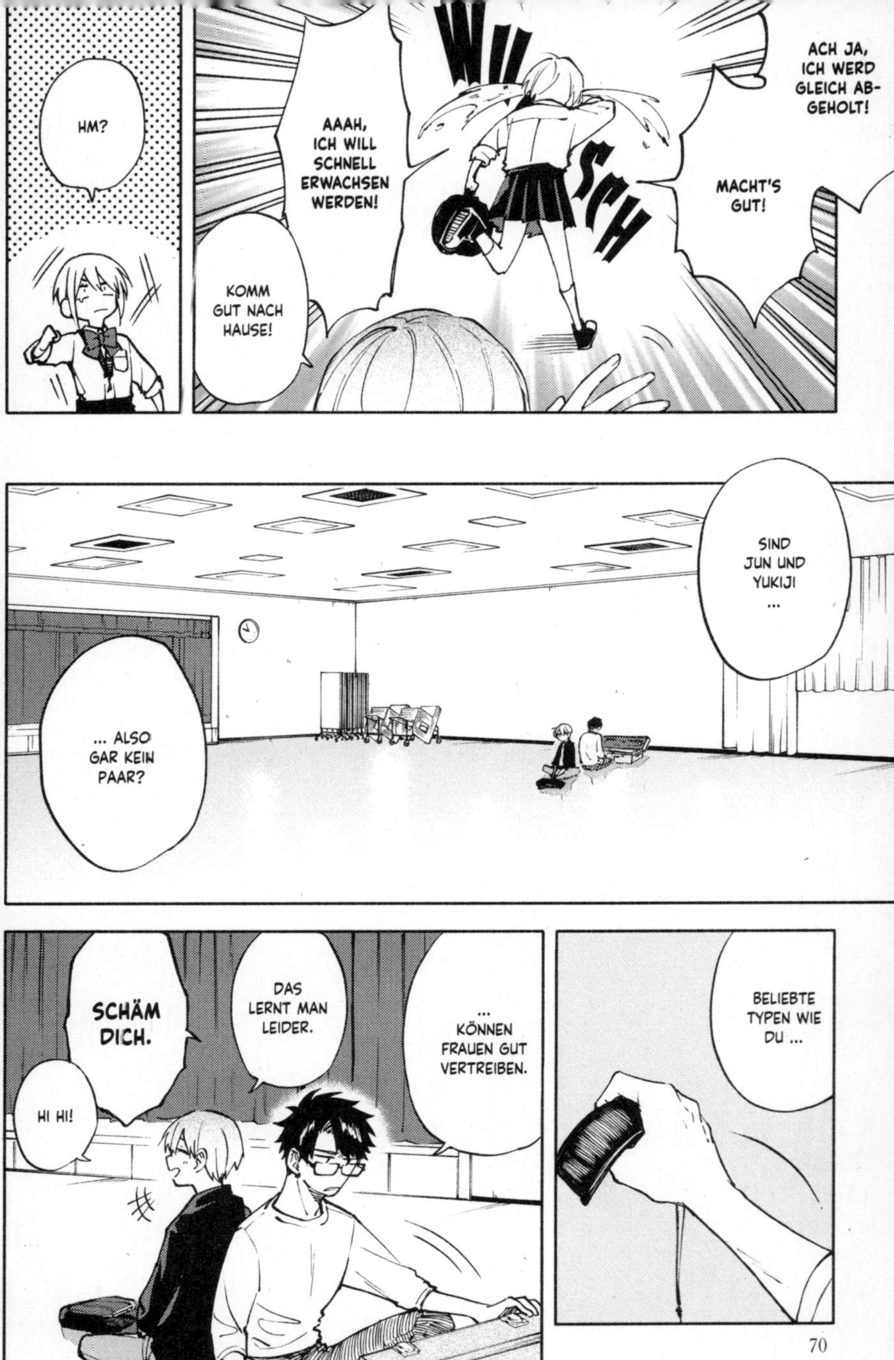
ACH JA, ICH WERD GLEICH AB-GEHOLT!
MACHT'S GUT!
WUSCH
AAAH, ICH WILL SCHNELL ERWACHSEN WERDEN!
KOMM GUT NACH HAUSE!
HM?
SIND JUN UND YUKIJI ...
... ALSO GAR KEIN PAAR?
BELIEBTE TYPEN WIE DU ...
... KÖNNEN FRAUEN GUT VERTREIBEN.
DAS LERNT MAN LEIDER.
SCHÄM DICH.
HI HI!

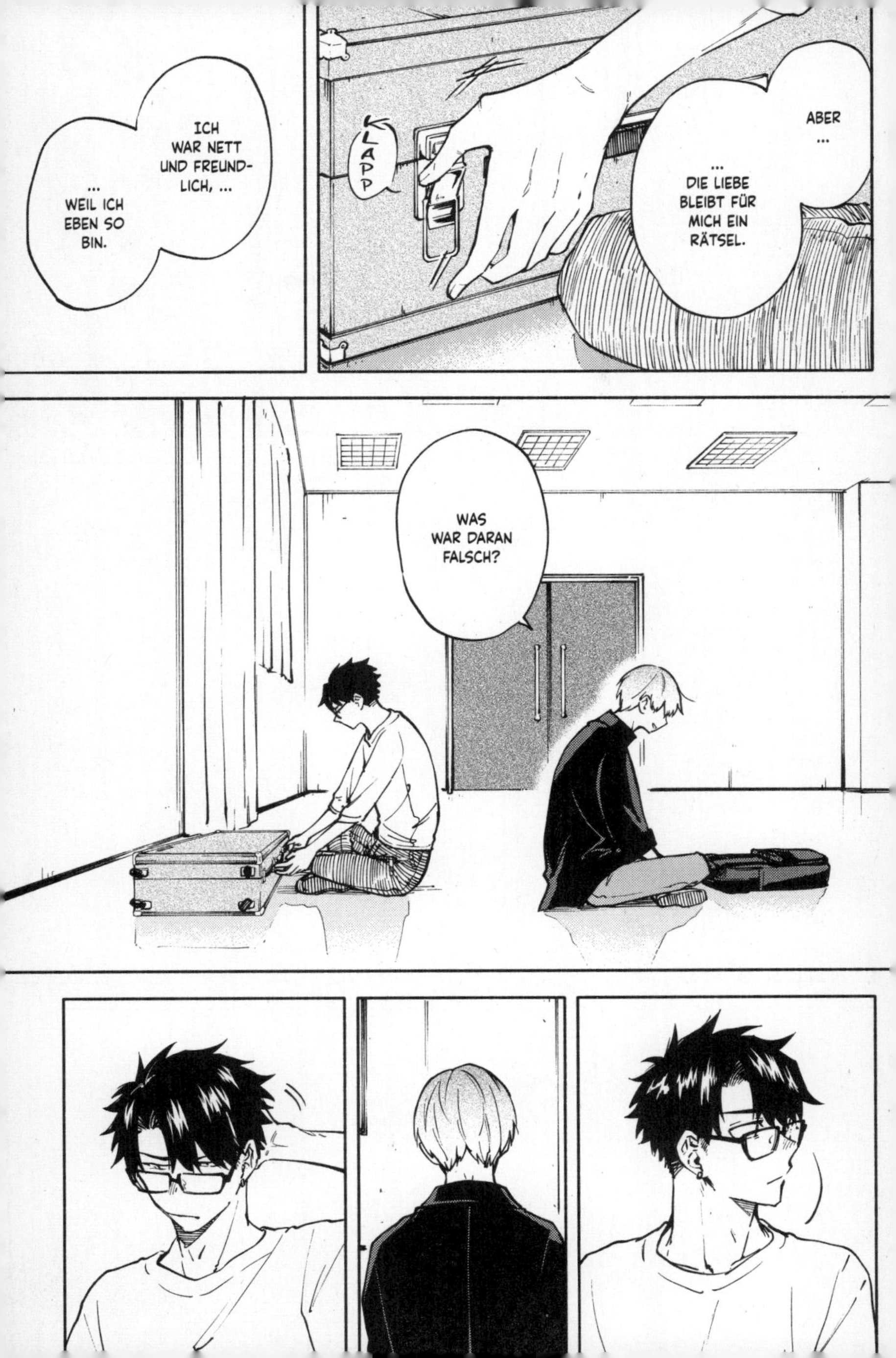
ABER …
… DIE LIEBE BLEIBT FÜR MICH EIN RÄTSEL.
KLAPP
ICH WAR NETT UND FREUND-LICH, …
… WEIL ICH EBEN SO BIN.
WAS WAR DARAN FALSCH?

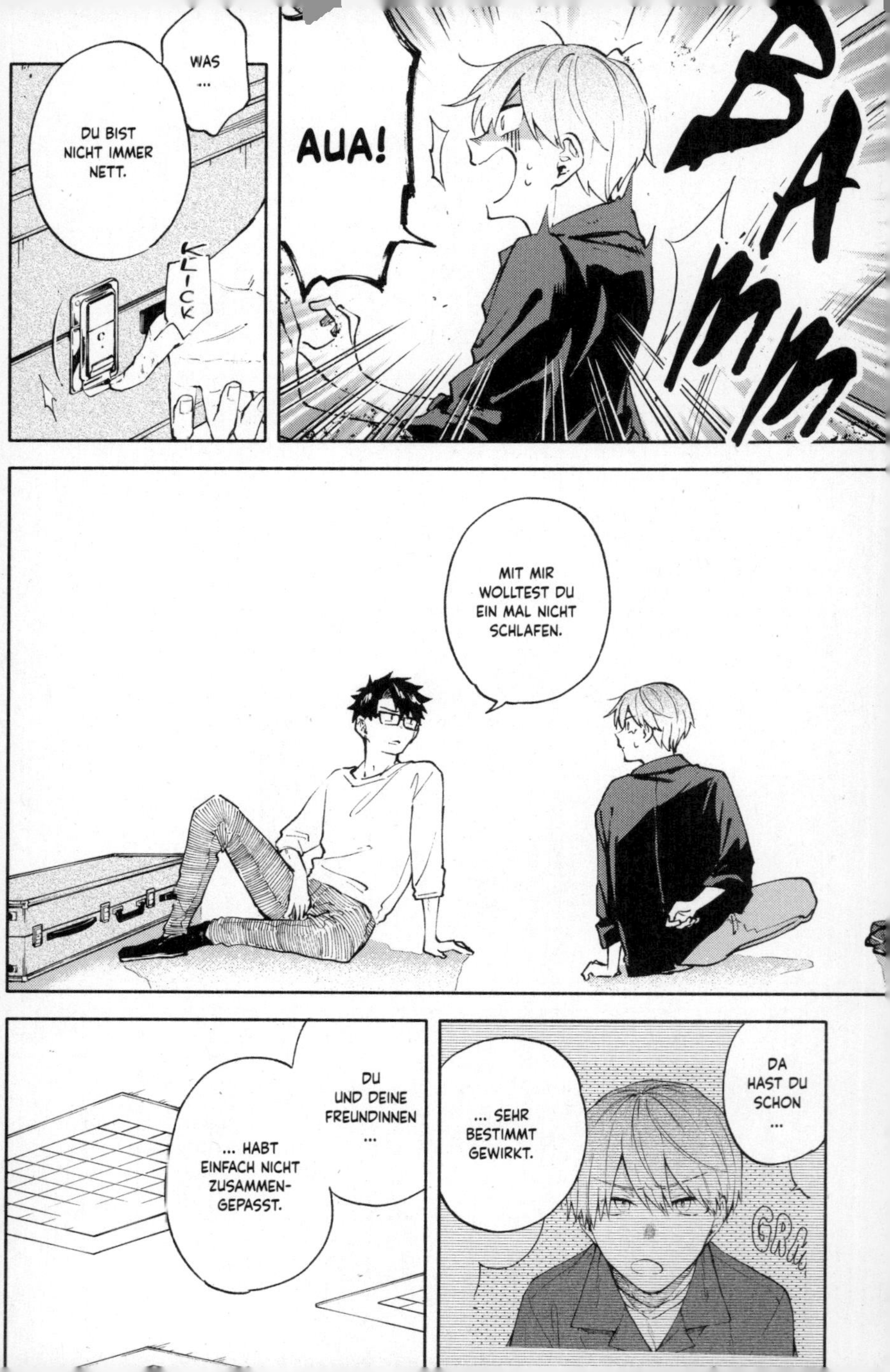
BAMM
AUA!
WAS ...
DU BIST NICHT IMMER NETT.
KLICK
MIT MIR WOLLTEST DU EIN MAL NICHT SCHLAFEN.
DA HAST DU SCHON ...
... SEHR BESTIMMT GEWIRKT.
DU UND DEINE FREUNDINNEN ...
... HABT EINFACH NICHT ZUSAMMEN-GEPASST.

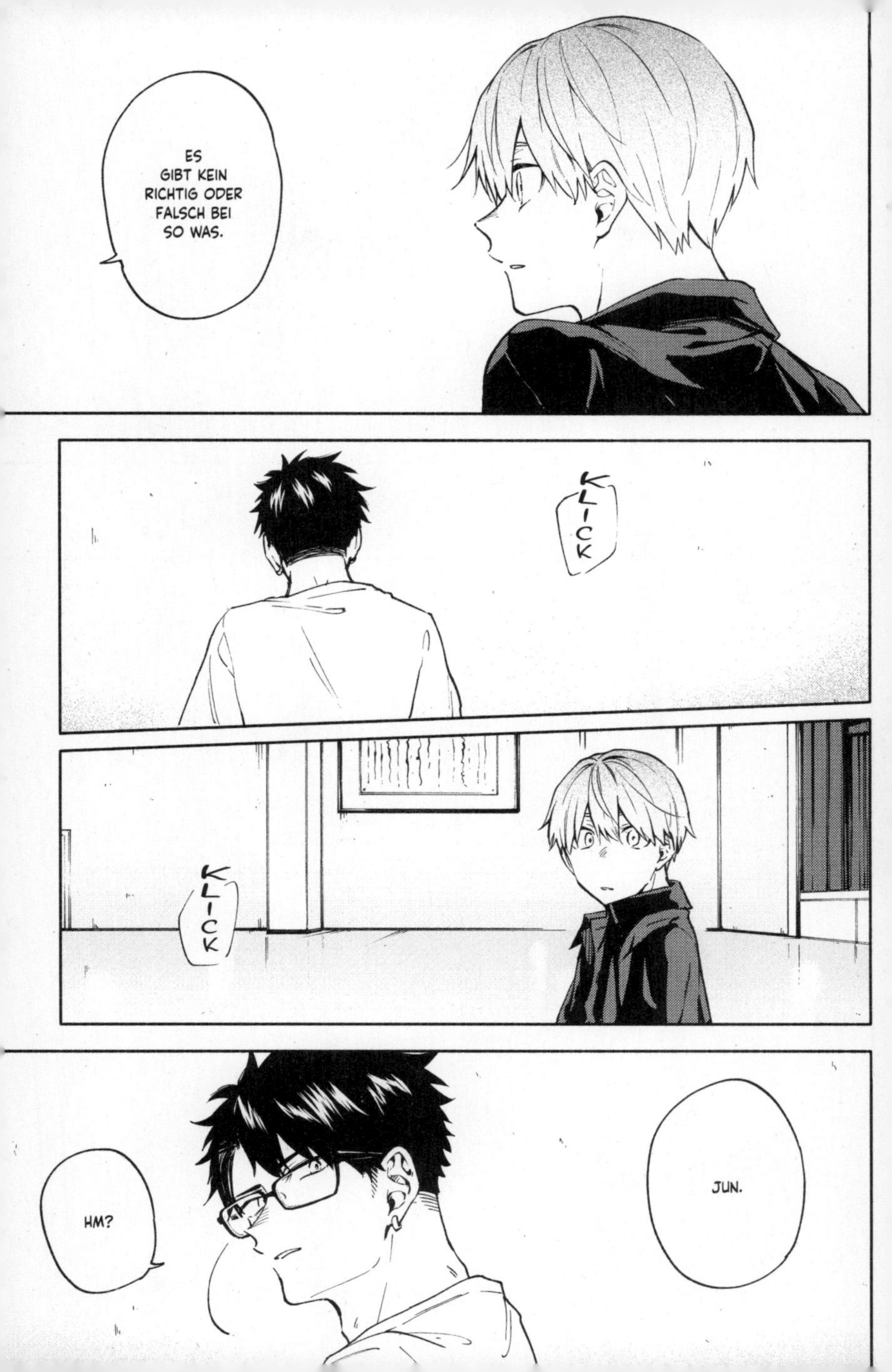
ES GIBT KEIN RICHTIG ODER FALSCH BEI SO WAS.
KLICK
KLICK
JUN.
HM?

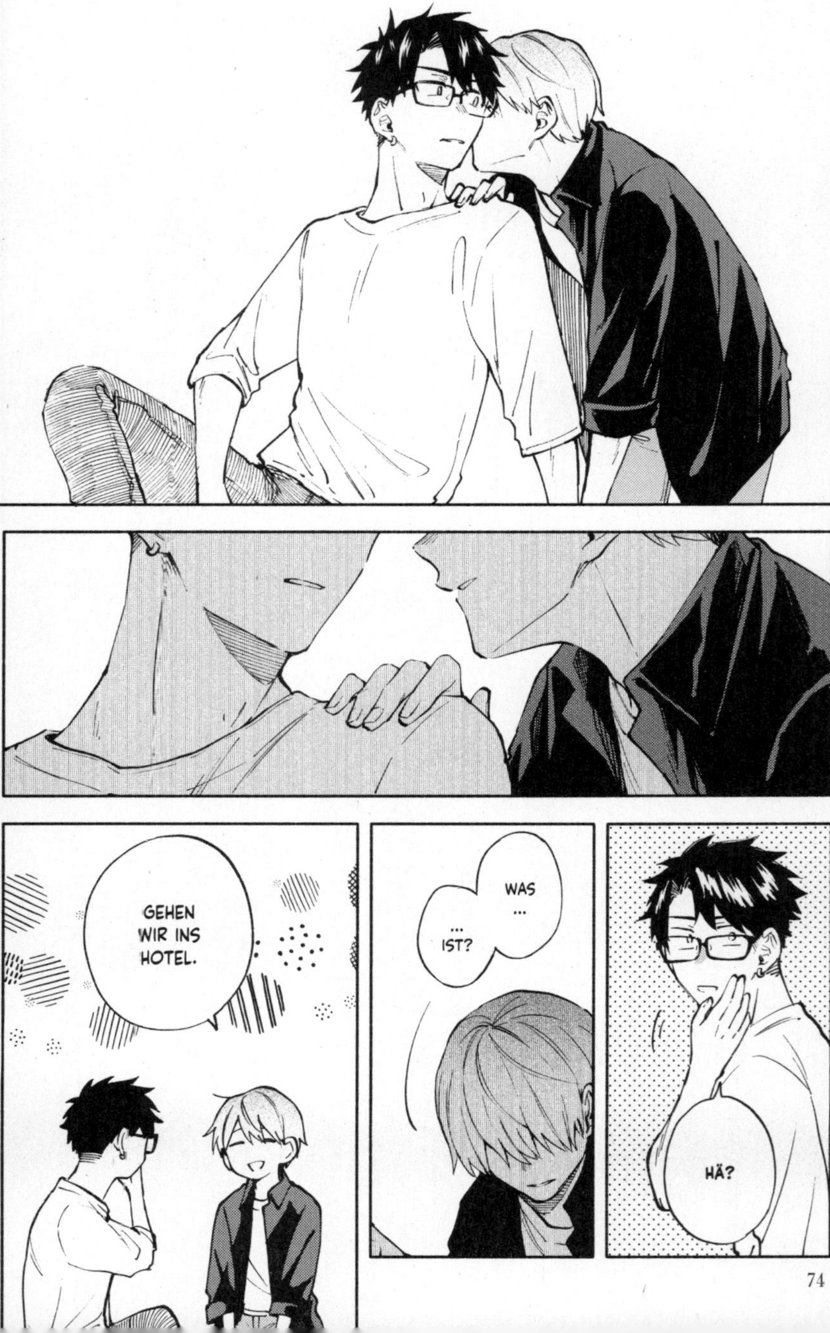
HÄ?
WAS ...
... IST?
GEHEN WIR INS HOTEL.

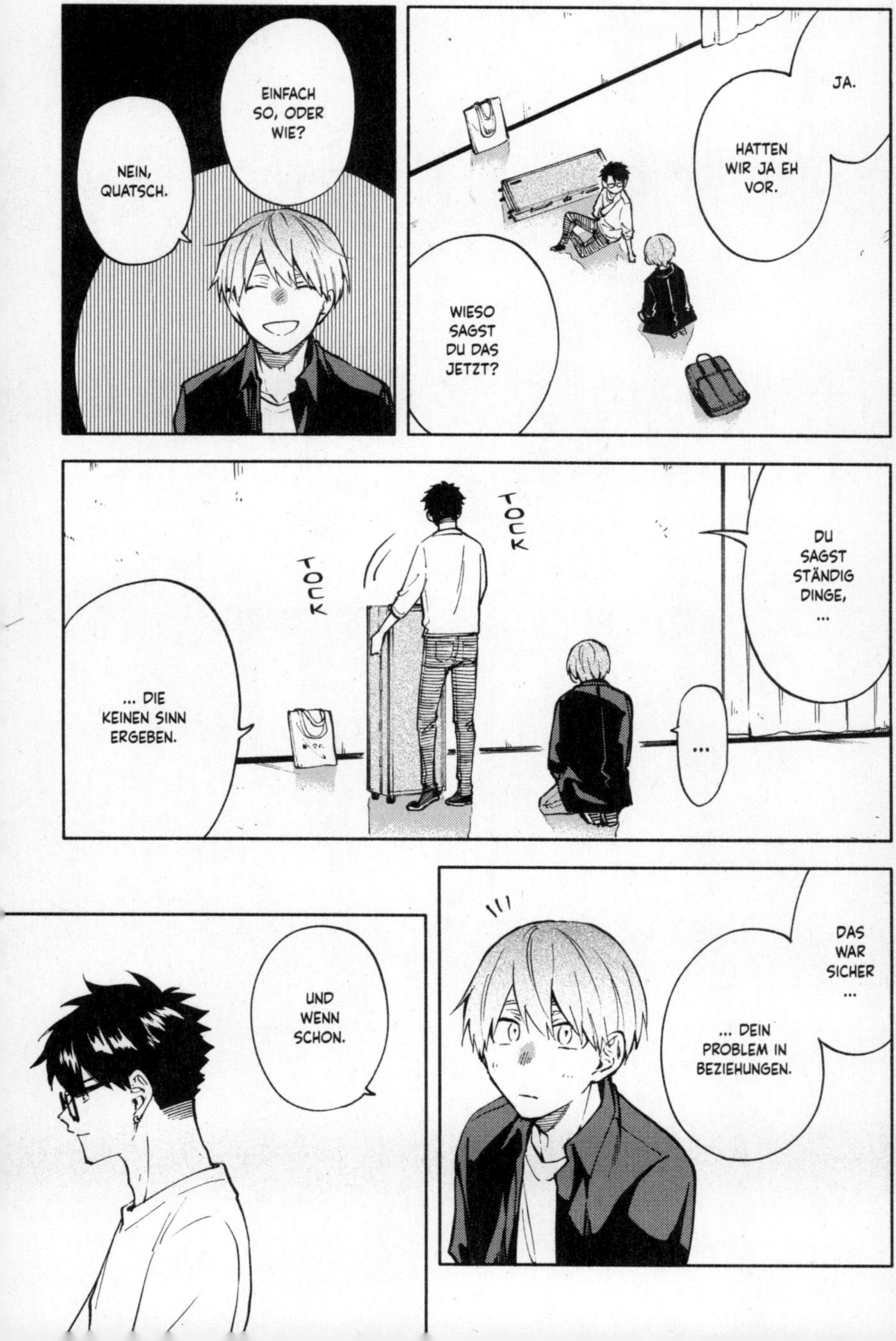
JA.
HATTEN WIR JA EH VOR.
WIESO SAGST DU DAS JETZT?
EINFACH SO, ODER WIE?
NEIN, QUATSCH.
TOCK
TOCK
DU SAGST STÄNDIG DINGE, ...
...
... DIE KEINEN SINN ERGEBEN.
DAS WAR SICHER ...
... DEIN PROBLEM IN BEZIEHUNGEN.
UND WENN SCHON.

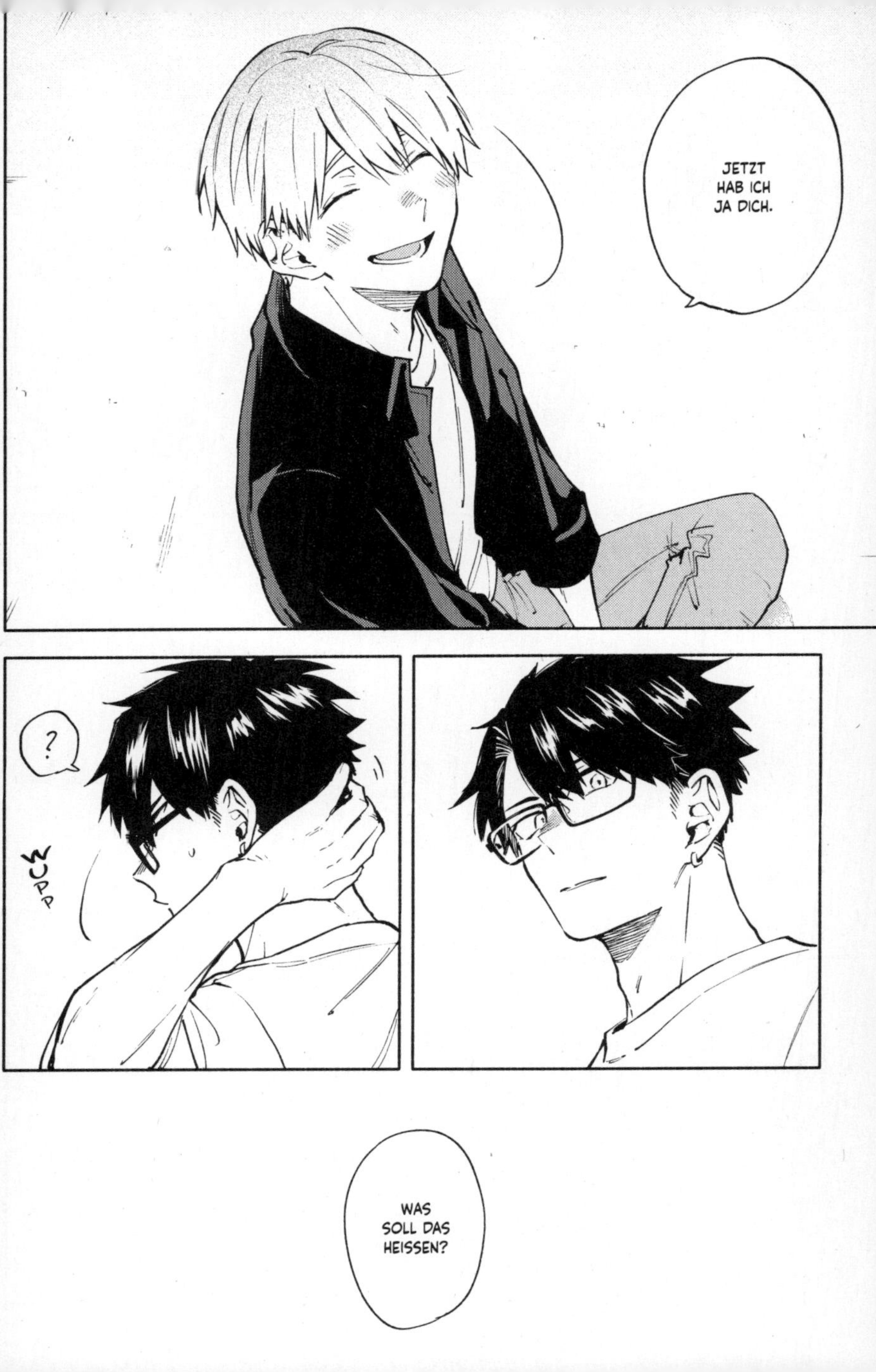
JETZT HAB ICH JA DICH.
?
WUPP
WAS SOLL DAS HEISSEN?

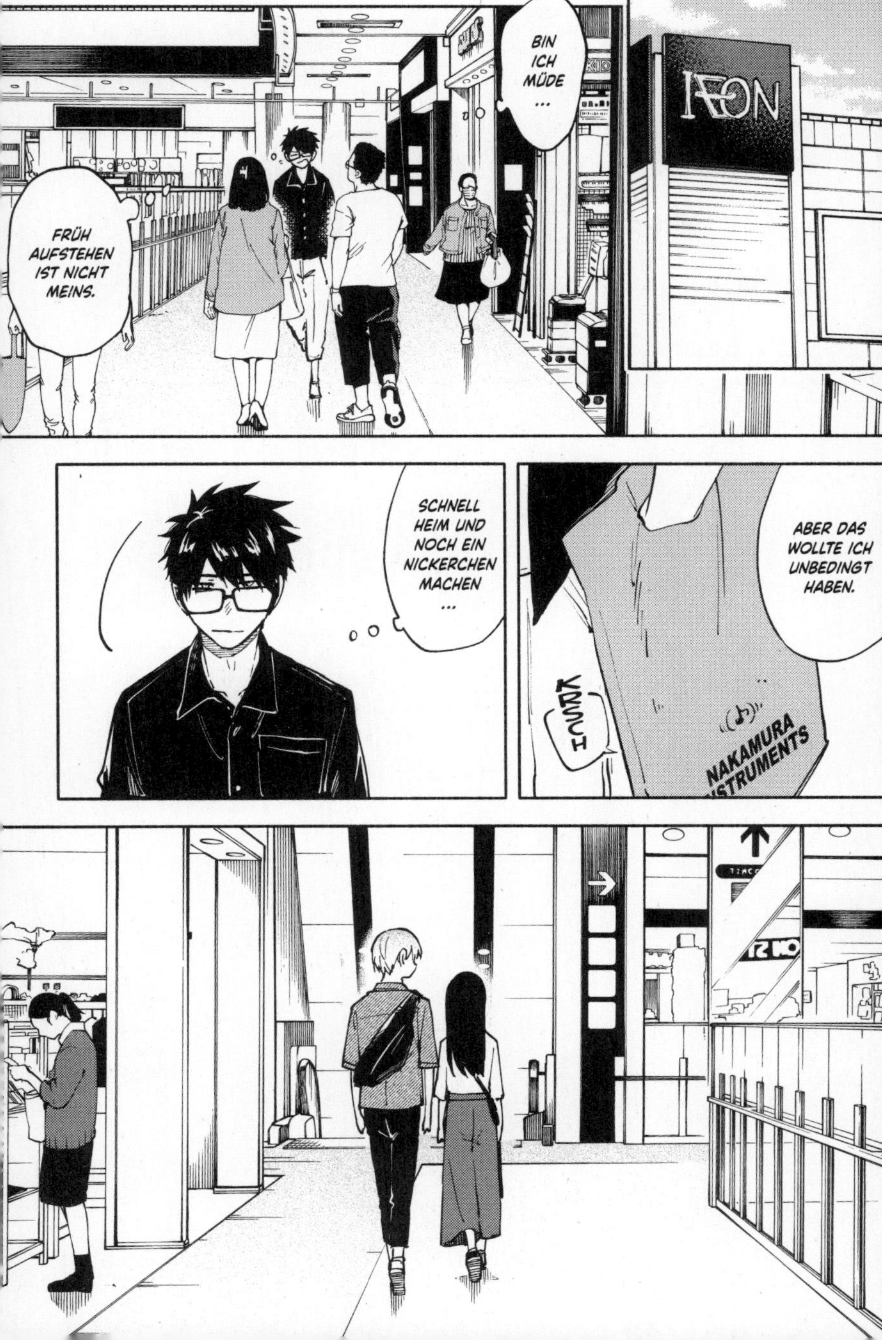

BIN ICH MÜDE ...
FRÜH AUFSTEHEN IST NICHT MEINS.
AEON
SCHNELL HEIM UND NOCH EIN NICKERCHEN MACHEN ...
ABER DAS WOLLTE ICH UNBEDINGT HABEN.
KRSCH
NAKAMURA INSTRUMENTS

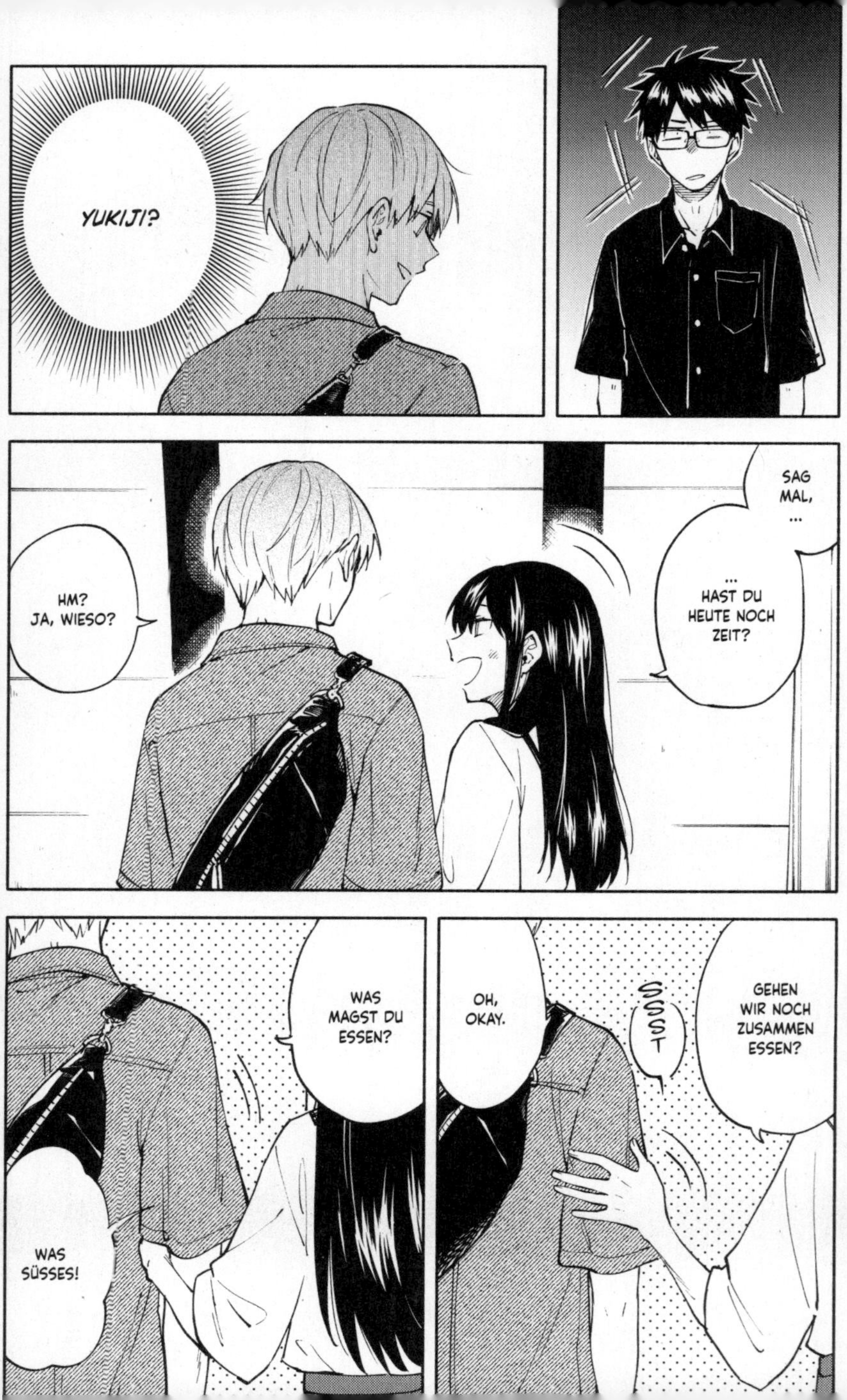

YUKIJI?
SAG MAL, ...
... HAST DU HEUTE NOCH ZEIT?
HM? JA, WIESO?
GEHEN WIR NOCH ZUSAMMEN ESSEN?
SSST
OH, OKAY.
WAS MAGST DU ESSEN?
WAS SÜSSES!

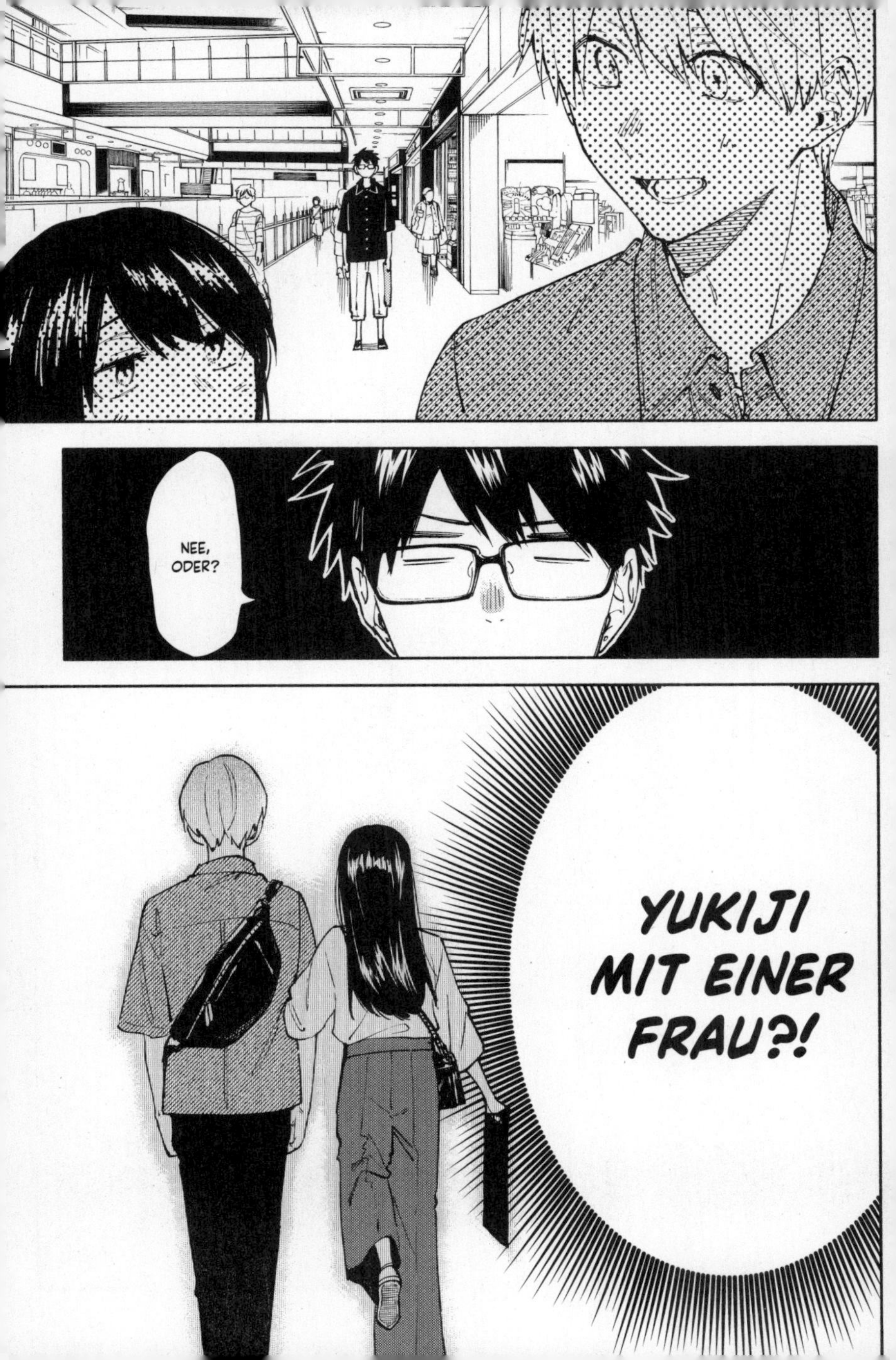
NEE, ODER?
YUKIJI MIT EINER FRAU?!

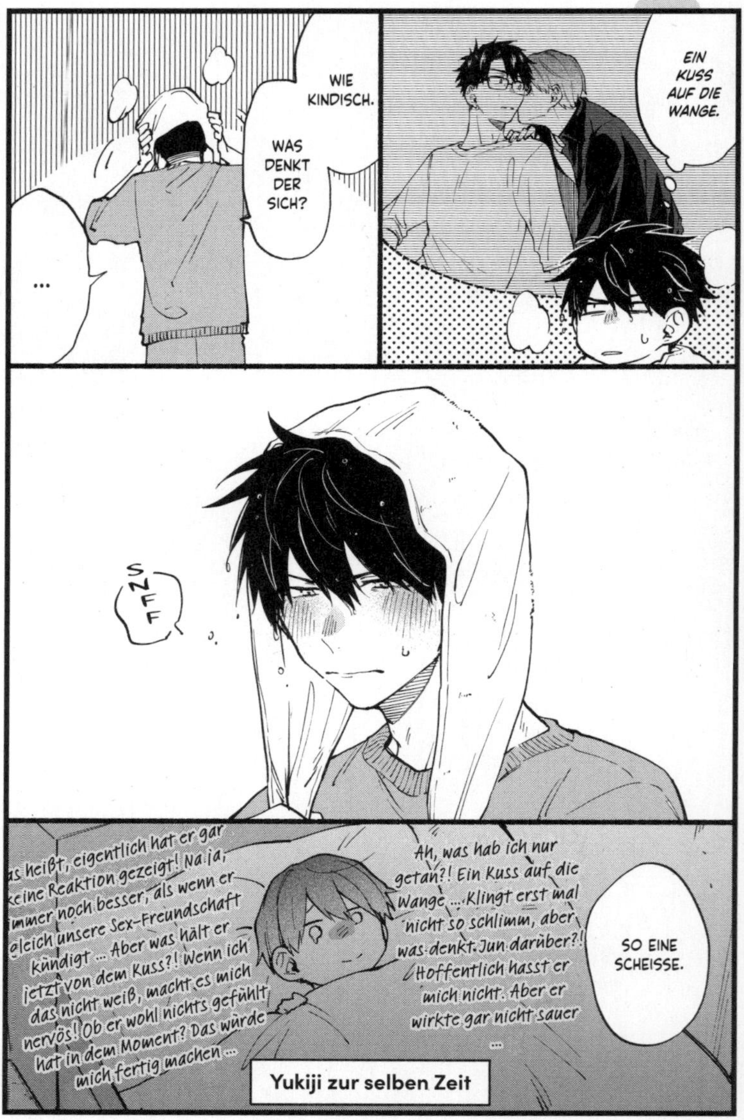
Ein Kuss auf die Wange.
Wie kindisch.
Was denkt der sich?
...
SNFF
So eine Scheisse.
Ah, was hab ich nur getan?! Ein Kuss auf die Wange ... Klingt erst mal nicht so schlimm, aber was denkt Jun darüber?! Hoffentlich hasst er mich nicht. Aber er wirkte gar nicht sauer ...
as heißt, eigentlich hat er gar keine Reaktion gezeigt! Na ja, immer noch besser, als wenn er gleich unsere Sex-Freundschaft kündigt ... Aber was hält er von dem Kuss?! Wenn ich jetzt von dem Kuss?! Wenn ich das nicht weiß, macht es mich nervös! Ob er wohl nichts gefühlt hat in dem Moment? Das würde mich fertig machen ...
Yukiji zur selben Zeit

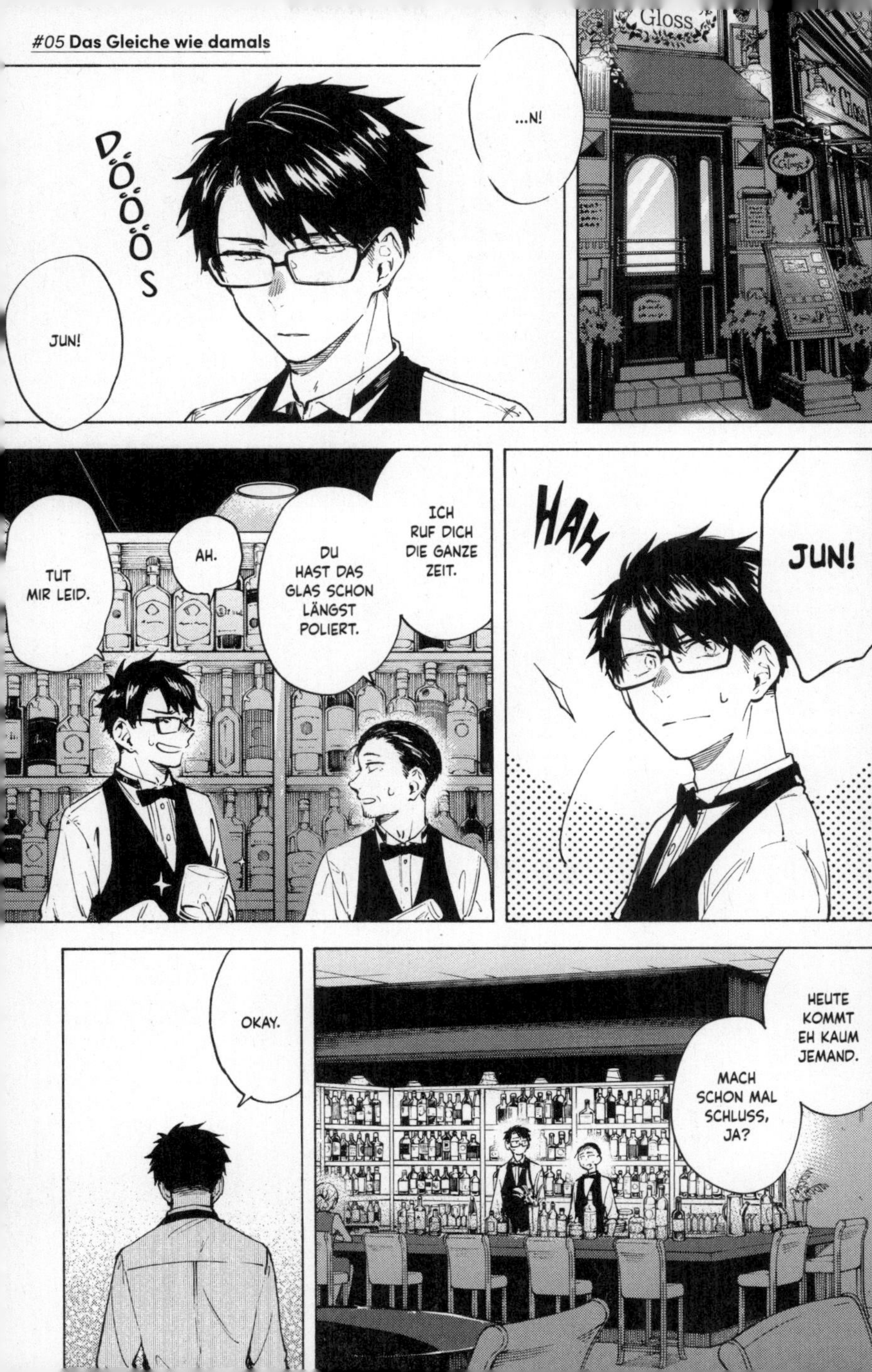
Gloss
...N!
DÖÖÖS
JUN!
JUN!
HAH
ICH RUF DICH DIE GANZE ZEIT.
DU HAST DAS GLAS SCHON LÄNGST POLIERT.
AH.
TUT MIR LEID.
HEUTE KOMMT EH KAUM JEMAND.
MACH SCHON MAL SCHLUSS, JA?
OKAY.

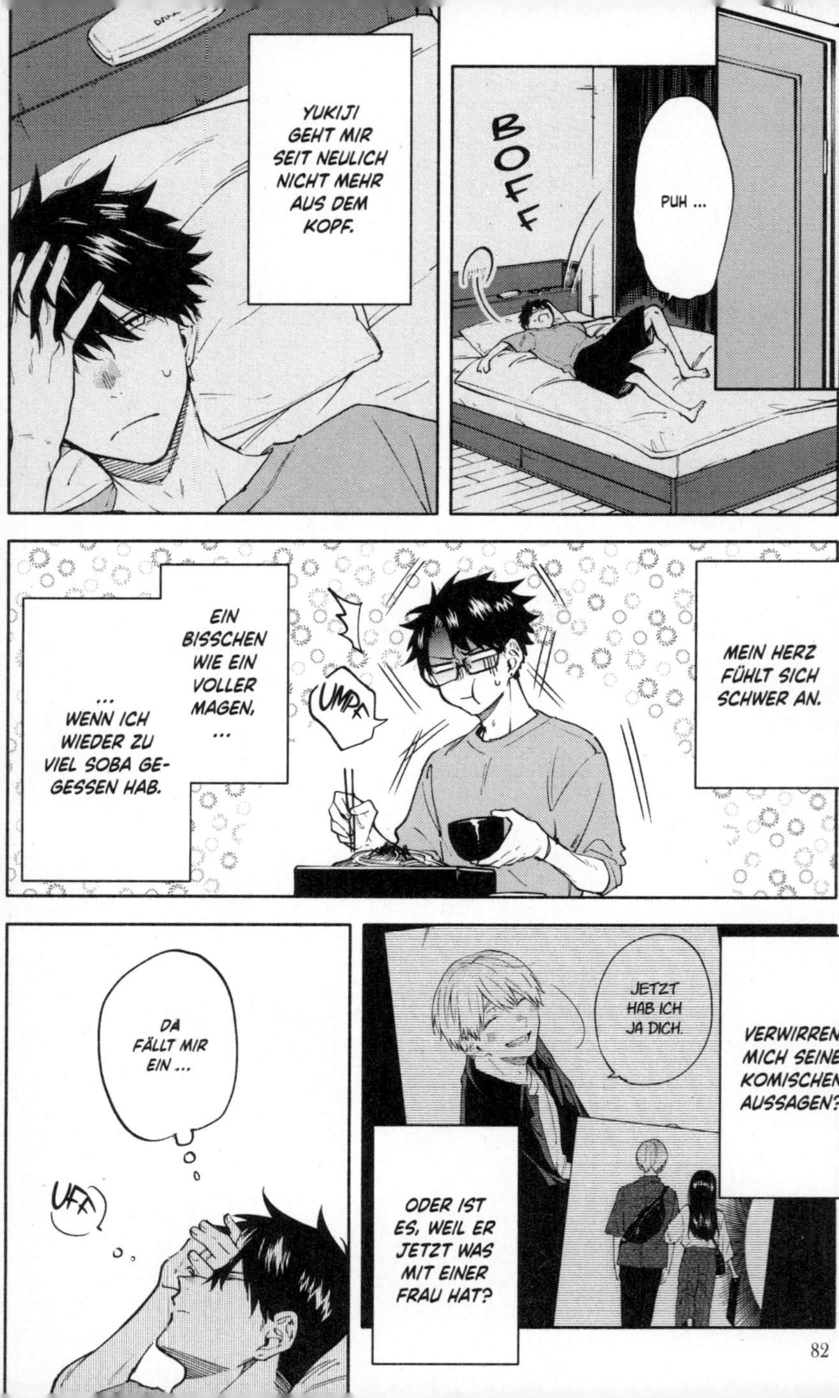
BOFF
PUH ...
YUKIJI GEHT MIR SEIT NEULICH NICHT MEHR AUS DEM KOPF.
MEIN HERZ FÜHLT SICH SCHWER AN.
UMPF
EIN BISSCHEN WIE EIN VOLLER MAGEN, ...
... WENN ICH WIEDER ZU VIEL SOBA GE-GESSEN HAB.
VERWIRREN MICH SEINE KOMISCHEN AUSSAGEN?
JETZT HAB ICH JA DICH.
ODER IST ES, WEIL ER JETZT WAS MIT EINER FRAU HAT?
DA FÄLLT MIR EIN ...
UFF

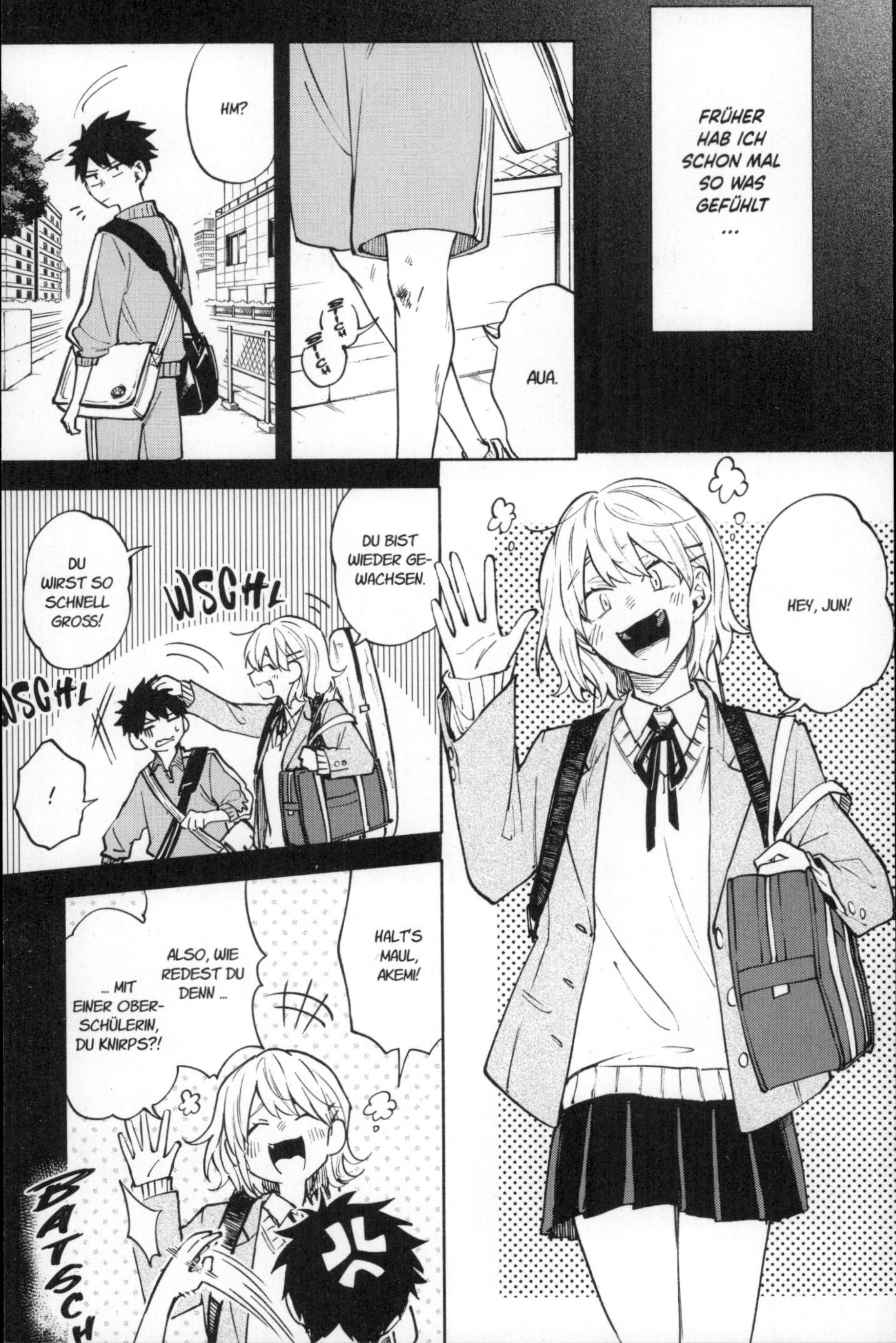
FRÜHER HAB ICH SCHON MAL SO WAS GEFÜHLT ...
STICH STICH
AUA.
HM?
HEY, JUN!
DU BIST WIEDER GE-WACHSEN.
WSCHL
DU WIRST SO SCHNELL GROSS!
WSCHL
!
HALT'S MAUL, AKEMI!
ALSO, WIE REDEST DU DENN ...
... MIT EINER OBER-SCHÜLERIN, DU KNIRPS?!
BATSCH

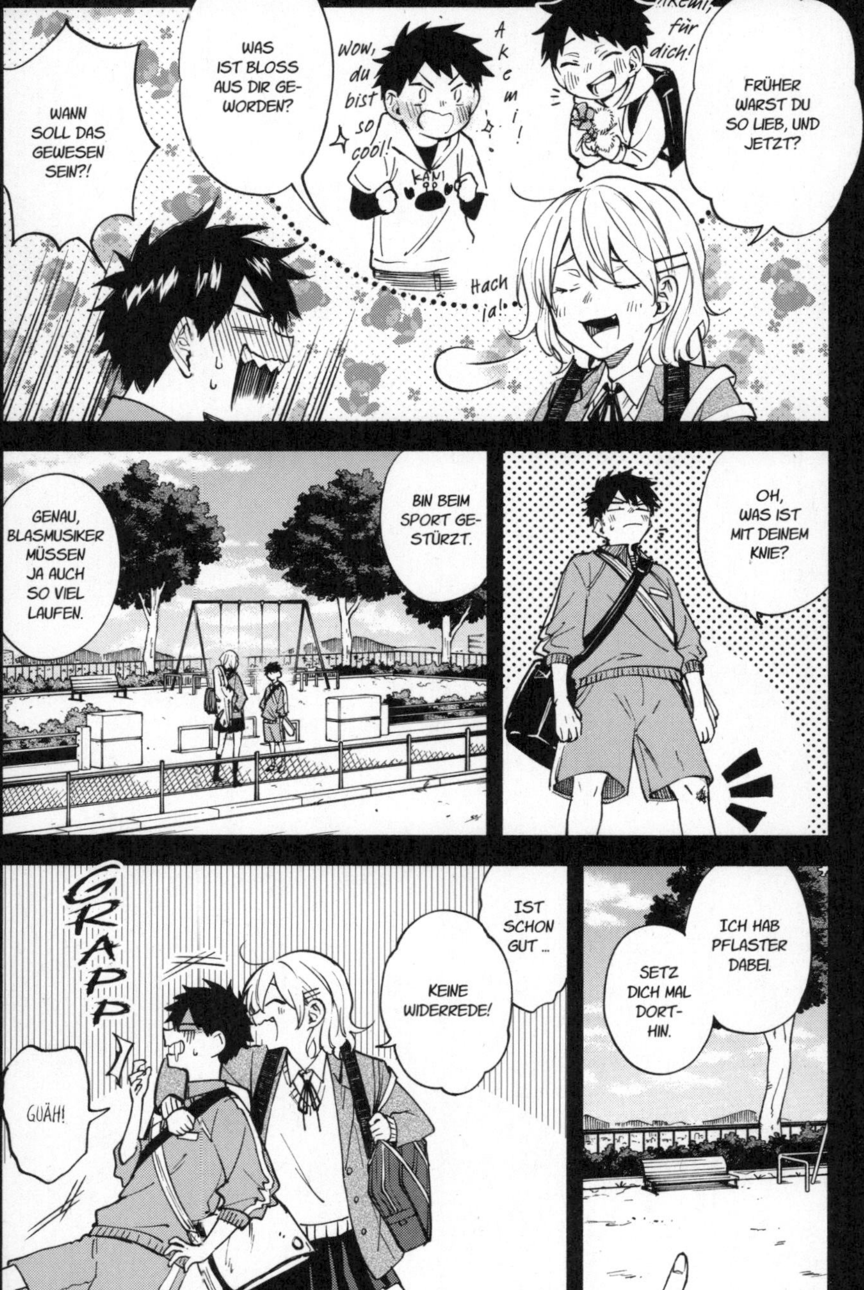
FRÜHER WARST DU SO LIEB, UND JETZT?
Hier, Akemi, für dich!
Akemi!
Wow, du bist so cool!
Hach ja!
WAS IST BLOSS AUS DIR GEWORDEN?
WANN SOLL DAS GEWESEN SEIN?!
OH, WAS IST MIT DEINEM KNIE?
BIN BEIM SPORT GESTÜRZT.
GENAU, BLASMUSIKER MÜSSEN JA AUCH SO VIEL LAUFEN.
ICH HAB PFLASTER DABEI.
SETZ DICH MAL DORTHIN.
IST SCHON GUT ...
KEINE WIDERREDE!
GRAPP
GUÄH!

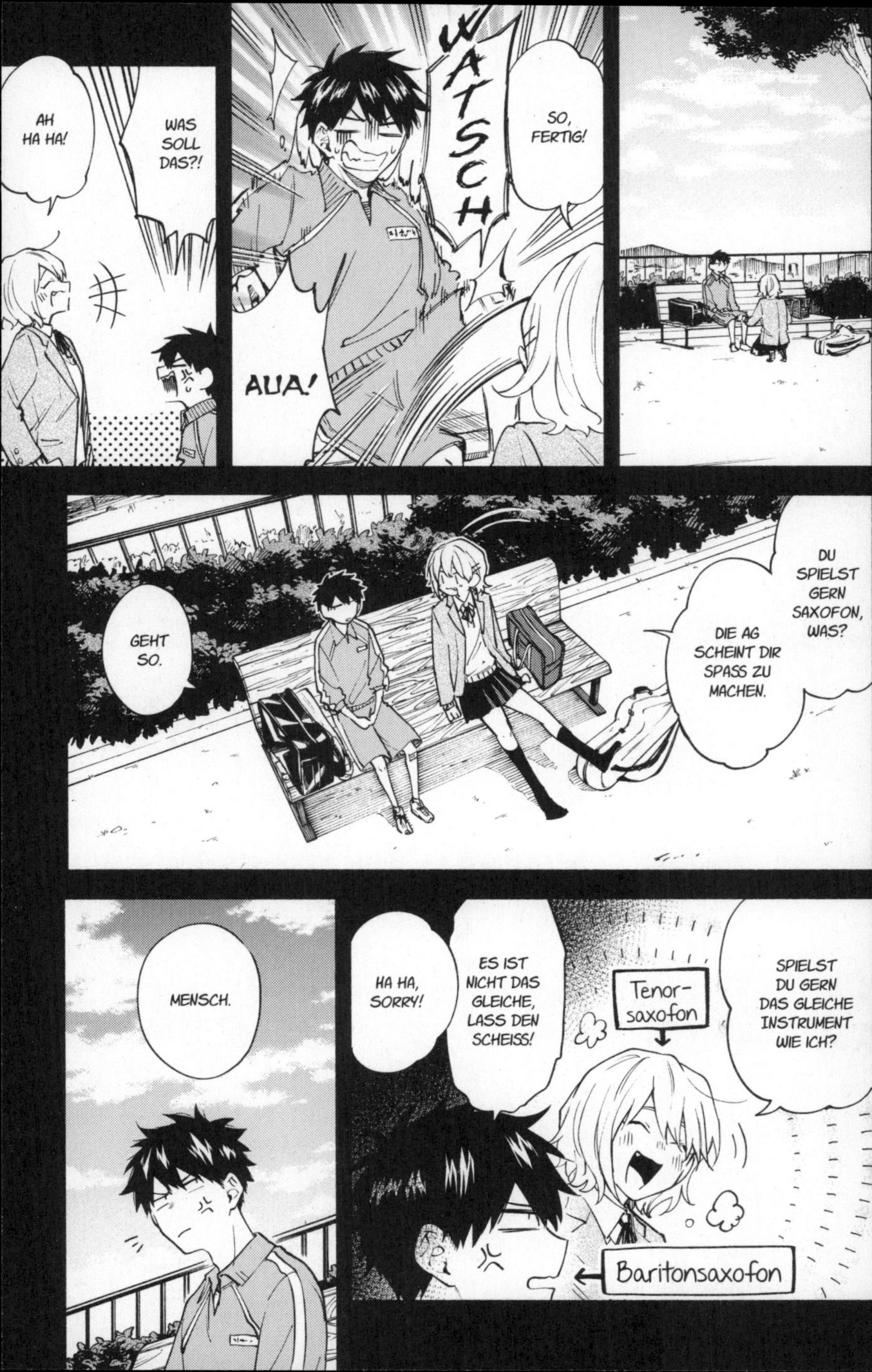
SO, FERTIG!
WATSCH
AUA!
WAS SOLL DAS?!
AH HA HA!
DU SPIELST GERN SAXOFON, WAS?
DIE AG SCHEINT DIR SPASS ZU MACHEN.
GEHT SO.
SPIELST DU GERN DAS GLEICHE INSTRUMENT WIE ICH?
Tenor-saxofon
Baritonsaxofon
ES IST NICHT DAS GLEICHE, LASS DEN SCHEISS!
HA HA, SORRY!
MENSCH.

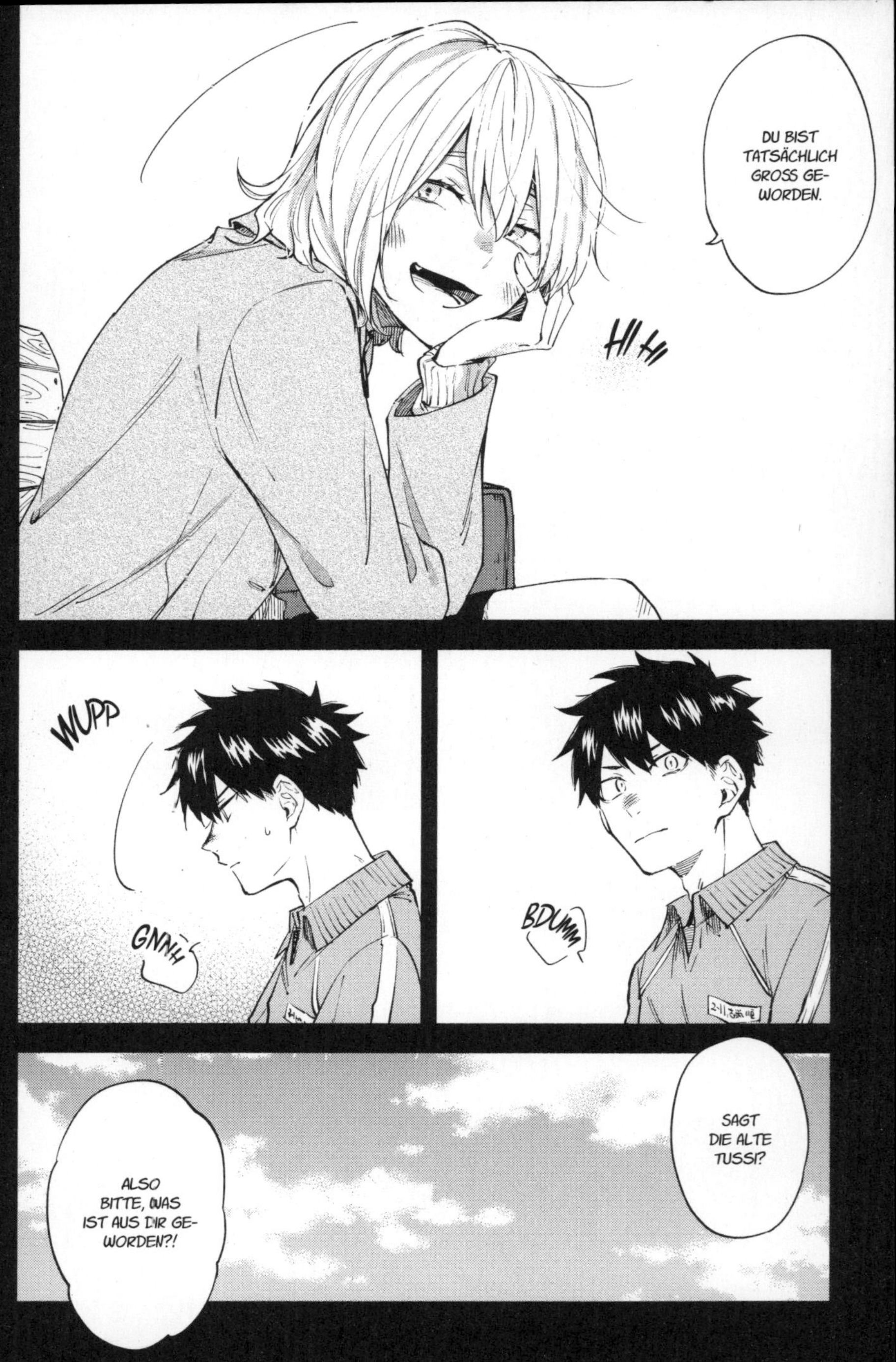
DU BIST TATSÄCHLICH GROSS GEWORDEN.
HI HI
WUPP
BDUMM
GNNH
SAGT DIE ALTE TUSSI?
ALSO BITTE, WAS IST AUS DIR GEWORDEN?!

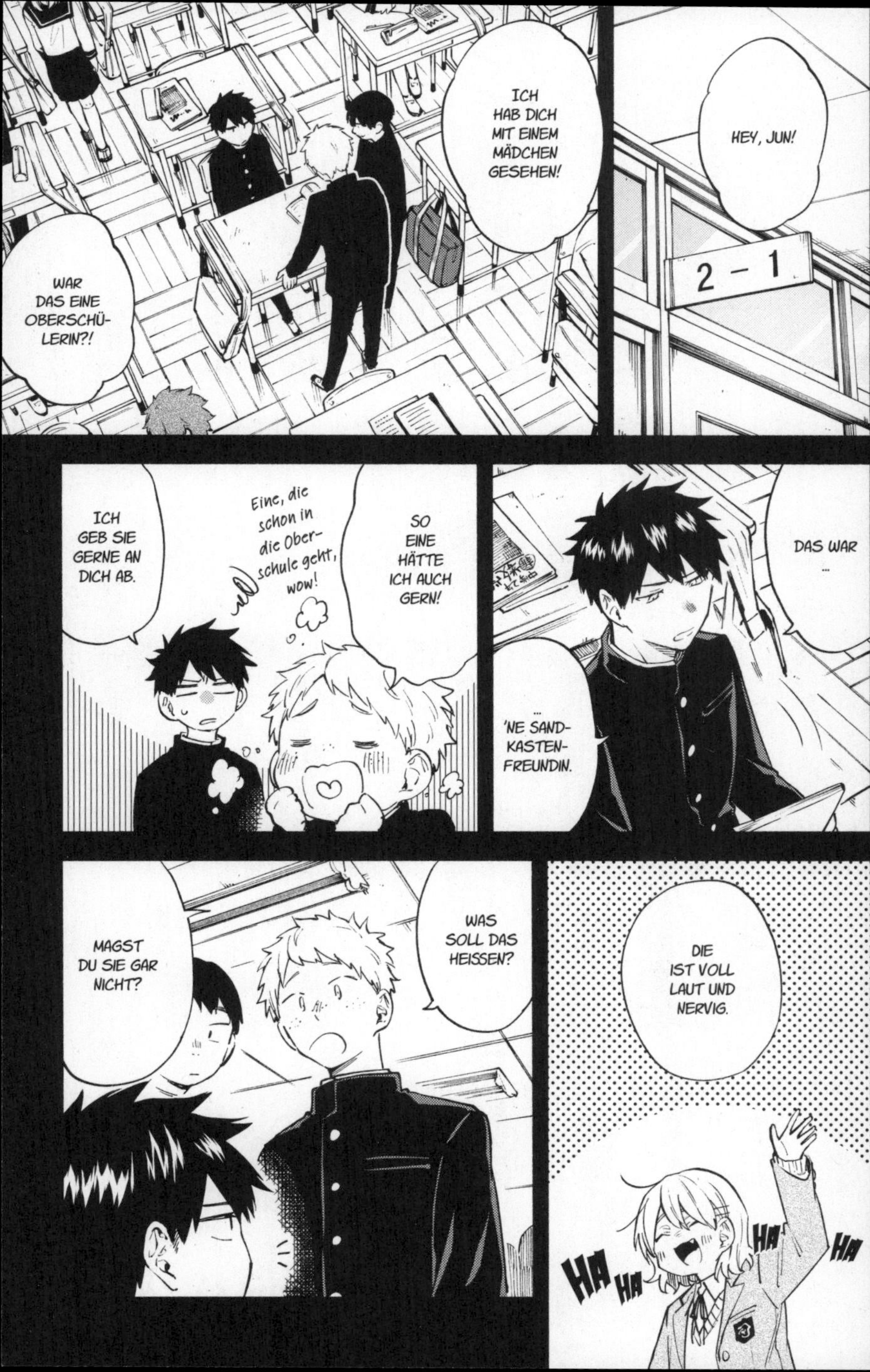
HEY, JUN!
ICH HAB DICH MIT EINEM MÄDCHEN GESEHEN!
WAR DAS EINE OBERSCHÜLERIN?!
DAS WAR ...
... 'NE SANDKASTENFREUNDIN.
SO EINE HÄTTE ICH AUCH GERN!
Eine, die schon in die Oberschule geht, wow!
ICH GEB SIE GERNE AN DICH AB.
DIE IST VOLL LAUT UND NERVIG.
HA HA HA HA
WAS SOLL DAS HEISSEN?
MAGST DU SIE GAR NICHT?

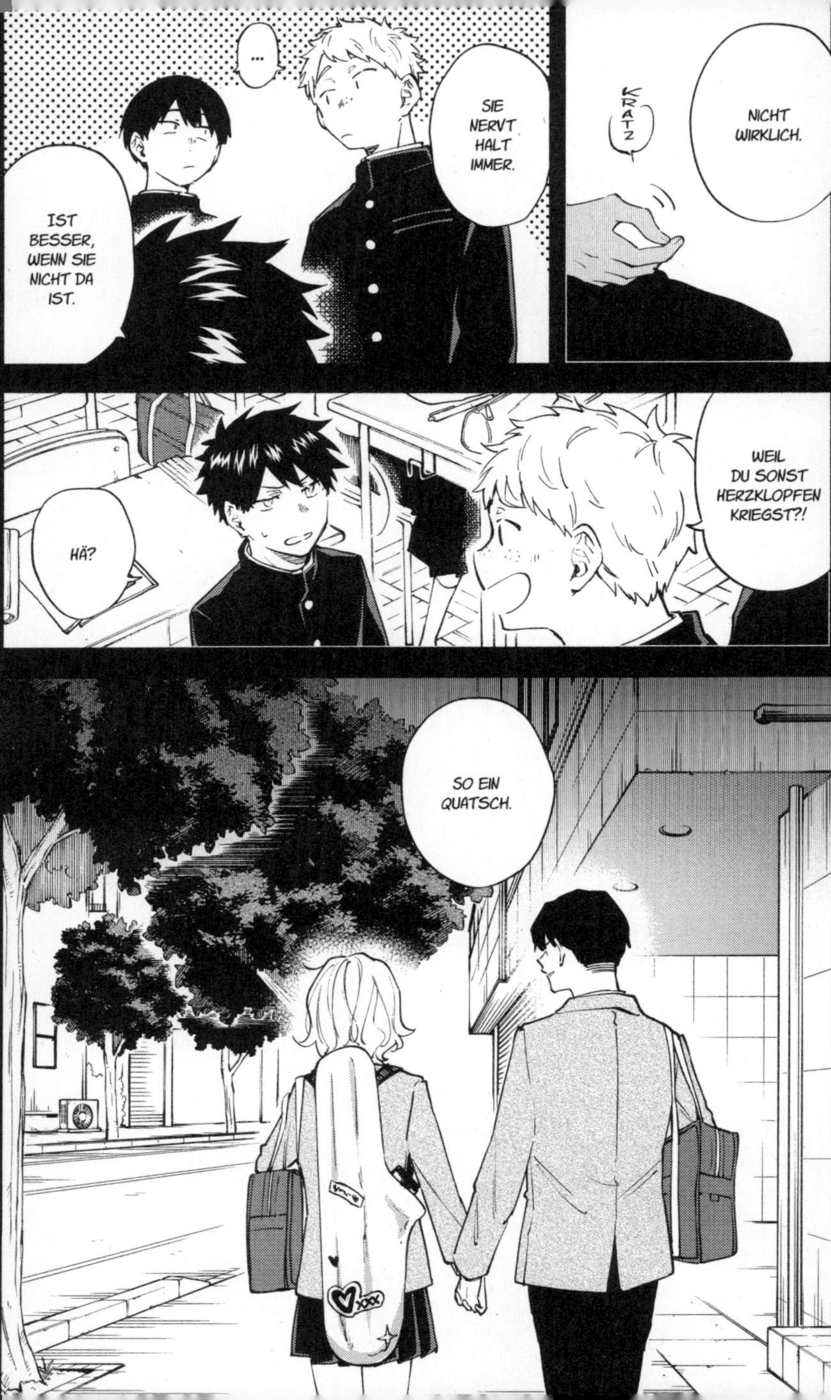
KRATZ
NICHT WIRKLICH.
SIE NERVT HALT IMMER.
...
IST BESSER, WENN SIE NICHT DA IST.
WEIL DU SONST HERZKLOPFEN KRIEGST?!
HÄ?
SO EIN QUATSCH.

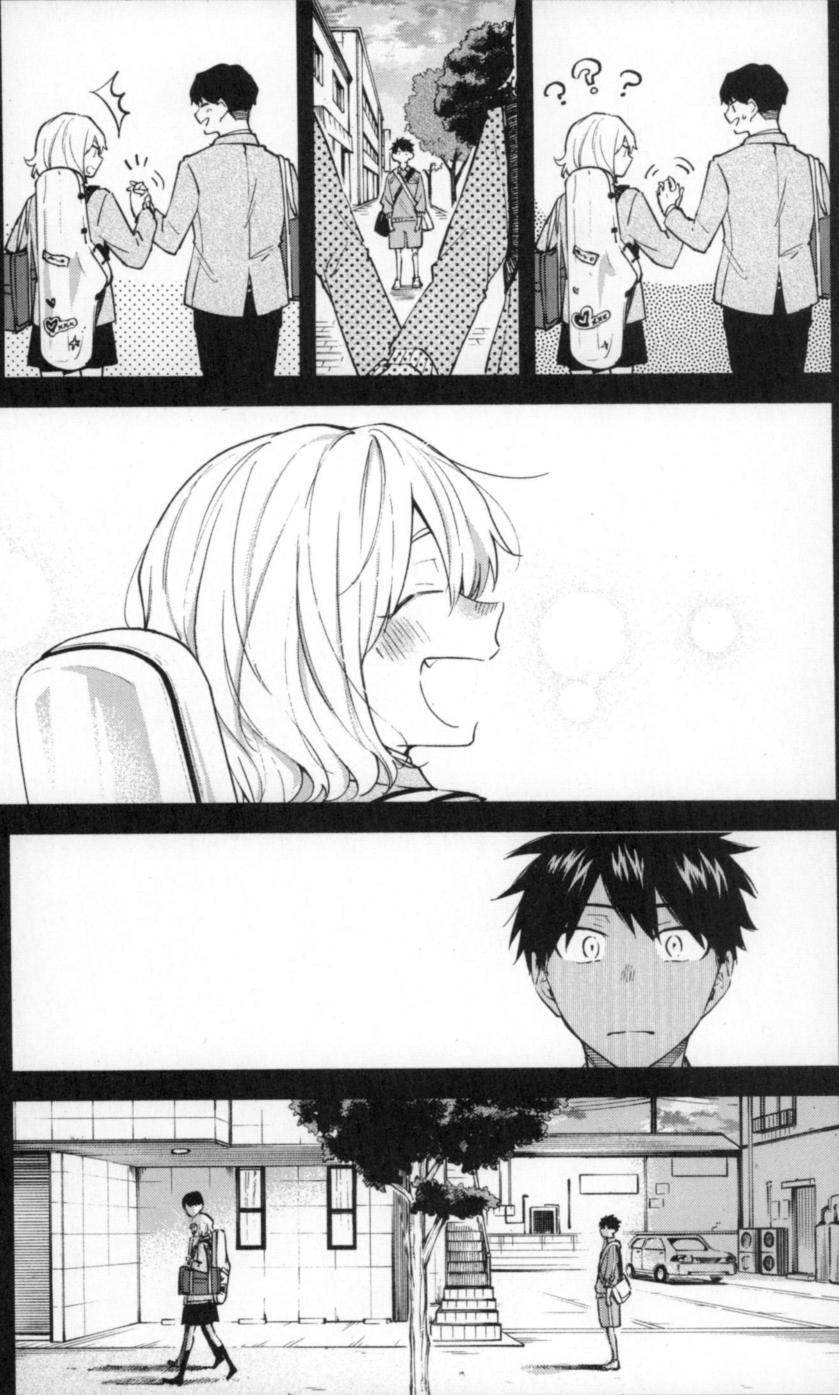

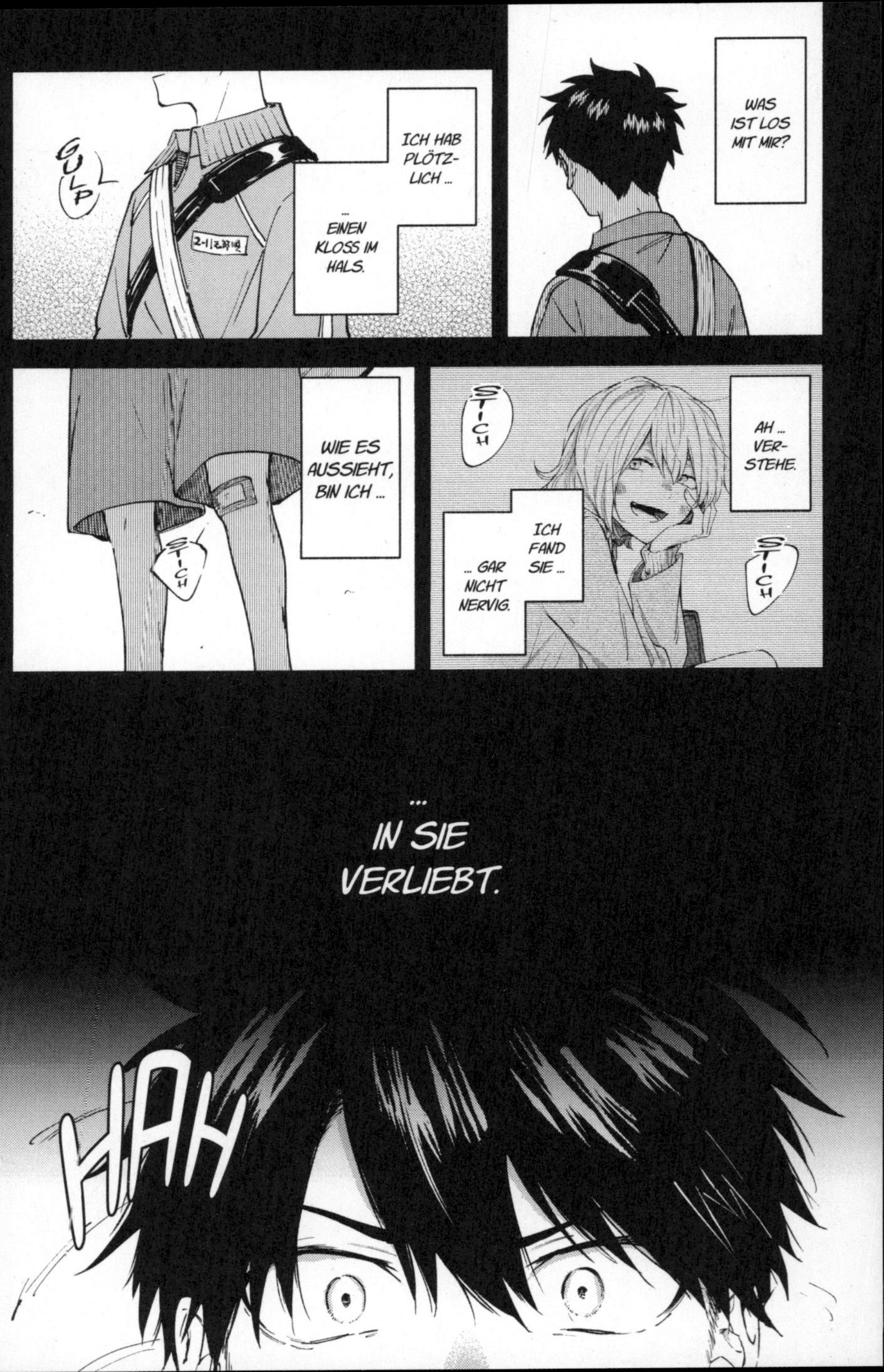
WAS IST LOS MIT MIR?
ICH HAB PLÖTZLICH ...
... EINEN KLOSS IM HALS.
GULP
AH ... VERSTEHE.
STICH
ICH FAND SIE ...
... GAR NICHT NERVIG.
STICH
WIE ES AUSSIEHT, BIN ICH ...
STICH
... IN SIE VERLIEBT.
HAH

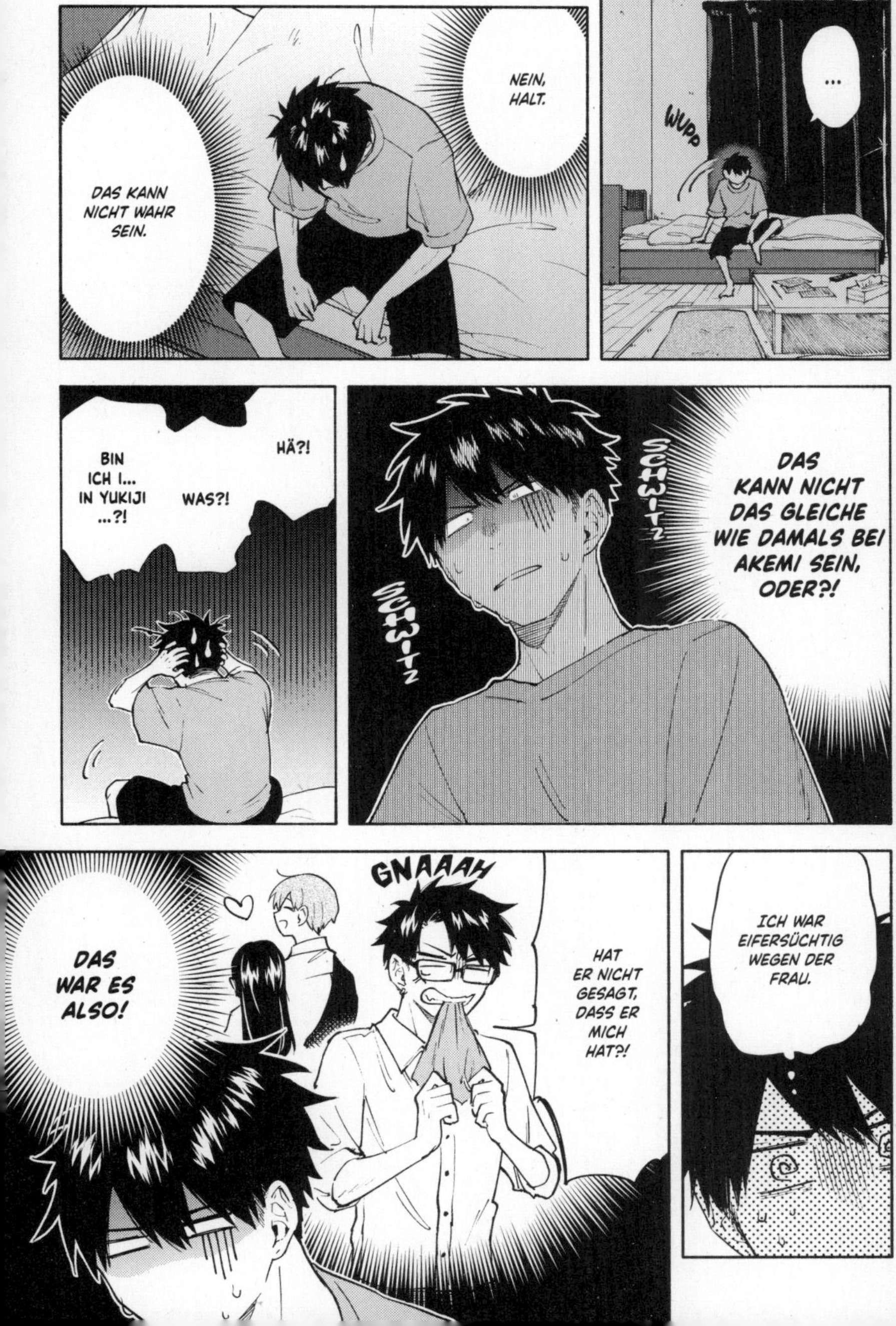

...
WUPP
NEIN, HALT.
DAS KANN NICHT WAHR SEIN.
DAS KANN NICHT DAS GLEICHE WIE DAMALS BEI AKEMI SEIN, ODER?!
SCHWITZ
SCHWITZ
HÄ?!
WAS?!
BIN ICH I... IN YUKIJI ...?!
ICH WAR EIFERSÜCHTIG WEGEN DER FRAU.
HAT ER NICHT GESAGT, DASS ER MICH HAT?!
GNAAAH
DAS WAR ES ALSO!

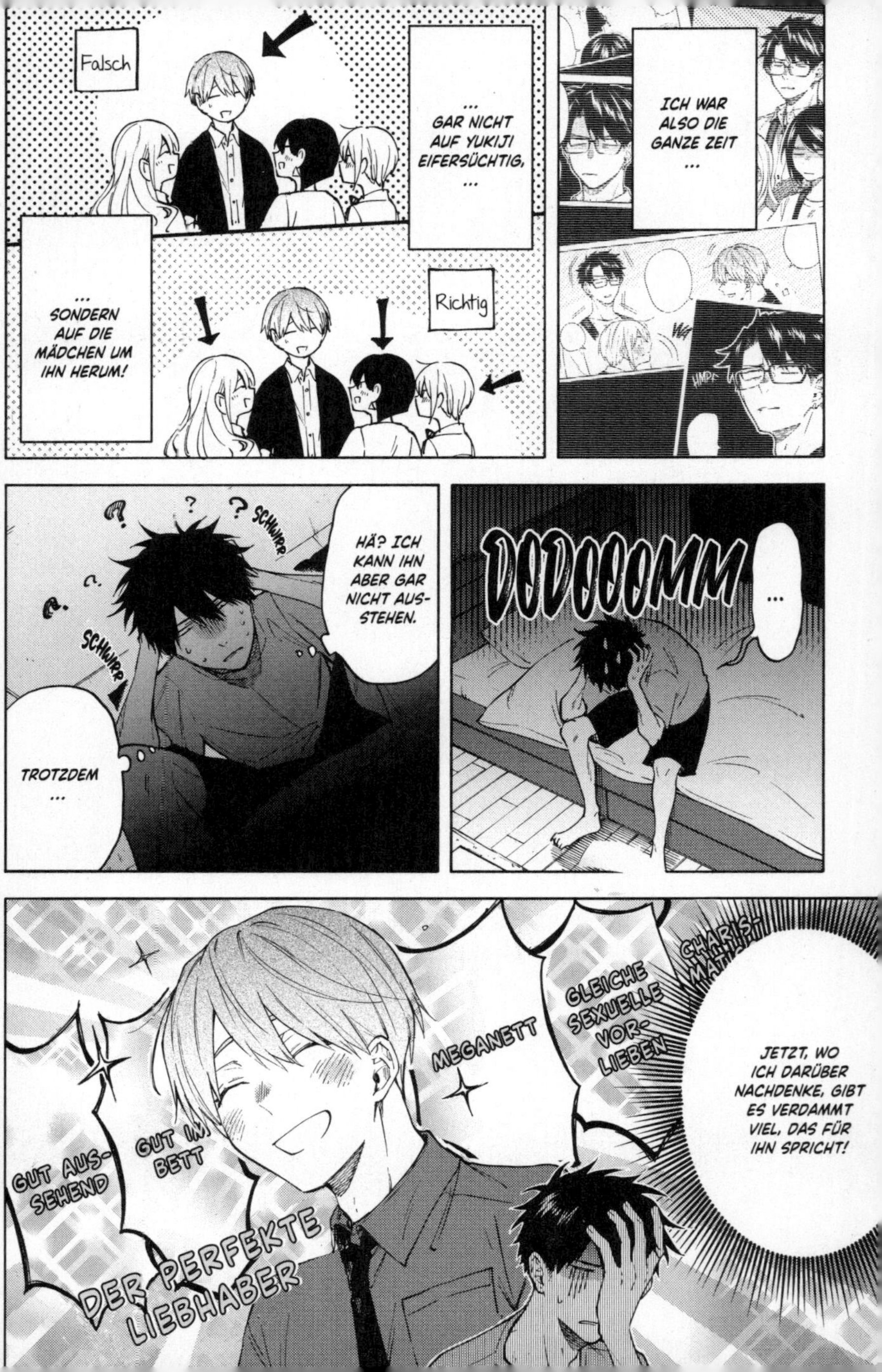
ICH WAR ALSO DIE GANZE ZEIT …
HMPF
… GAR NICHT AUF YUKIJI EIFERSÜCHTIG, …
Falsch
… SONDERN AUF DIE MÄDCHEN UM IHN HERUM!
Richtig
DODOOOMM
…
HÄ? ICH KANN IHN ABER GAR NICHT AUS-STEHEN.
SCHWIRR
SCHWIRR
TROTZDEM …
JETZT, WO ICH DARÜBER NACHDENKE, GIBT ES VERDAMMT VIEL, DAS FÜR IHN SPRICHT!
CHARIS-MATISCH
GLEICHE SEXUELLE VOR-LIEBEN
MEGANETT
GUT IM BETT
GUT AUS-SEHEND
DER PERFEKTE LIEBHABER

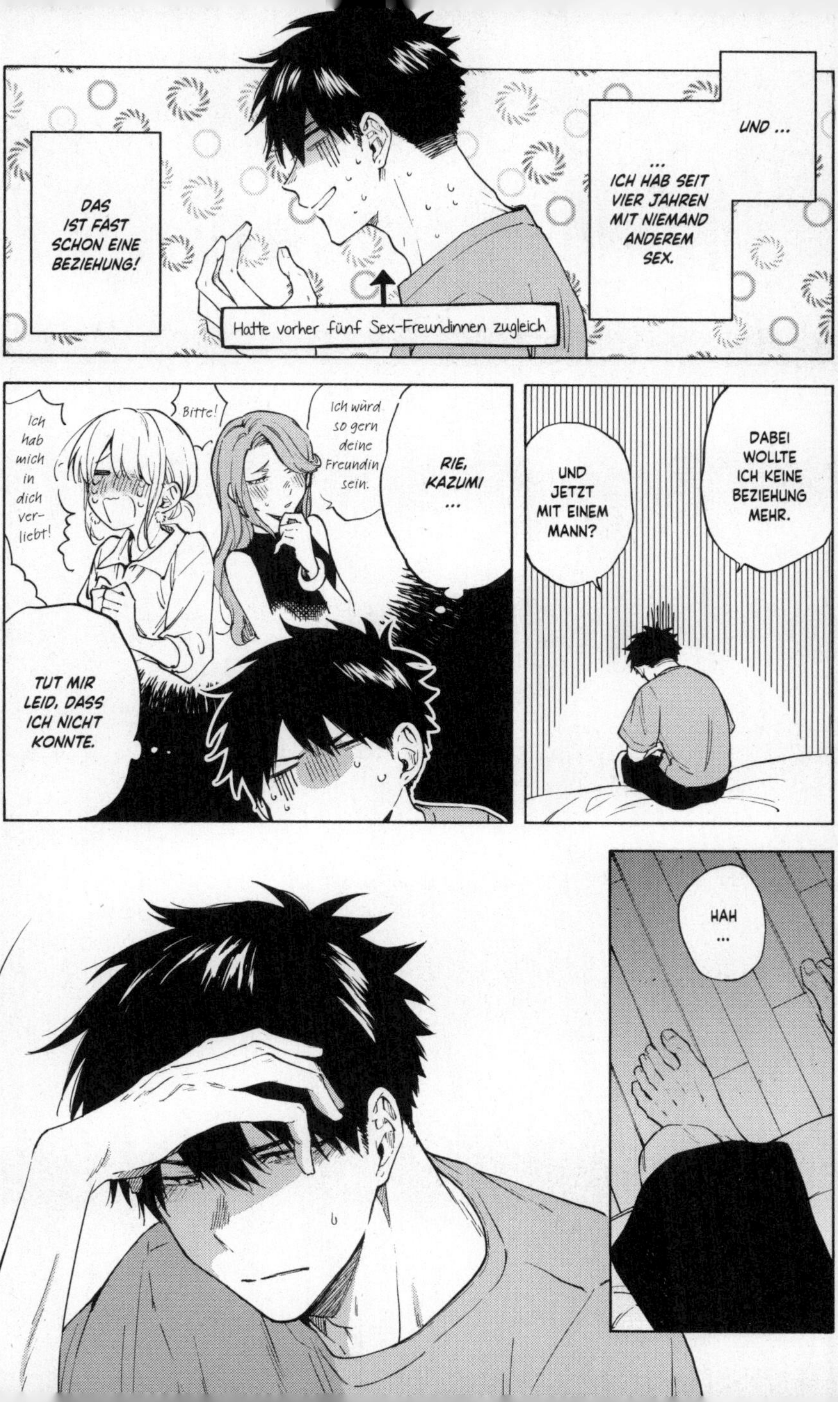

DAS IST FAST SCHON EINE BEZIEHUNG!
Hatte vorher fünf Sex-Freundinnen zugleich
UND ...
... ICH HAB SEIT VIER JAHREN MIT NIEMAND ANDEREM SEX.
Ich hab mich in dich ver-liebt!
Bitte!
Ich würd so gern deine Freundin sein.
RIE, KAZUMI ...
TUT MIR LEID, DASS ICH NICHT KONNTE.
UND JETZT MIT EINEM MANN?
DABEI WOLLTE ICH KEINE BEZIEHUNG MEHR.
HAH ...

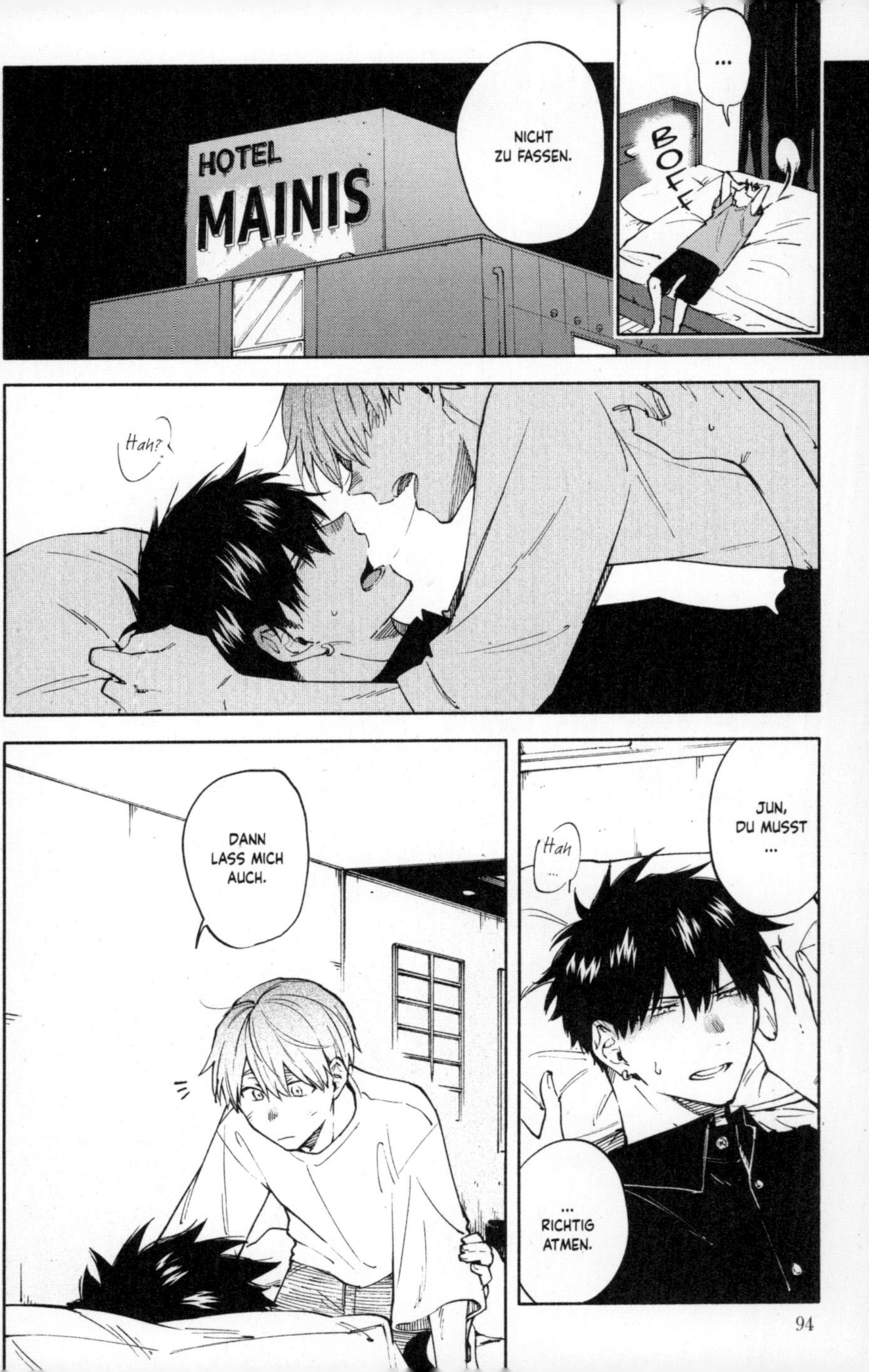
...
BOFF
HOTEL
MAINIS
NICHT ZU FASSEN.
Hah?
JUN, DU MUSST ...
Hah ...
... RICHTIG ATMEN.
DANN LASS MICH AUCH.

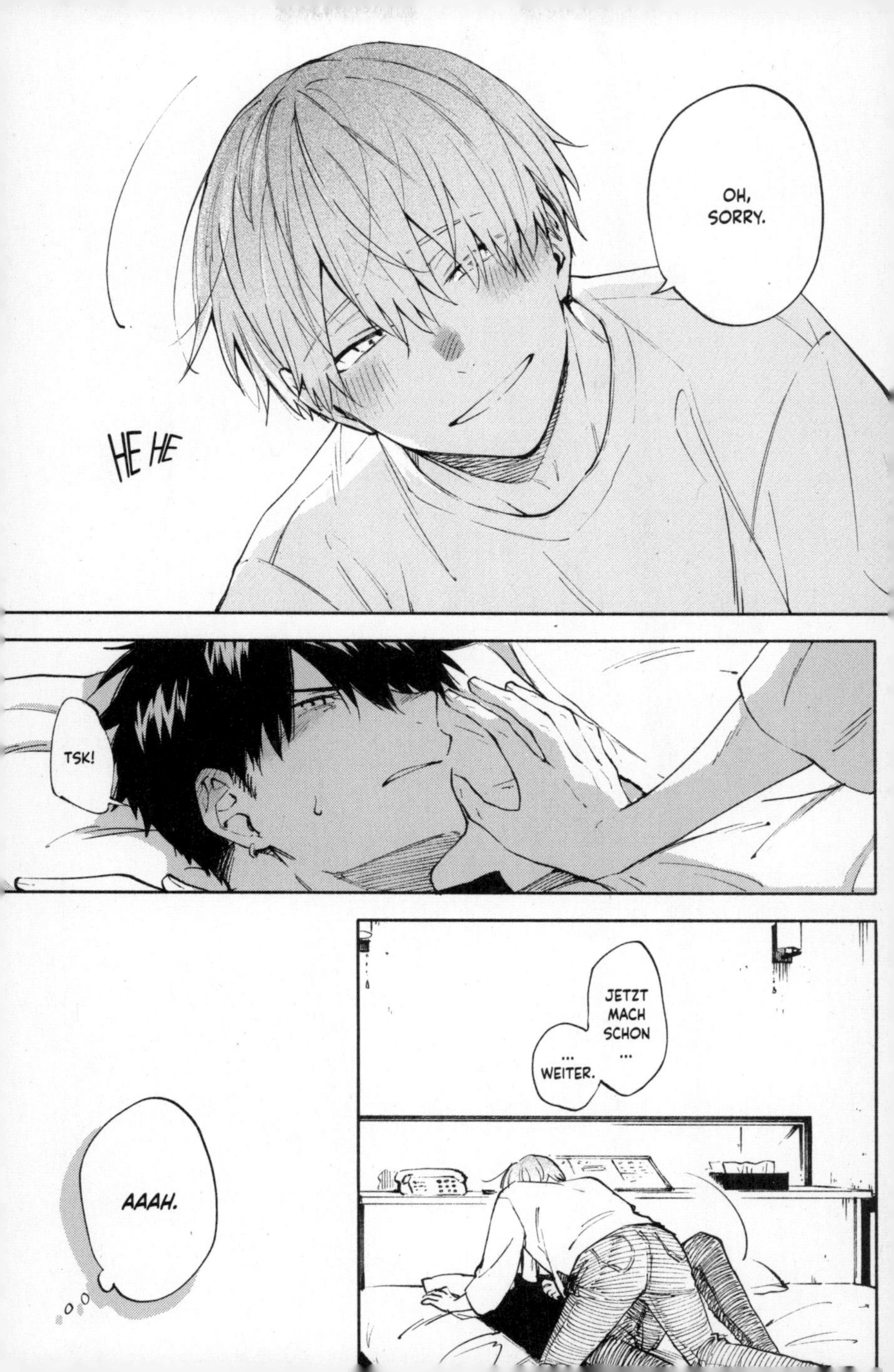
OH, SORRY.
HE HE
TSK!
JETZT MACH SCHON ... ... WEITER.
AAAH.

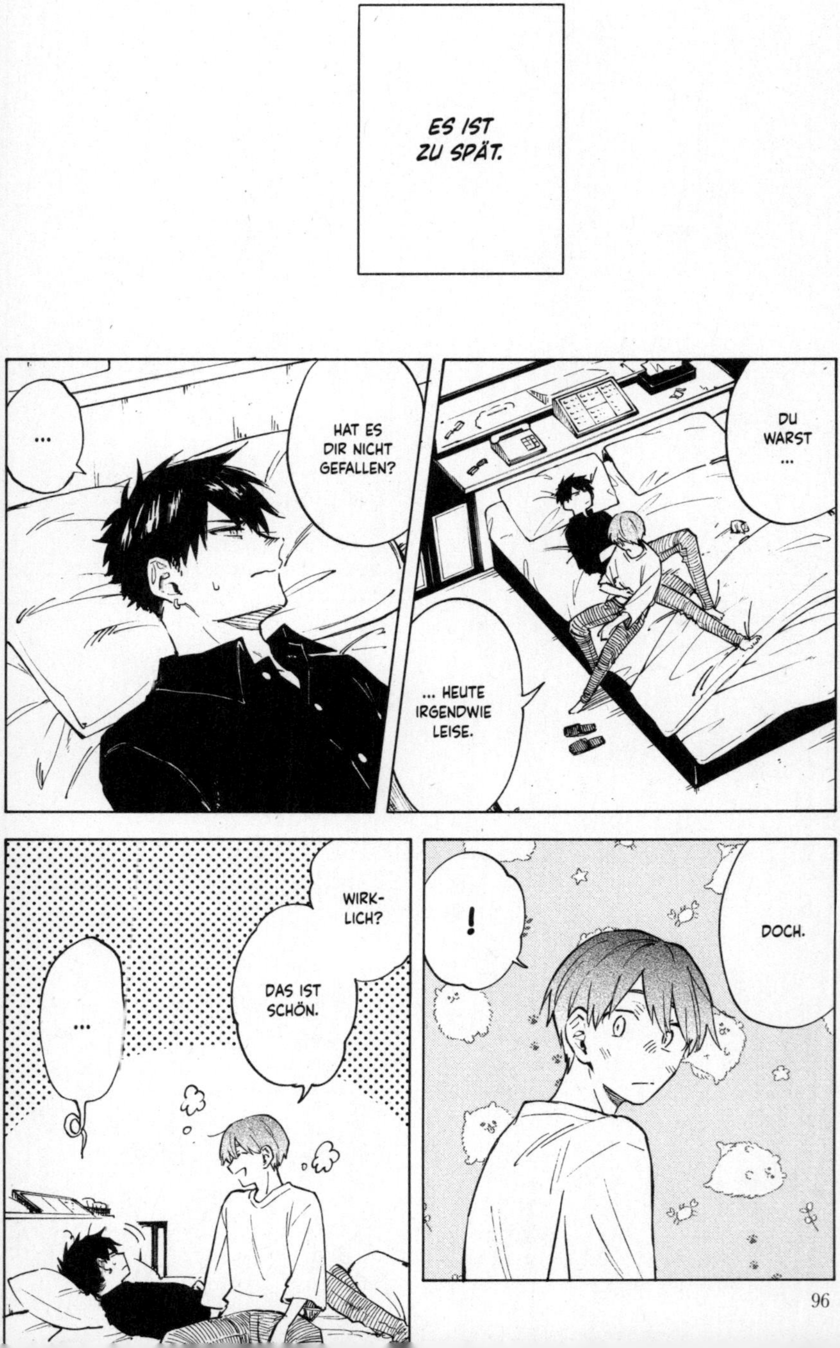
ES IST ZU SPÄT.
DU WARST ...
... HEUTE IRGENDWIE LEISE.
HAT ES DIR NICHT GEFALLEN?
...
DOCH.
!
WIRK-LICH?
DAS IST SCHÖN.
...

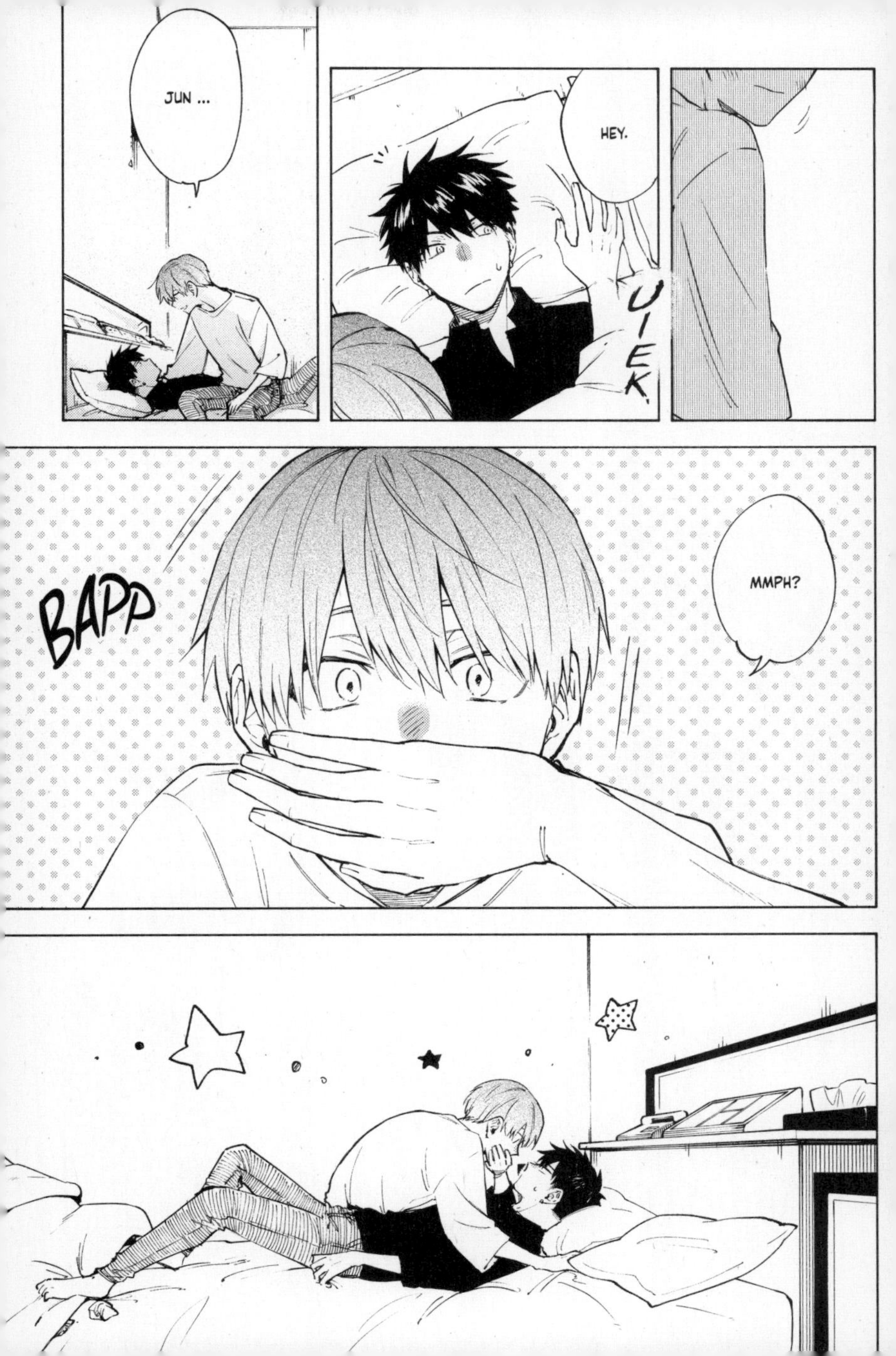
JUN ...
HEY.
UIEK.
MMPH?
BAPP

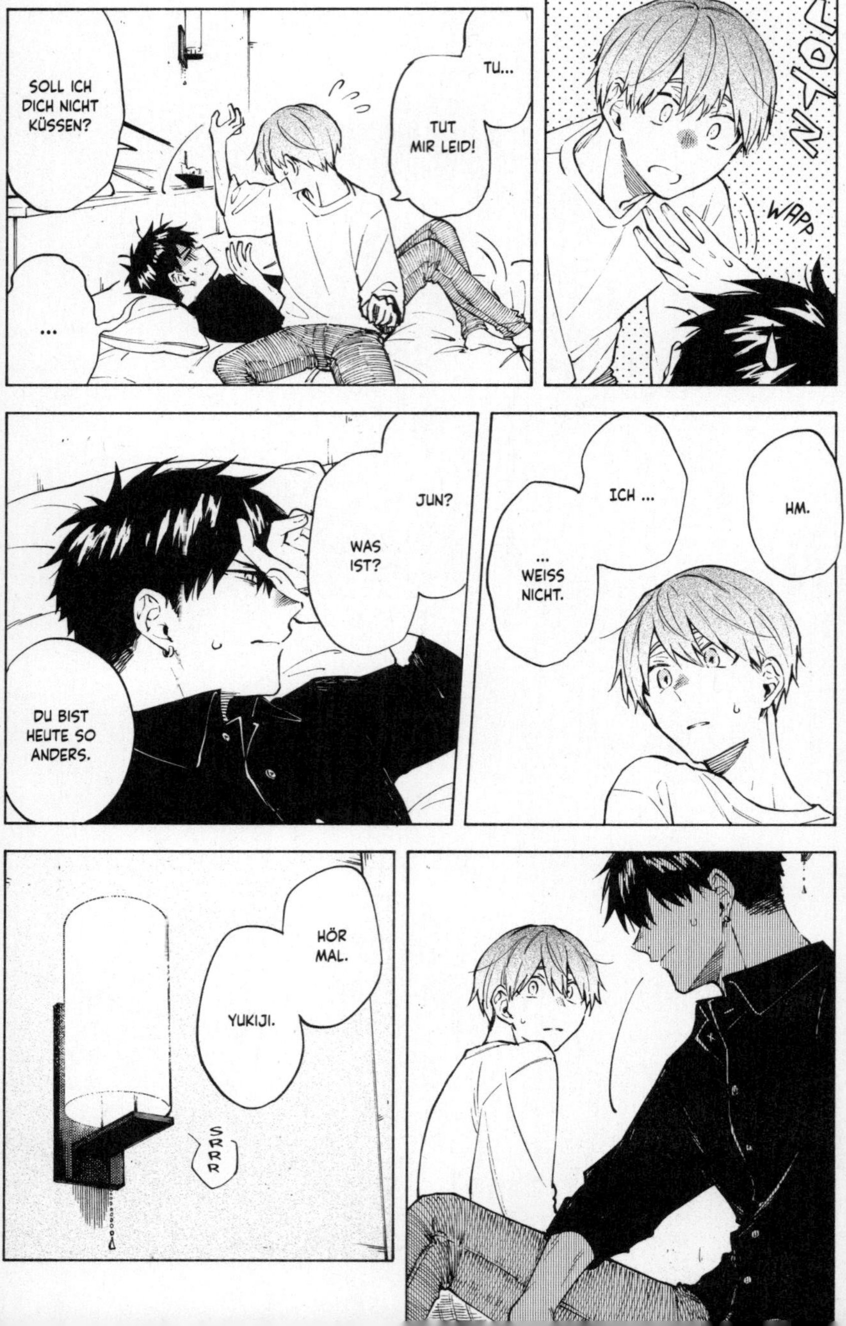
WAPP
TU...
TUT MIR LEID!
SOLL ICH DICH NICHT KÜSSEN?
...
HM.
ICH ...
... WEISS NICHT.
JUN?
WAS IST?
DU BIST HEUTE SO ANDERS.
...
HÖR MAL.
YUKIJI.
SRRR

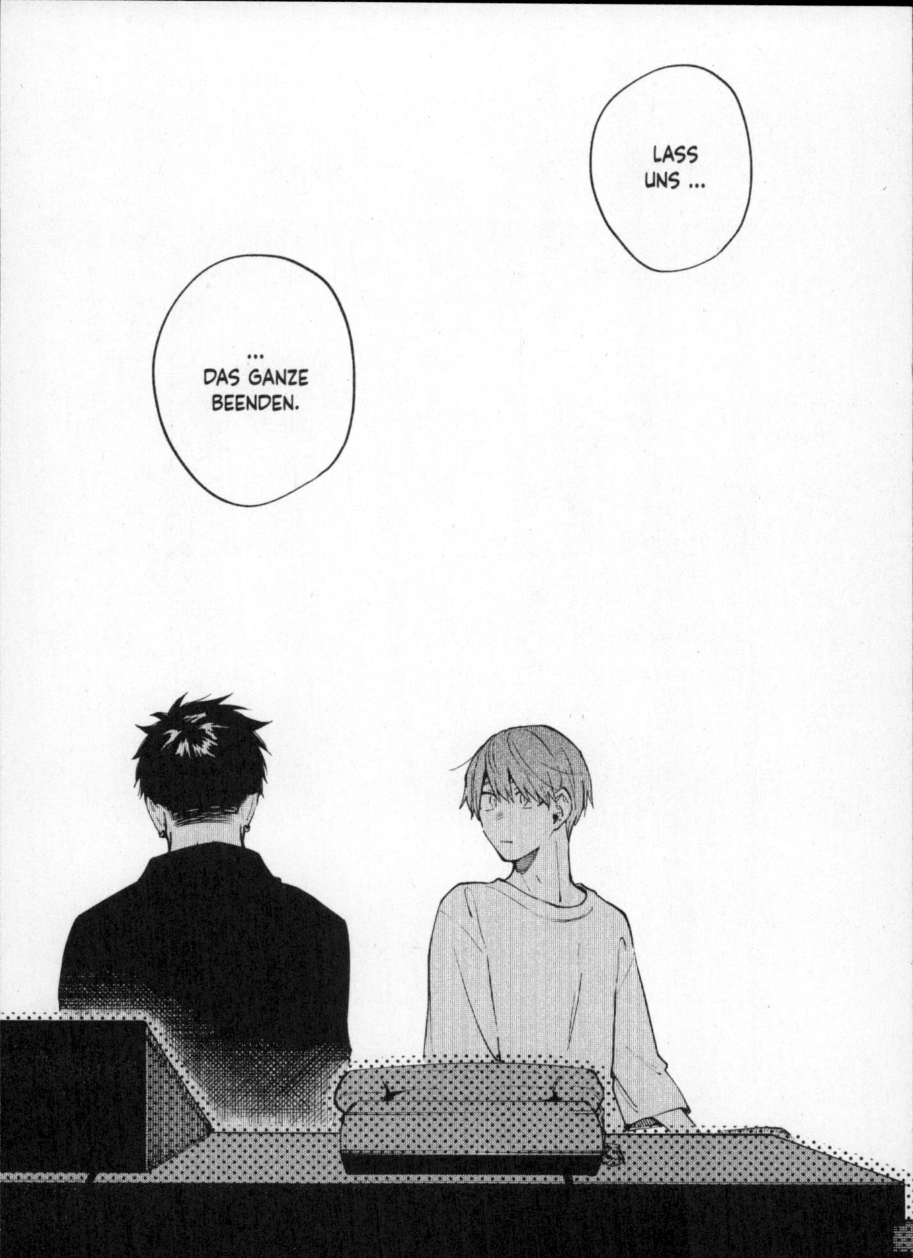
LASS UNS ...
... DAS GANZE BEENDEN.

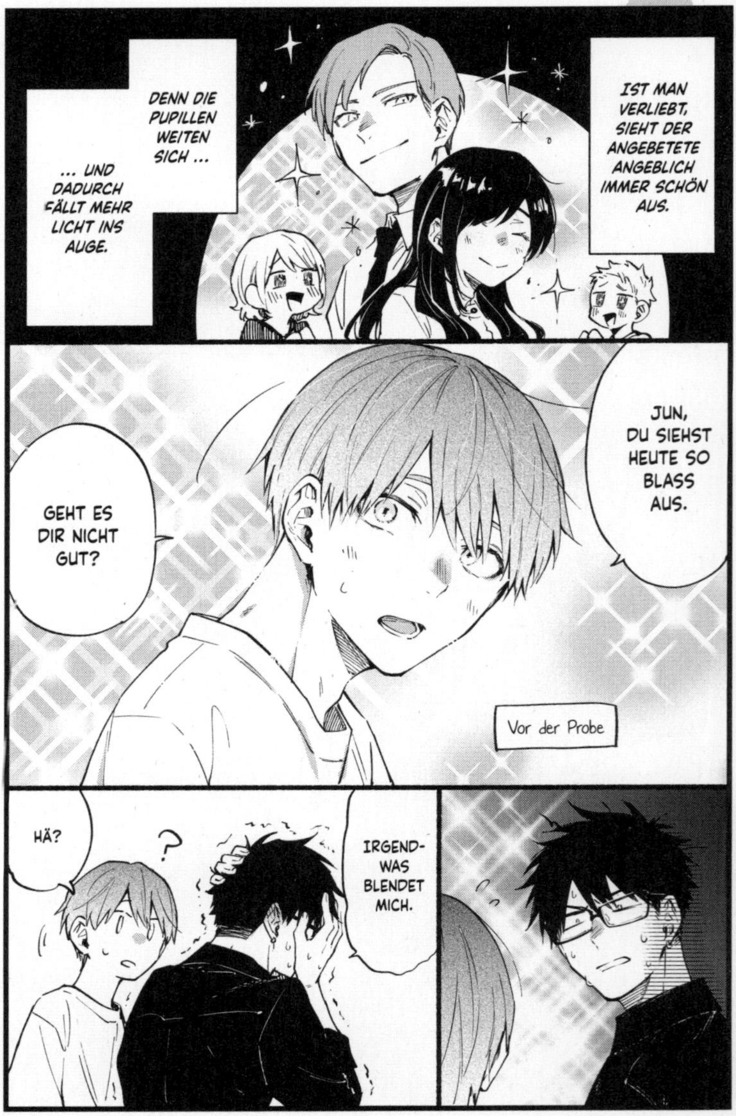
IST MAN VERLIEBT, SIEHT DER ANGEBETETE ANGEBLICH IMMER SCHÖN AUS.
DENN DIE PUPILLEN WEITEN SICH ...
... UND DADURCH FÄLLT MEHR LICHT INS AUGE.
JUN, DU SIEHST HEUTE SO BLASS AUS.
GEHT ES DIR NICHT GUT?
Vor der Probe
IRGEND-WAS BLENDET MICH.
HÄ?
?

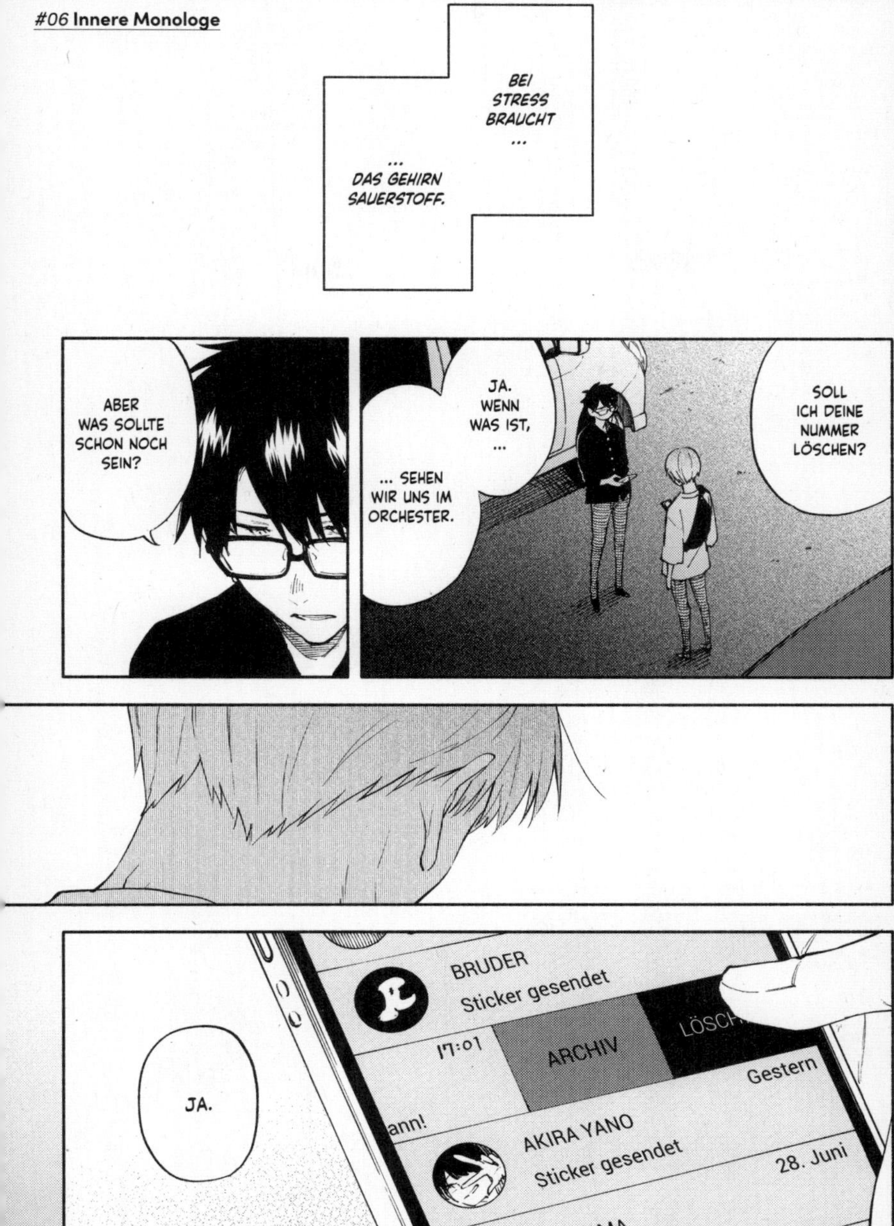
BEI STRESS BRAUCHT ...
... DAS GEHIRN SAUERSTOFF.
SOLL ICH DEINE NUMMER LÖSCHEN?
JA. WENN WAS IST, ...
... SEHEN WIR UNS IM ORCHESTER.
ABER WAS SOLLTE SCHON NOCH SEIN?
JA.
BRUDER
Sticker gesendet
17:01
ARCHIV
Gestern
AKIRA YANO
Sticker gesendet
28. Juni
MAMA
Okay

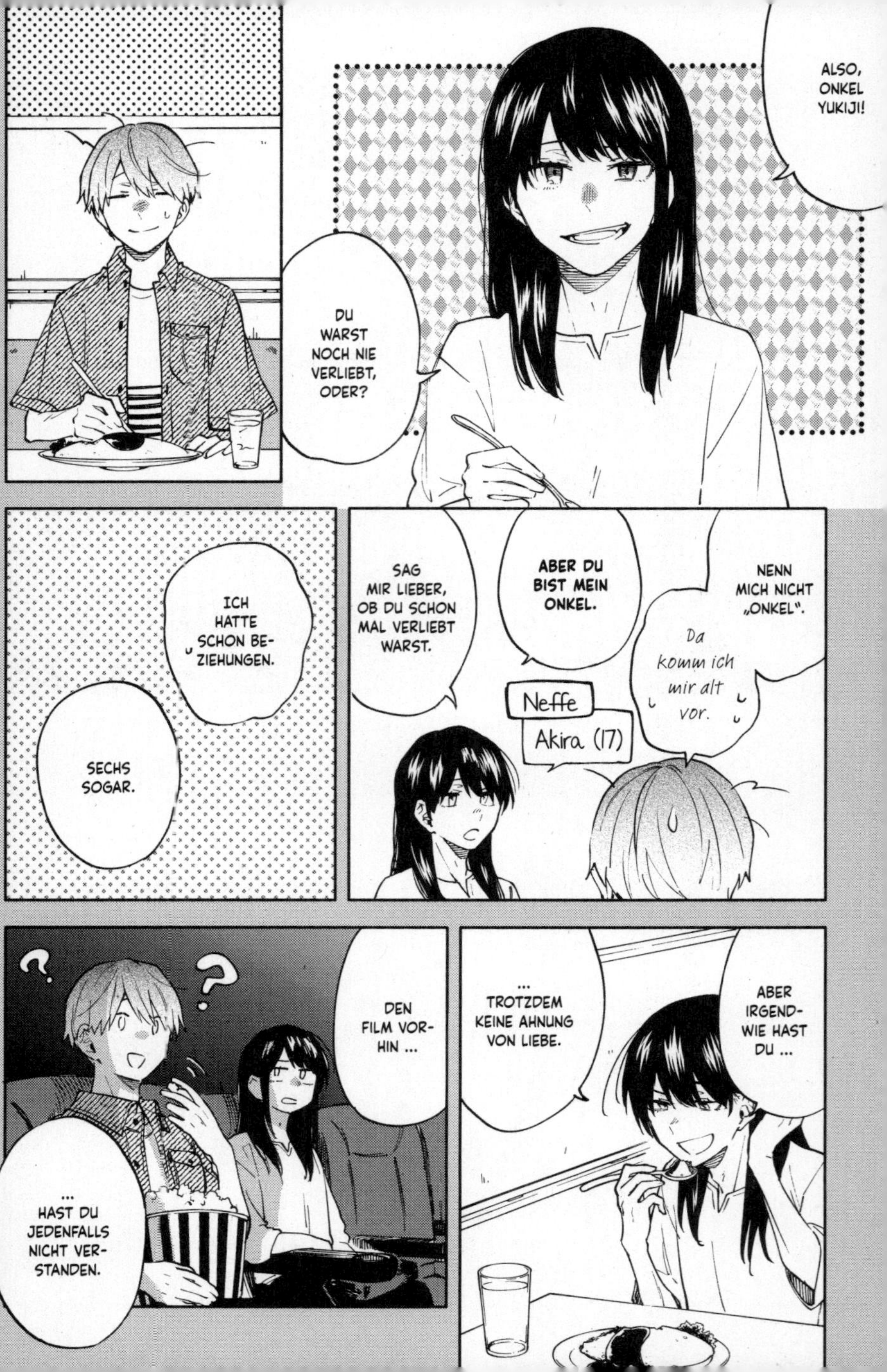
ALSO, ONKEL YUKIJI!
DU WARST NOCH NIE VERLIEBT, ODER?
NENN MICH NICHT „ONKEL“.
Da komm ich mir alt vor.
ABER DU BIST MEIN ONKEL.
Neffe
Akira (17)
SAG MIR LIEBER, OB DU SCHON MAL VERLIEBT WARST.
ICH HATTE SCHON BEZIEHUNGEN.
SECHS SOGAR.
ABER IRGENDWIE HAST DU ...
... TROTZDEM KEINE AHNUNG VON LIEBE.
DEN FILM VORHIN ...
... HAST DU JEDENFALLS NICHT VERSTANDEN.

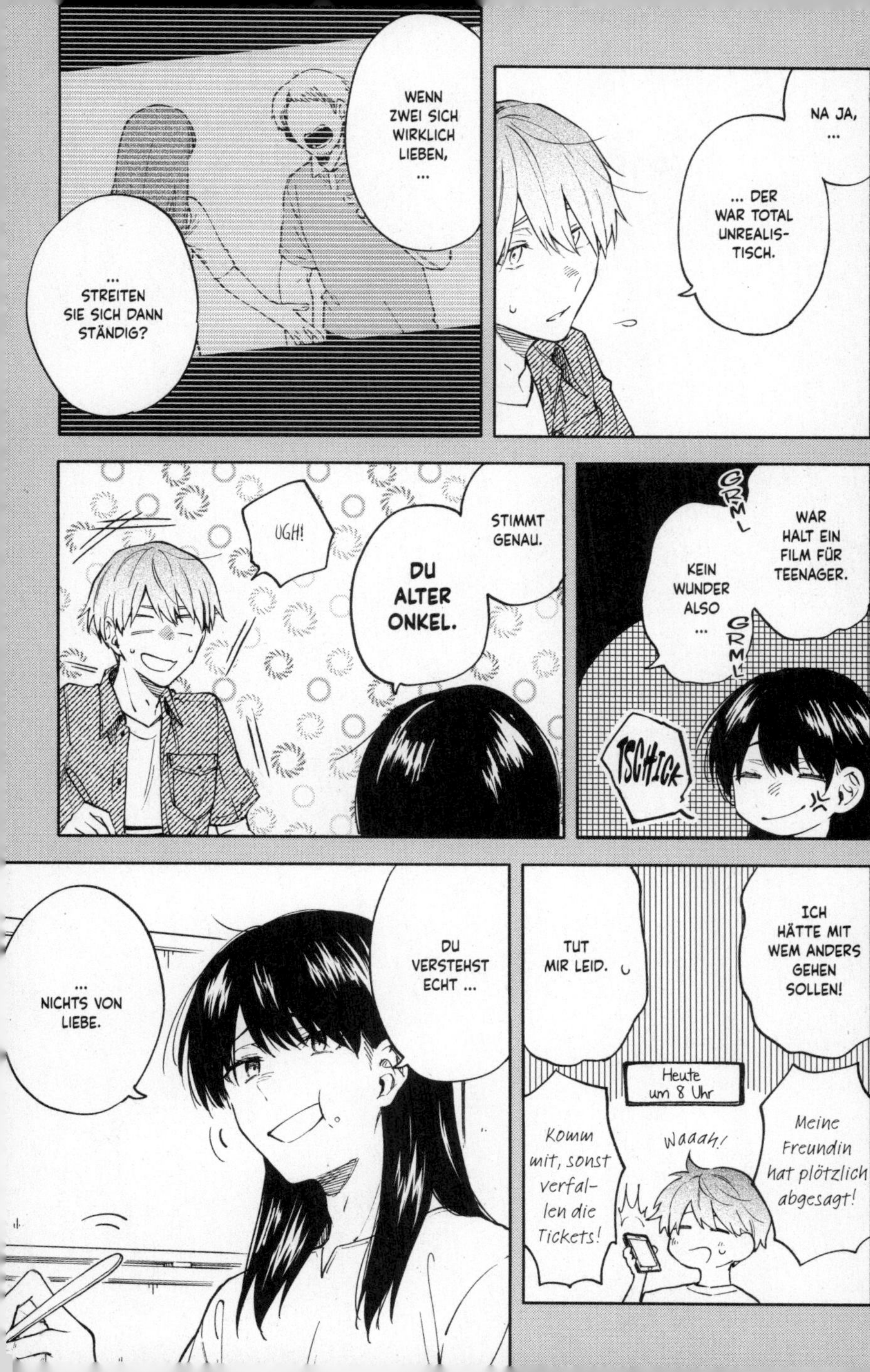
NA JA, ...
... DER WAR TOTAL UNREALIS-TISCH.
WENN ZWEI SICH WIRKLICH LIEBEN, ...
... STREITEN SIE SICH DANN STÄNDIG?
GRML
WAR HALT EIN FILM FÜR TEENAGER.
KEIN WUNDER ALSO ...
GRML
TSCHICK
STIMMT GENAU.
DU ALTER ONKEL.
UGH!
ICH HÄTTE MIT WEM ANDERS GEHEN SOLLEN!
TUT MIR LEID.
Heute um 8 Uhr
Meine Freundin hat plötzlich abgesagt!
Waaah!
Komm mit, sonst verfal-len die Tickets!
DU VERSTEHST ECHT ...
... NICHTS VON LIEBE.

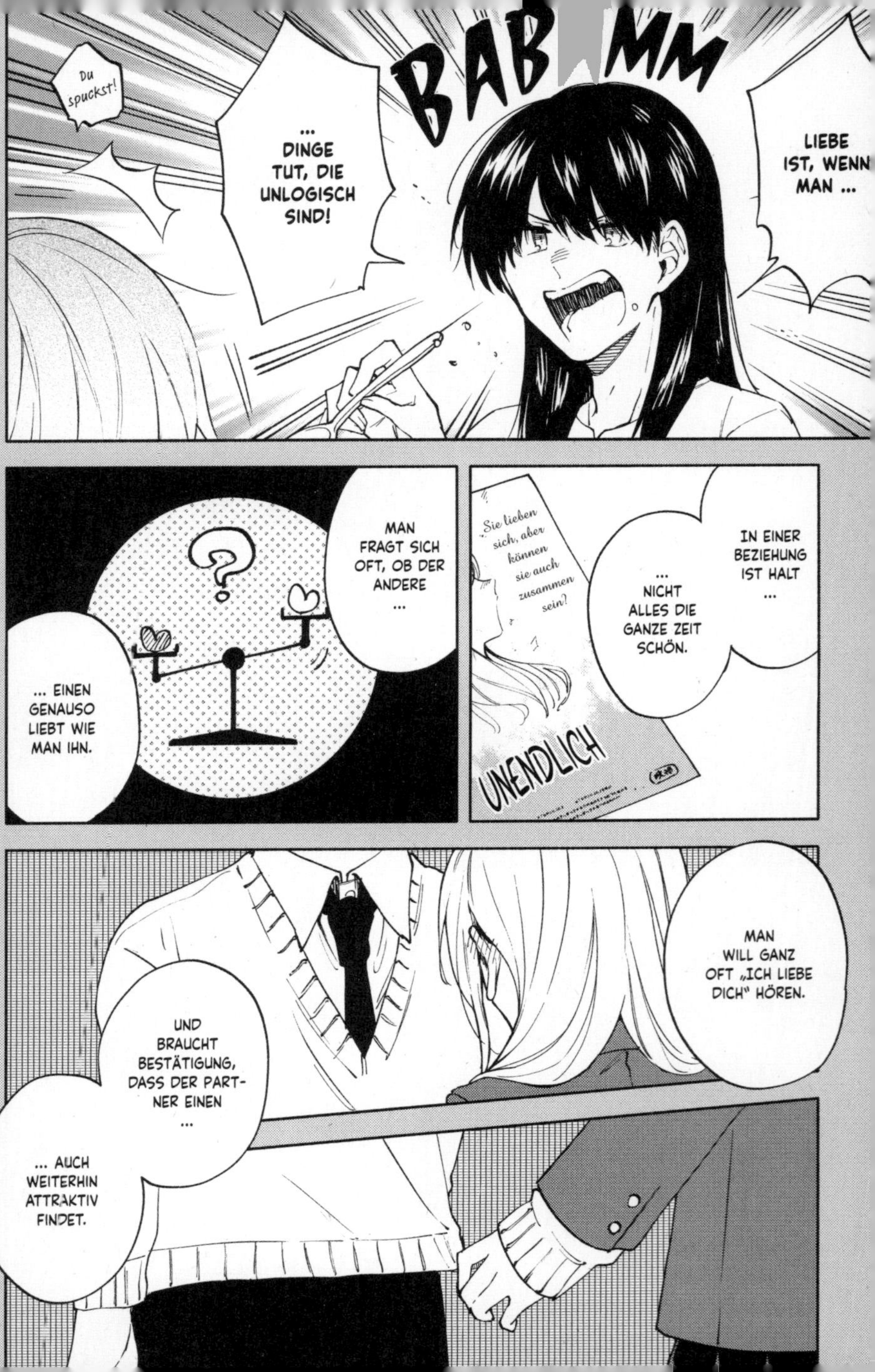
BABMM
LIEBE IST, WENN MAN ...
... DINGE TUT, DIE UNLOGISCH SIND!
Du spuckst!
IN EINER BEZIEHUNG IST HALT ...
... NICHT ALLES DIE GANZE ZEIT SCHÖN.
„Sie lieben sich, aber können sie auch zusammen sein?
UNENDLICH
MAN FRAGT SICH OFT, OB DER ANDERE ...
... EINEN GENAUSO LIEBT WIE MAN IHN.
MAN WILL GANZ OFT „ICH LIEBE DICH" HÖREN.
UND BRAUCHT BESTÄTIGUNG, DASS DER PART- NER EINEN ...
... AUCH WEITERHIN ATTRAKTIV FINDET.

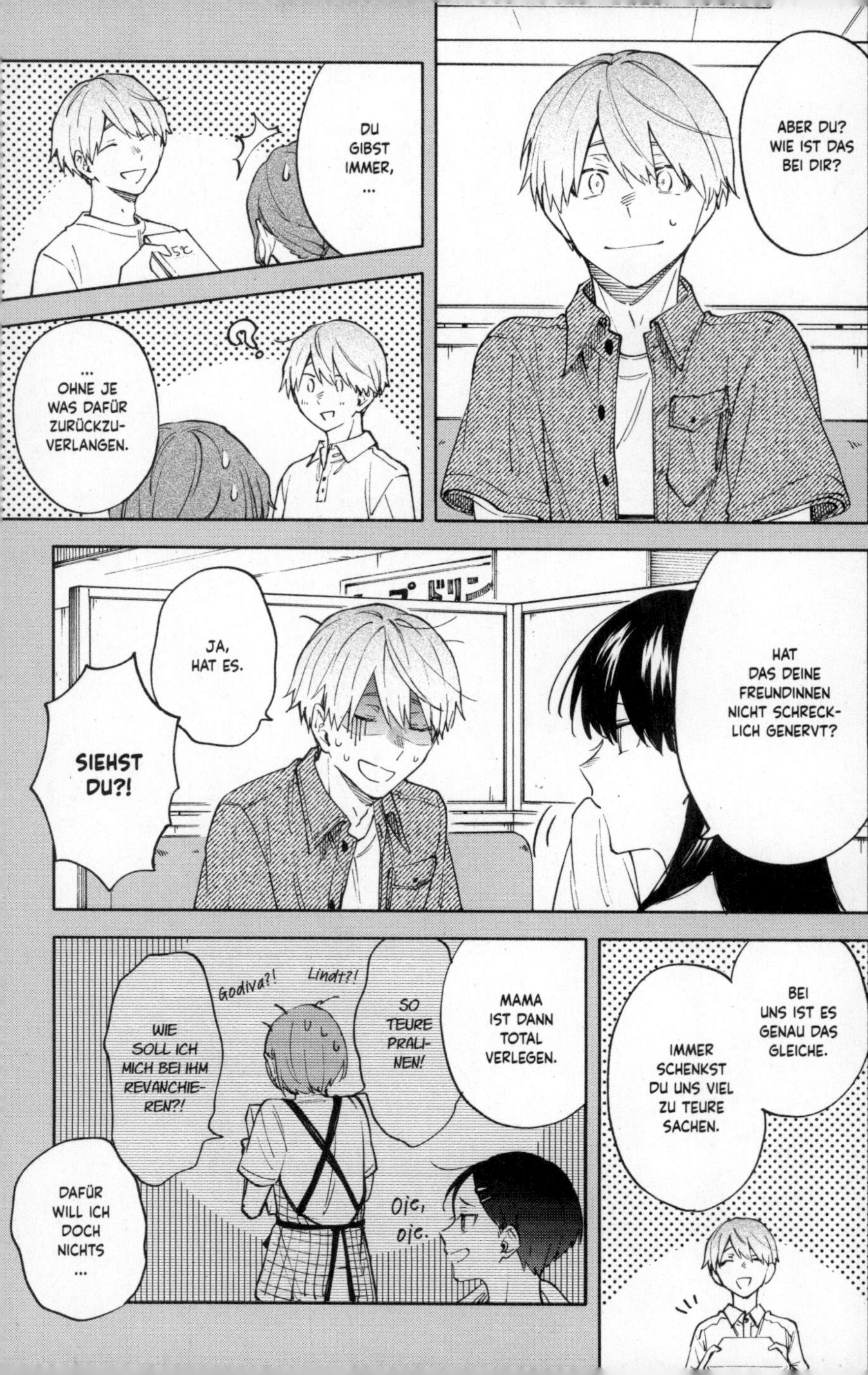
ABER DU? WIE IST DAS BEI DIR?
DU GIBST IMMER, ...
... OHNE JE WAS DAFÜR ZURÜCKZU-VERLANGEN.
HAT DAS DEINE FREUNDINNEN NICHT SCHRECK-LICH GENERVT?
JA, HAT ES.
SIEHST DU?!
BEI UNS IST ES GENAU DAS GLEICHE.
IMMER SCHENKST DU UNS VIEL ZU TEURE SACHEN.
MAMA IST DANN TOTAL VERLEGEN.
SO TEURE PRALI-NEN!
Lindt?!
Godiva?!
WIE SOLL ICH MICH BEI IHM REVANCHIE-REN?!
Oje, oje.
DAFÜR WILL ICH DOCH NICHTS ...

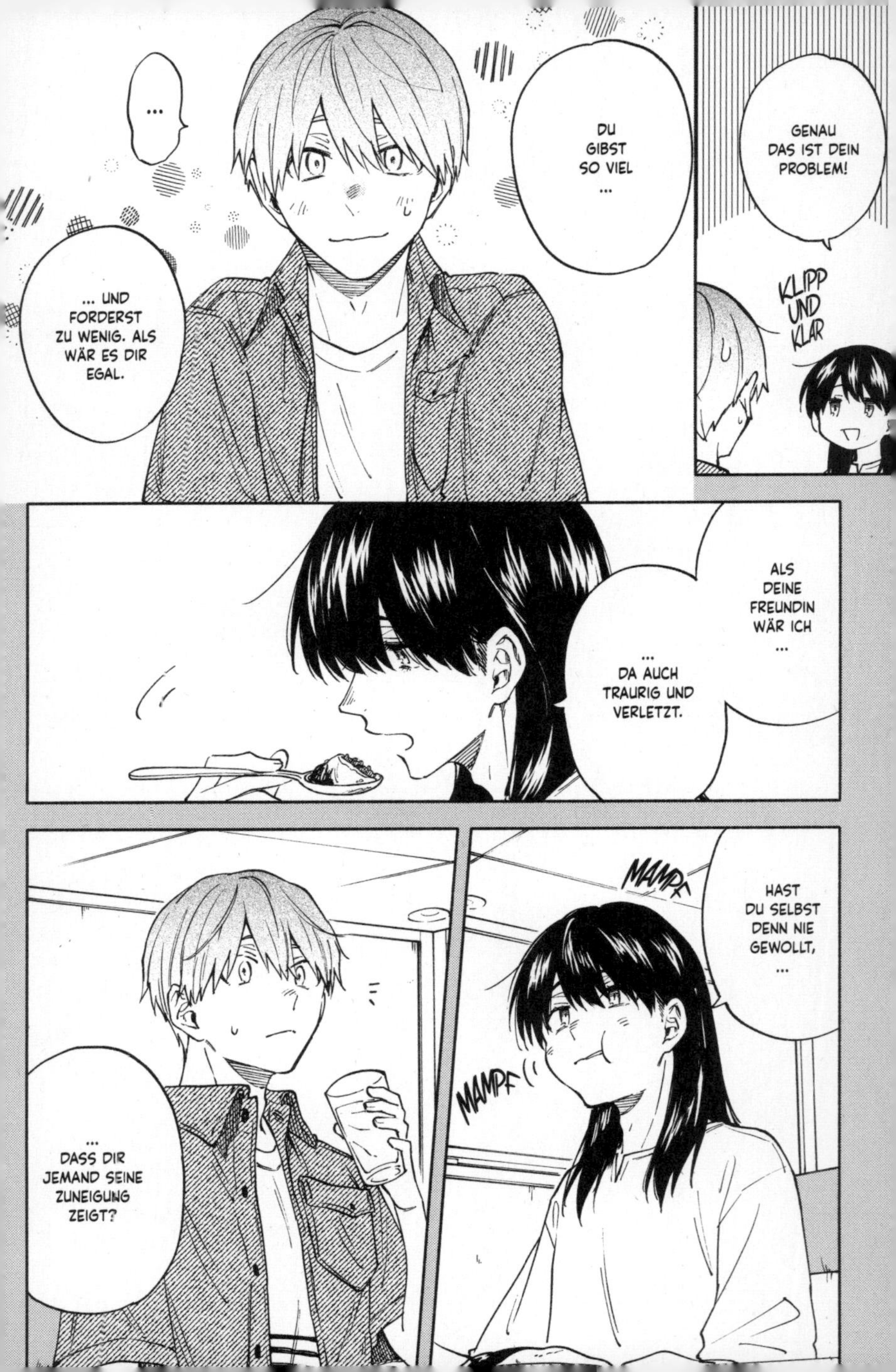
GENAU DAS IST DEIN PROBLEM!
KLIPP UND KLAR
DU GIBST SO VIEL ...
...
... UND FORDERST ZU WENIG. ALS WÄR ES DIR EGAL.
ALS DEINE FREUNDIN WÄR ICH ...
... DA AUCH TRAURIG UND VERLETZT.
MAMPF
HAST DU SELBST DENN NIE GEWOLLT, ...
MAMPF
... DASS DIR JEMAND SEINE ZUNEIGUNG ZEIGT?

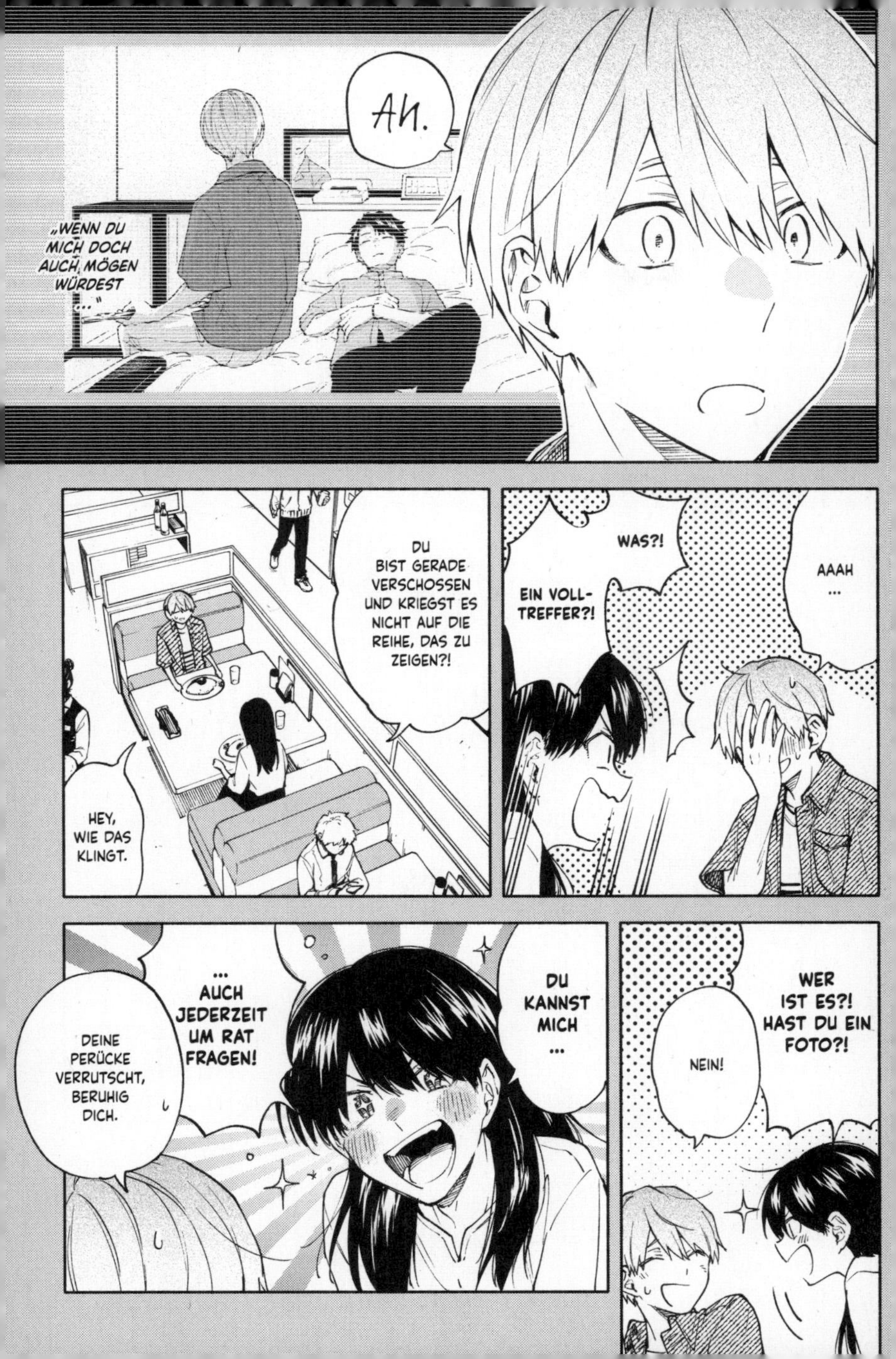
Ah.
„Wenn du mich doch auch mögen würdest ...“
AAAH ...
WAS?!
EIN VOLL-TREFFER?!
DU BIST GERADE VERSCHOSSEN UND KRIEGST ES NICHT AUF DIE REIHE, DAS ZU ZEIGEN?!
HEY, WIE DAS KLINGT.
WER IST ES?! HAST DU EIN FOTO?!
NEIN!
DU KANNST MICH ...
... AUCH JEDERZEIT UM RAT FRAGEN!
DEINE PERÜCKE VERRUTSCHT, BERUHIG DICH.

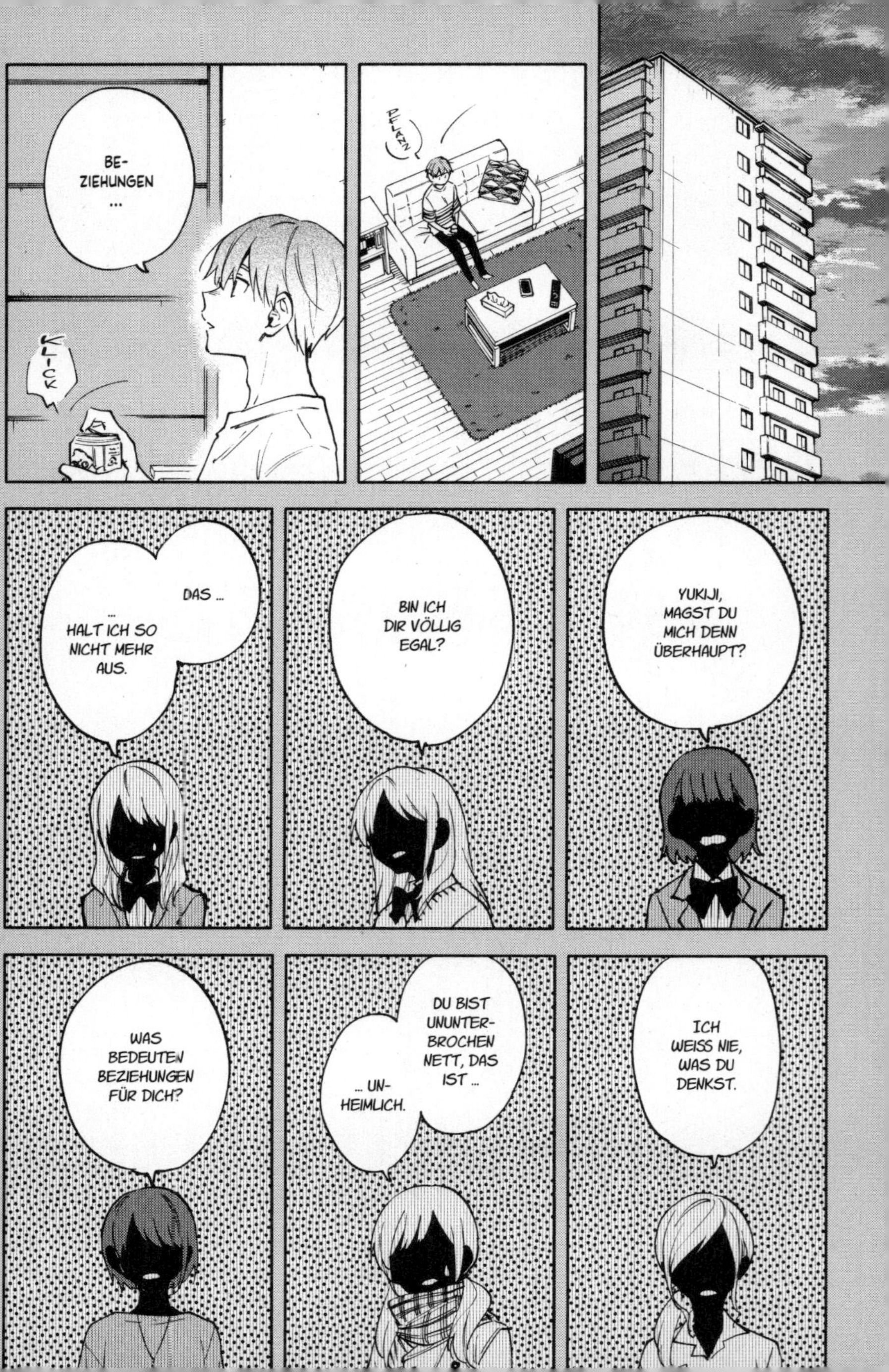
PFLANZ
KLICK
BE-ZIEHUNGEN ...
YUKIJI, MAGST DU MICH DENN ÜBERHAUPT?
BIN ICH DIR VÖLLIG EGAL?
DAS ...
... HALT ICH SO NICHT MEHR AUS.
ICH WEISS NIE, WAS DU DENKST.
DU BIST UNUNTER-BROCHEN NETT, DAS IST ...
... UN-HEIMLICH.
WAS BEDEUTEN BEZIEHUNGEN FÜR DICH?

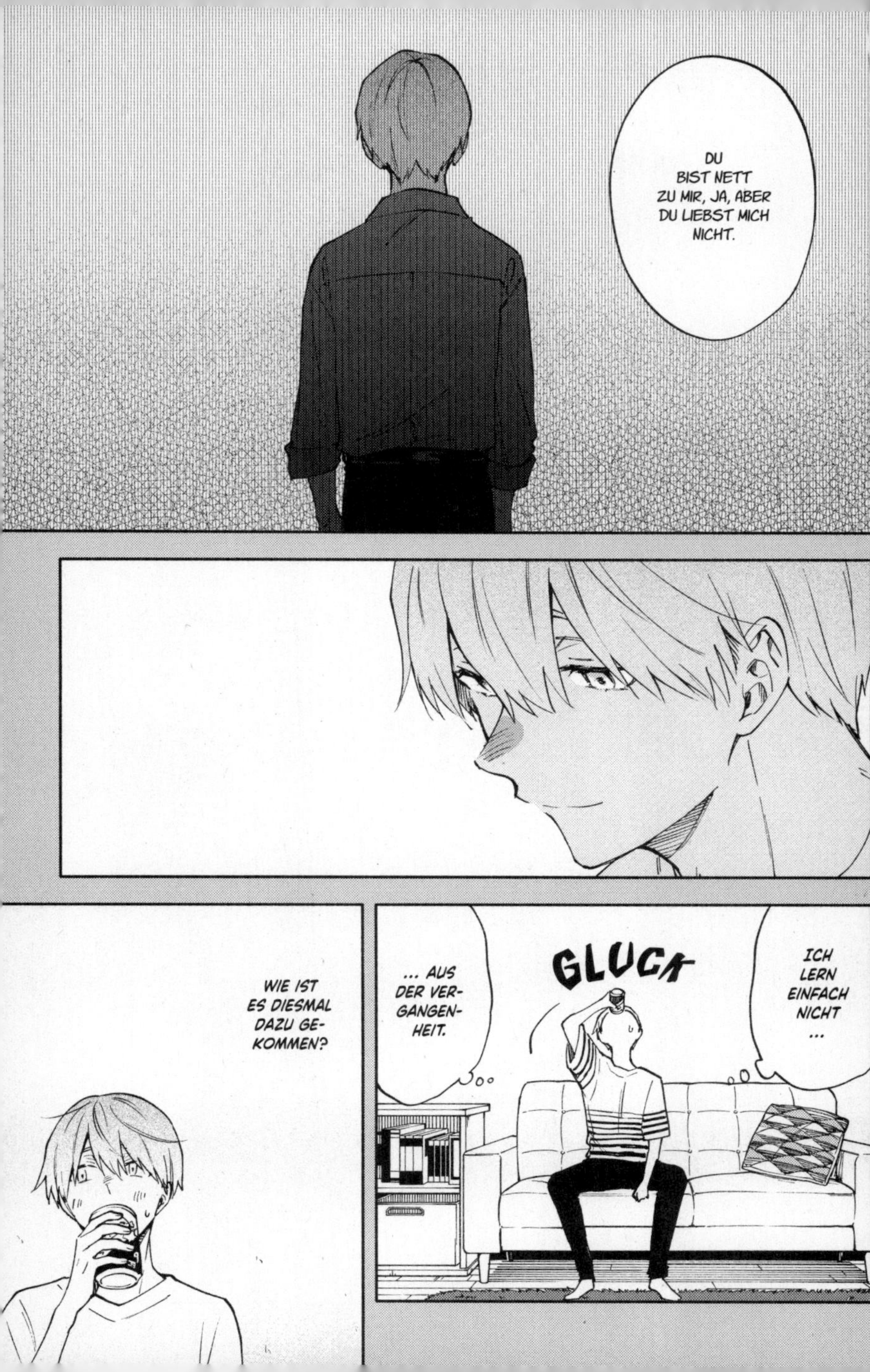
DU BIST NETT ZU MIR, JA, ABER DU LIEBST MICH NICHT.
ICH LERN EINFACH NICHT ...
GLUCK
... AUS DER VERGANGENHEIT.
WIE IST ES DIESMAL DAZU GEKOMMEN?

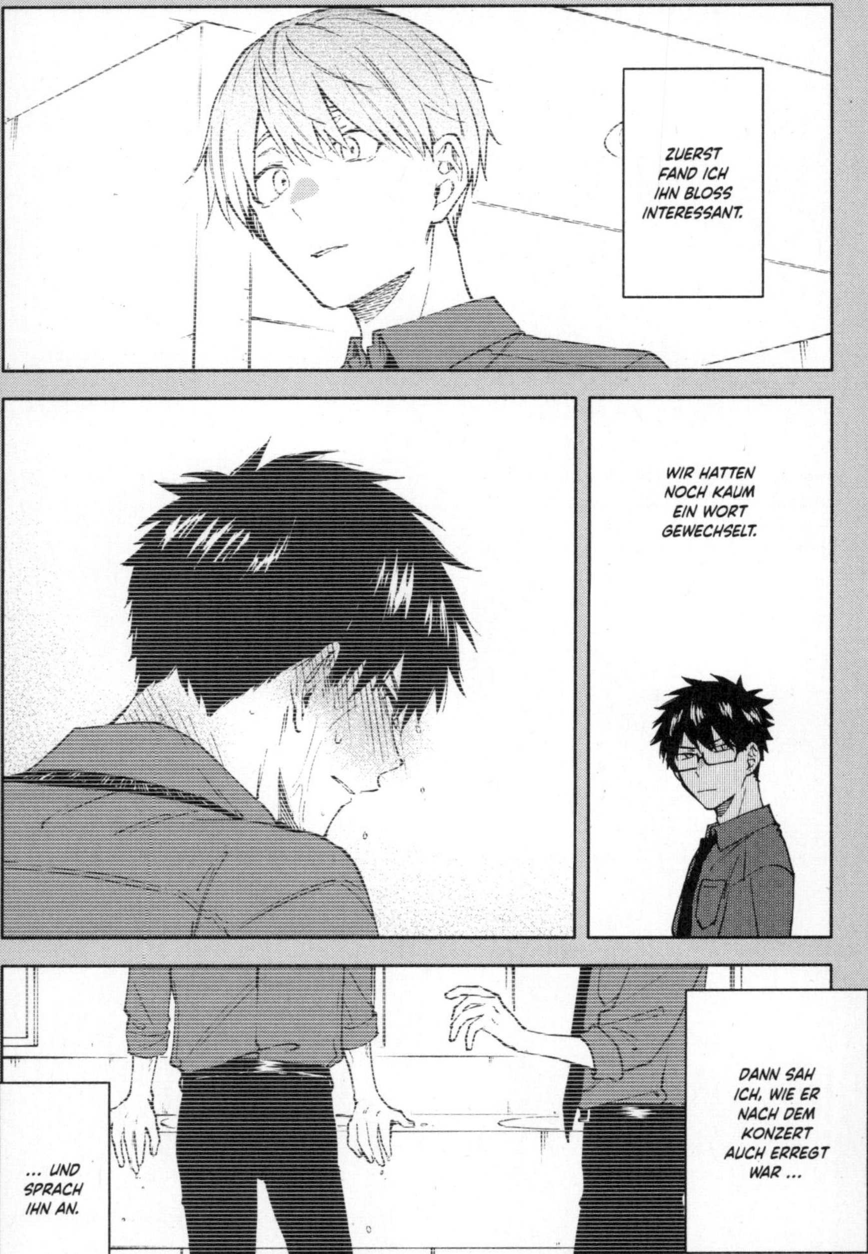
ZUERST
FAND ICH
IHN BLOSS
INTERESSANT.
WIR HATTEN
NOCH KAUM
EIN WORT
GEWECHSELT.
DANN SAH
ICH, WIE ER
NACH DEM
KONZERT
AUCH ERREGT
WAR ...
... UND
SPRACH
IHN AN.

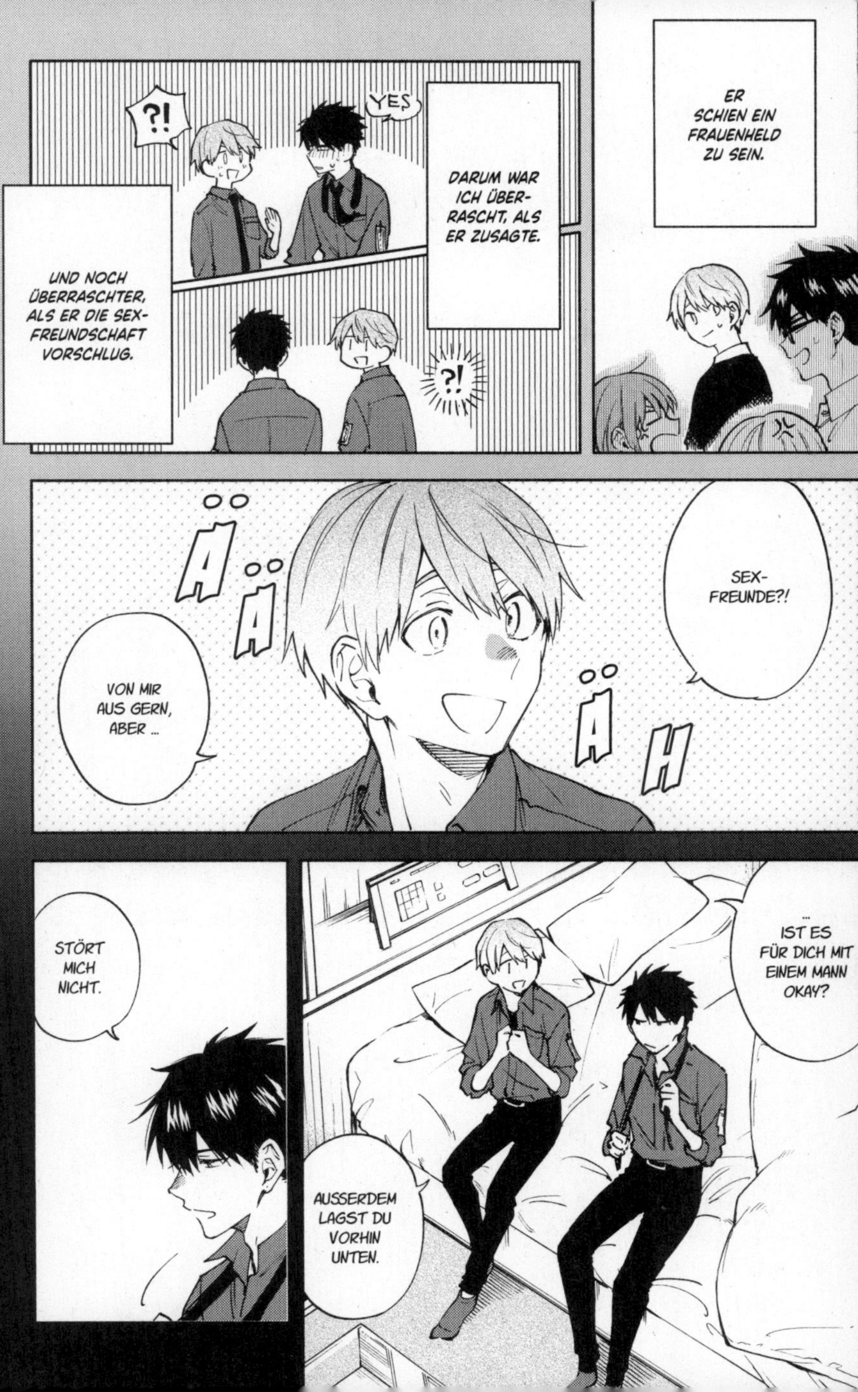
ER SCHIEN EIN FRAUENHELD ZU SEIN.
YES
?!
DARUM WAR ICH ÜBERRASCHT, ALS ER ZUSAGTE.
?!
UND NOCH ÜBERRASCHTER, ALS ER DIE SEX-FREUNDSCHAFT VORSCHLUG.
SEX-FREUNDE?!
ÄÄÄH
VON MIR AUS GERN, ABER ...
... IST ES FÜR DICH MIT EINEM MANN OKAY?
STÖRT MICH NICHT.
AUSSERDEM LAGST DU VORHIN UNTEN.

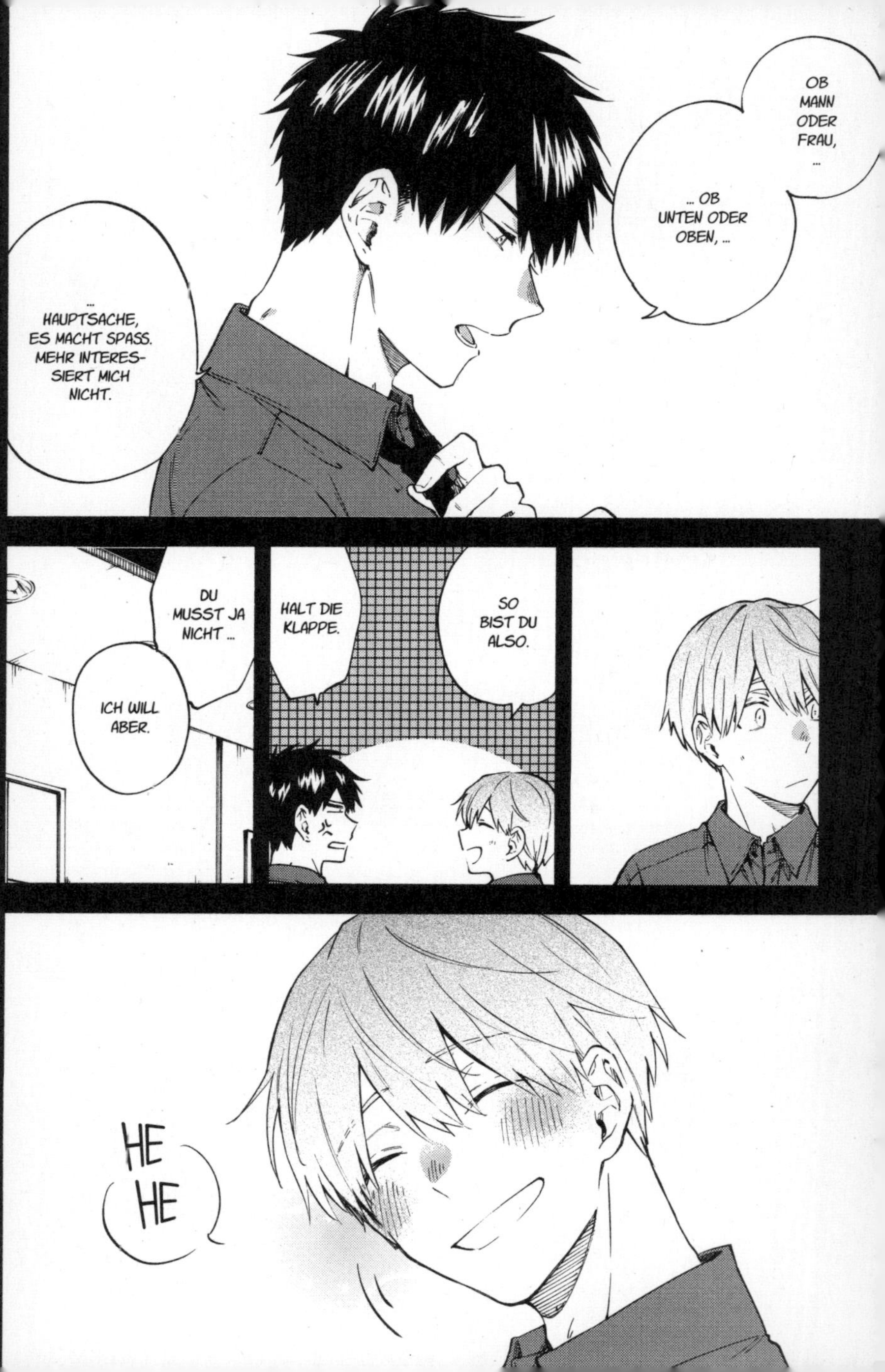
OB MANN ODER FRAU, ...
... OB UNTEN ODER OBEN, ...
... HAUPTSACHE, ES MACHT SPASS. MEHR INTERES-SIERT MICH NICHT.
SO BIST DU ALSO.
HALT DIE KLAPPE.
DU MUSST JA NICHT ...
ICH WILL ABER.
HE HE

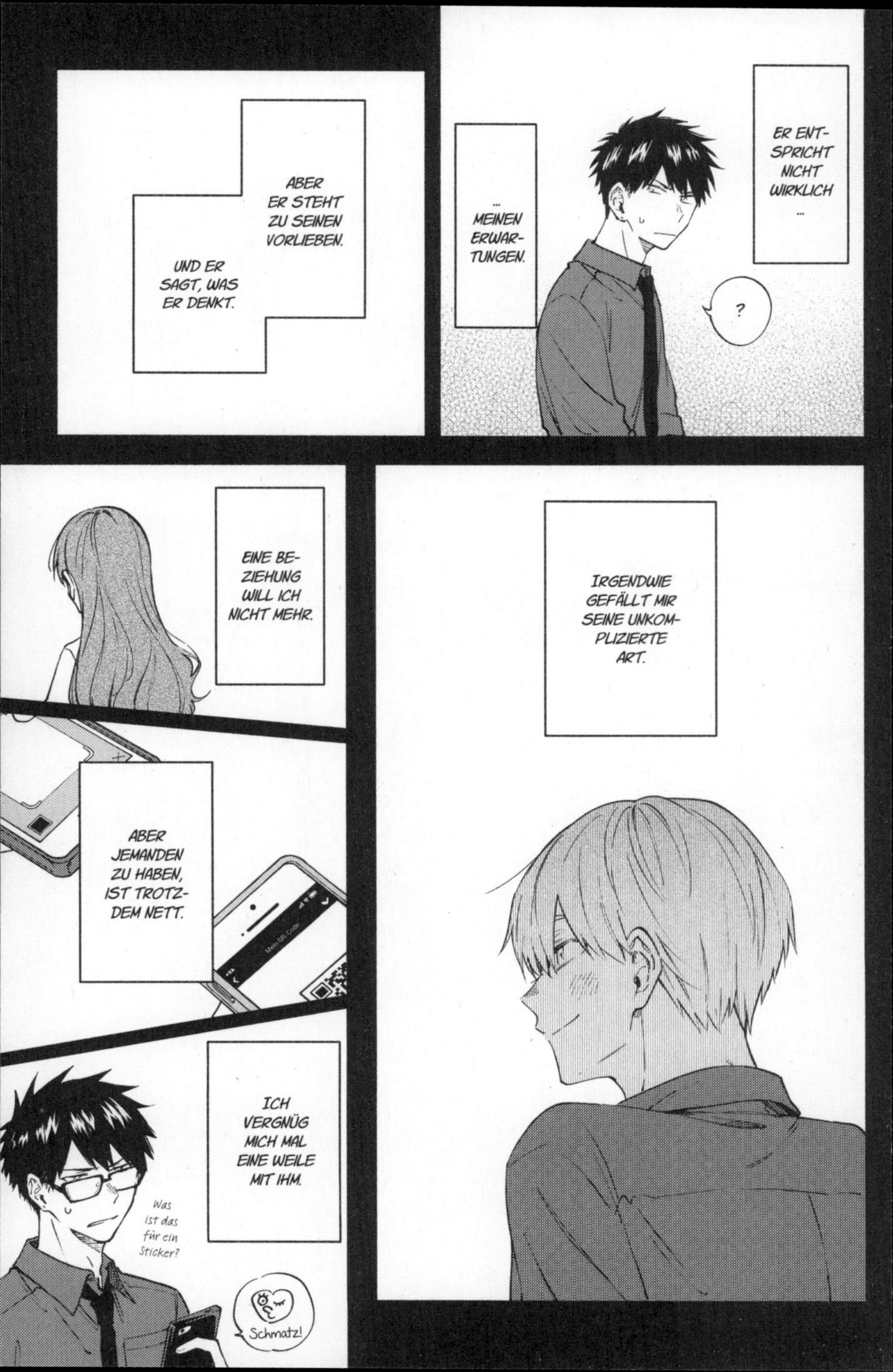

ER ENT-SPRICHT NICHT WIRKLICH ...
?
... MEINEN ERWAR-TUNGEN.
ABER ER STEHT ZU SEINEN VORLIEBEN.
UND ER SAGT, WAS ER DENKT.
IRGENDWIE GEFÄLLT MIR SEINE UNKOM-PLIZIERTE ART.
EINE BE-ZIEHUNG WILL ICH NICHT MEHR.
ABER JEMANDEN ZU HABEN, IST TROTZ-DEM NETT.
Mein QR-Code
ICH VERGNÜG MICH MAL EINE WEILE MIT IHM.
Was ist das für ein Sticker?
Schmatz!

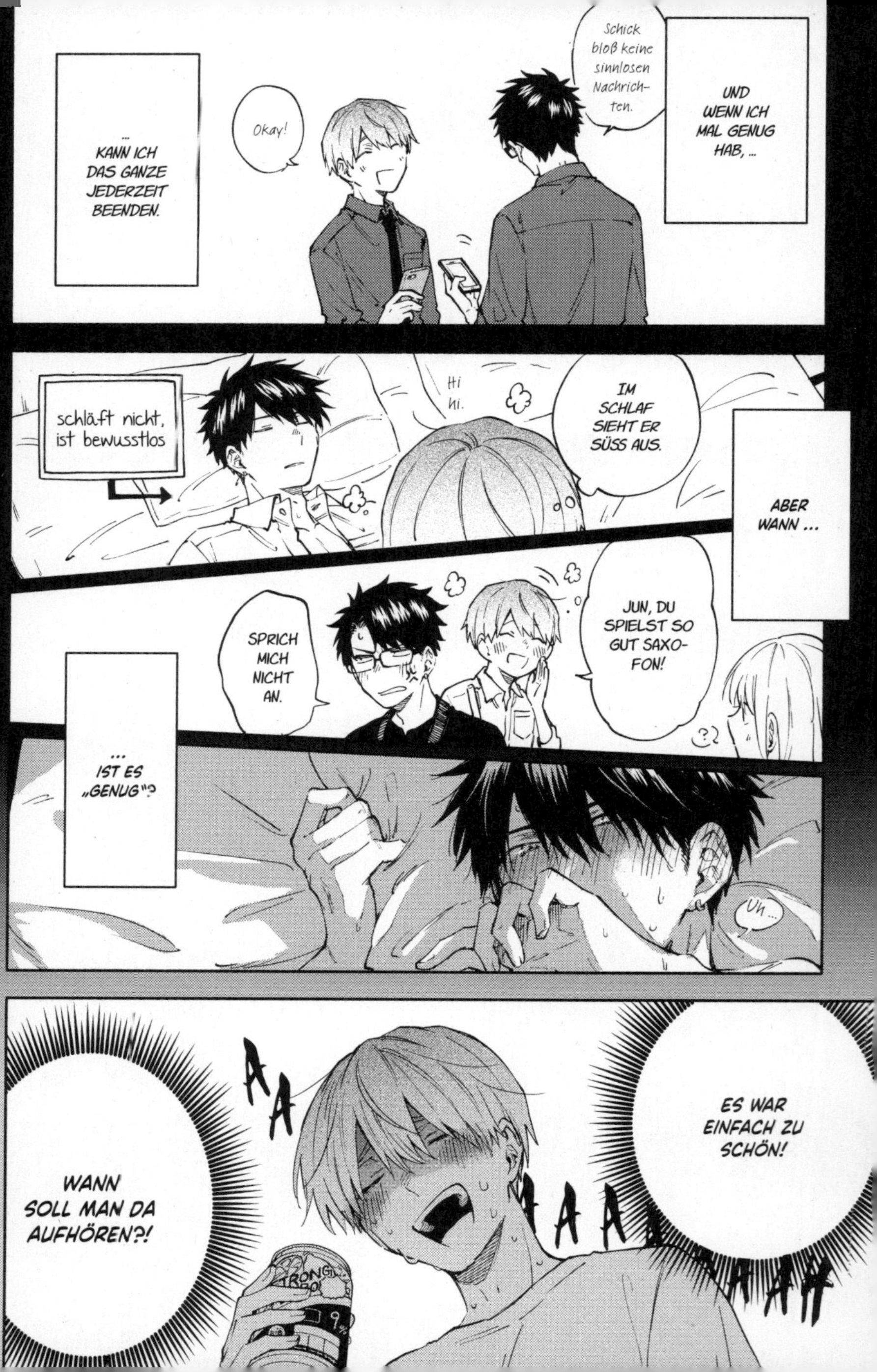

UND WENN ICH MAL GENUG HAB, ...
Schick bloß keine sinnlosen Nachrichten.
Okay!
... KANN ICH DAS GANZE JEDERZEIT BEENDEN.
ABER WANN ...
IM SCHLAF SIEHT ER SÜSS AUS.
Hi hi.
schläft nicht, ist bewusstlos
JUN, DU SPIELST SO GUT SAXOFON!
SPRICH MICH NICHT AN.
... IST ES „GENUG“?
Uh ...
ES WAR EINFACH ZU SCHÖN!
AAAAAAAAAAA
WANN SOLL MAN DA AUFHÖREN?!

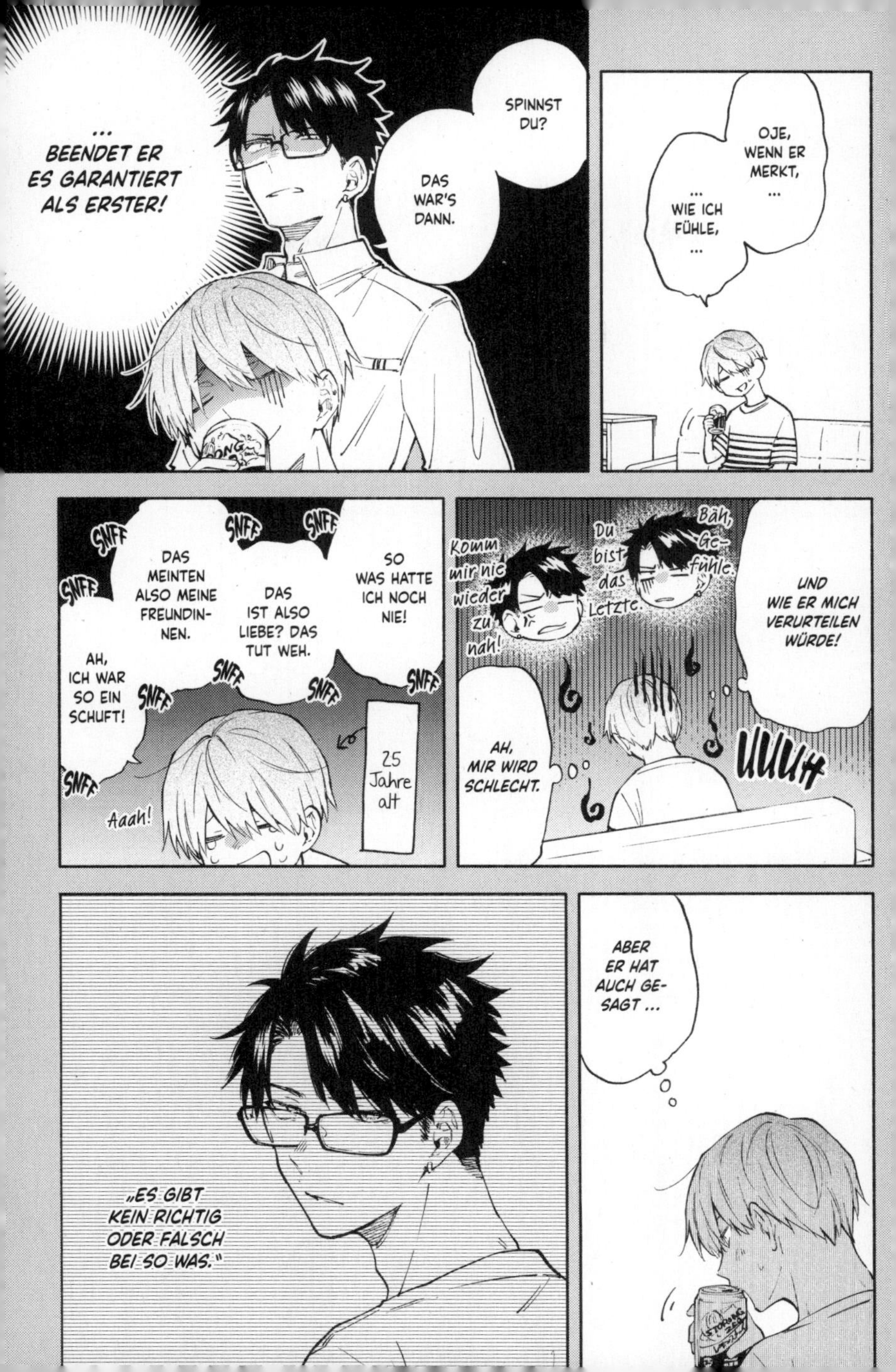
OJE, WENN ER MERKT, ...
... WIE ICH FÜHLE, ...
SPINNST DU?
DAS WAR'S DANN.
... BEENDET ER ES GARANTIERT ALS ERSTER!
UND WIE ER MICH VERURTEILEN WÜRDE!
Bäh, Gefühle.
Du bist das Letzte.
Komm mir nie wieder zu nah!
UUUH
AH, MIR WIRD SCHLECHT.
SO WAS HATTE ICH NOCH NIE!
DAS IST ALSO LIEBE? DAS TUT WEH.
DAS MEINTEN ALSO MEINE FREUNDINNEN.
AH, ICH WAR SO EIN SCHUFT!
SNFF
25 Jahre alt
Aaah!
ABER ER HAT AUCH GESAGT ...
„ES GIBT KEIN RICHTIG ODER FALSCH BEI SO WAS."

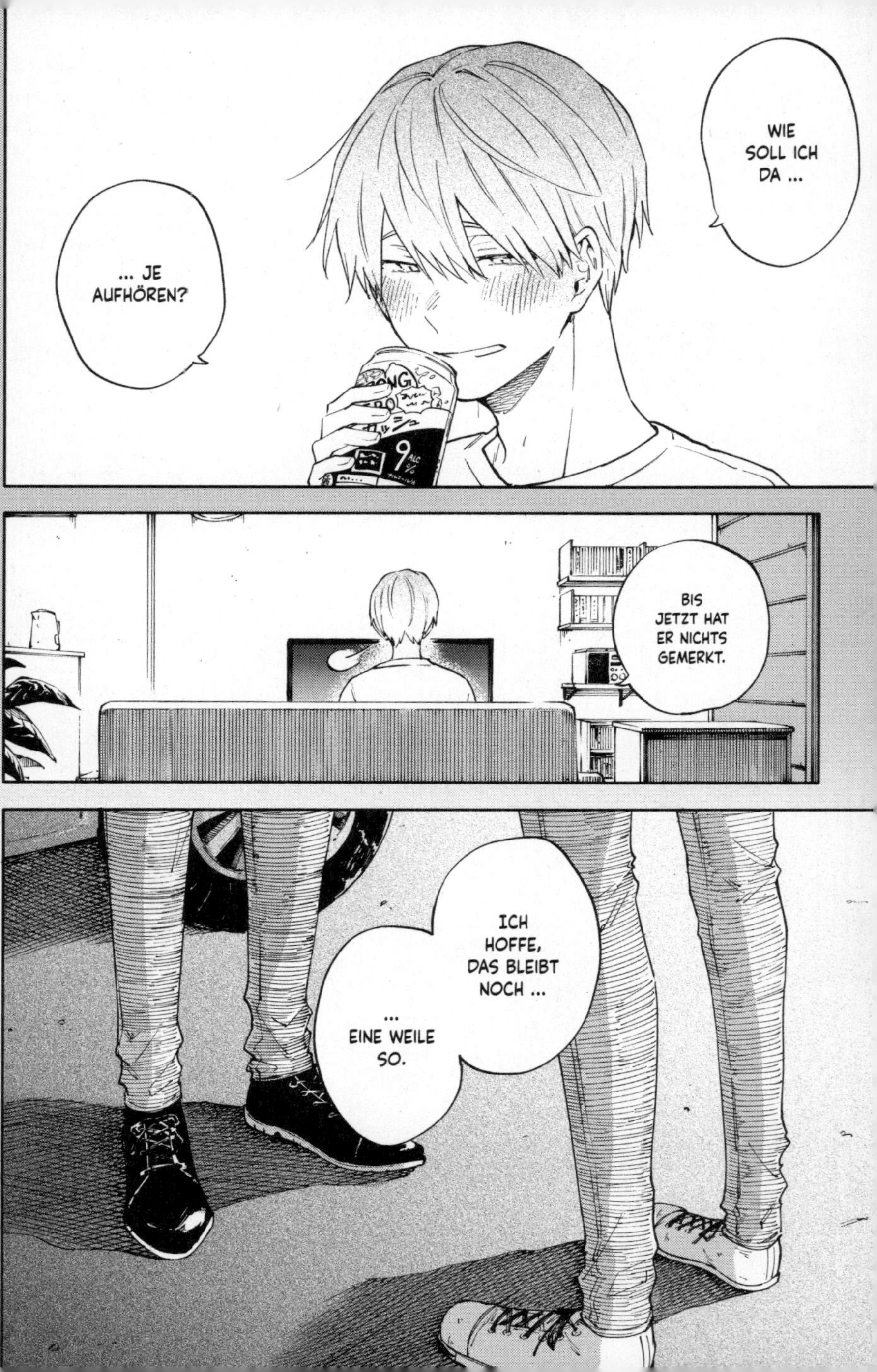
WIE SOLL ICH DA ...
... JE AUFHÖREN?
BIS JETZT HAT ER NICHTS GEMERKT.
ICH HOFFE, DAS BLEIBT NOCH ...
... EINE WEILE SO.

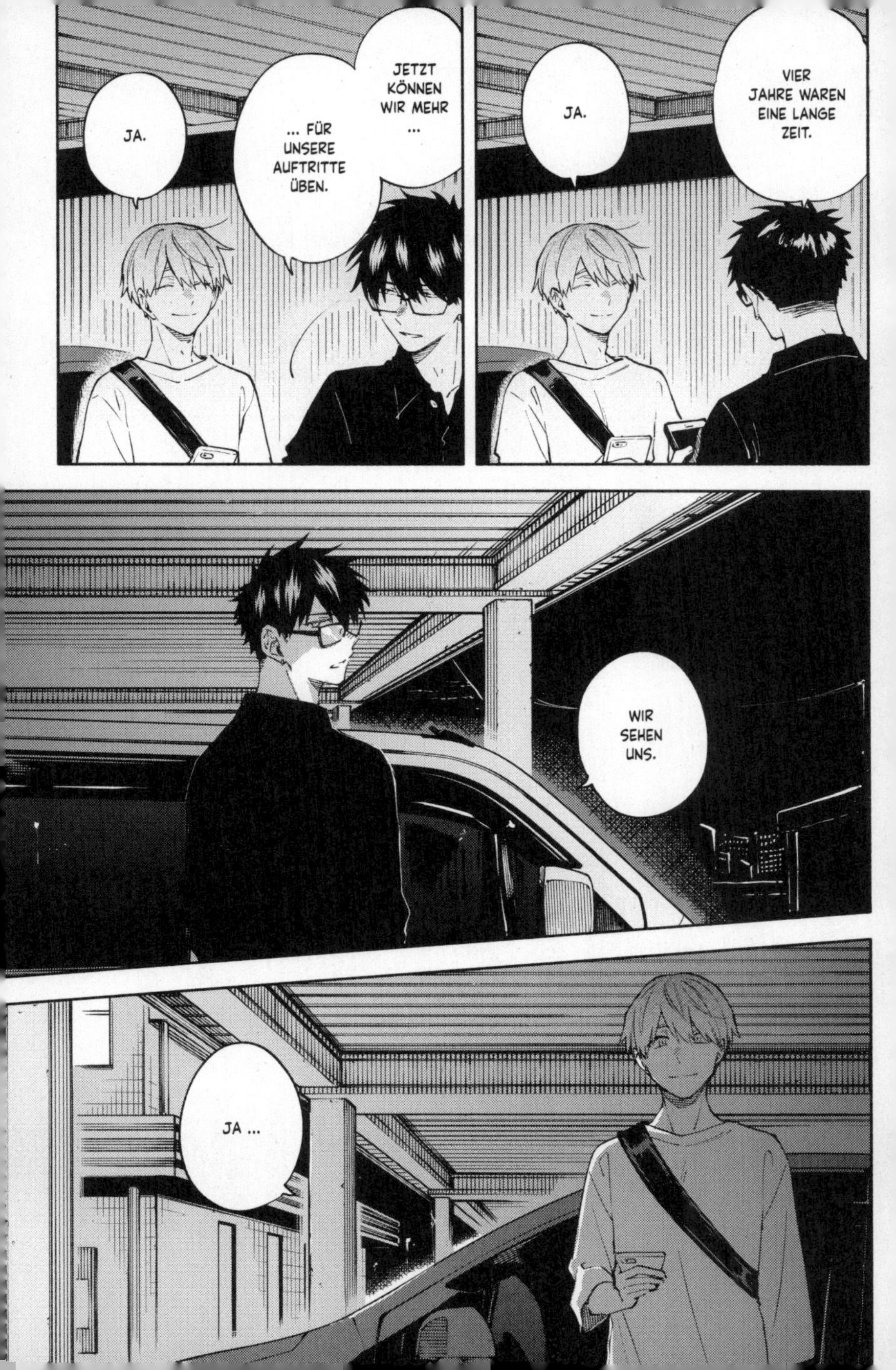
VIER JAHRE WAREN EINE LANGE ZEIT.
JA.
JETZT KÖNNEN WIR MEHR ...
... FÜR UNSERE AUFTRITTE ÜBEN.
JA.
WIR SEHEN UNS.
JA ...

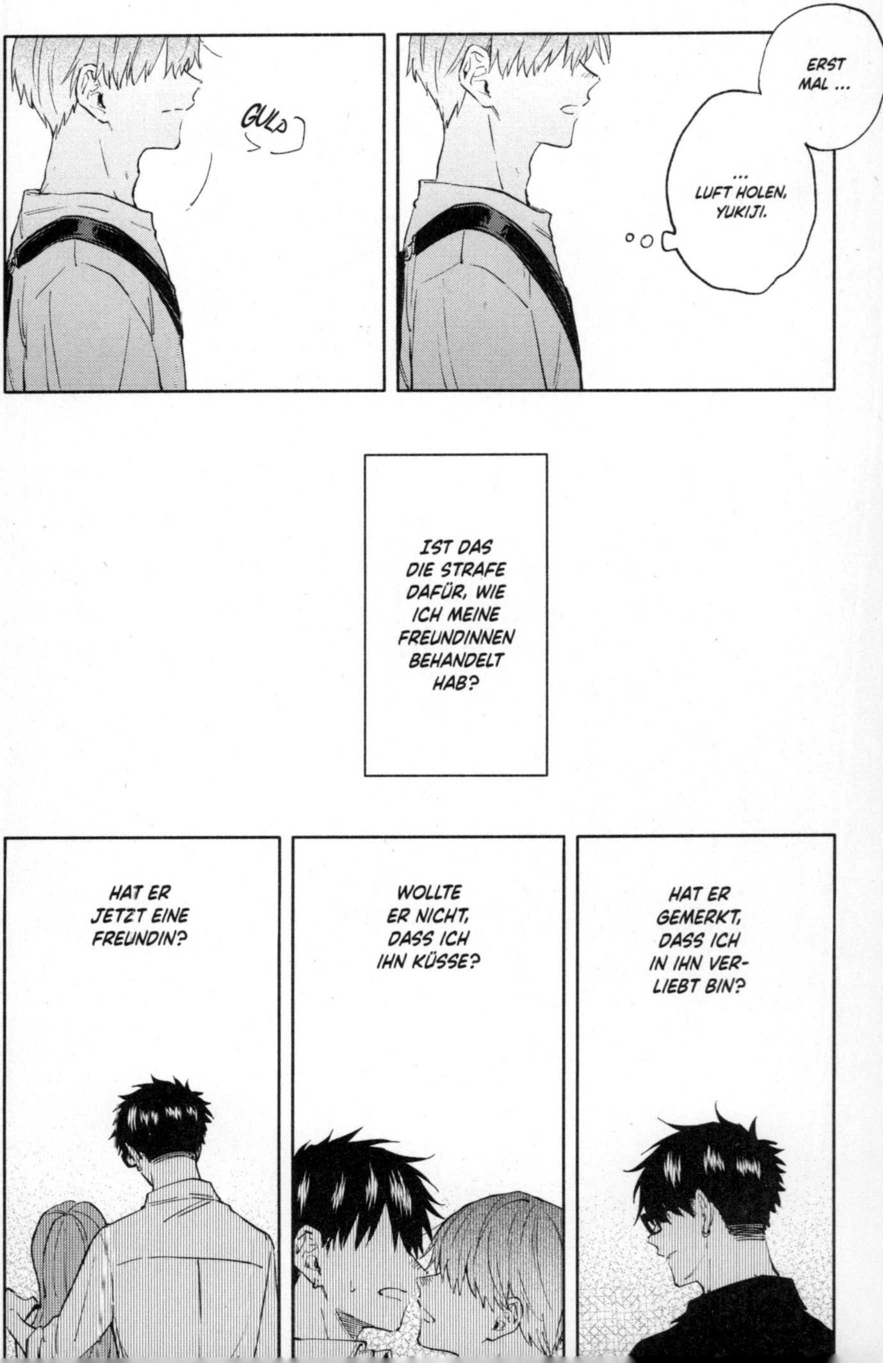
ERST MAL …
… LUFT HOLEN, YUKIJI.
GULP
IST DAS DIE STRAFE DAFÜR, WIE ICH MEINE FREUNDINNEN BEHANDELT HAB?
HAT ER GEMERKT, DASS ICH IN IHN VERLIEBT BIN?
WOLLTE ER NICHT, DASS ICH IHN KÜSSE?
HAT ER JETZT EINE FREUNDIN?

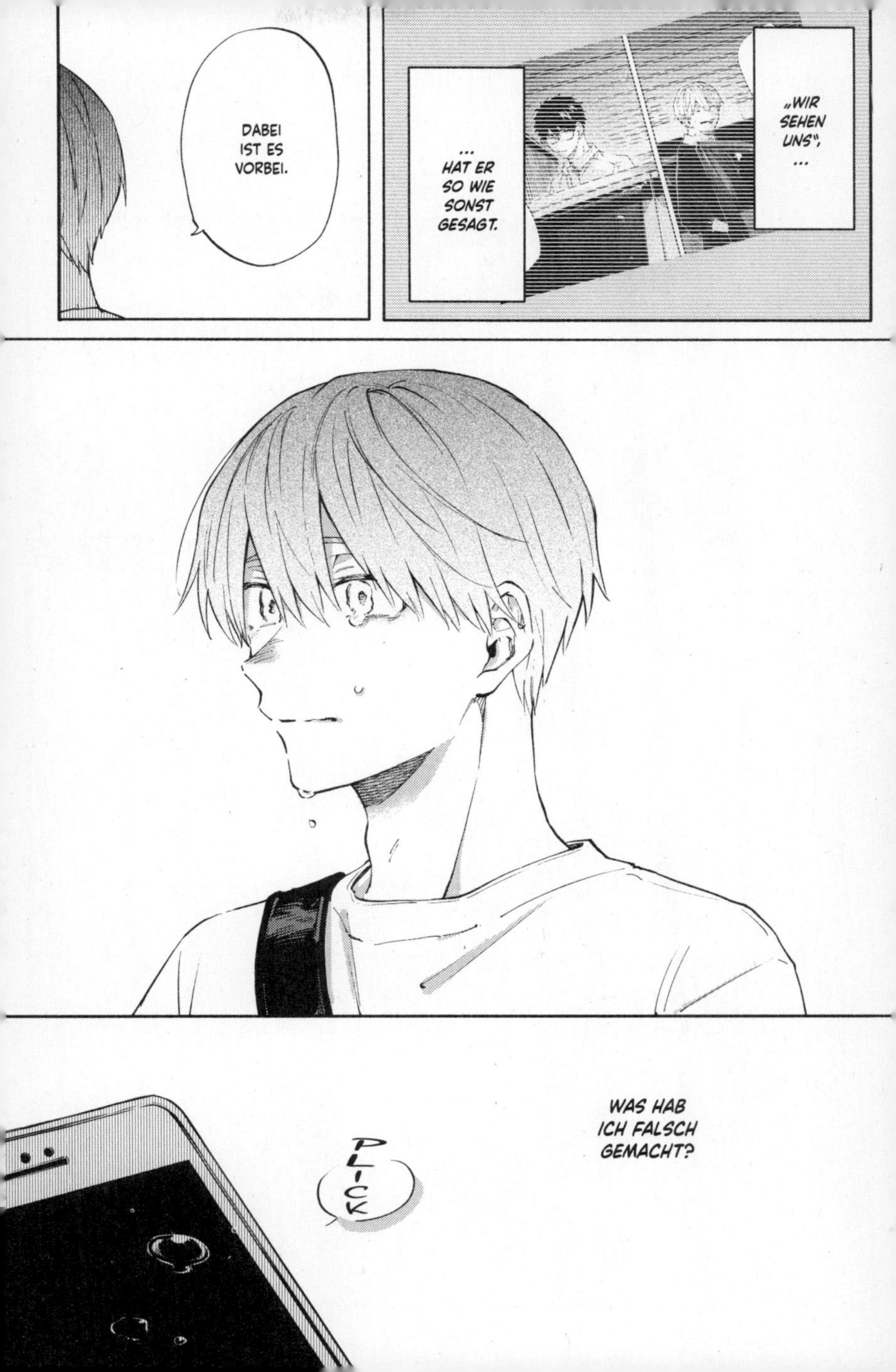
„WIR SEHEN UNS", …
… HAT ER SO WIE SONST GESAGT.
DABEI IST ES VORBEI.
WAS HAB ICH FALSCH GEMACHT?
PLICK

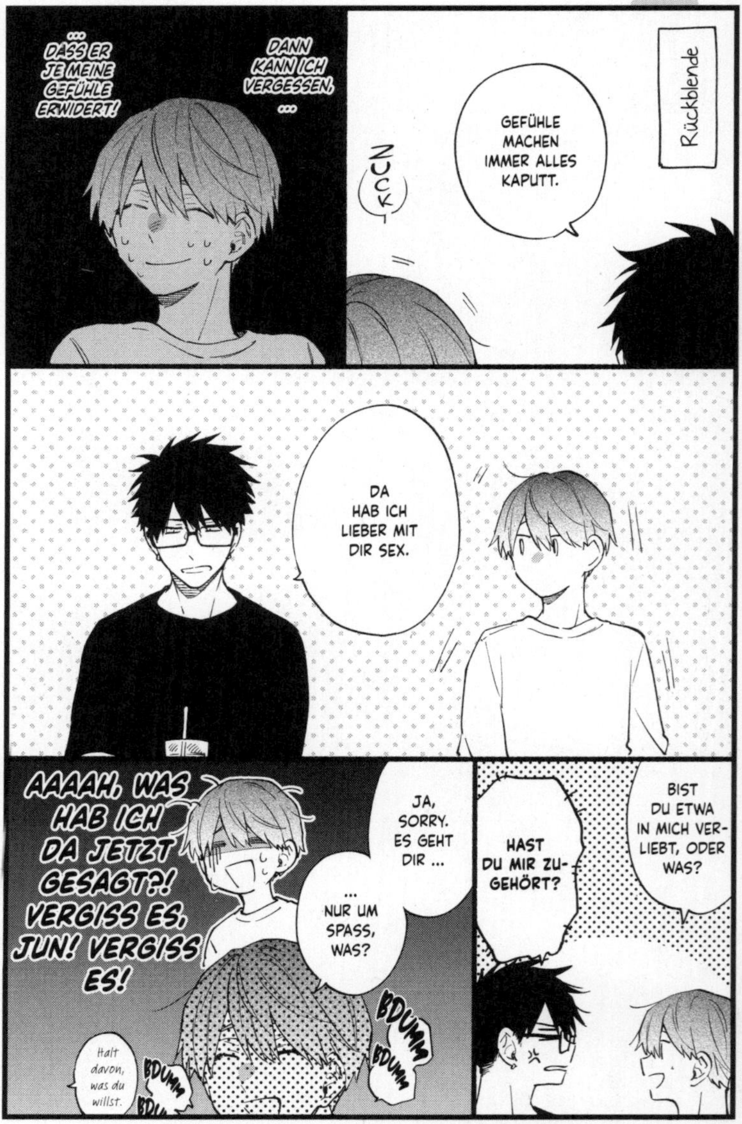

Innerlich ist Yukiji hier tausend Tode gestorben.

#07 Gewissheit einer Verliebten

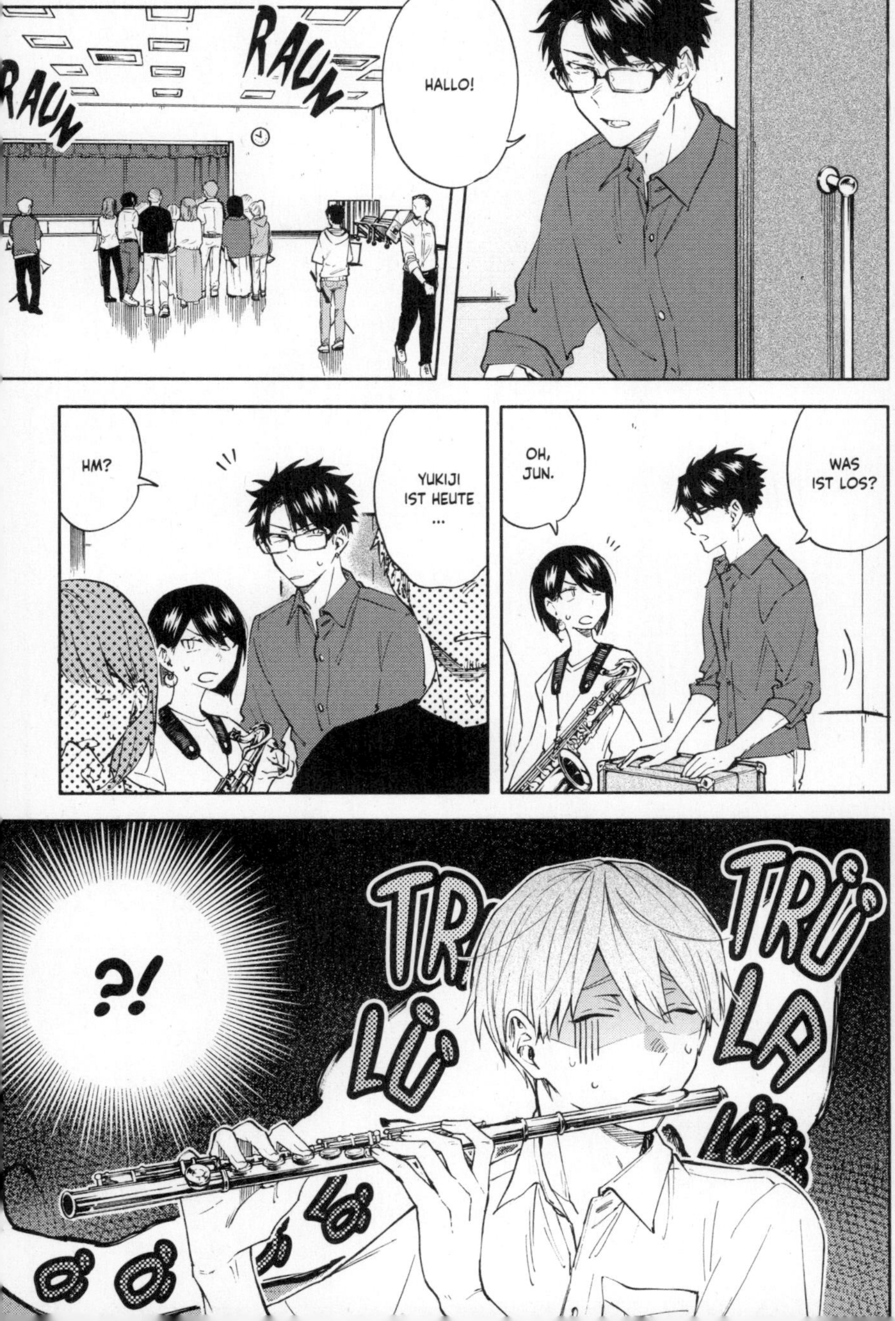

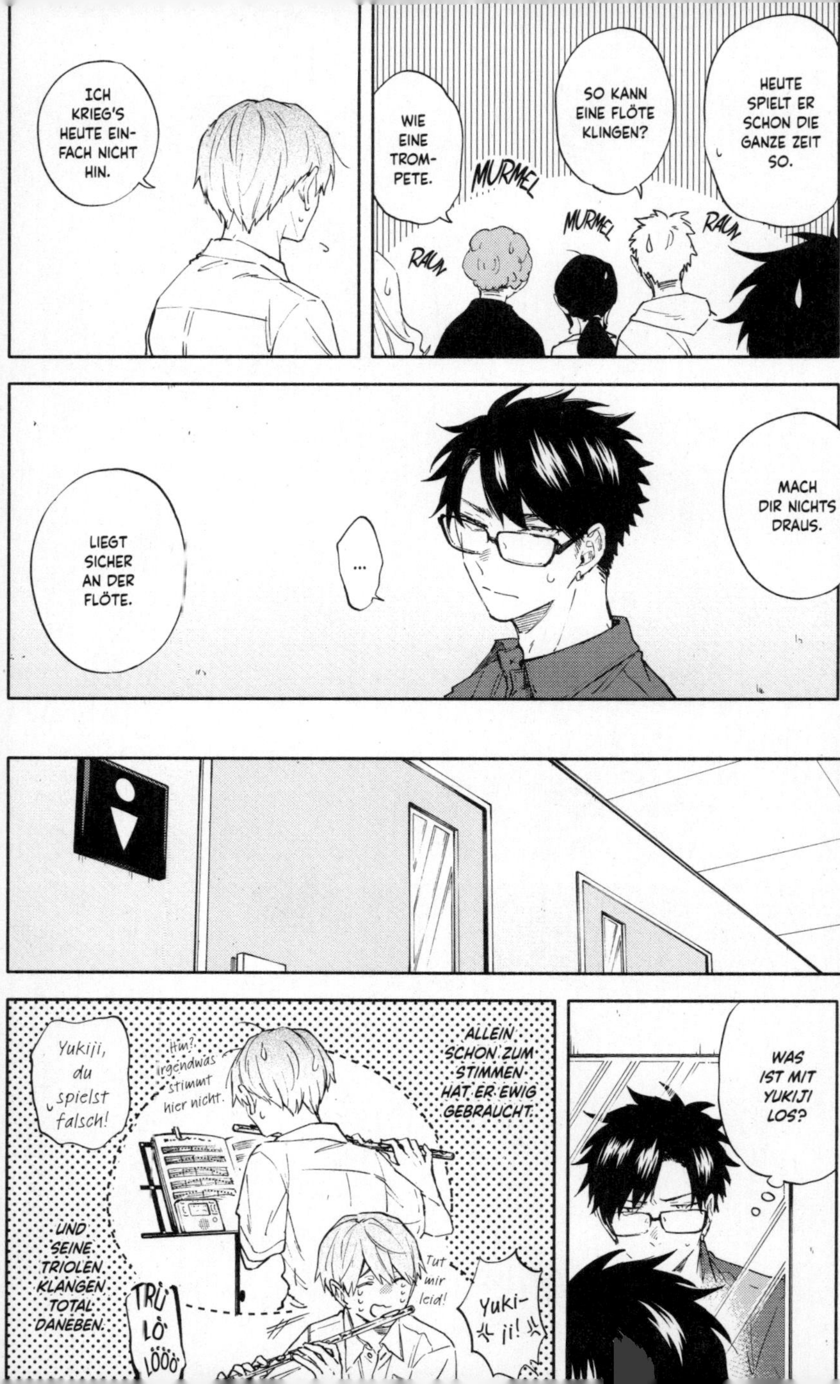
HEUTE SPIELT ER SCHON DIE GANZE ZEIT SO.
SO KANN EINE FLÖTE KLINGEN?
WIE EINE TROMPETE.
RAUN
MURMEL
MURMEL
RAUN
ICH KRIEG'S HEUTE EIN-FACH NICHT HIN.
MACH DIR NICHTS DRAUS.
...
LIEGT SICHER AN DER FLÖTE.
WAS IST MIT YUKIJI LOS?
ALLEIN SCHON ZUM STIMMEN HAT ER EWIG GEBRAUCHT.
Hm? Irgendwas stimmt hier nicht.
Yukiji, du spielst falsch!
UND SEINE TRIOLEN KLANGEN TOTAL DANEBEN.
Tut mir leid!
Yuki-ji!
TRÜ LÖ LÖÖÖ

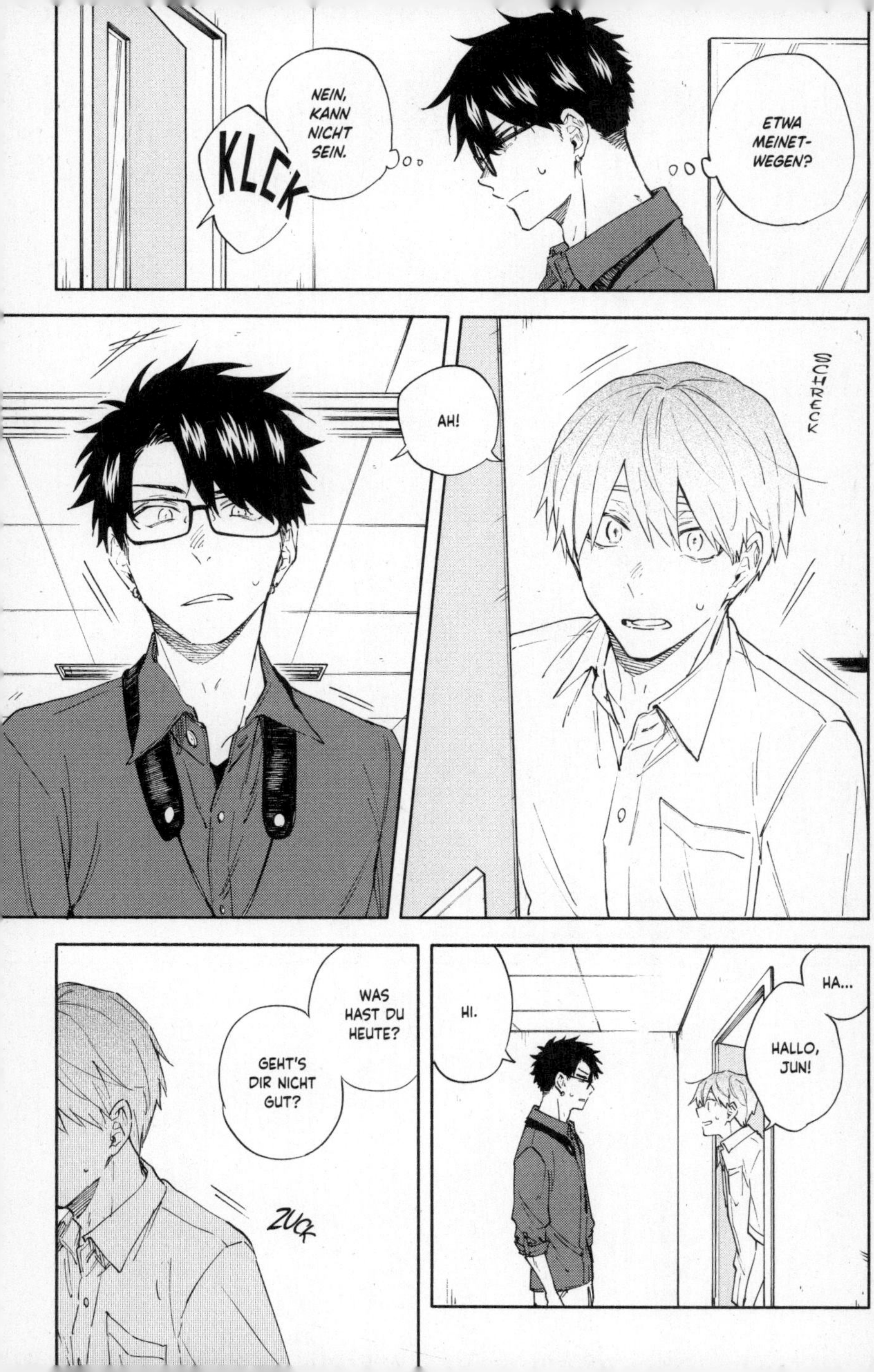
ETWA MEINET-WEGEN?
NEIN, KANN NICHT SEIN.
KLCK
SCHRECK
AH!
HA...
HALLO, JUN!
HI.
WAS HAST DU HEUTE?
GEHT'S DIR NICHT GUT?
ZUCK

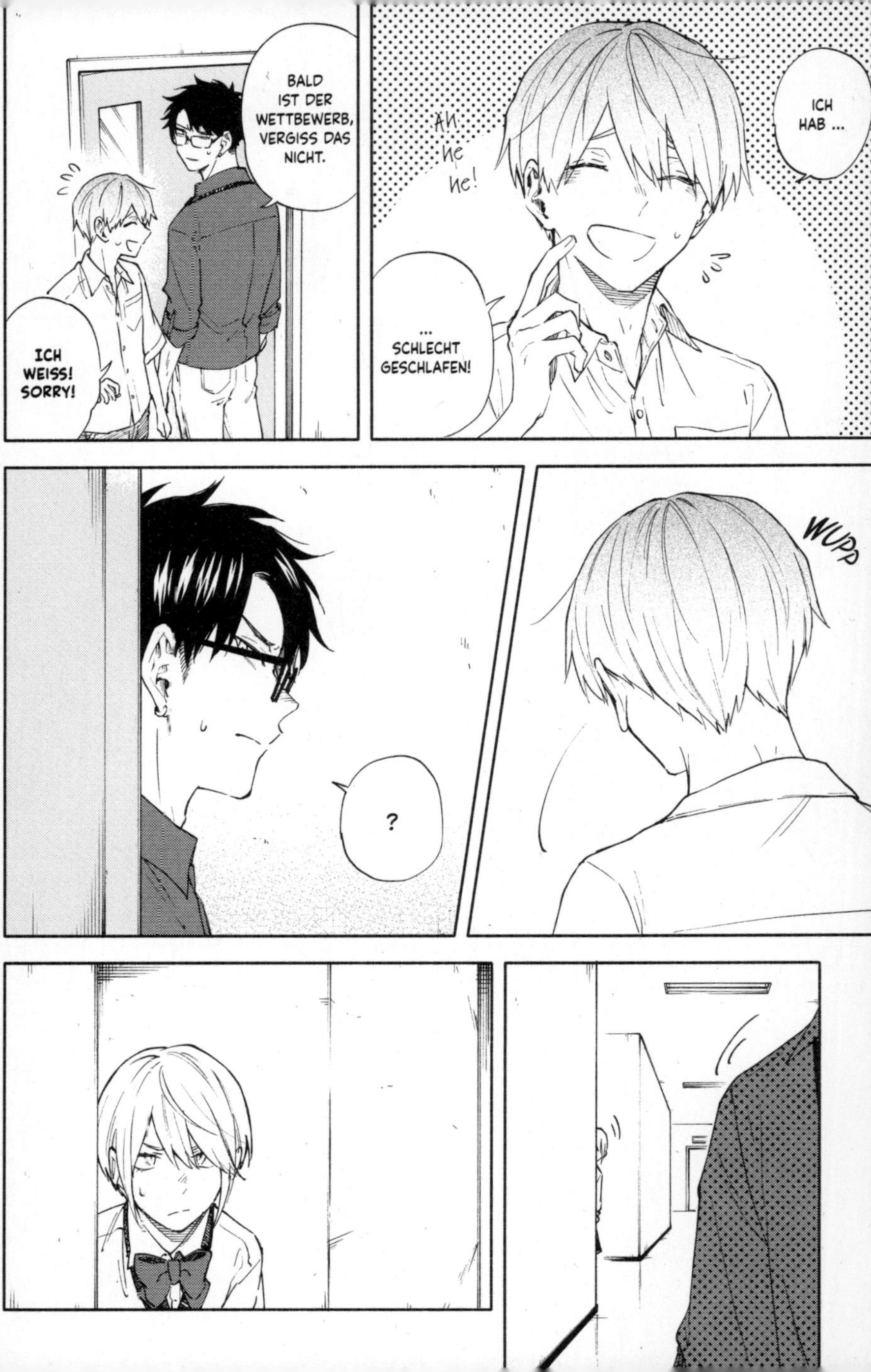
ICH HAB ...
Äh he he!
... SCHLECHT GESCHLAFEN!
BALD IST DER WETTBEWERB, VERGISS DAS NICHT.
ICH WEISS! SORRY!
WUPP
?

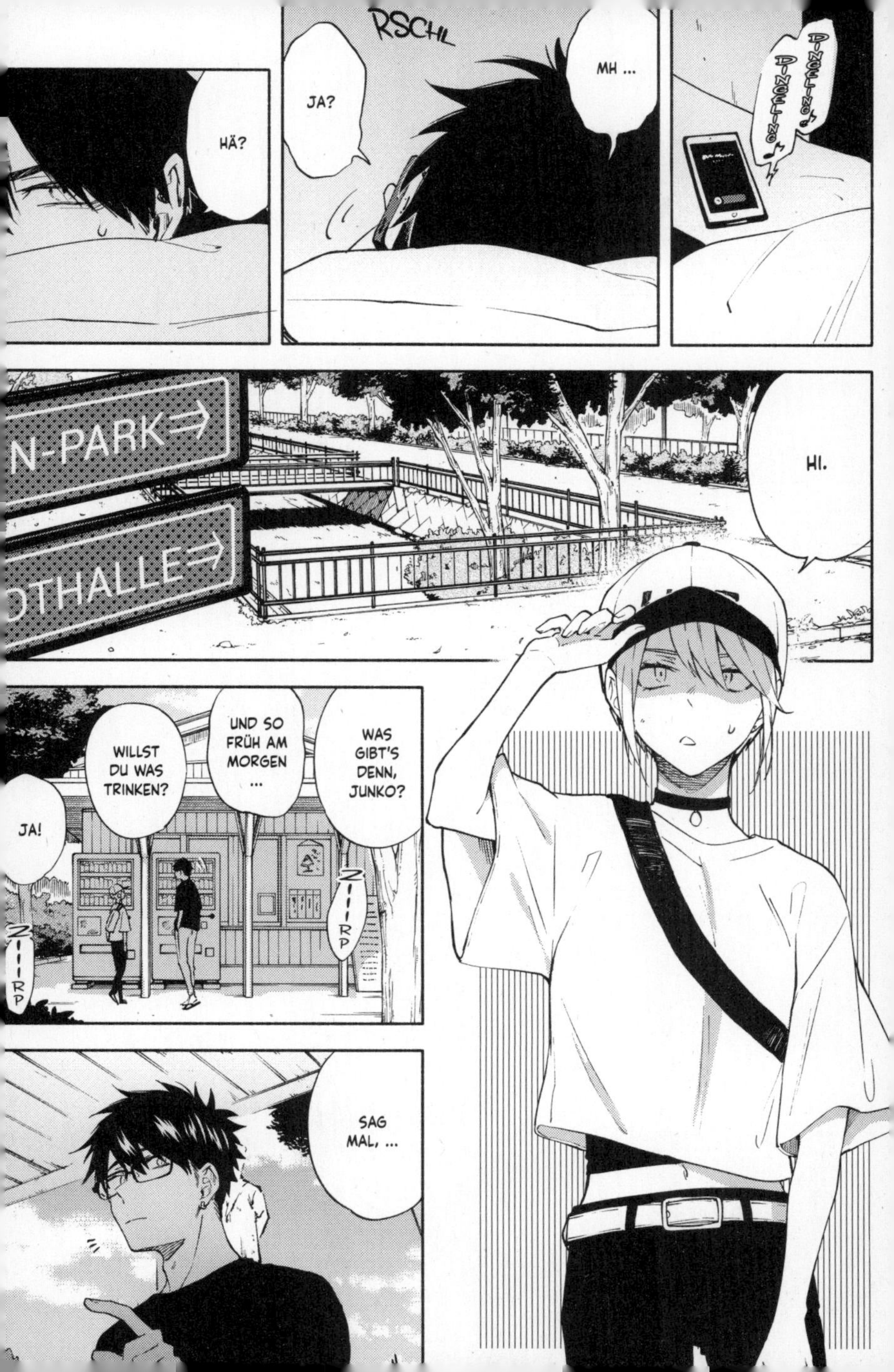

DINGELING
DINGELING
RSCHL
MH ...
JA?
HÄ?
HI.
N-PARK
OTHALLE
WAS GIBT'S DENN, JUNKO?
UND SO FRÜH AM MORGEN ...
WILLST DU WAS TRINKEN?
JA!
ZIIIIRP
ZIIIIRP
SAG MAL, ...

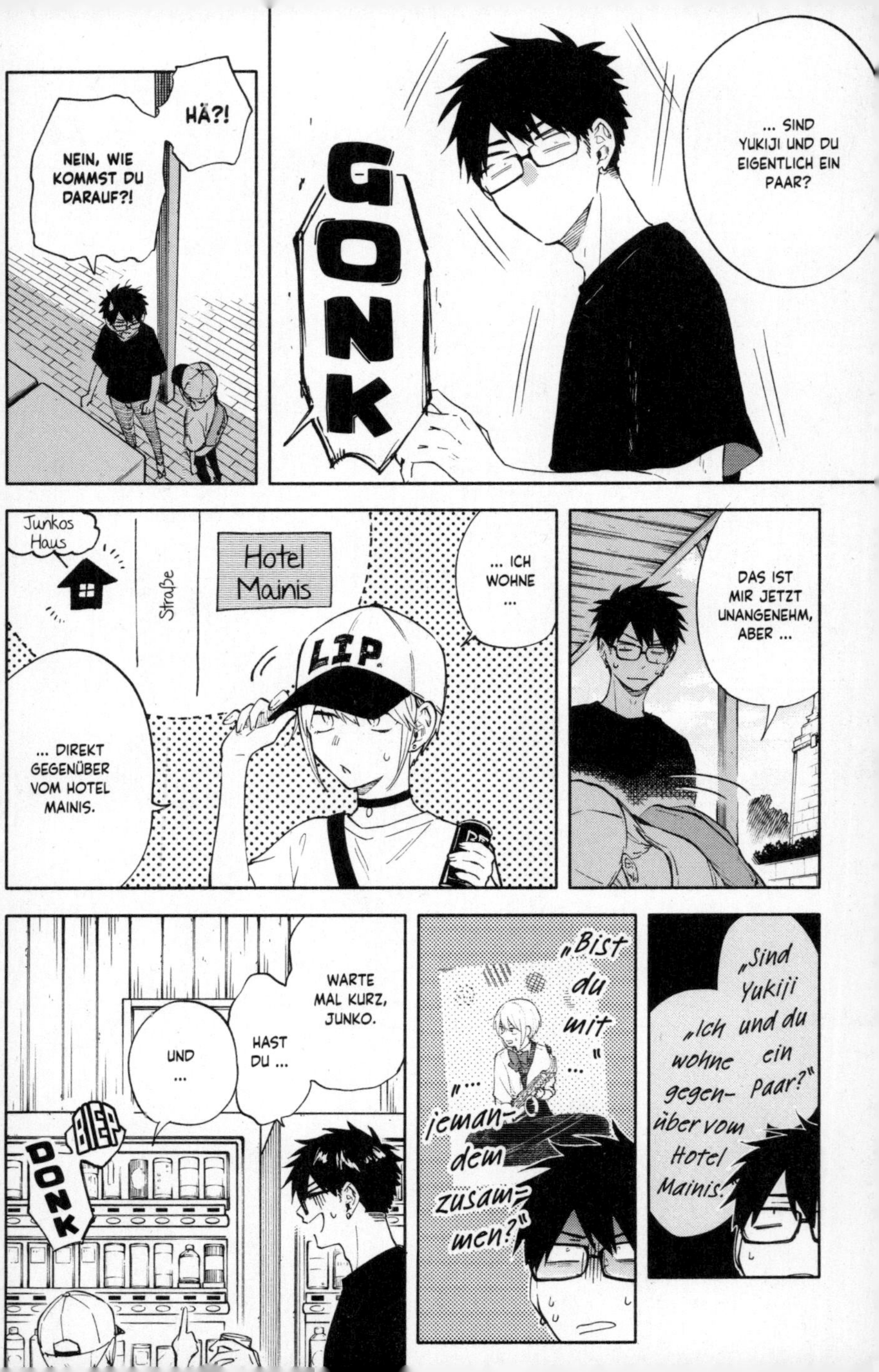
... SIND YUKIJI UND DU EIGENTLICH EIN PAAR?
GONK
HÄ?!
NEIN, WIE KOMMST DU DARAUF?!
DAS IST MIR JETZT UNANGENEHM, ABER ...
... ICH WOHNE ...
Hotel Mainis
Straße
Junkos Haus
... DIREKT GEGENÜBER VOM HOTEL MAINIS.
„Sind Yukiji und du ein Paar?"
„Ich wohne gegenüber vom Hotel Mainis."
„Bist du mit ..."
„... jemandem zusammen?"
WARTE MAL KURZ, JUNKO.
HAST DU ...
UND ...
BIEP
DONK

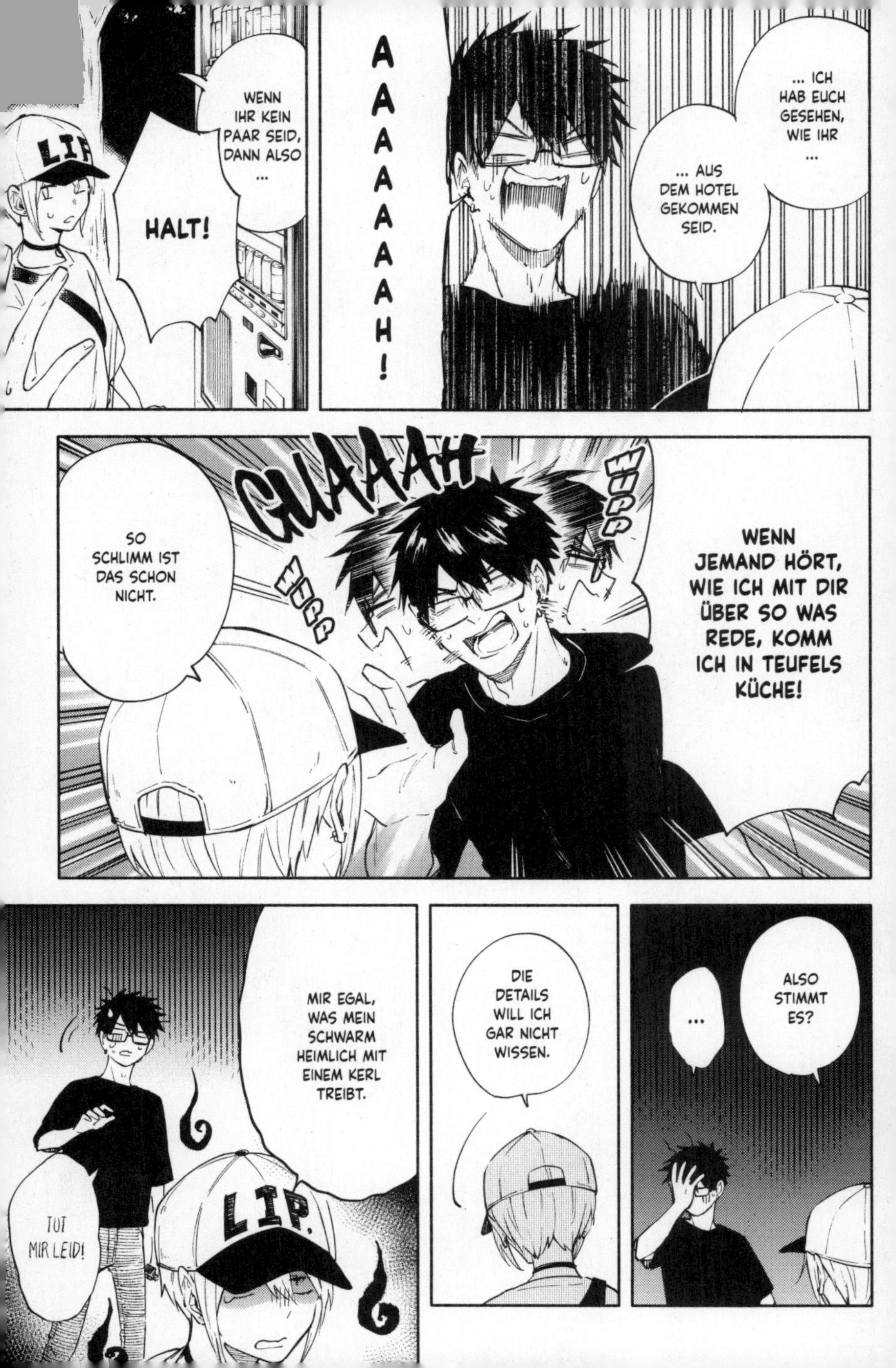
... ICH HAB EUCH GESEHEN, WIE IHR ...
... AUS DEM HOTEL GEKOMMEN SEID.
AAAAAAAAAH!
WENN IHR KEIN PAAR SEID, DANN ALSO ...
HALT!
WUPP
WENN JEMAND HÖRT, WIE ICH MIT DIR ÜBER SO WAS REDE, KOMM ICH IN TEUFELS KÜCHE!
GUAAAH
WUPP
SO SCHLIMM IST DAS SCHON NICHT.
ALSO STIMMT ES?
...
DIE DETAILS WILL ICH GAR NICHT WISSEN.
MIR EGAL, WAS MEIN SCHWARM HEIMLICH MIT EINEM KERL TREIBT.
TUT MIR LEID!
LIP.

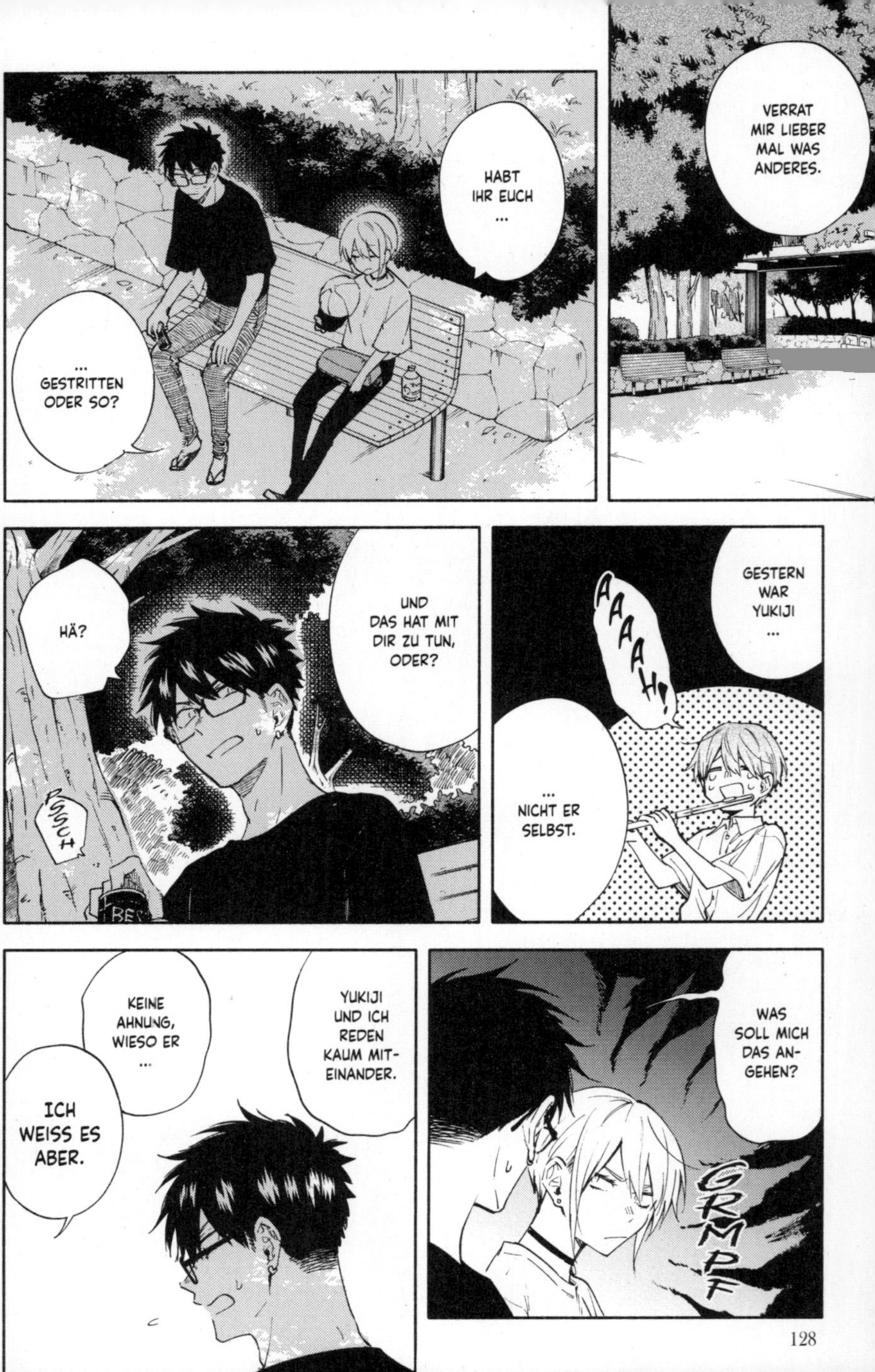

VERRAT MIR LIEBER MAL WAS ANDERES.
HABT IHR EUCH ...
... GESTRITTEN ODER SO?
GESTERN WAR YUKIJI ...
AAAAH!
... NICHT ER SELBST.
UND DAS HAT MIT DIR ZU TUN, ODER?
HÄ?
PSSCH
WAS SOLL MICH DAS AN-GEHEN?
GRMPF
YUKIJI UND ICH REDEN KAUM MIT-EINANDER.
KEINE AHNUNG, WIESO ER ...
ICH WEISS ES ABER.

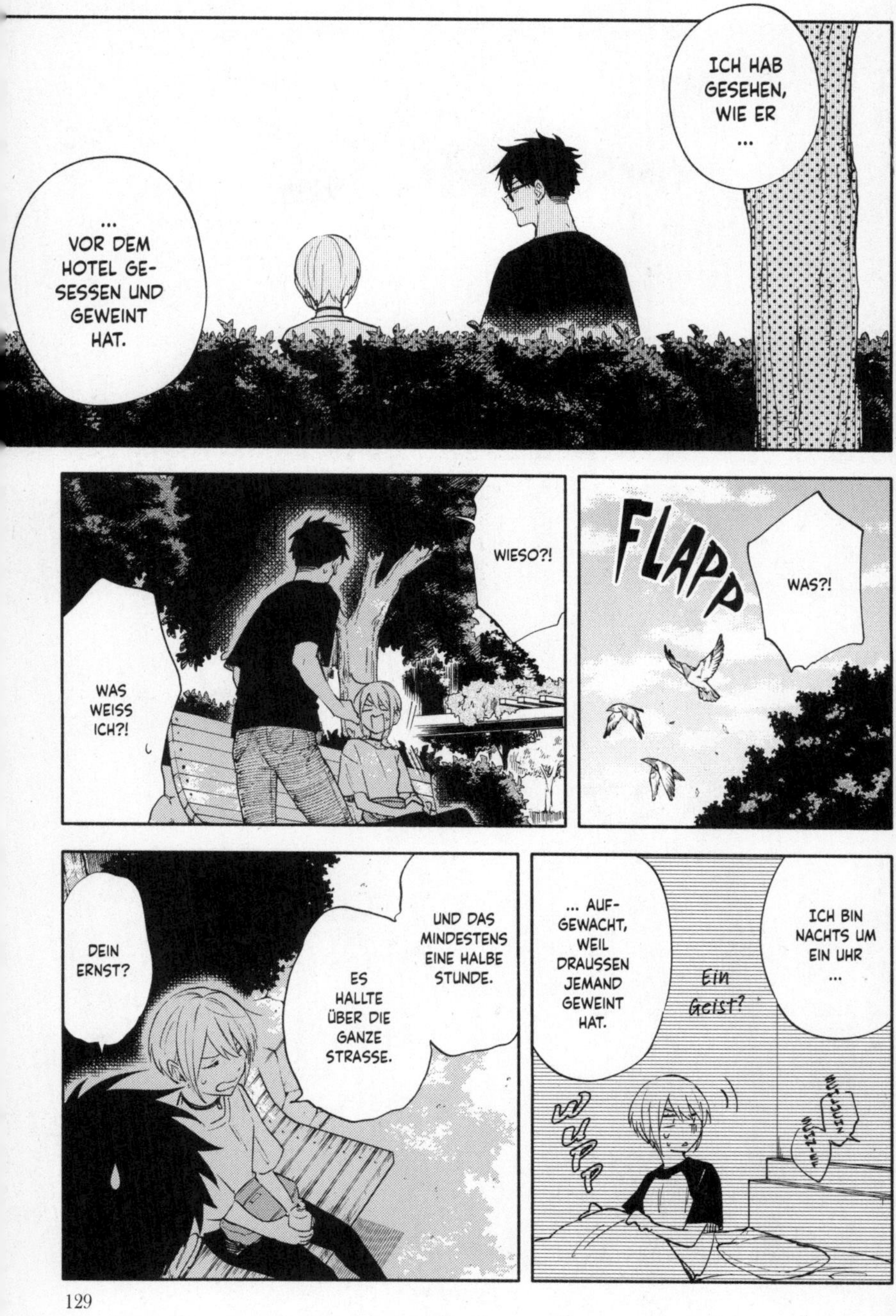

ICH HAB GESEHEN, WIE ER ...
... VOR DEM HOTEL GE- SESSEN UND GEWEINT HAT.
FLAPP
WAS?!
WIESO?!
WAS WEISS ICH?!
ICH BIN NACHTS UM EIN UHR ...
... AUF- GEWACHT, WEIL DRAUSSEN JEMAND GEWEINT HAT.
Ein Geist?
UND DAS MINDESTENS EINE HALBE STUNDE.
ES HALLTE ÜBER DIE GANZE STRASSE.
DEIN ERNST?

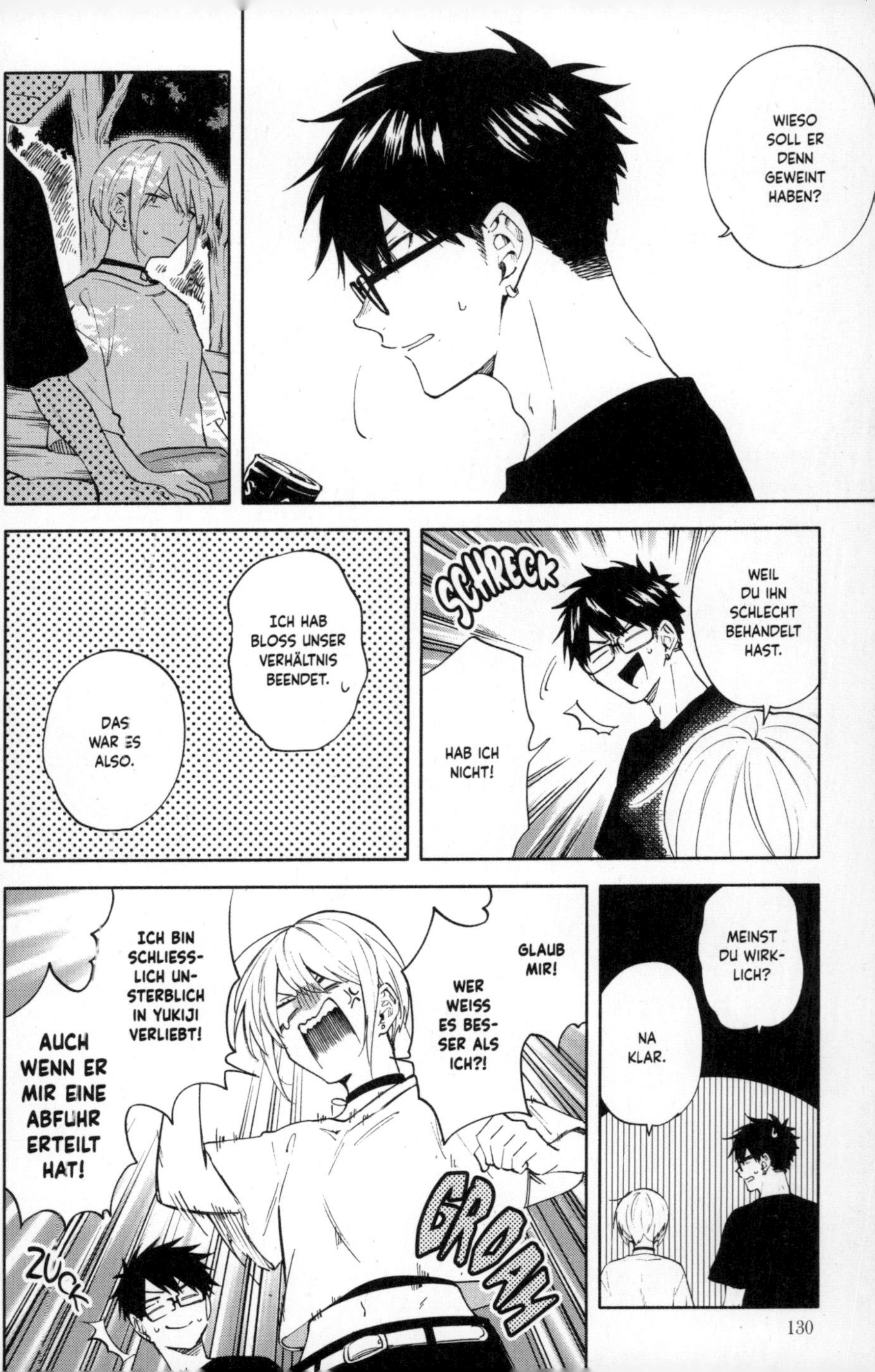

WIESO SOLL ER DENN GEWEINT HABEN?
WEIL DU IHN SCHLECHT BEHANDELT HAST.
SCHRECK
HAB ICH NICHT!
ICH HAB BLOSS UNSER VERHÄLTNIS BEENDET.
DAS WAR ES ALSO.
MEINST DU WIRKLICH?
NA KLAR.
GLAUB MIR!
WER WEISS ES BESSER ALS ICH?!
ICH BIN SCHLIESSLICH UNSTERBLICH IN YUKIJI VERLIEBT!
AUCH WENN ER MIR EINE ABFUHR ERTEILT HAT!
GROAW
ZUCK

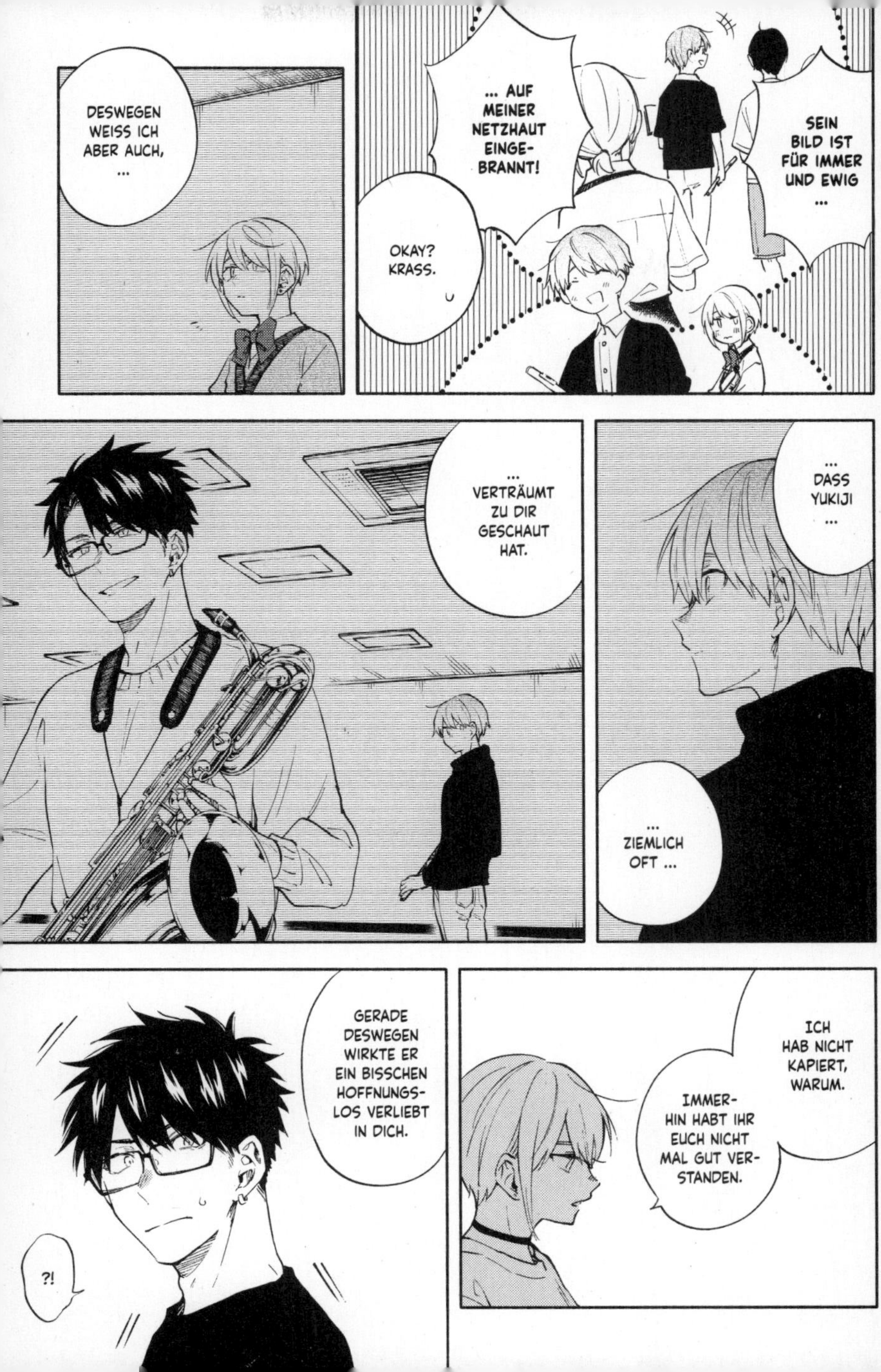
SEIN BILD IST FÜR IMMER UND EWIG ...
... AUF MEINER NETZHAUT EINGE-BRANNT!
OKAY? KRASS.
DESWEGEN WEISS ICH ABER AUCH, ...
... DASS YUKIJI ...
... ZIEMLICH OFT ...
... VERTRÄUMT ZU DIR GESCHAUT HAT.
ICH HAB NICHT KAPIERT, WARUM.
IMMER-HIN HABT IHR EUCH NICHT MAL GUT VER-STANDEN.
GERADE DESWEGEN WIRKTE ER EIN BISSCHEN HOFFNUNGS-LOS VERLIEBT IN DICH.
?!

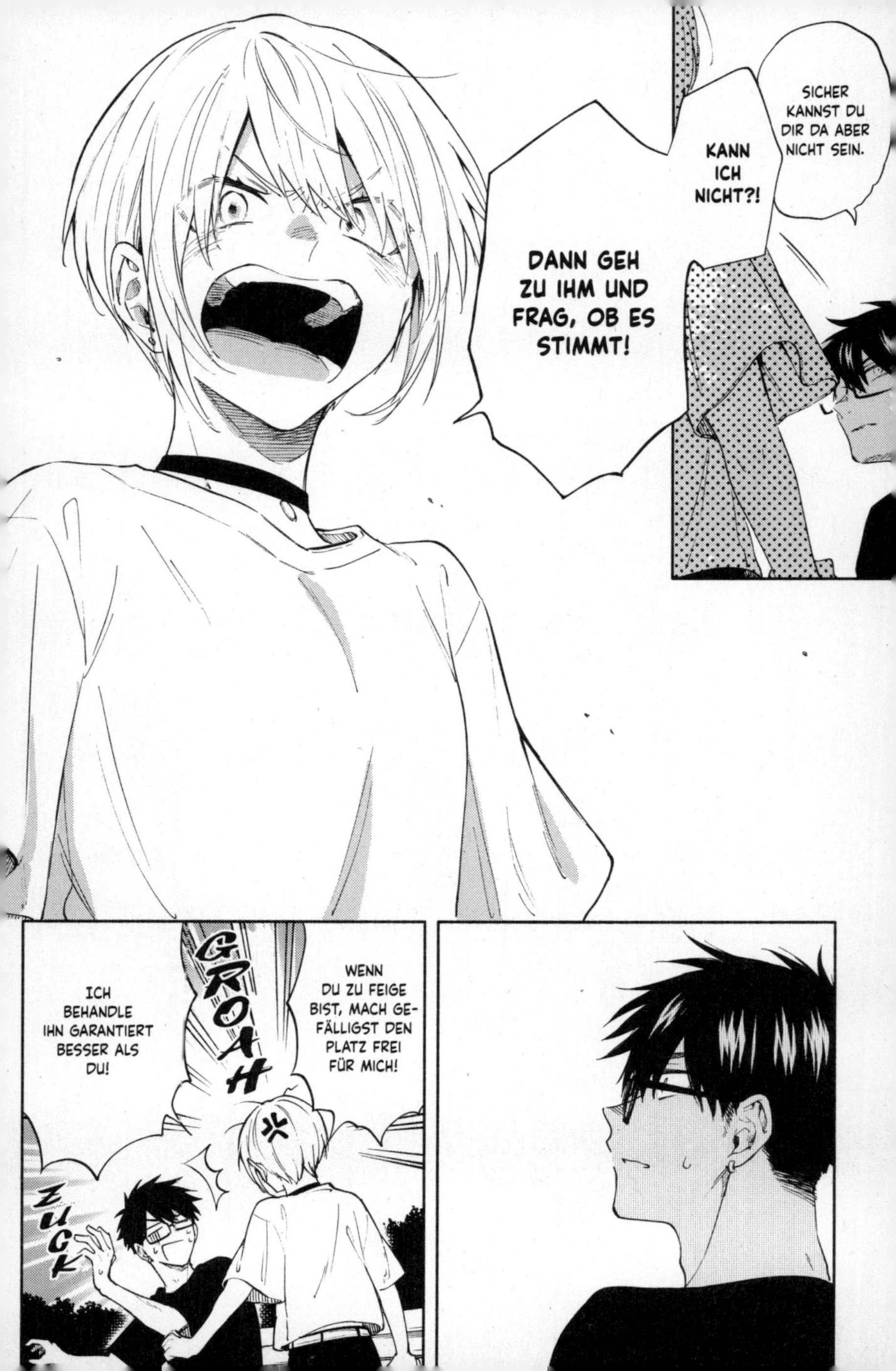
SICHER KANNST DU DIR DA ABER NICHT SEIN.
KANN ICH NICHT?!
DANN GEH ZU IHM UND FRAG, OB ES STIMMT!
WENN DU ZU FEIGE BIST, MACH GE-FÄLLIGST DEN PLATZ FREI FÜR MICH!
GROAH
ICH BEHANDLE IHN GARANTIERT BESSER ALS DU!
ZUCK

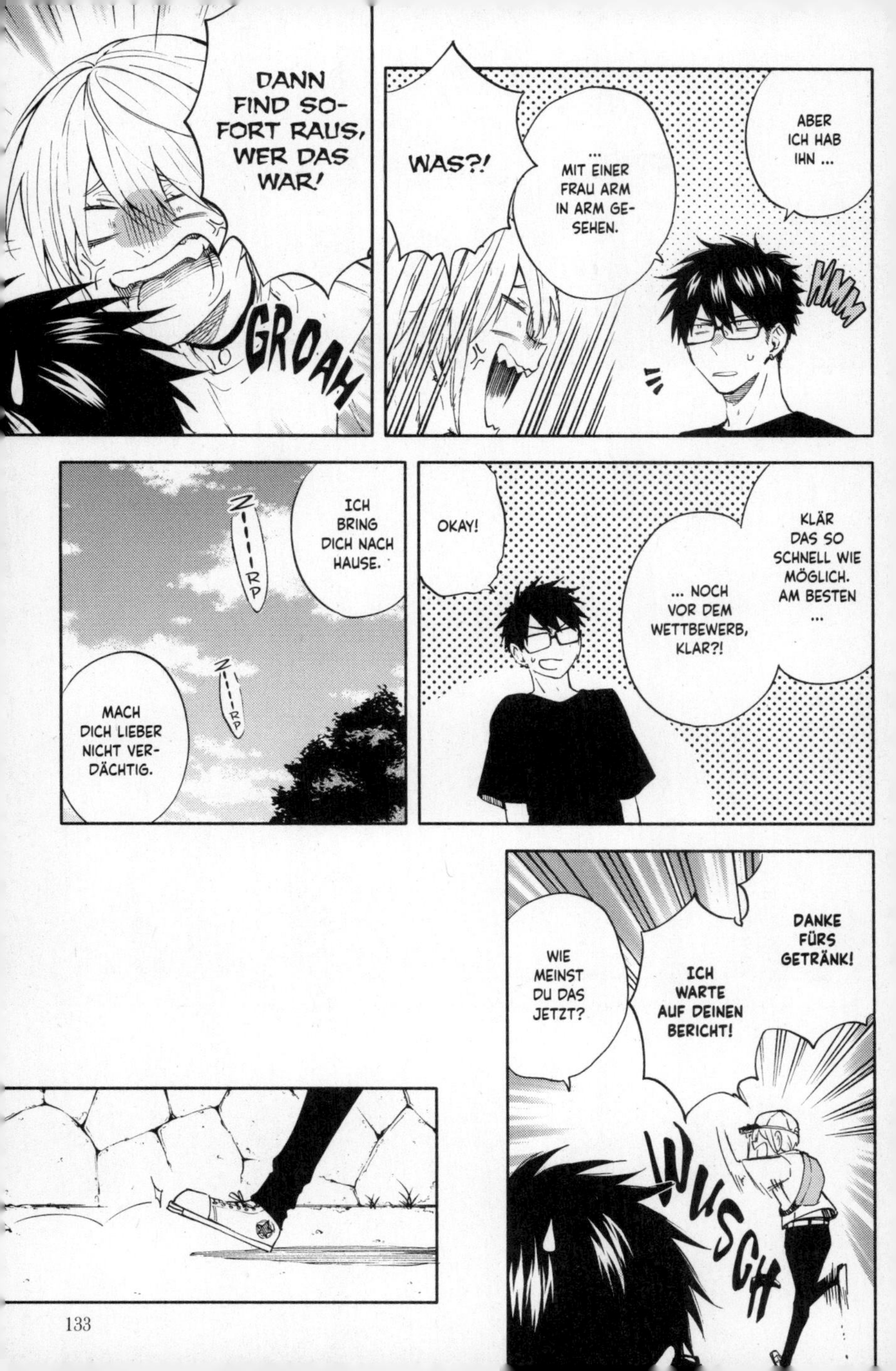

ABER ICH HAB IHN ...
... MIT EINER FRAU ARM IN ARM GE-SEHEN.
HMM
WAS?!
DANN FIND SO-FORT RAUS, WER DAS WAR!
GROAH
KLÄR DAS SO SCHNELL WIE MÖGLICH. AM BESTEN ...
... NOCH VOR DEM WETTBEWERB, KLAR?!
OKAY!
ICH BRING DICH NACH HAUSE.
ZIIIIRP
ZIIIIRP
MACH DICH LIEBER NICHT VER-DÄCHTIG.
DANKE FÜRS GETRÄNK!
ICH WARTE AUF DEINEN BERICHT!
WUSCH
WIE MEINST DU DAS JETZT?

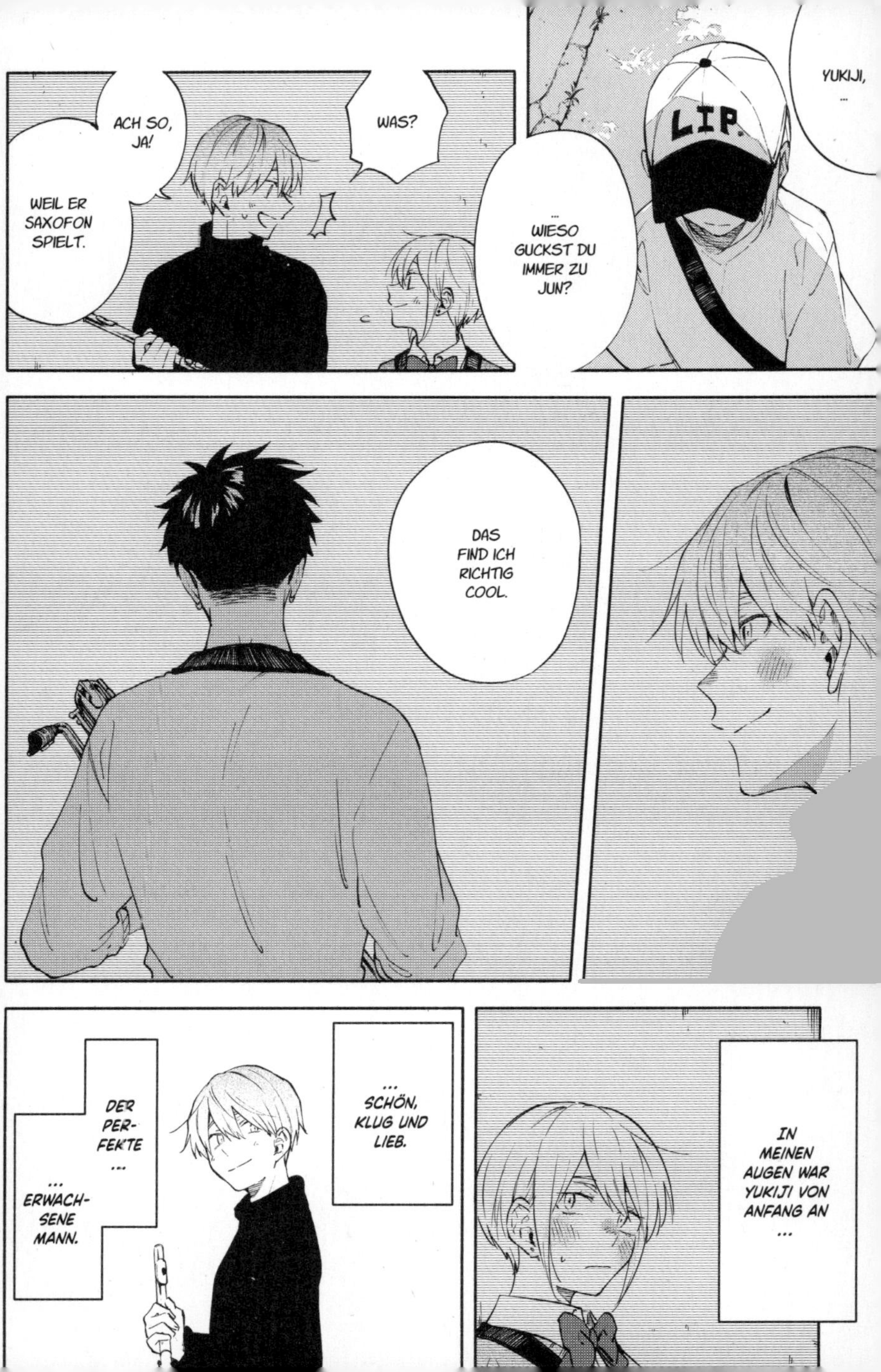
YUKIJI, ...
... WIESO GUCKST DU IMMER ZU JUN?
WAS?
ACH SO, JA!
WEIL ER SAXOFON SPIELT.
DAS FIND ICH RICHTIG COOL.
IN MEINEN AUGEN WAR YUKIJI VON ANFANG AN ...
... SCHÖN, KLUG UND LIEB.
DER PERFEKTE ...
... ERWACHSENE MANN.

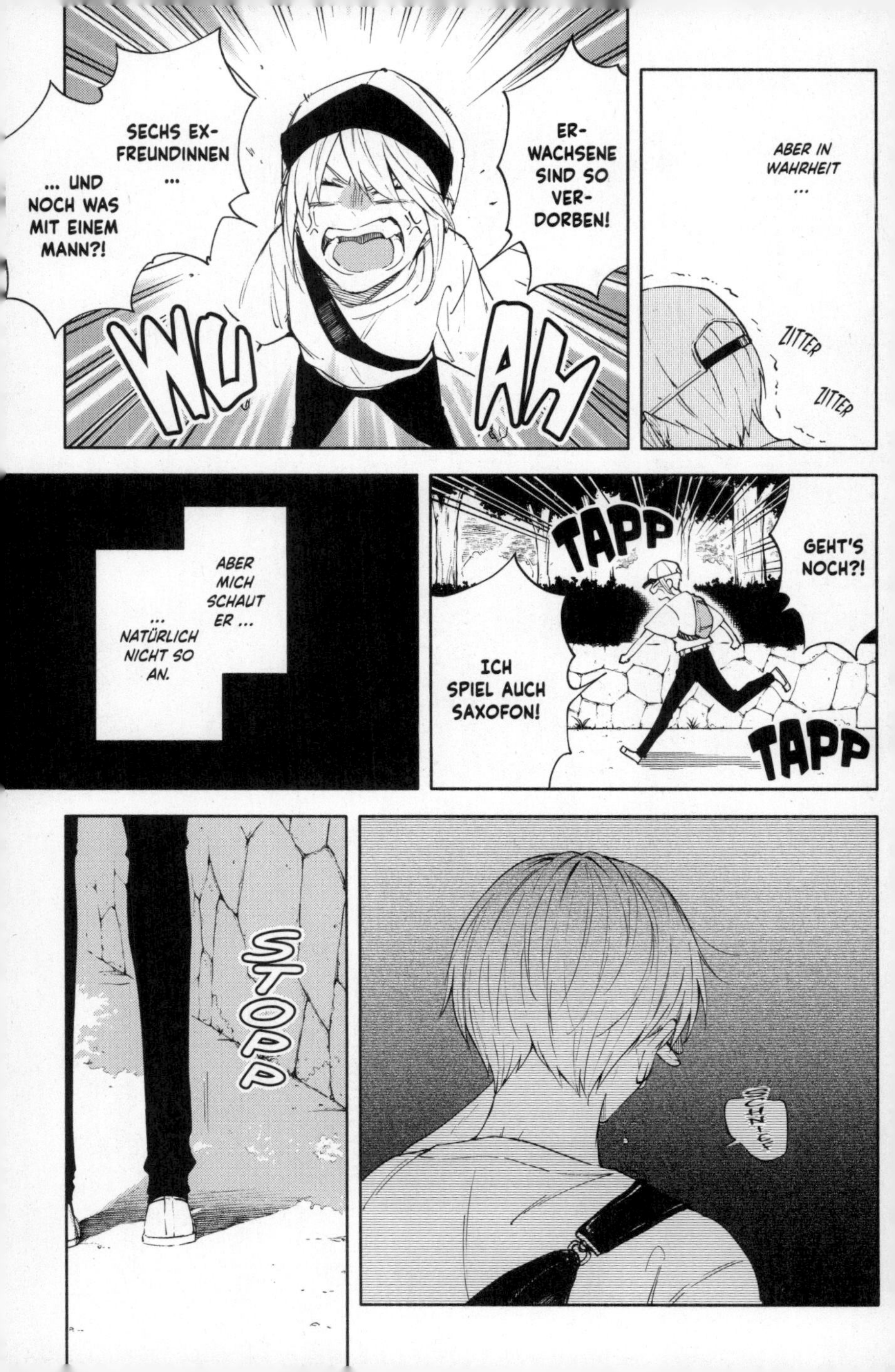
ABER IN WAHRHEIT ...
ZITTER
ZITTER
ER-WACHSENE SIND SO VER-DORBEN!
SECHS EX-FREUNDINNEN ...
... UND NOCH WAS MIT EINEM MANN?!
WU
AH
GEHT'S NOCH?!
TAPP
ICH SPIEL AUCH SAXOFON!
TAPP
ABER MICH SCHAUT ER ...
... NATÜRLICH NICHT SO AN.
STOPP

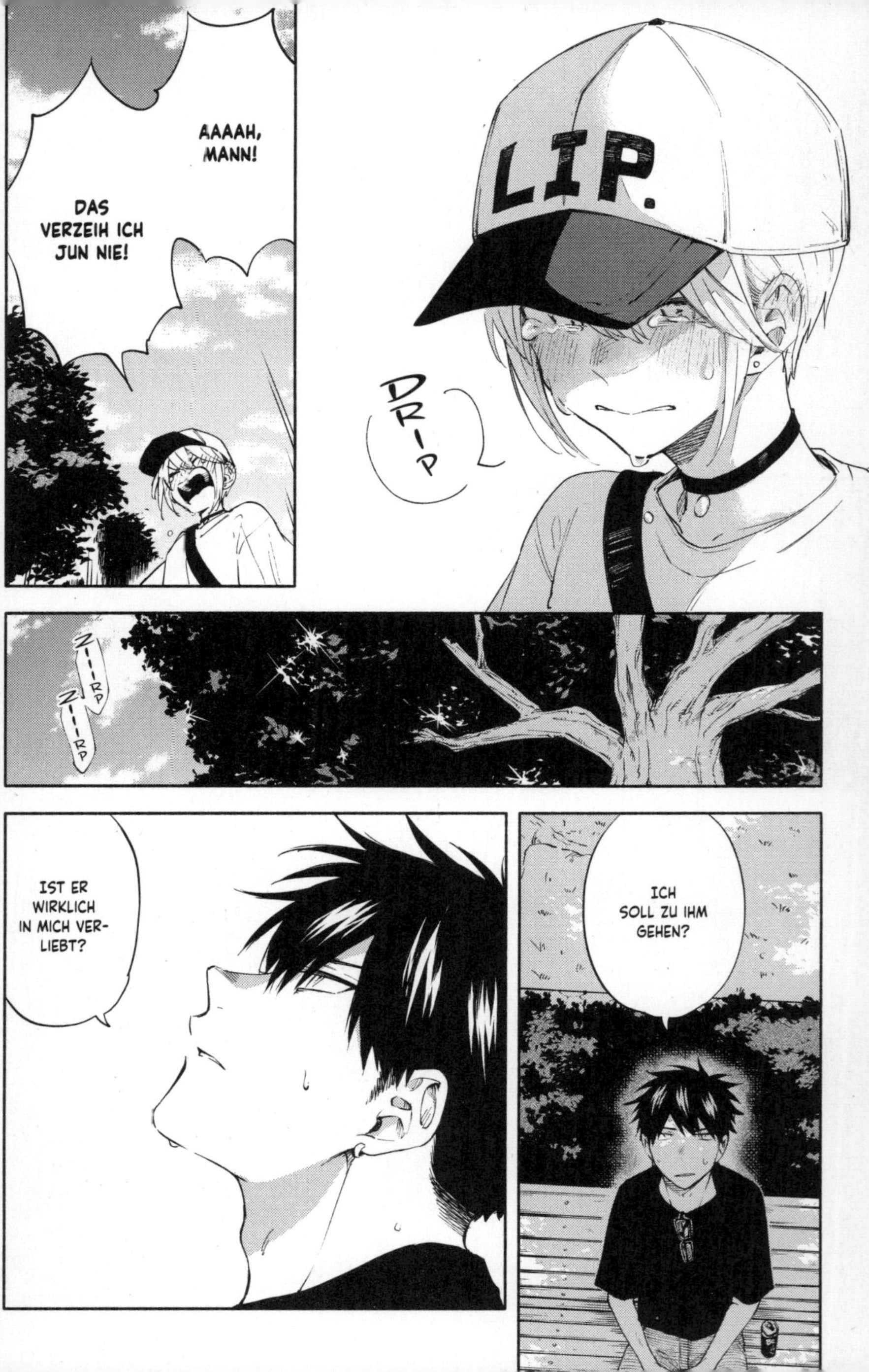
LIP.
DRIP
AAAAH, MANN!
DAS VERZEIH ICH JUN NIE!
ZIIIRP
ZIIIRP
ICH SOLL ZU IHM GEHEN?
IST ER WIRKLICH IN MICH VER-LIEBT?

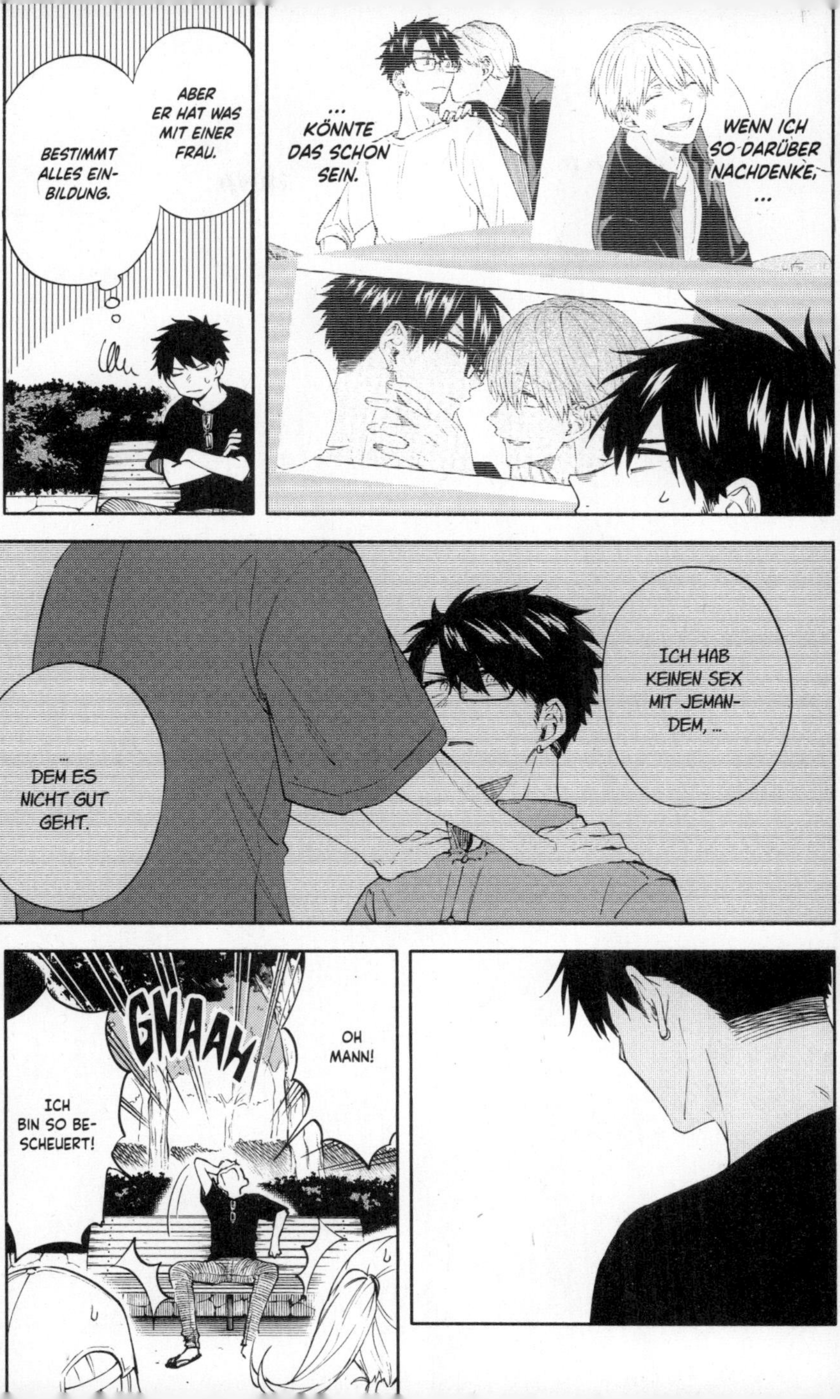
WENN ICH SO DARÜBER NACHDENKE, …
… KÖNNTE DAS SCHON SEIN.
ABER ER HAT WAS MIT EINER FRAU.
BESTIMMT ALLES EIN-BILDUNG.
ICH HAB KEINEN SEX MIT JEMAN-DEM, …
… DEM ES NICHT GUT GEHT.
GNAAH
OH MANN!
ICH BIN SO BE-SCHEUERT!

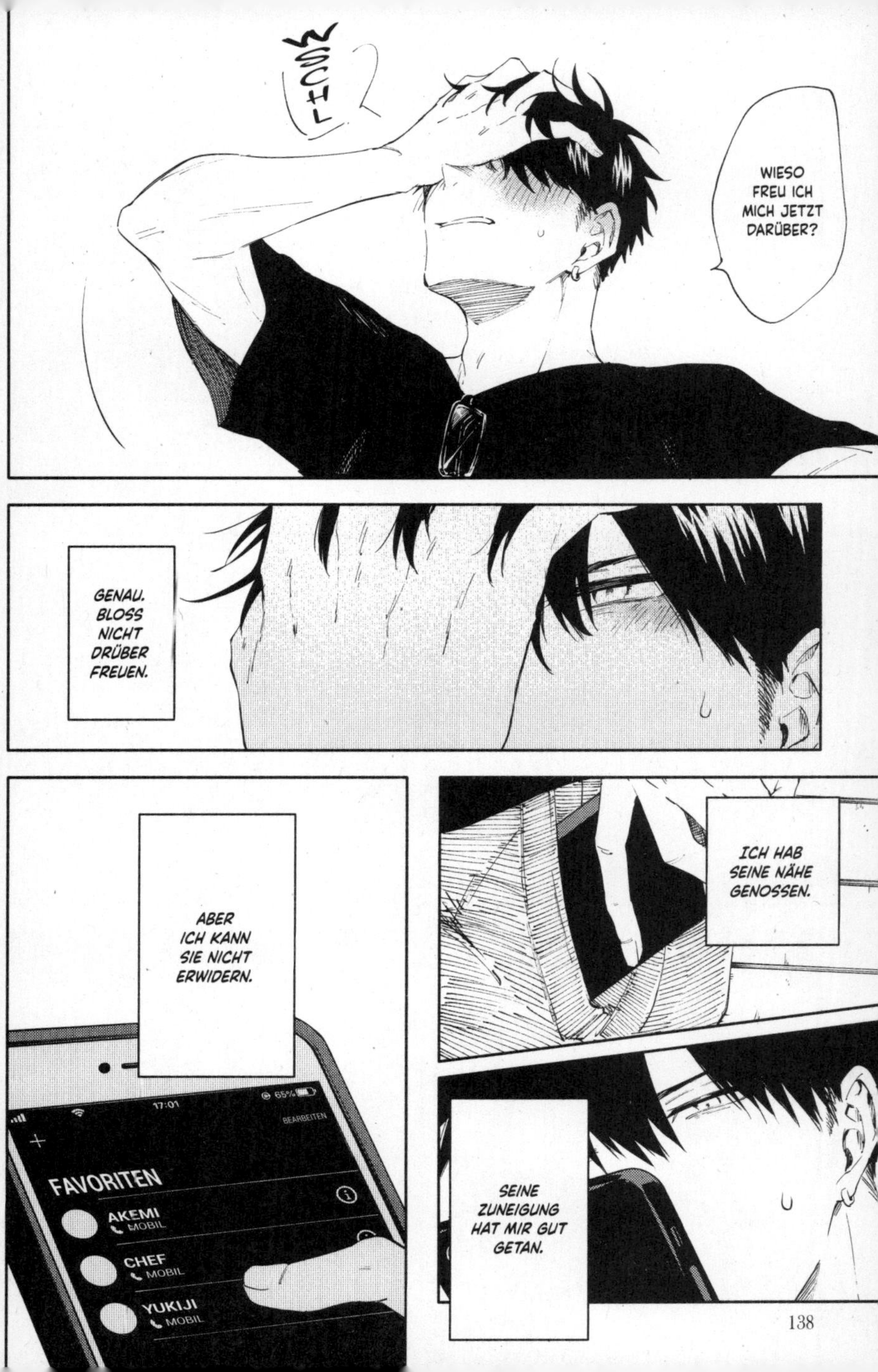
WIESO FREU ICH MICH JETZT DARÜBER?
WSCHL
GENAU. BLOSS NICHT DRÜBER FREUEN.
ICH HAB SEINE NÄHE GENOSSEN.
SEINE ZUNEIGUNG HAT MIR GUT GETAN.
ABER ICH KANN SIE NICHT ERWIDERN.
17:01
65%
BEARBEITEN
FAVORITEN
AKEMI
MOBIL
CHEF
MOBIL
YUKIJI
MOBIL

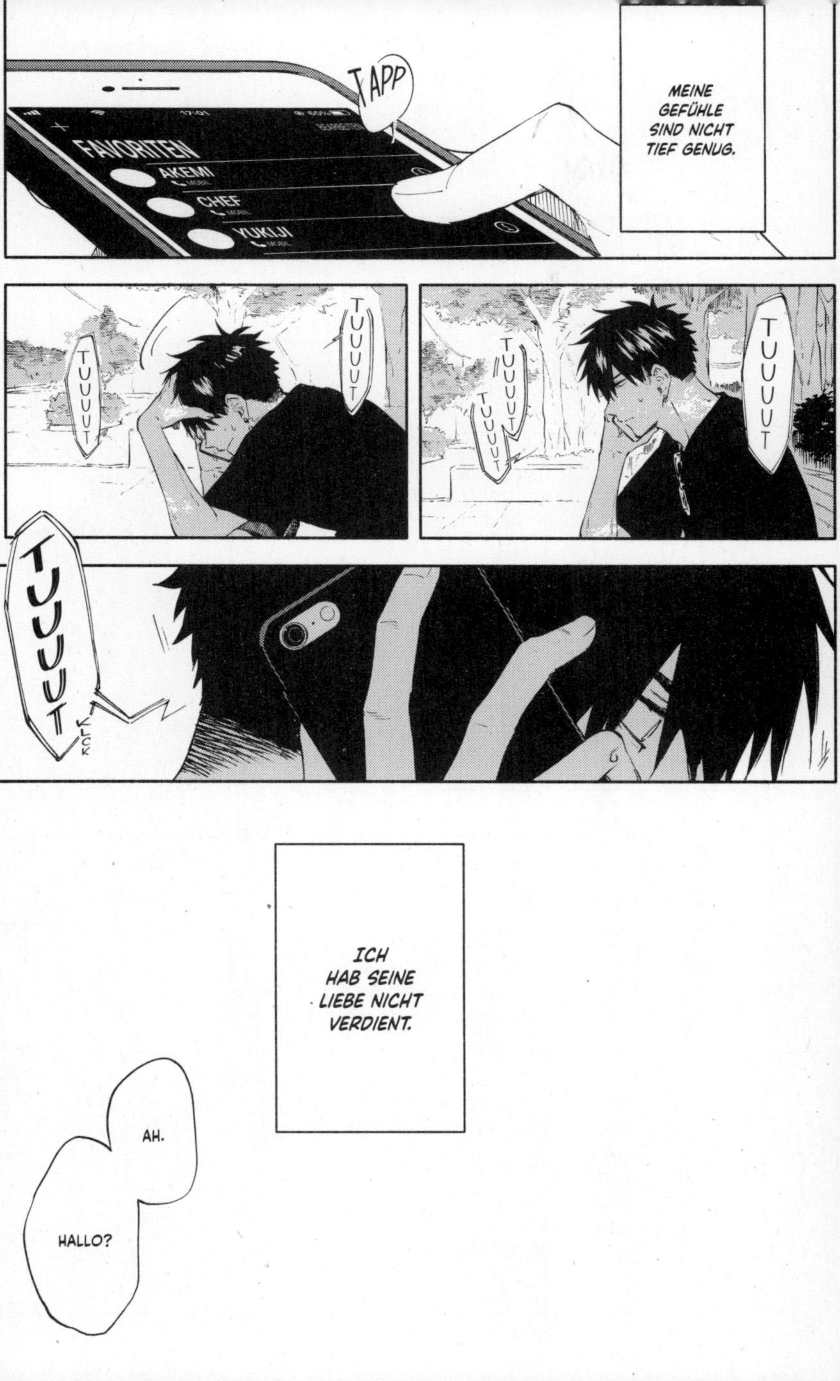
MEINE GEFÜHLE SIND NICHT TIEF GENUG.
TAPP
FAVORITEN
AKEMI
CHEF
YUKIJI
TUUUUT
TUUUUT
TUUUUT
TUUUUT
TUUUUT
TUUUUUT
KLCK
ICH HAB SEINE LIEBE NICHT VERDIENT.
AH.
HALLO?

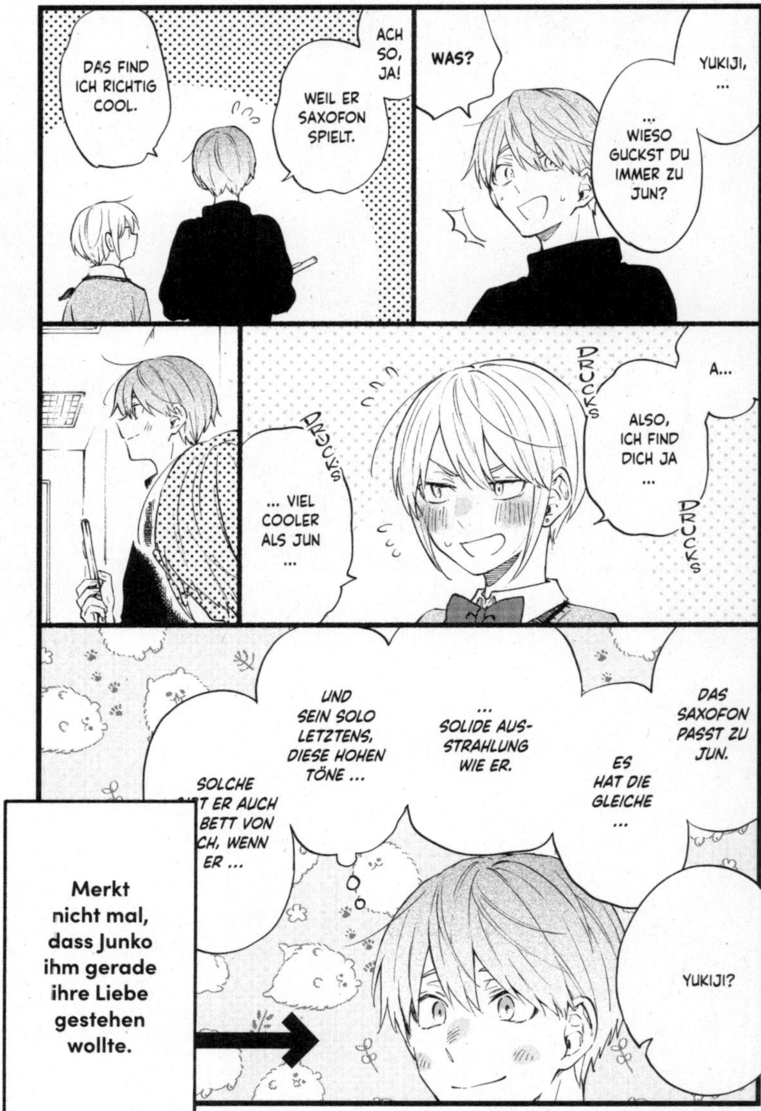
YUKIJI, ...
... WIESO GUCKST DU IMMER ZU JUN?
WAS?
ACH SO, JA!
WEIL ER SAXOFON SPIELT.
DAS FIND ICH RICHTIG COOL.
A...
DRUCKS
ALSO, ICH FIND DICH JA ...
DRUCKS
DRUCKS
... VIEL COOLER ALS JUN ...
DAS SAXOFON PASST ZU JUN.
ES HAT DIE GLEICHE ...
... SOLIDE AUS-STRAHLUNG WIE ER.
UND SEIN SOLO LETZTENS, DIESE HOHEN TÖNE ...
SOLCHE
ER AUCH
BETT VON
WENN
ER ...
YUKIJI?
Merkt nicht mal, dass Junko ihm gerade ihre Liebe gestehen wollte.

#08 Nur noch mal schauen

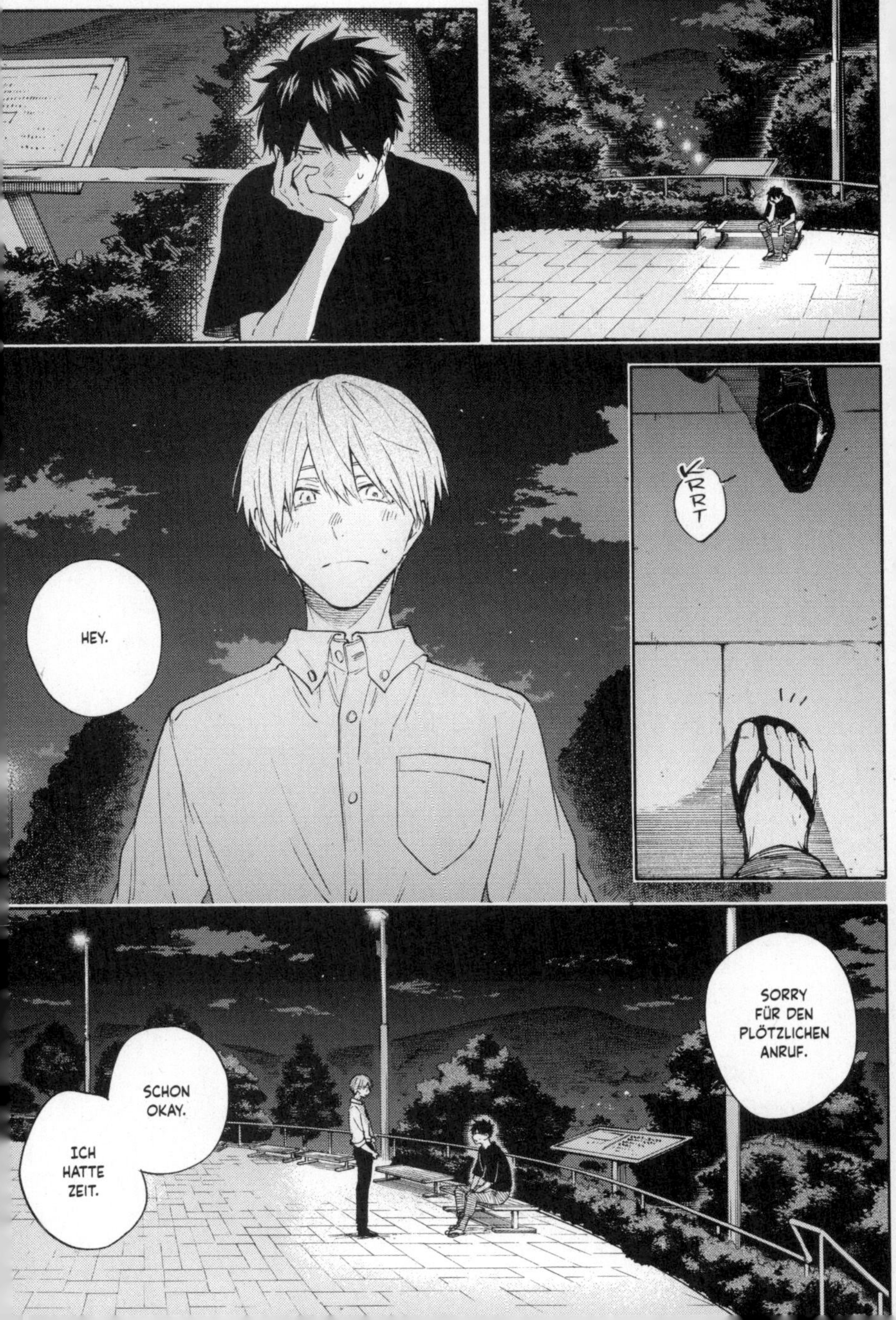

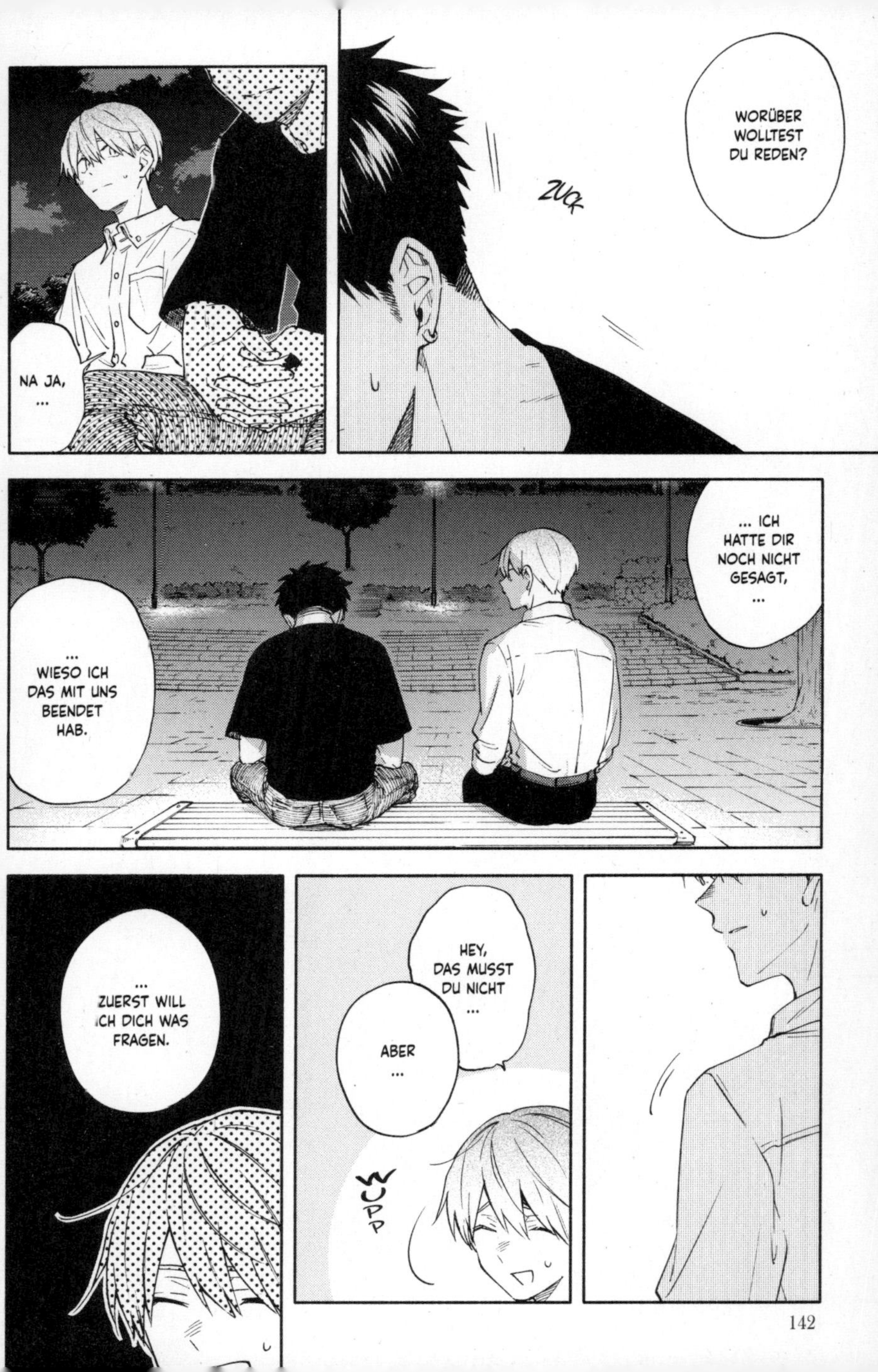
WORÜBER WOLLTEST DU REDEN?
ZUCK
NA JA, ...
... ICH HATTE DIR NOCH NICHT GESAGT, ...
... WIESO ICH DAS MIT UNS BEENDET HAB.
HEY, DAS MUSST DU NICHT ...
ABER ...
WUPP
... ZUERST WILL ICH DICH WAS FRAGEN.

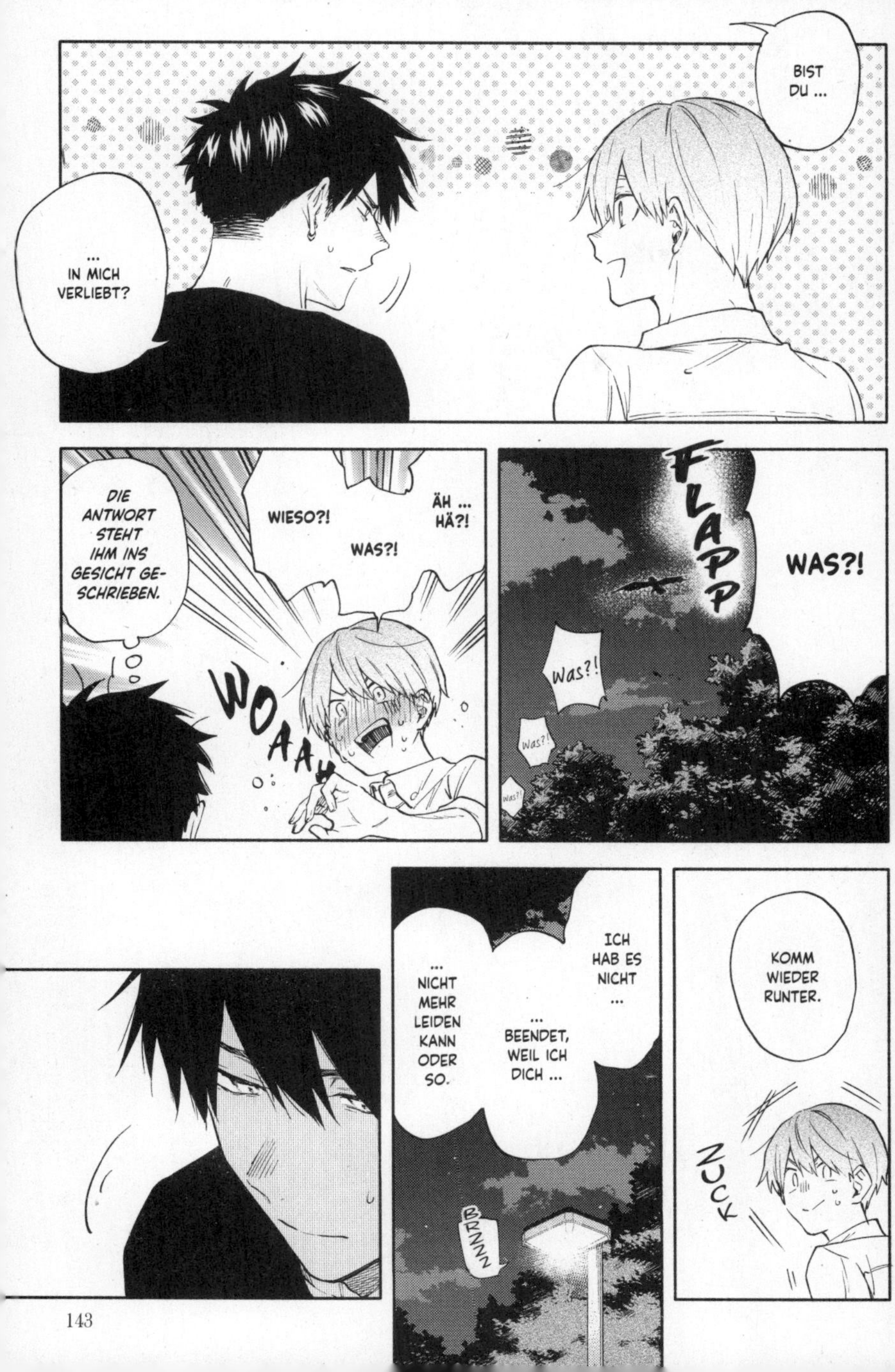
BIST DU ...
... IN MICH VERLIEBT?
FLAPP
WAS?!
Was?!
Was?!
Was?!
ÄH ... HÄ?!
WAS?!
WIESO?!
DIE ANTWORT STEHT IHM INS GESICHT GE-SCHRIEBEN.
WOAAAH
KOMM WIEDER RUNTER.
ZUCK
ICH HAB ES NICHT ...
... BEENDET, WEIL ICH DICH ...
... NICHT MEHR LEIDEN KANN ODER SO.
BRZZZ

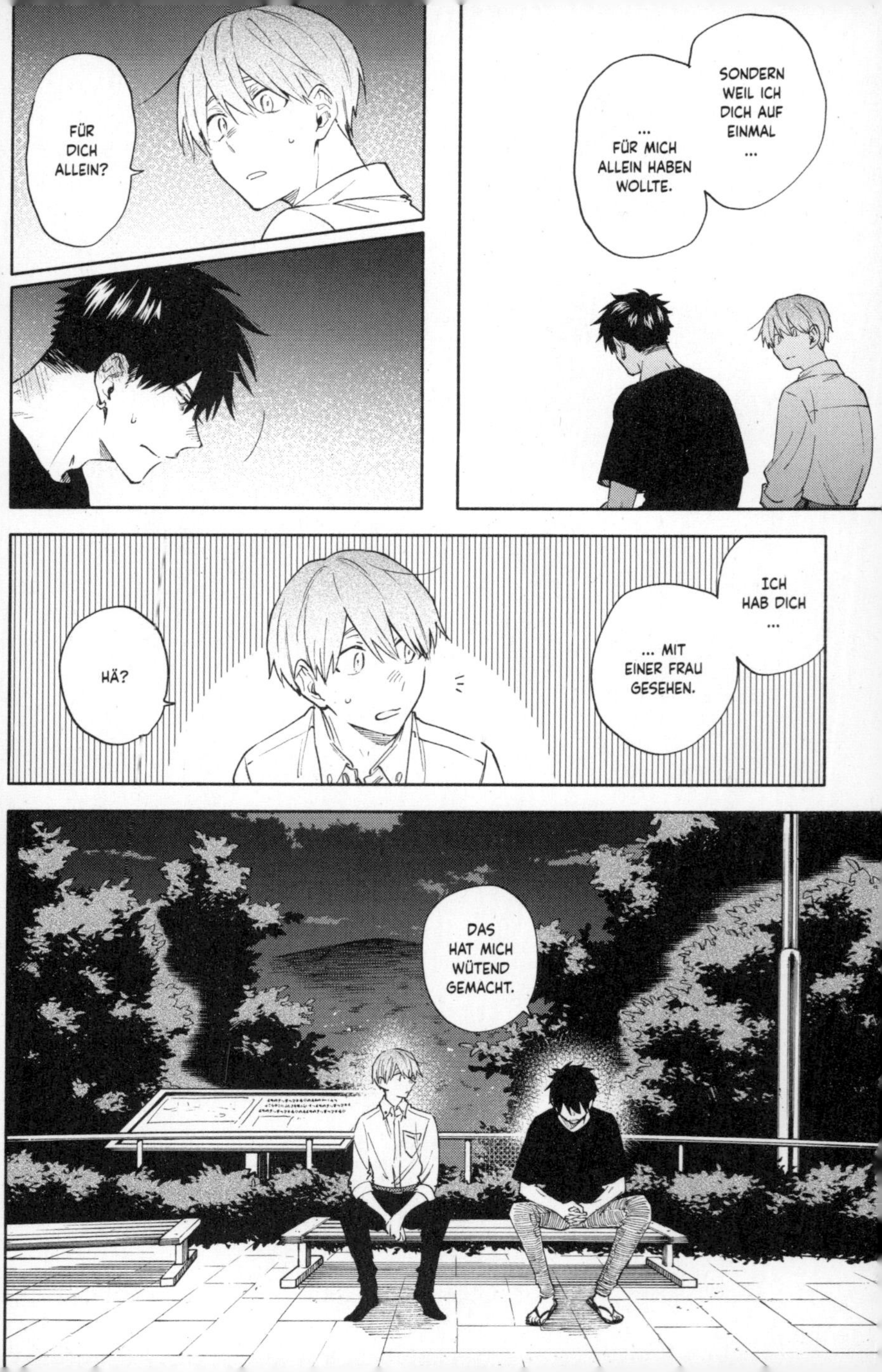
SONDERN WEIL ICH DICH AUF EINMAL ...
... FÜR MICH ALLEIN HABEN WOLLTE.
FÜR DICH ALLEIN?
ICH HAB DICH ...
... MIT EINER FRAU GESEHEN.
HÄ?
DAS HAT MICH WÜTEND GEMACHT.

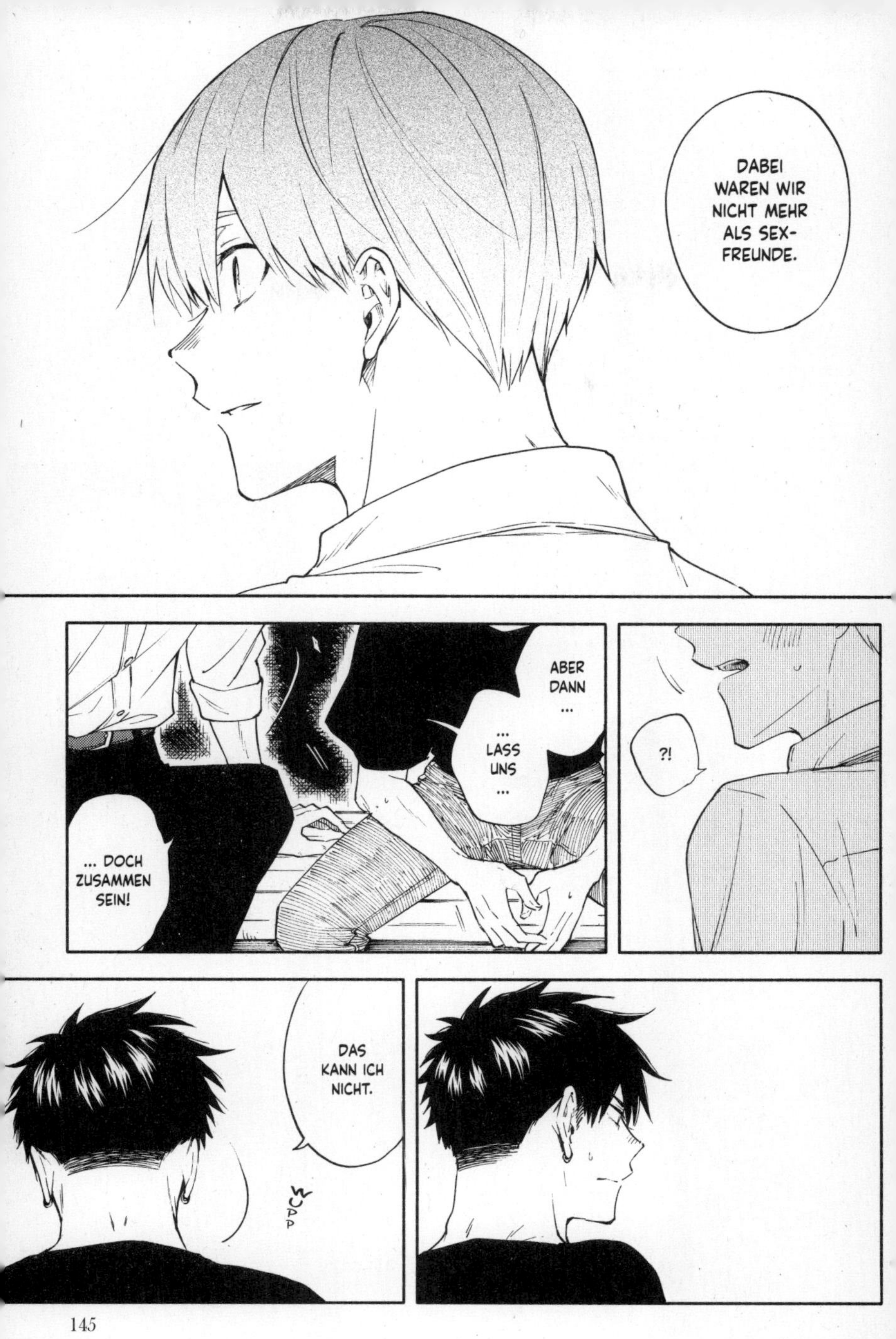
DABEI WAREN WIR NICHT MEHR ALS SEX-FREUNDE.
?!
ABER DANN ...
... LASS UNS ...
... DOCH ZUSAMMEN SEIN!
DAS KANN ICH NICHT.
WUPP

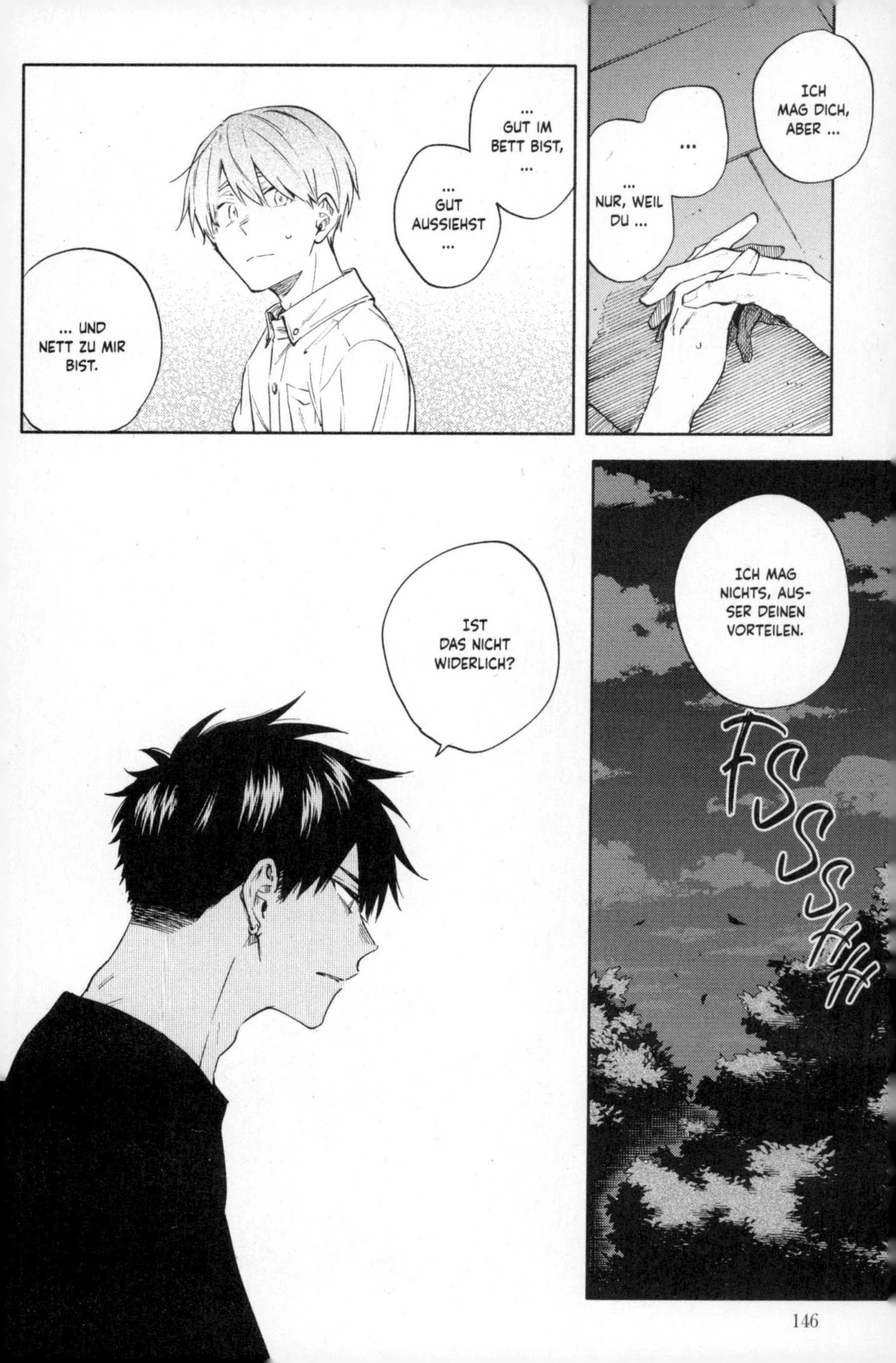
ICH MAG DICH, ABER ...
...
... NUR, WEIL DU ...
... GUT IM BETT BIST, ...
... GUT AUSSIEHST ...
... UND NETT ZU MIR BIST.
ICH MAG NICHTS, AUS-SER DEINEN VORTEILEN.
FSSSHH
IST DAS NICHT WIDERLICH?

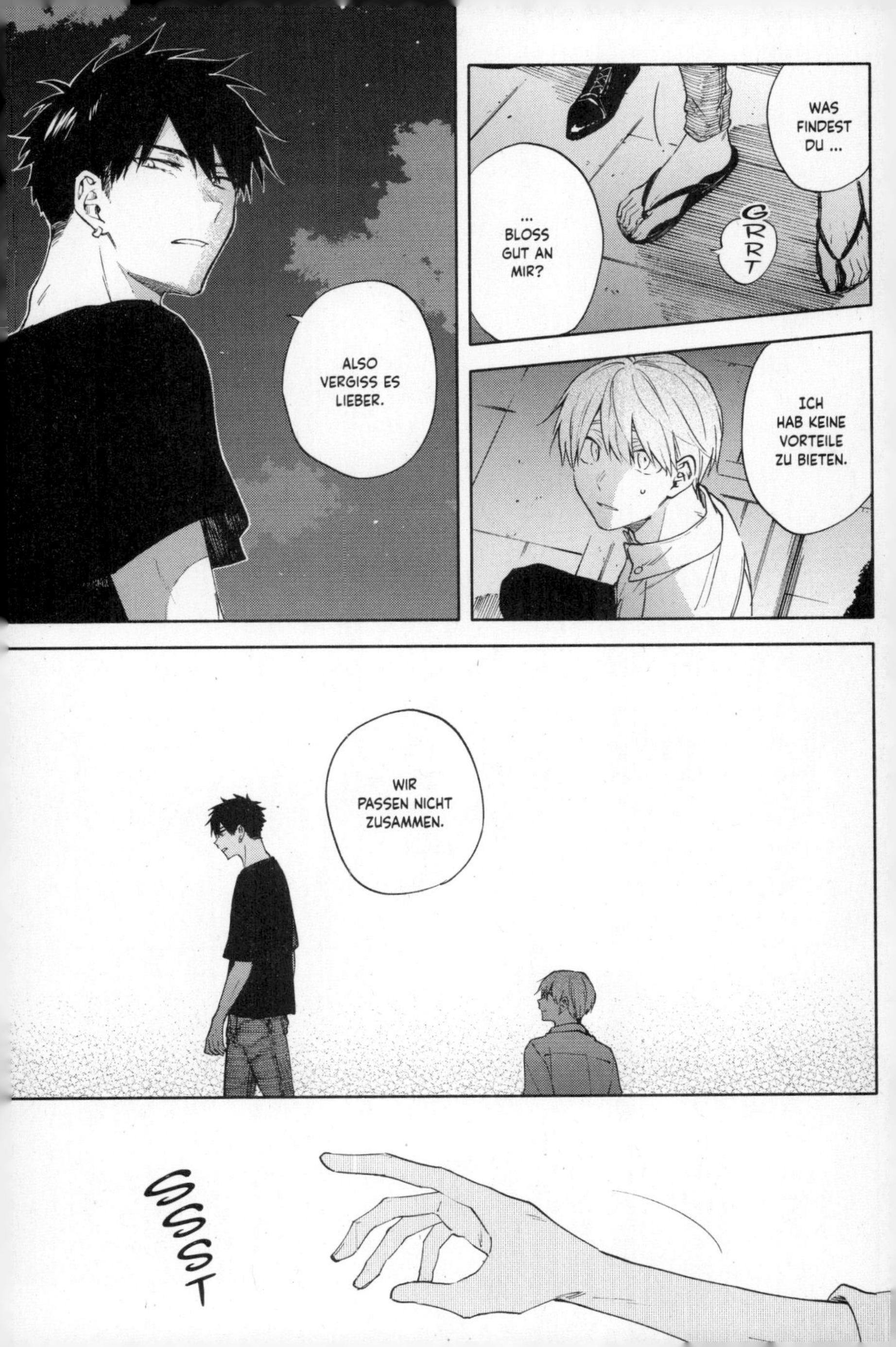
WAS FINDEST DU ...
GRRT
... BLOSS GUT AN MIR?
ICH HAB KEINE VORTEILE ZU BIETEN.
ALSO VERGISS ES LIEBER.
WIR PASSEN NICHT ZUSAMMEN.
SSST

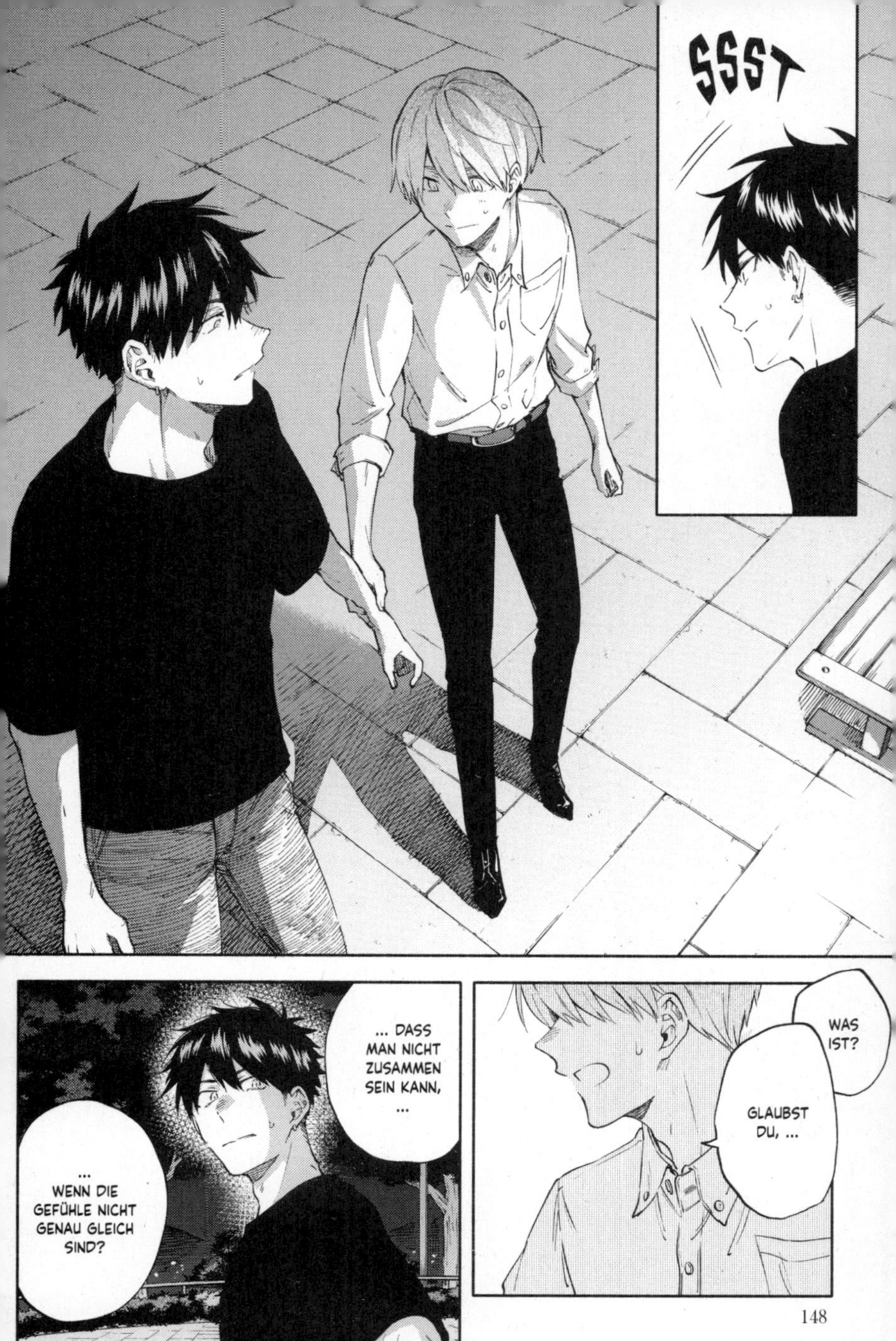
SSST
WAS IST?
GLAUBST DU, ...
... DASS MAN NICHT ZUSAMMEN SEIN KANN, ...
... WENN DIE GEFÜHLE NICHT GENAU GLEICH SIND?

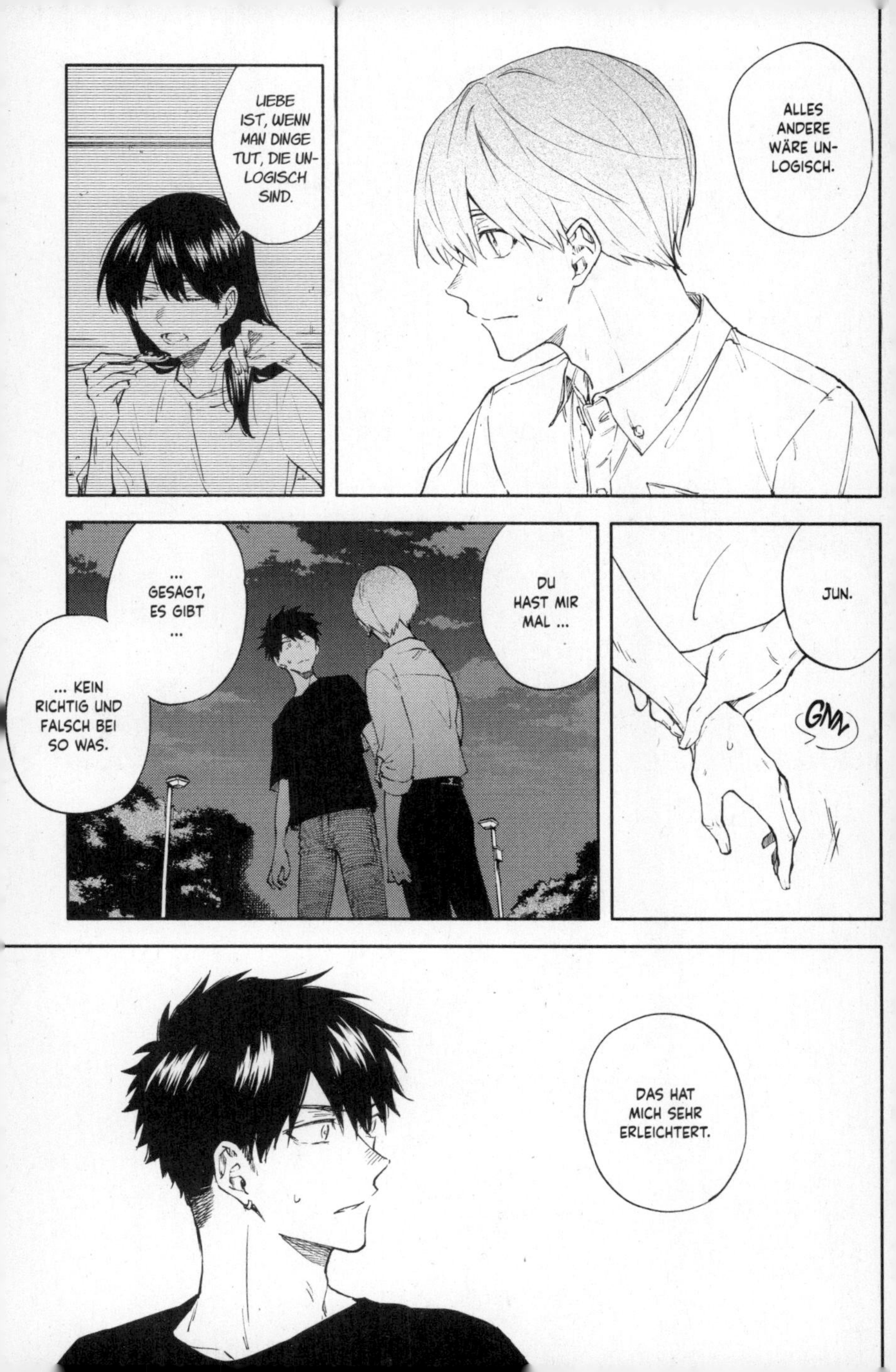
ALLES ANDERE WÄRE UNLOGISCH.
LIEBE IST, WENN MAN DINGE TUT, DIE UNLOGISCH SIND.
JUN.
GNN
DU HAST MIR MAL ...
... GESAGT, ES GIBT ...
... KEIN RICHTIG UND FALSCH BEI SO WAS.
DAS HAT MICH SEHR ERLEICHTERT.

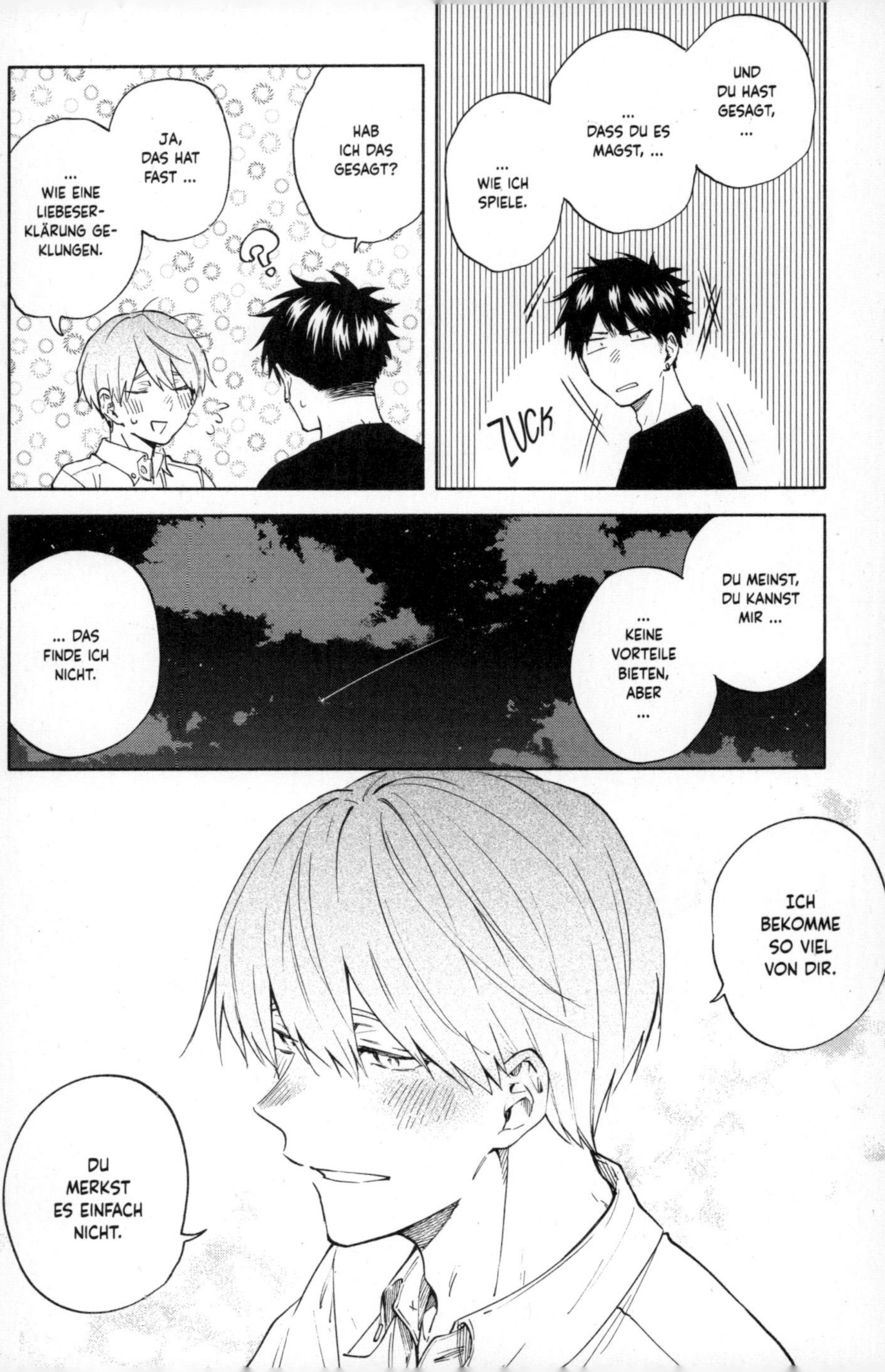
UND DU HAST GESAGT, ...
... DASS DU ES MAGST, ...
... WIE ICH SPIELE.
ZUCK
HAB ICH DAS GESAGT?
JA, DAS HAT FAST ...
... WIE EINE LIEBESER-KLÄRUNG GE-KLUNGEN.
DU MEINST, DU KANNST MIR ...
... KEINE VORTEILE BIETEN, ABER ...
... DAS FINDE ICH NICHT.
ICH BEKOMME SO VIEL VON DIR.
DU MERKST ES EINFACH NICHT.

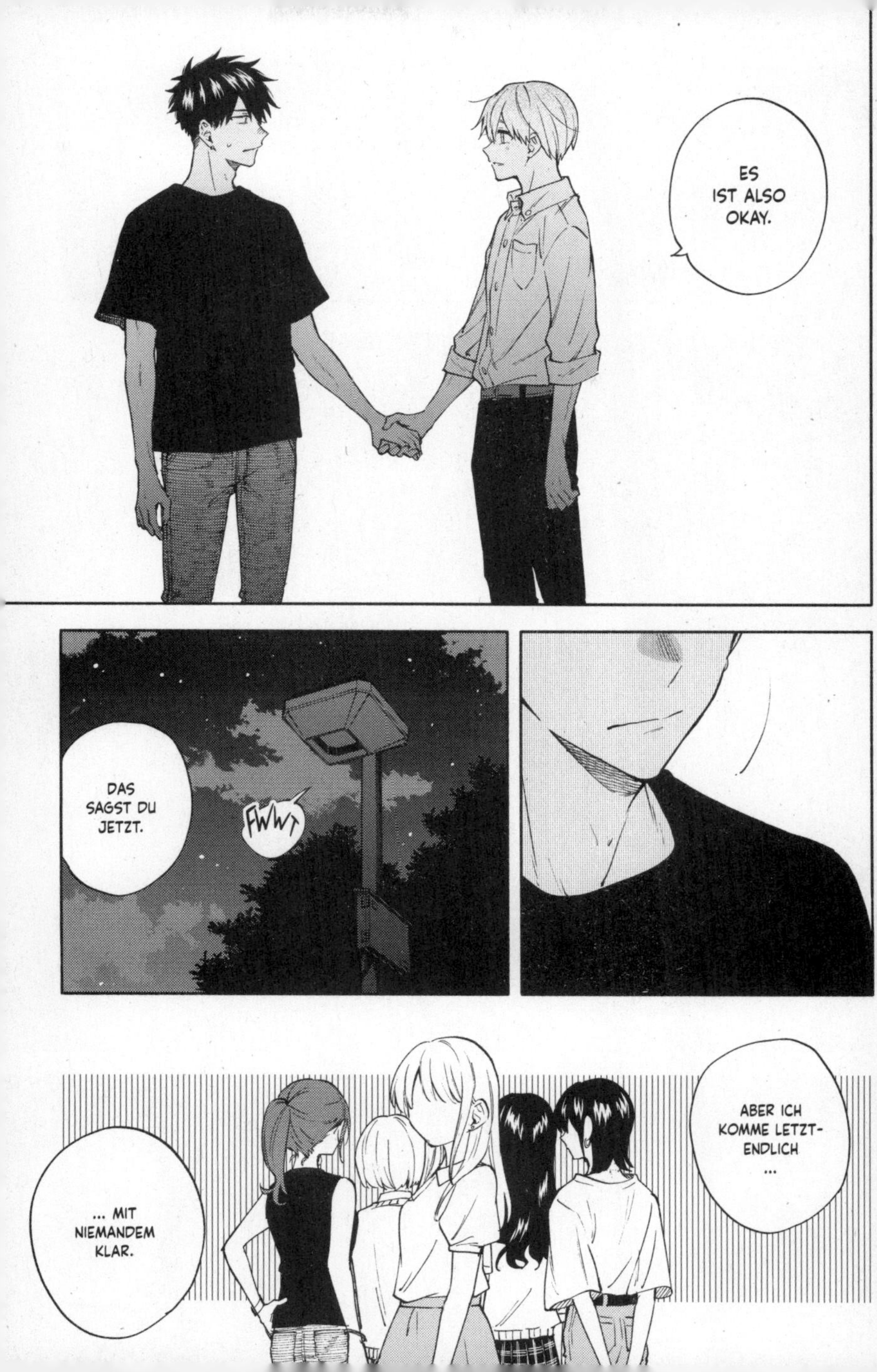
ES IST ALSO OKAY.
DAS SAGST DU JETZT.
FWWT
ABER ICH KOMME LETZT-ENDLICH ...
... MIT NIEMANDEM KLAR.

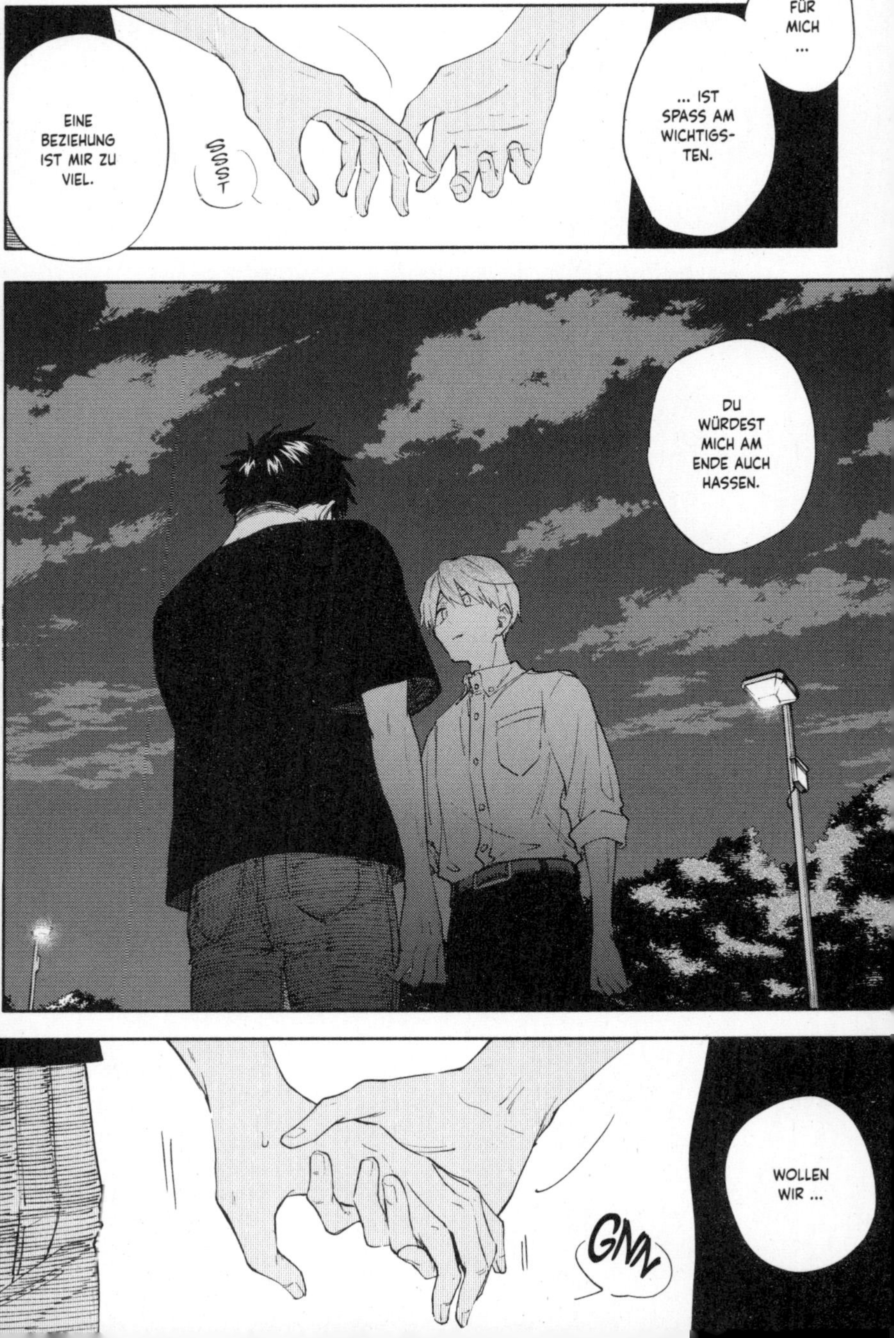
FÜR MICH ...
... IST SPASS AM WICHTIGSTEN.
SSST
EINE BEZIEHUNG IST MIR ZU VIEL.
DU WÜRDEST MICH AM ENDE AUCH HASSEN.
WOLLEN WIR ...
GNN

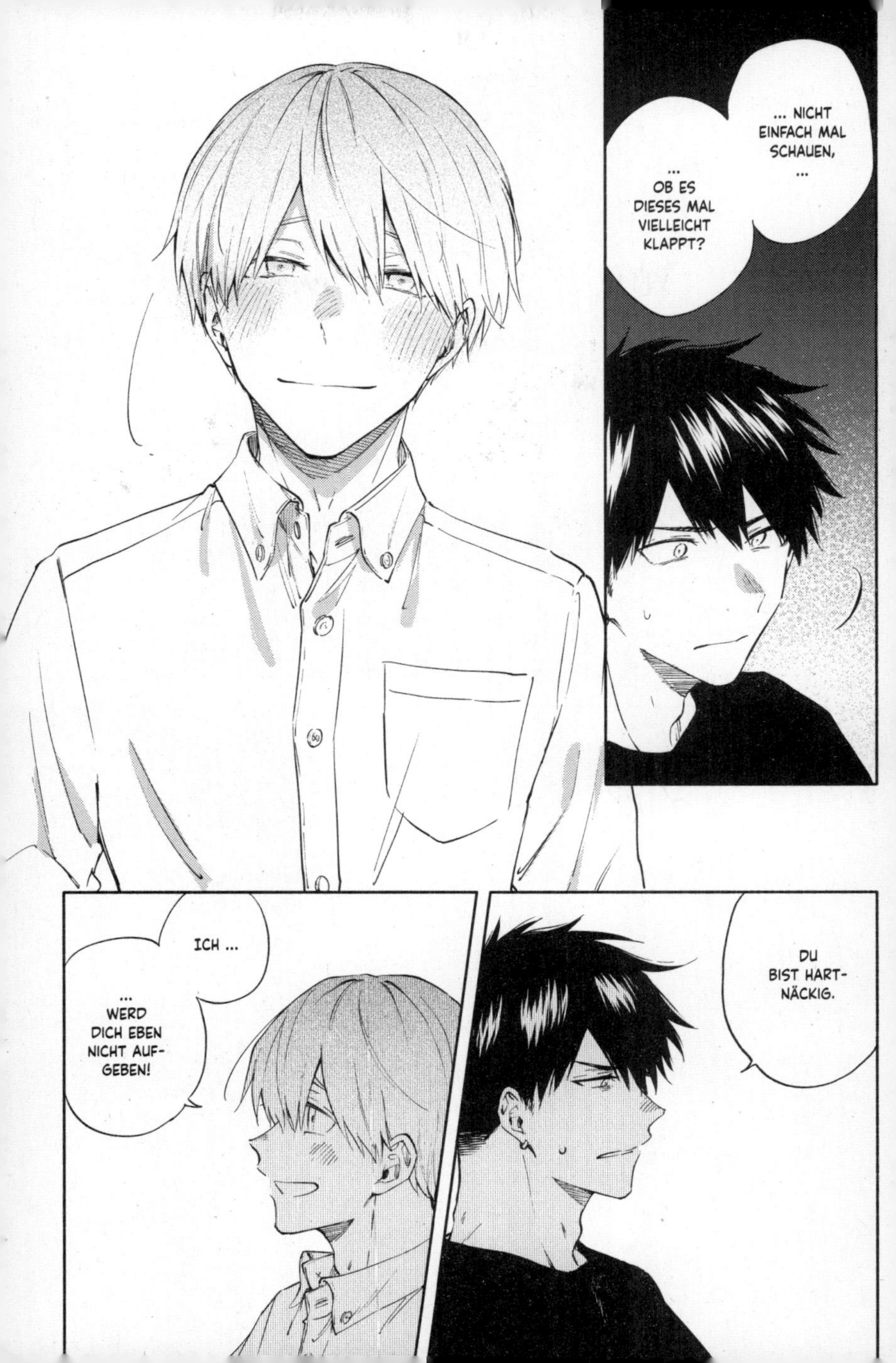

... NICHT EINFACH MAL SCHAUEN, ...
... OB ES DIESES MAL VIELLEICHT KLAPPT?
DU BIST HART-NÄCKIG.
ICH ...
... WERD DICH EBEN NICHT AUF-GEBEN!

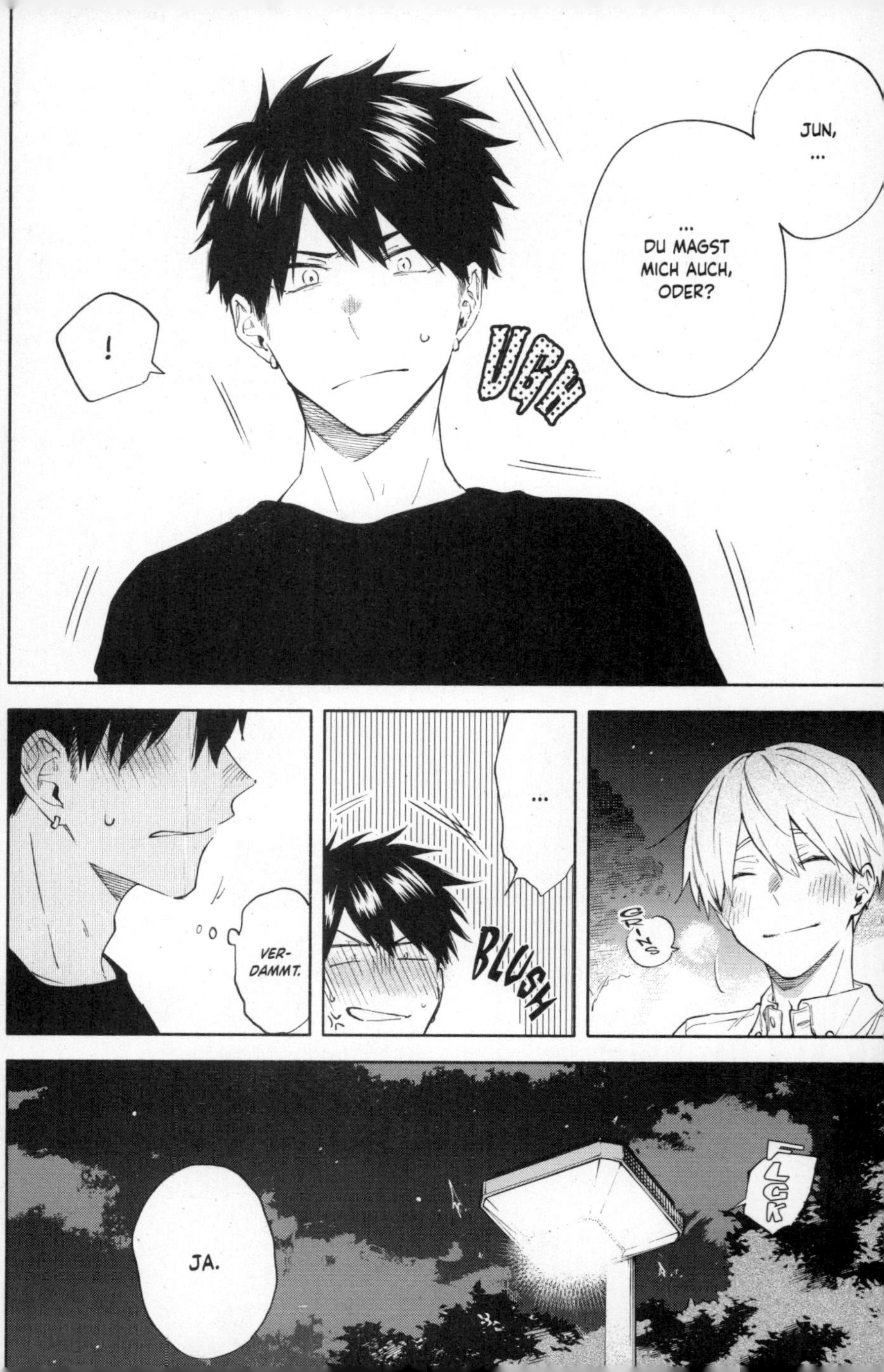
JUN,
...
...
DU MAGST MICH AUCH, ODER?
UGH
!
GRINS
...
BLUSH
VER-
DAMMT.
FLCK
JA.

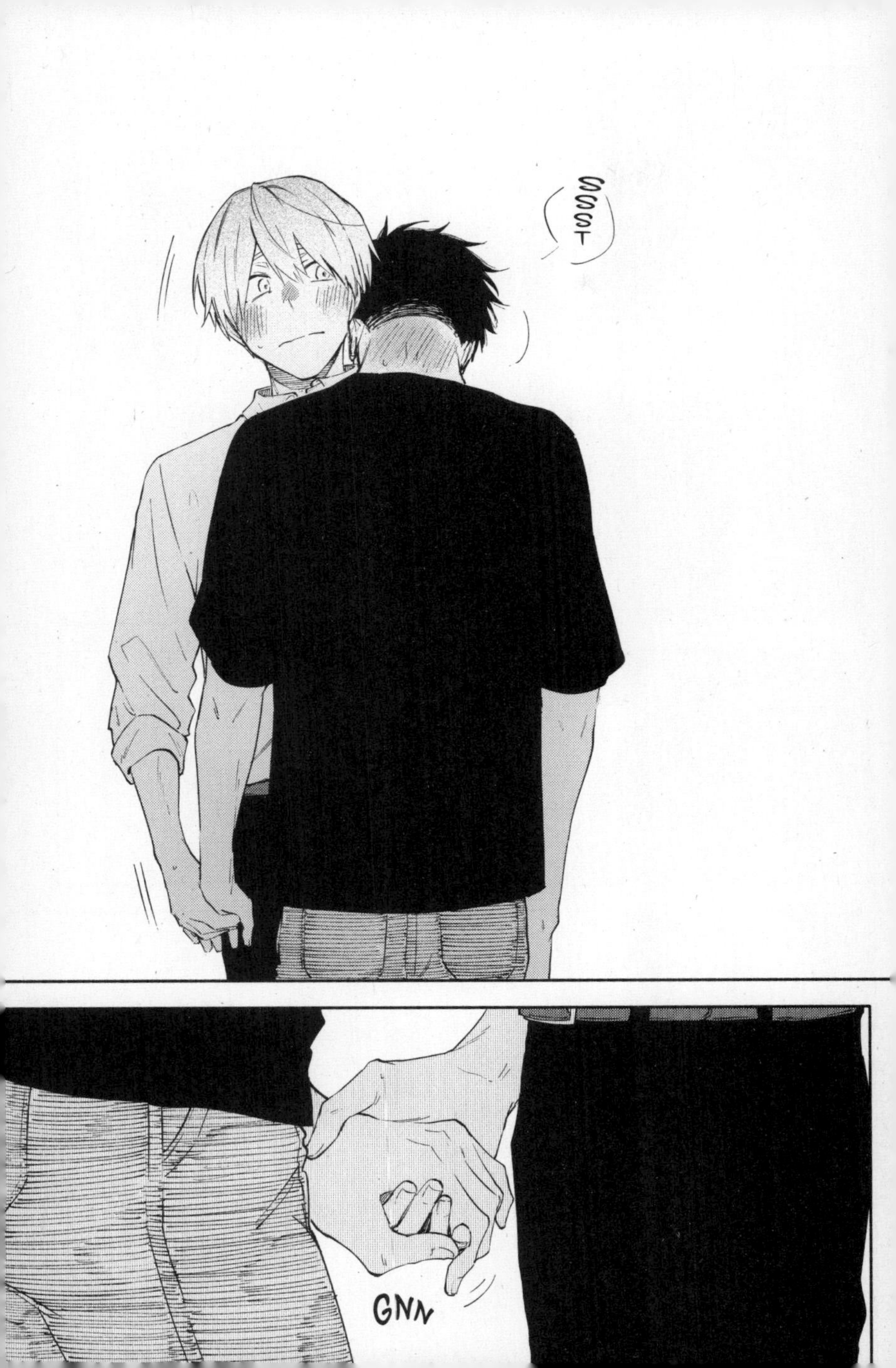
SSST
GNN

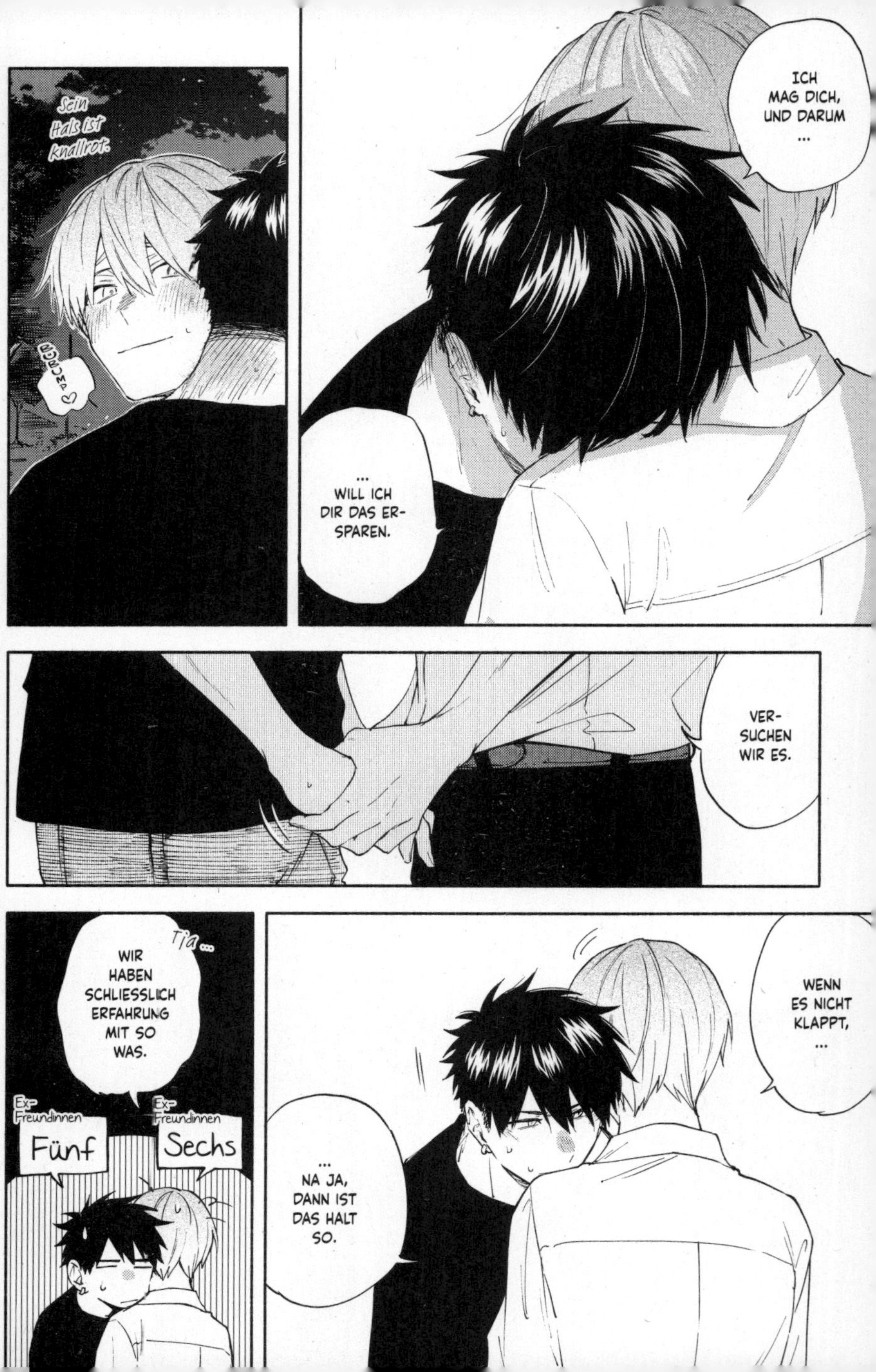
ICH MAG DICH, UND DARUM ...
... WILL ICH DIR DAS ER-SPAREN.
Sein Hals ist knallrot.
VER-SUCHEN WIR ES.
WENN ES NICHT KLAPPT, ...
... NA JA, DANN IST DAS HALT SO.
Tja ...
WIR HABEN SCHLIESSLICH ERFAHRUNG MIT SO WAS.
Ex-Freundinnen
Sechs
Ex-Freundinnen
Fünf

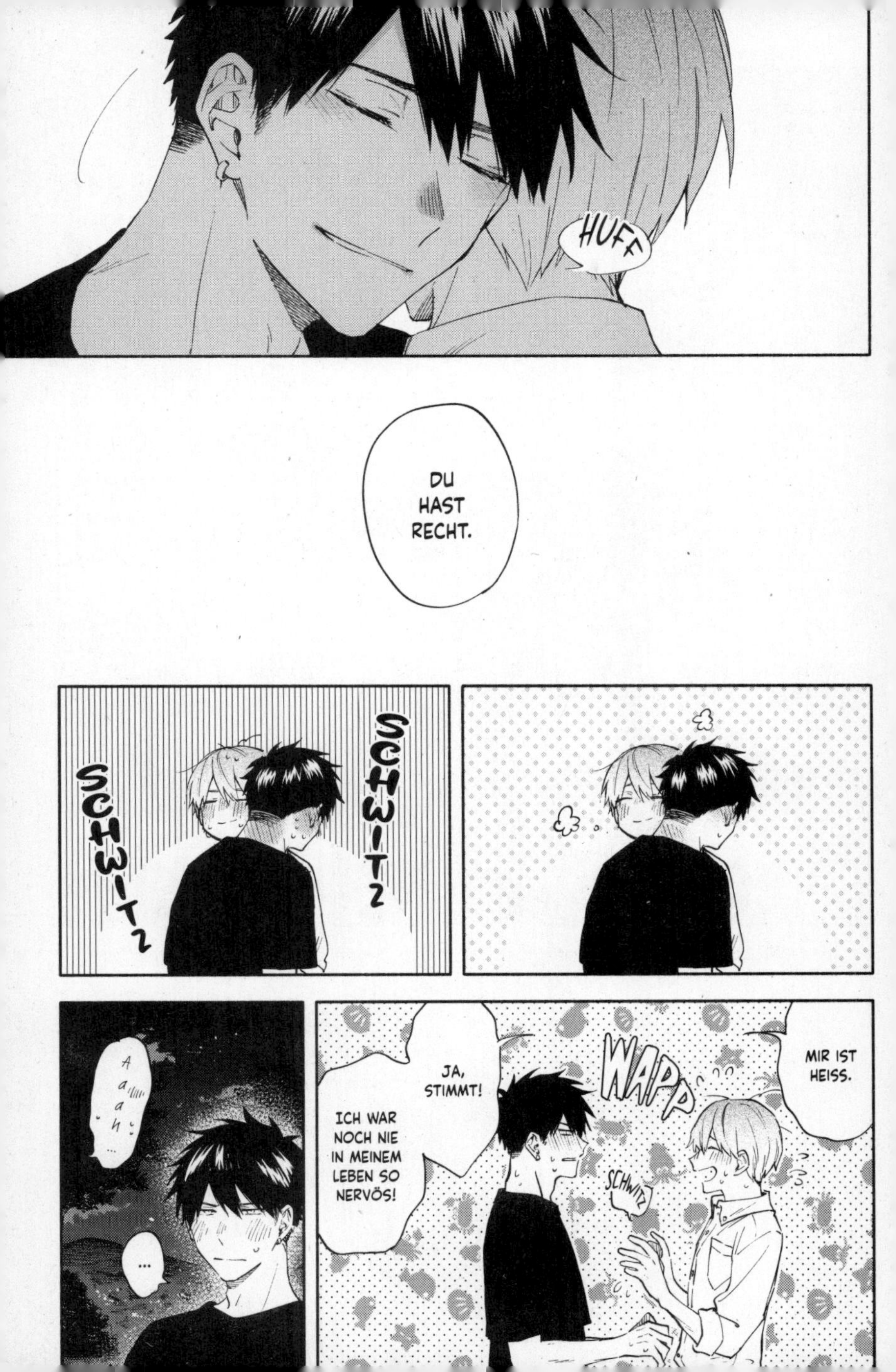
HUFF
DU HAST RECHT.
SCHWITZ
SCHWITZ
MIR IST HEISS.
WAPP
SCHWITZ
JA, STIMMT!
ICH WAR NOCH NIE IN MEINEM LEBEN SO NERVÖS!
Aaah...
...

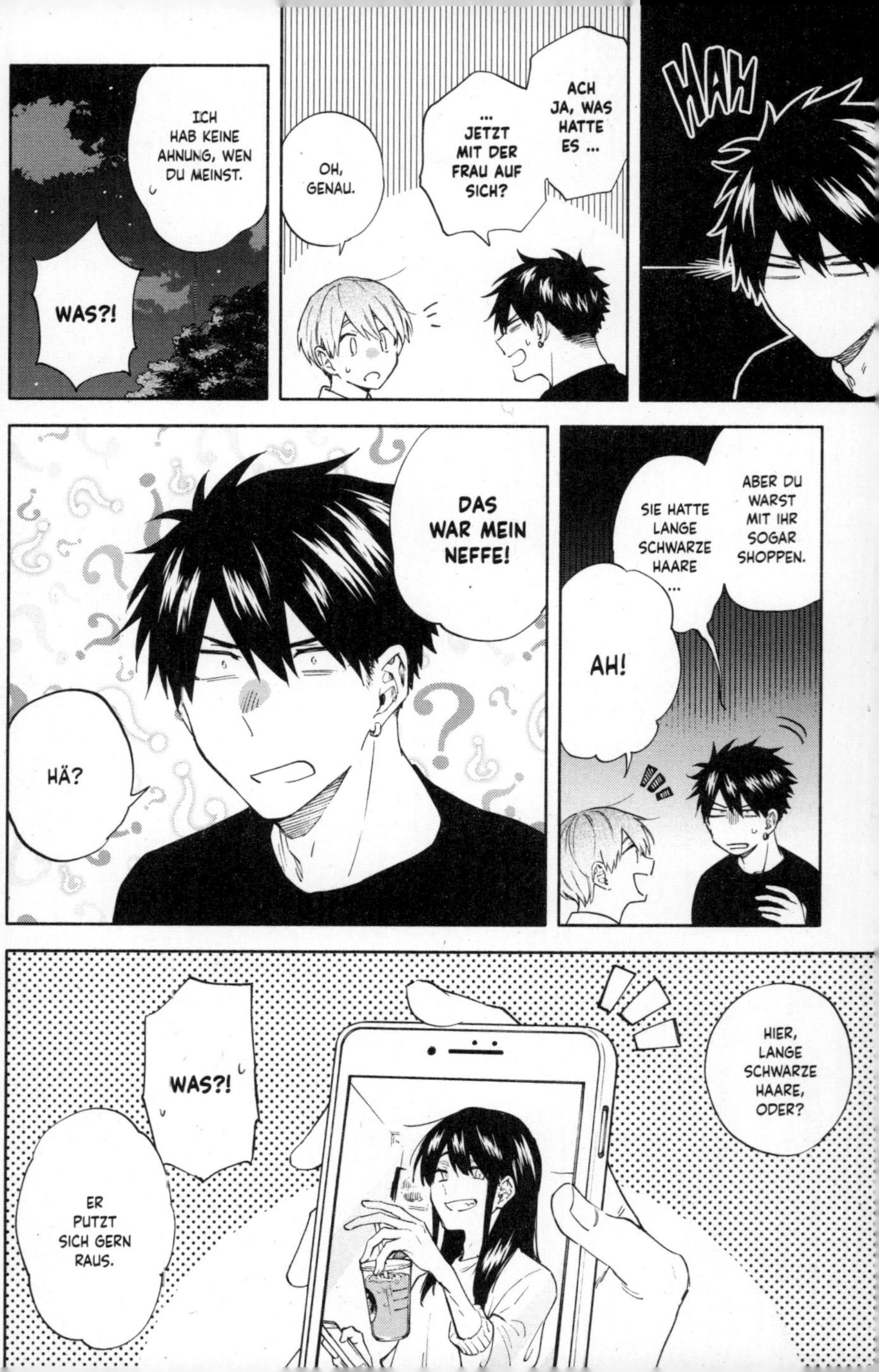
HAH
ACH JA, WAS HATTE ES ...
... JETZT MIT DER FRAU AUF SICH?
OH, GENAU.
ICH HAB KEINE AHNUNG, WEN DU MEINST.
WAS?!
ABER DU WARST MIT IHR SOGAR SHOPPEN.
SIE HATTE LANGE SCHWARZE HAARE ...
AH!
DAS WAR MEIN NEFFE!
HÄ?
HIER, LANGE SCHWARZE HAARE, ODER?
WAS?!
ER PUTZT SICH GERN RAUS.

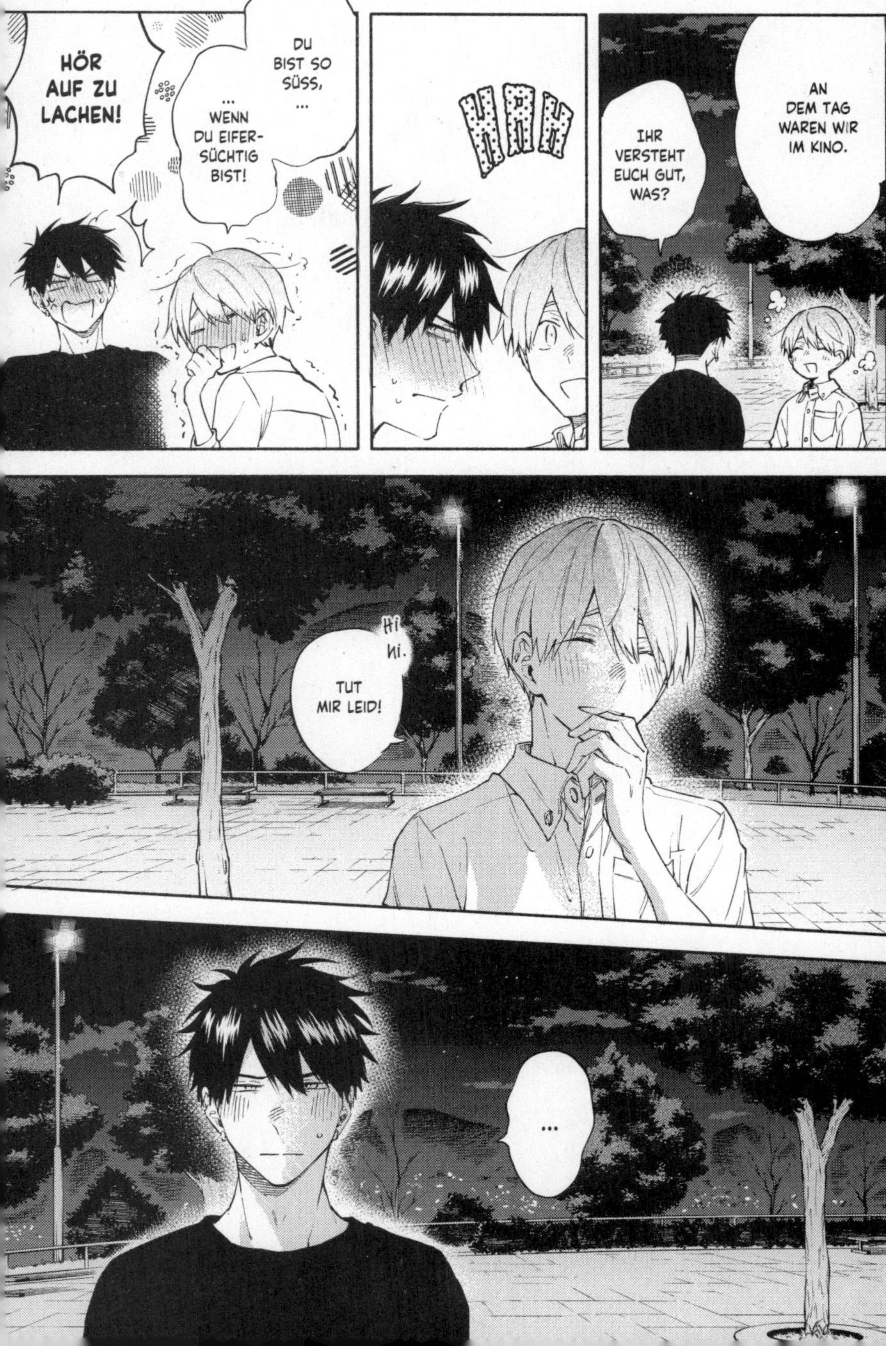
AN DEM TAG WAREN WIR IM KINO.
IHR VERSTEHT EUCH GUT, WAS?
HAH
DU BIST SO SÜSS, ...
... WENN DU EIFER-SÜCHTIG BIST!
HÖR AUF ZU LACHEN!
Hi hi.
TUT MIR LEID!
...

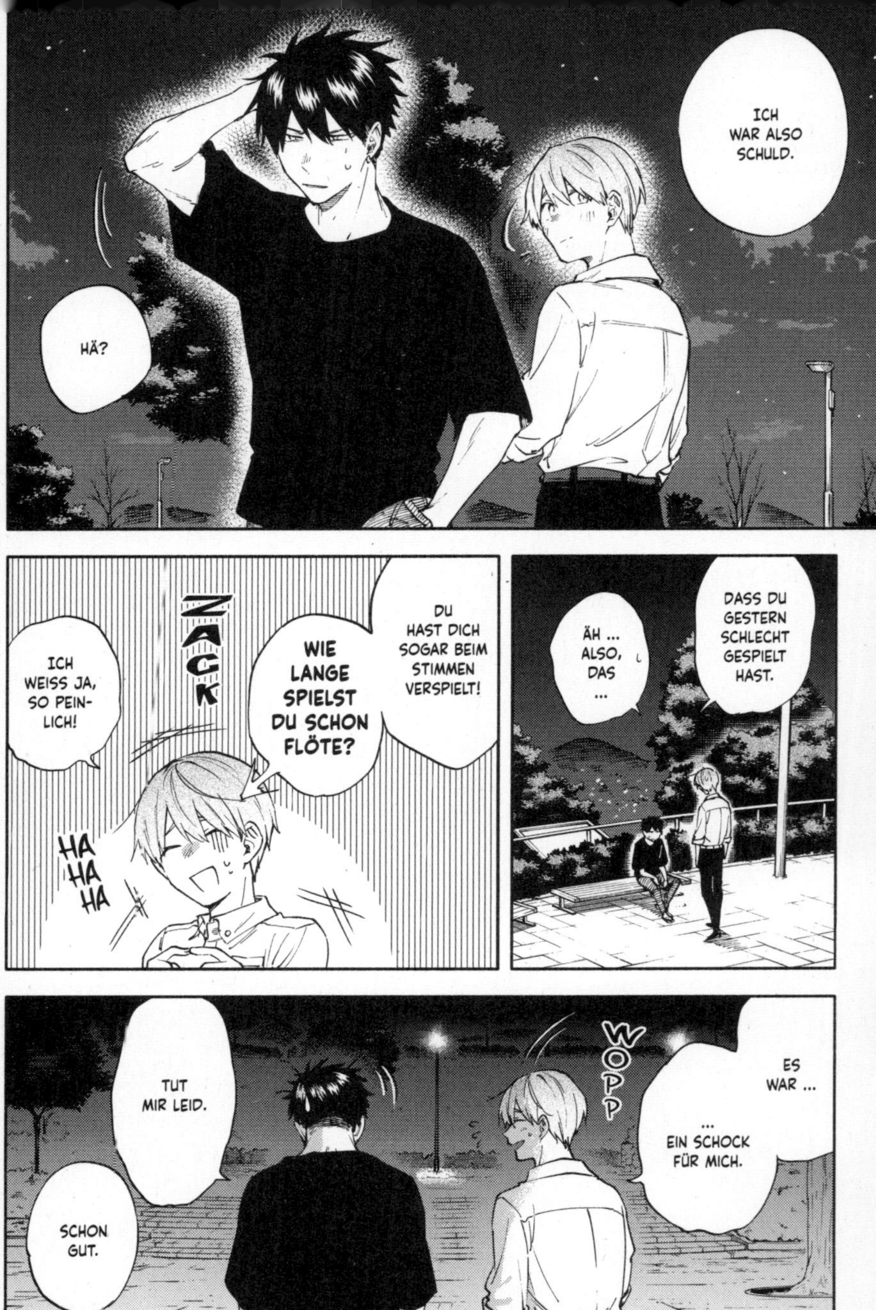
ICH WAR ALSO SCHULD.
HÄ?
DASS DU GESTERN SCHLECHT GESPIELT HAST.
ÄH ... ALSO, DAS ...
DU HAST DICH SOGAR BEIM STIMMEN VERSPIELT!
WIE LANGE SPIELST DU SCHON FLÖTE?
ZACK
ICH WEISS JA, SO PEIN-LICH!
HA HA HA
ES WAR ...
... EIN SCHOCK FÜR MICH.
WOPP
TUT MIR LEID.
SCHON GUT.

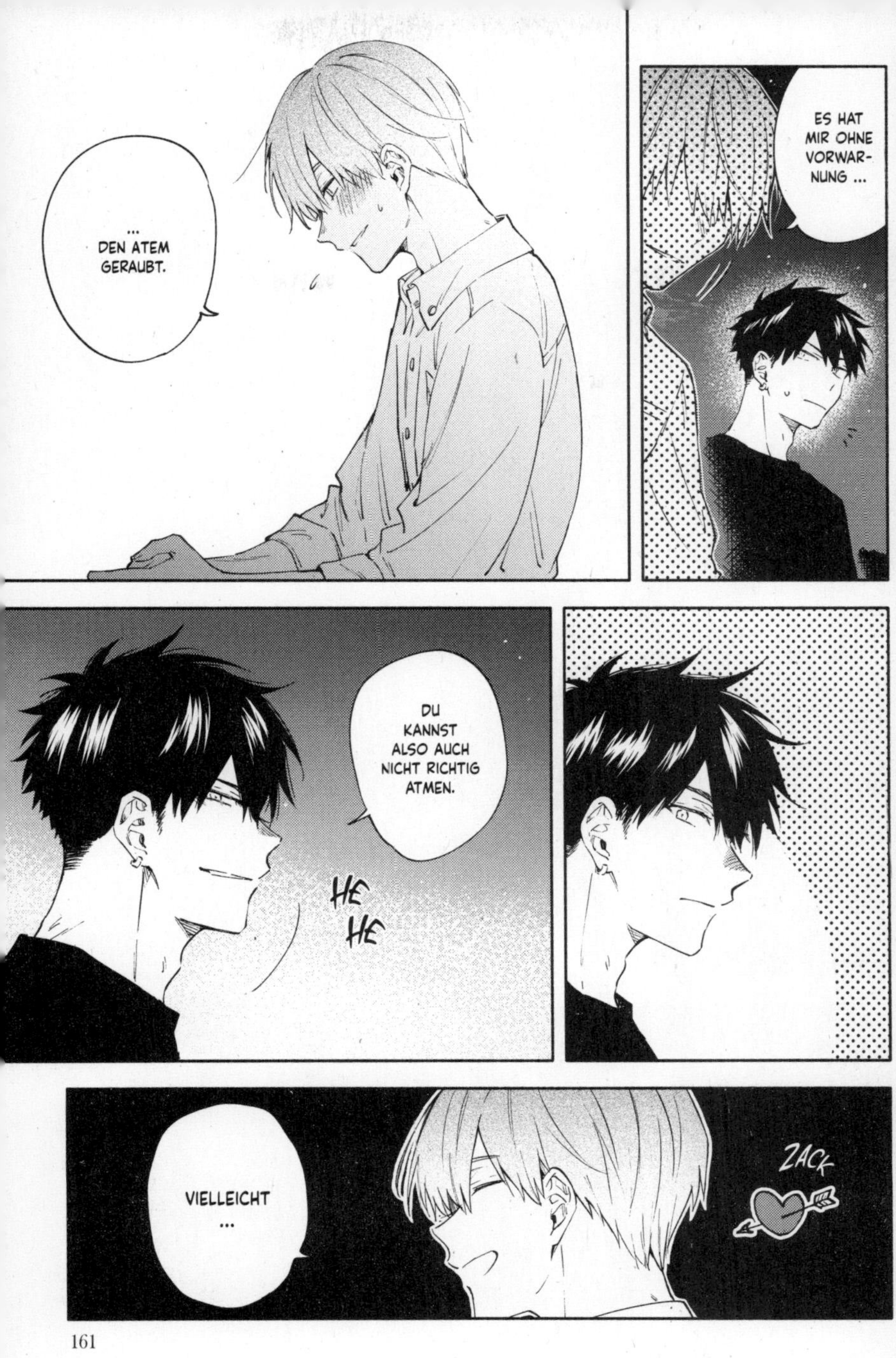
ES HAT MIR OHNE VORWARNUNG ...
... DEN ATEM GERAUBT.
DU KANNST ALSO AUCH NICHT RICHTIG ATMEN.
HE HE
ZACK
VIELLEICHT ...

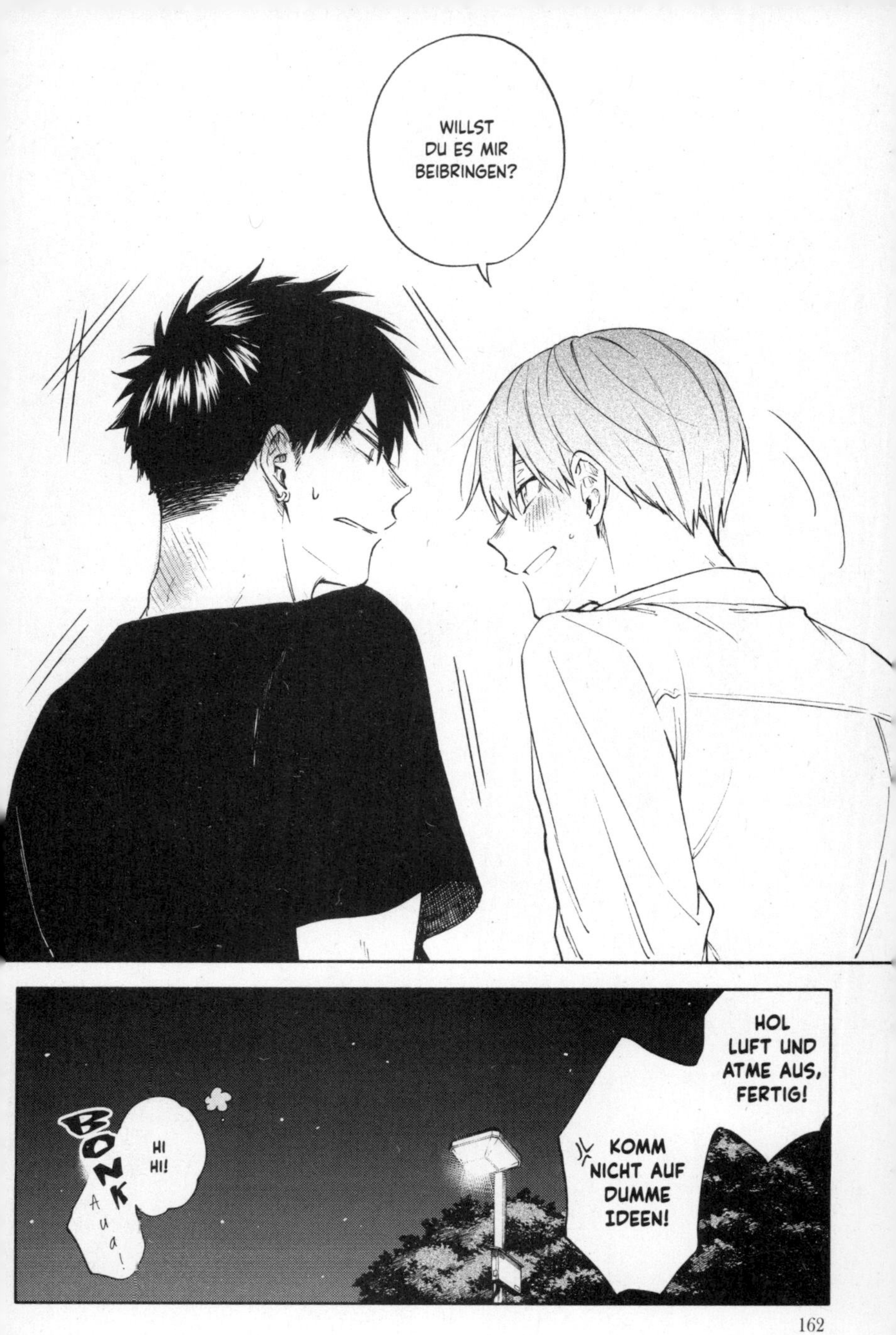
WILLST DU ES MIR BEIBRINGEN?
HOL LUFT UND ATME AUS, FERTIG!
KOMM NICHT AUF DUMME IDEEN!
HI HI!
BONK
Aua!

#08 Extra

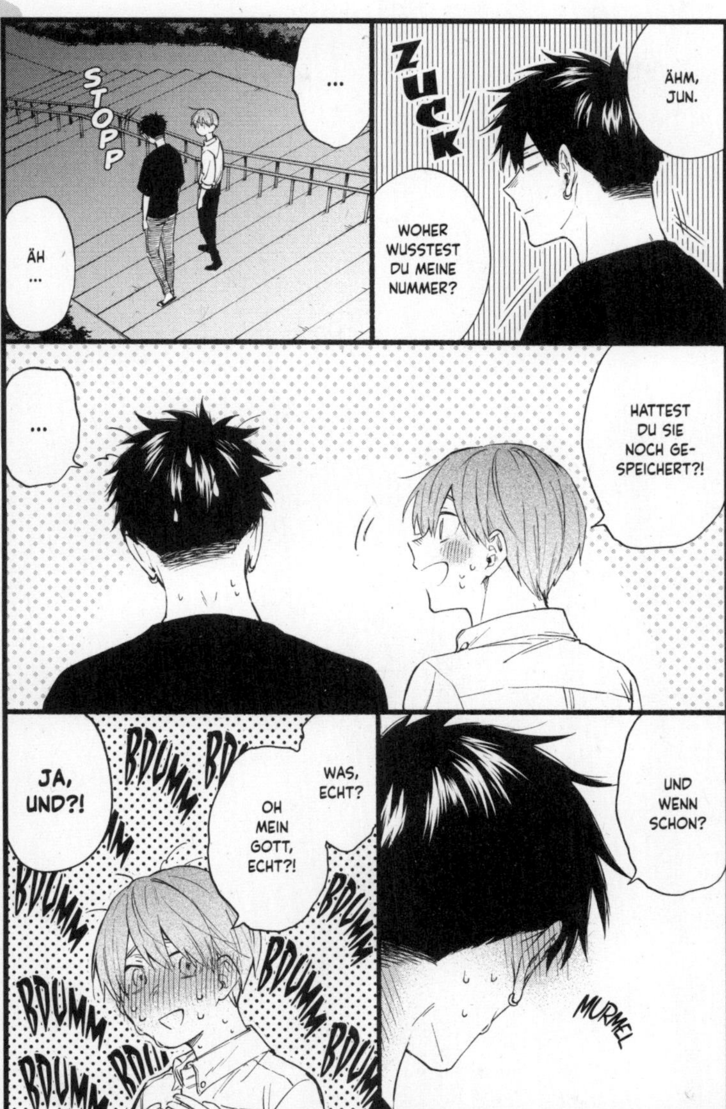

Juns Antwort bereitete Yukiji Herzprobleme.

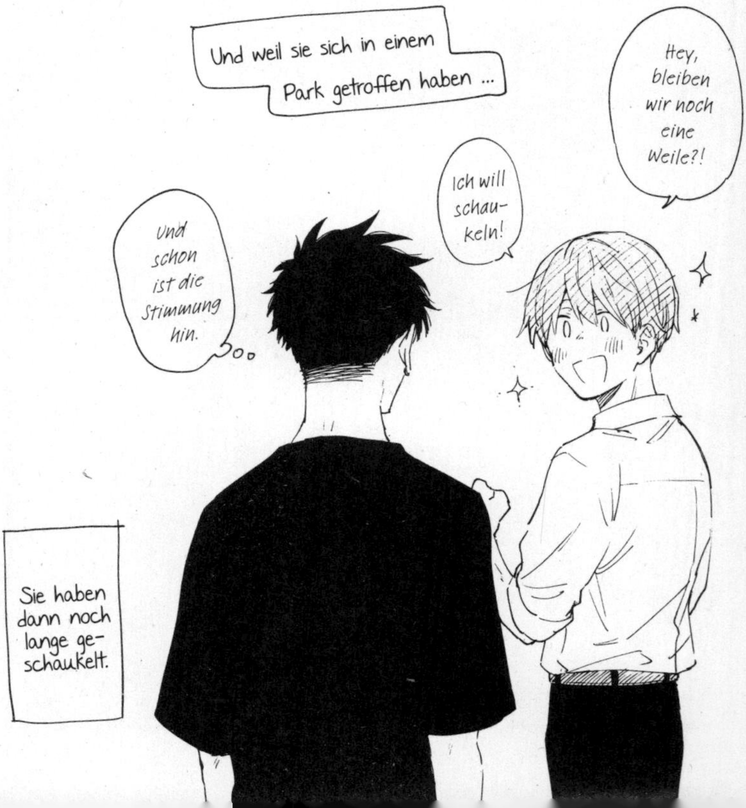
Und weil sie sich in einem Park getroffen haben ...
Hey, bleiben wir noch eine Weile?!
Ich will schaukeln!
Und schon ist die Stimmung hin.
Sie haben dann noch lange geschaukelt.

#09 Satt und zufrieden

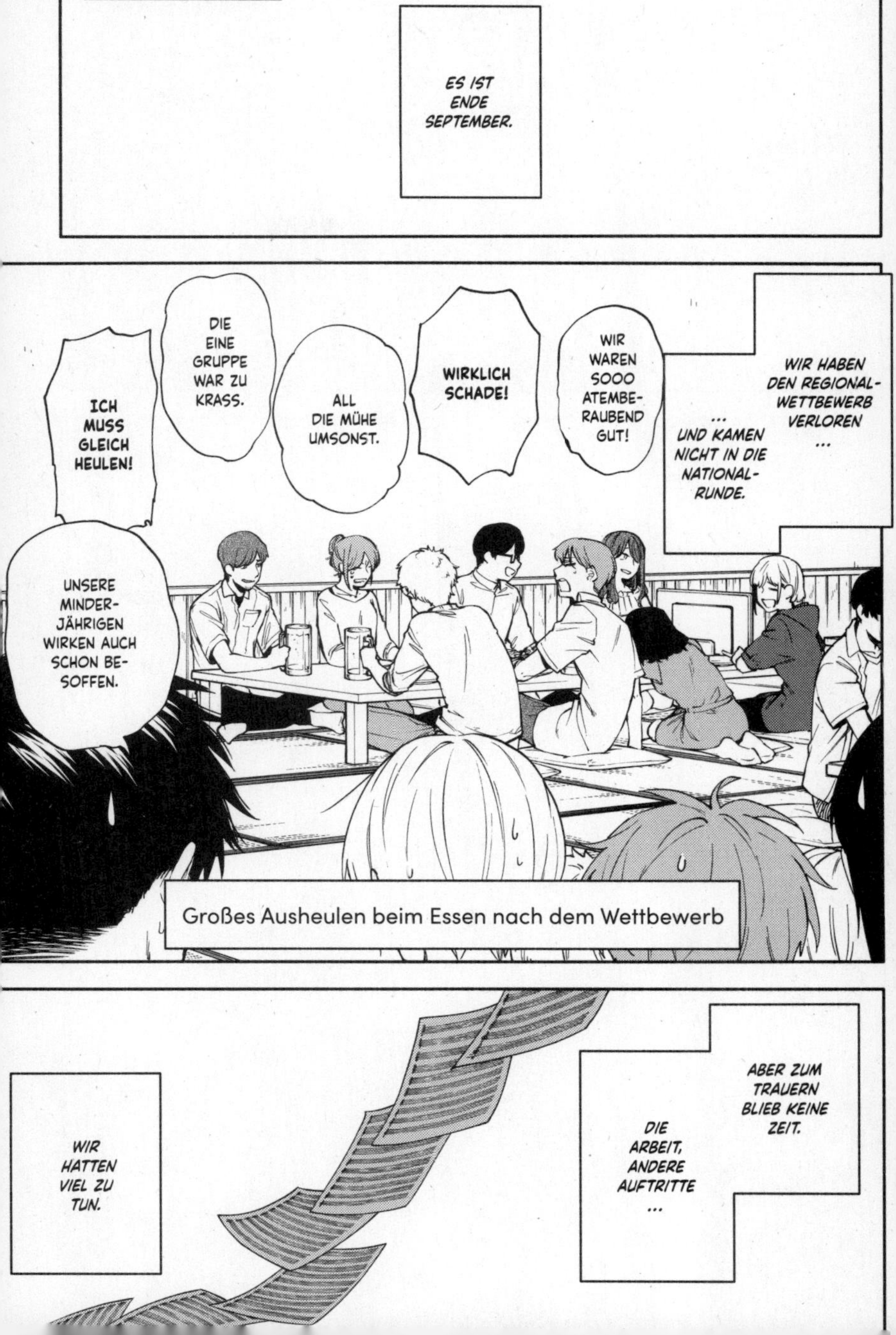

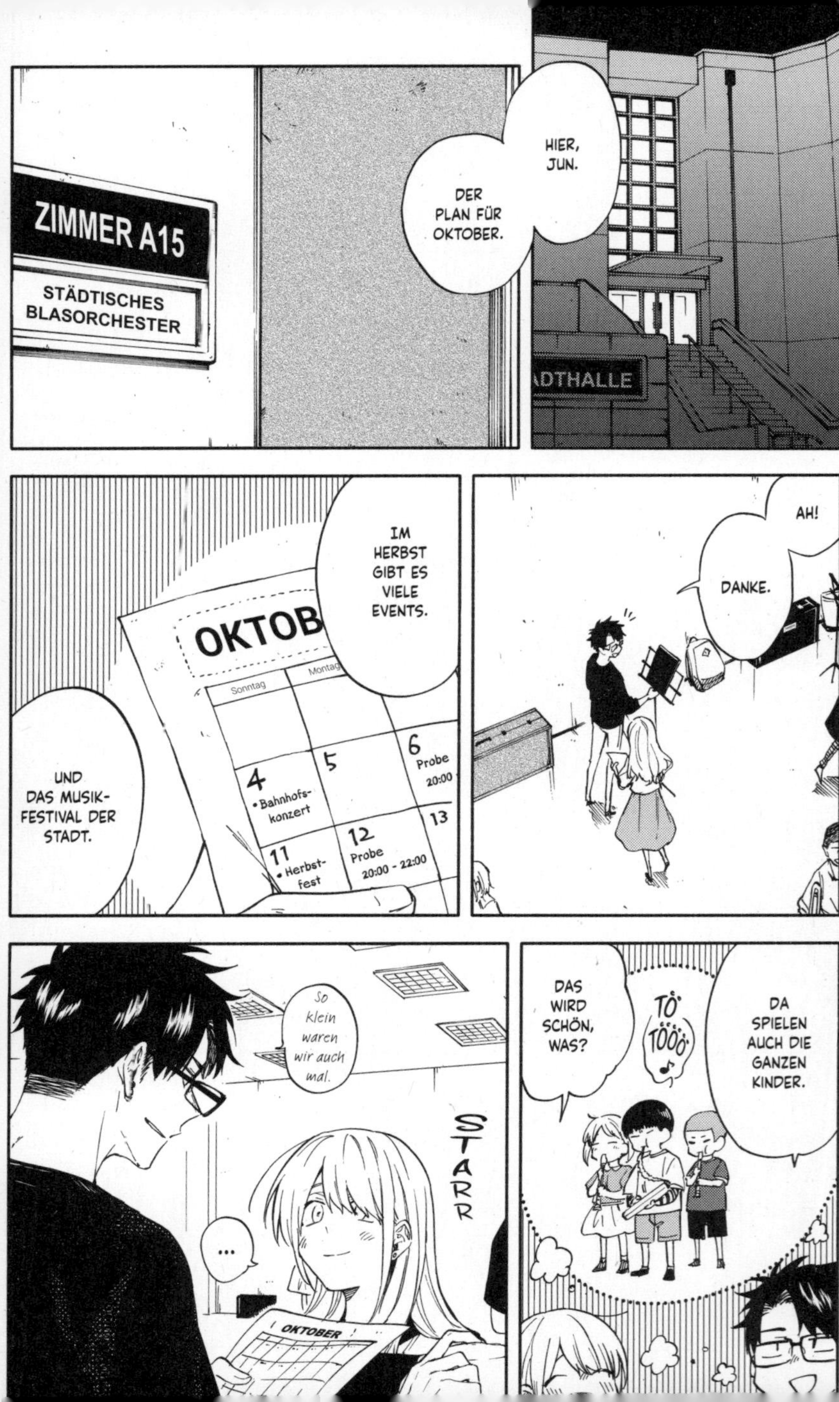
HIER, JUN.
DER PLAN FÜR OKTOBER.
ADTHALLE
ZIMMER A15
STÄDTISCHES BLASORCHESTER
AH!
DANKE.
IM HERBST GIBT ES VIELE EVENTS.
UND DAS MUSIK-FESTIVAL DER STADT.
OKTOB
Sonntag
Montag
4 • Bahnhofs-konzert
5
6 Probe 20:00
11 • Herbst-fest
12 Probe 20:00 - 22:00
13
DA SPIELEN AUCH DIE GANZEN KINDER.
TÖ TÖÖÖ
DAS WIRD SCHÖN, WAS?
So klein waren wir auch mal.
STARR
...
OKTOBER

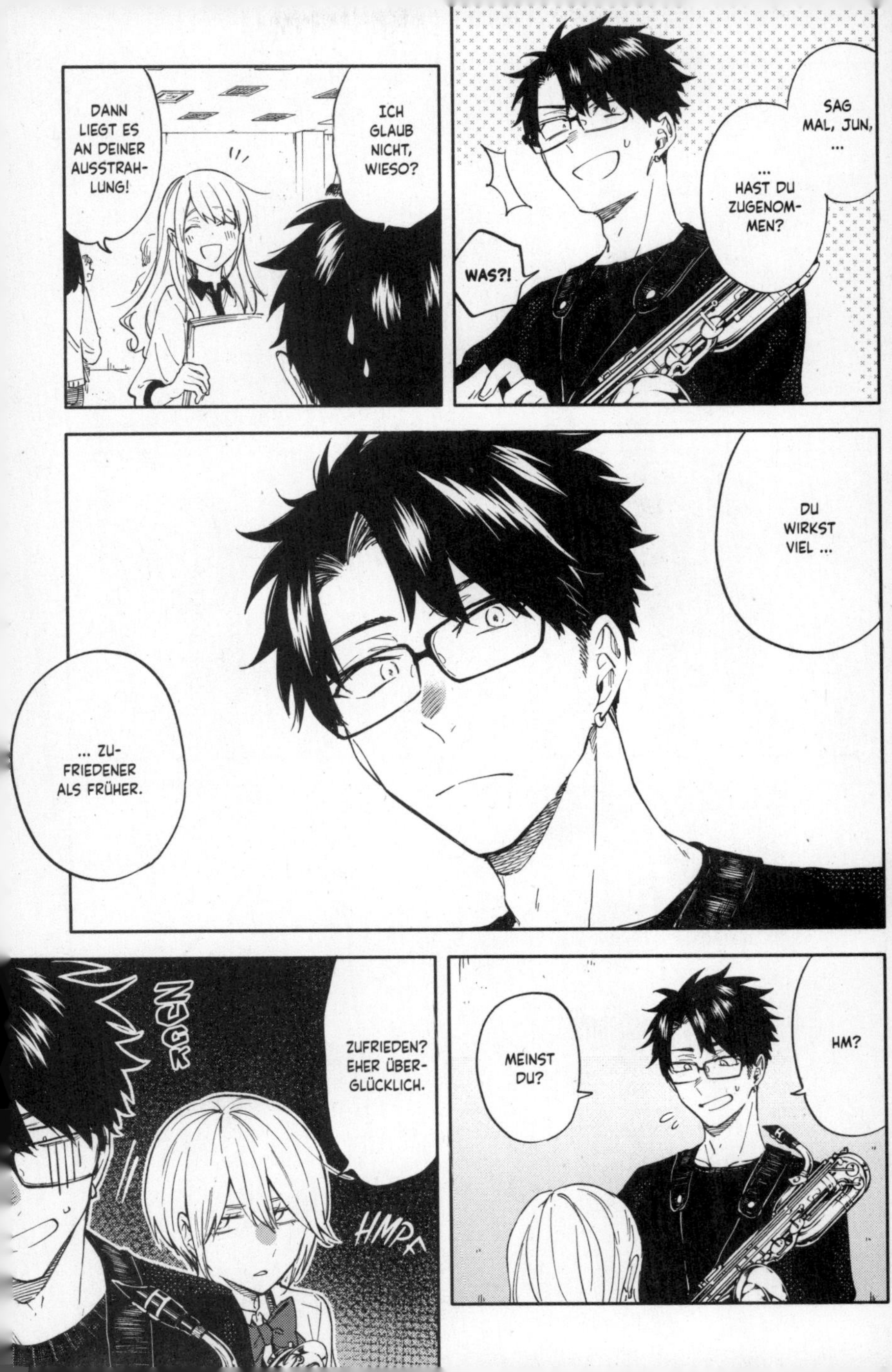
SAG MAL, JUN, ...
... HAST DU ZUGENOMMEN?
WAS?!
ICH GLAUB NICHT, WIESO?
DANN LIEGT ES AN DEINER AUSSTRAHLUNG!
DU WIRKST VIEL ...
... ZUFRIEDENER ALS FRÜHER.
HM?
MEINST DU?
ZUFRIEDEN? EHER ÜBERGLÜCKLICH.
HMPF

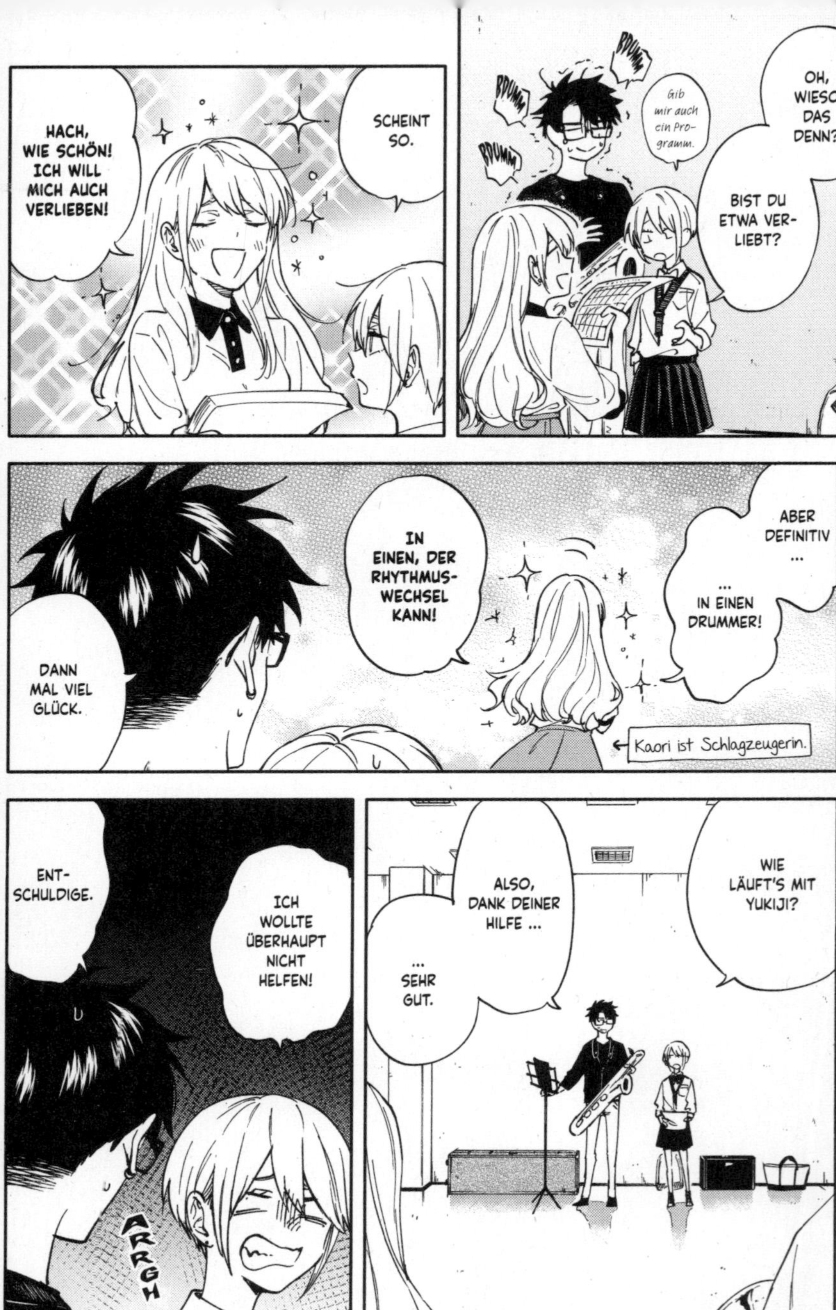
OH, WIESO DAS DENN?
BDUMM
BDUMM
BDUMM
Gib mir auch ein Programm.
BIST DU ETWA VERLIEBT?
SCHEINT SO.
HACH, WIE SCHÖN! ICH WILL MICH AUCH VERLIEBEN!
ABER DEFINITIV ...
... IN EINEN DRUMMER!
IN EINEN, DER RHYTHMUSWECHSEL KANN!
DANN MAL VIEL GLÜCK.
Kaori ist Schlagzeugerin.
WIE LÄUFT'S MIT YUKIJI?
ALSO, DANK DEINER HILFE ...
... SEHR GUT.
ENTSCHULDIGE.
ICH WOLLTE ÜBERHAUPT NICHT HELFEN!
ARRGH

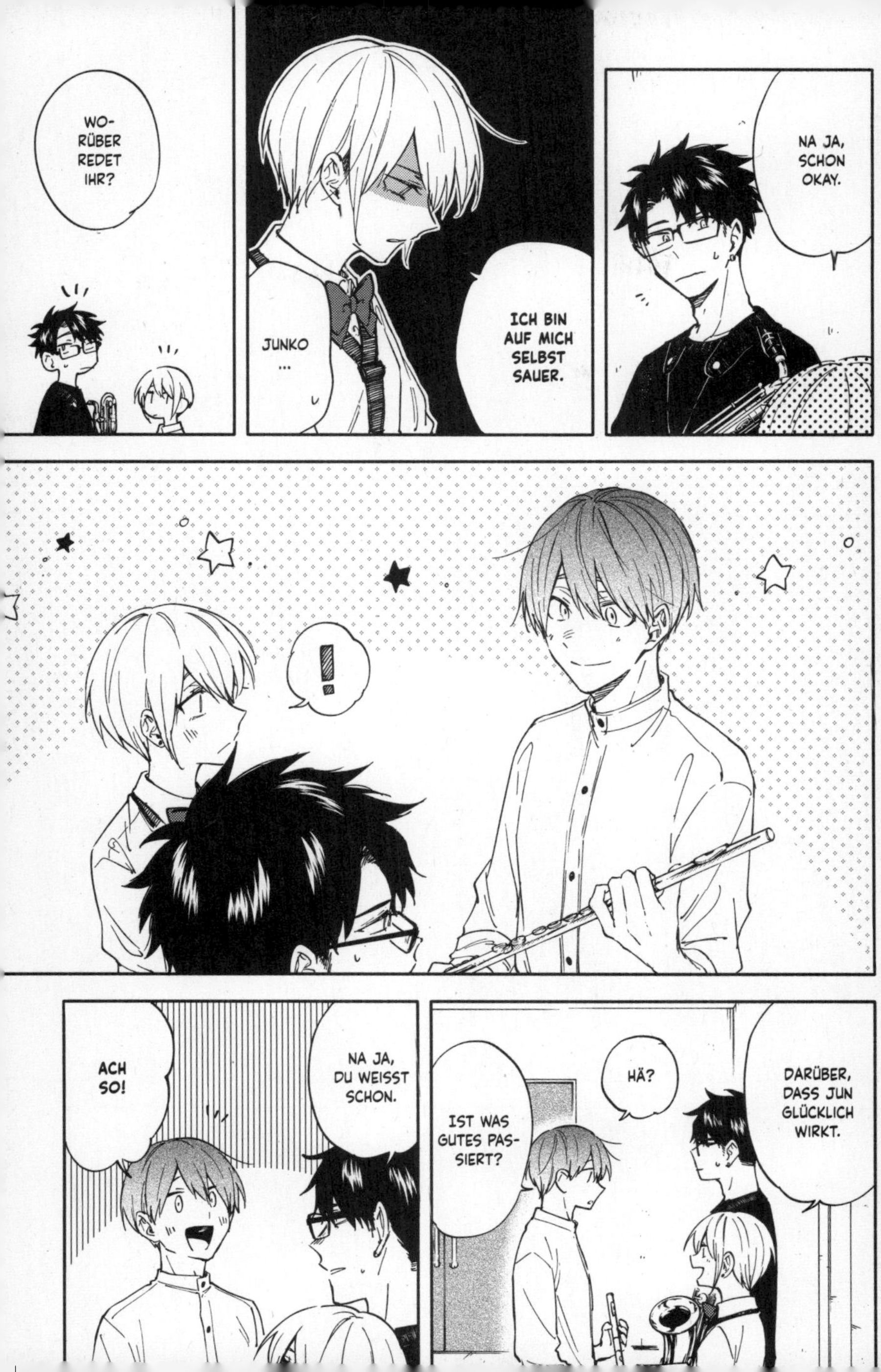
NA JA, SCHON OKAY.
ICH BIN AUF MICH SELBST SAUER.
JUNKO ...
WO-RÜBER REDET IHR?
!
DARÜBER, DASS JUN GLÜCKLICH WIRKT.
HÄ?
IST WAS GUTES PAS-SIERT?
NA JA, DU WEISST SCHON.
ACH SO!

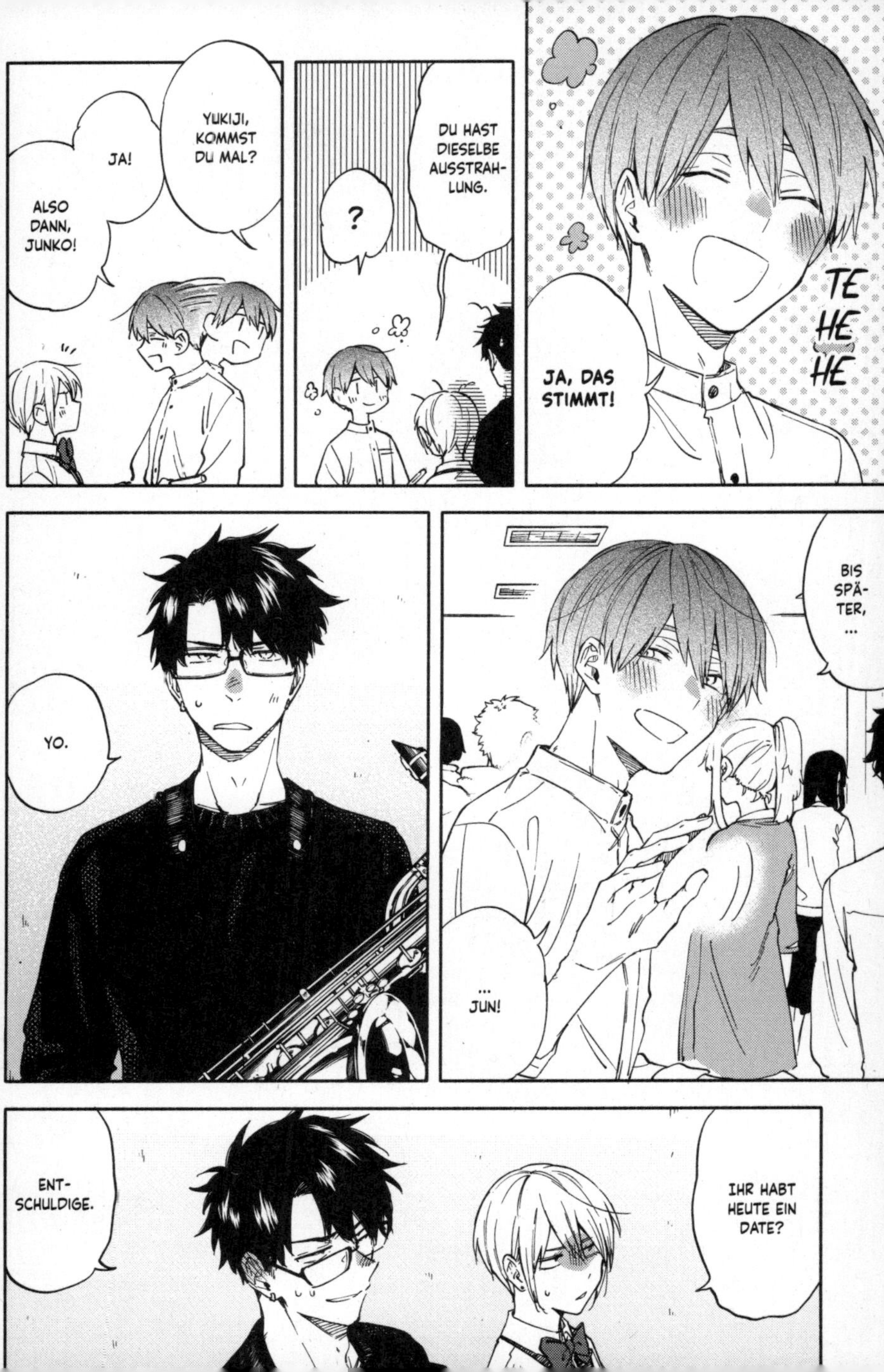
JA, DAS STIMMT!
TE HE HE
DU HAST DIESELBE AUSSTRAH-LUNG.
?
YUKIJI, KOMMST DU MAL?
JA!
ALSO DANN, JUNKO!
BIS SPÄ-TER, ...
... JUN!
YO.
IHR HABT HEUTE EIN DATE?
ENT-SCHULDIGE.

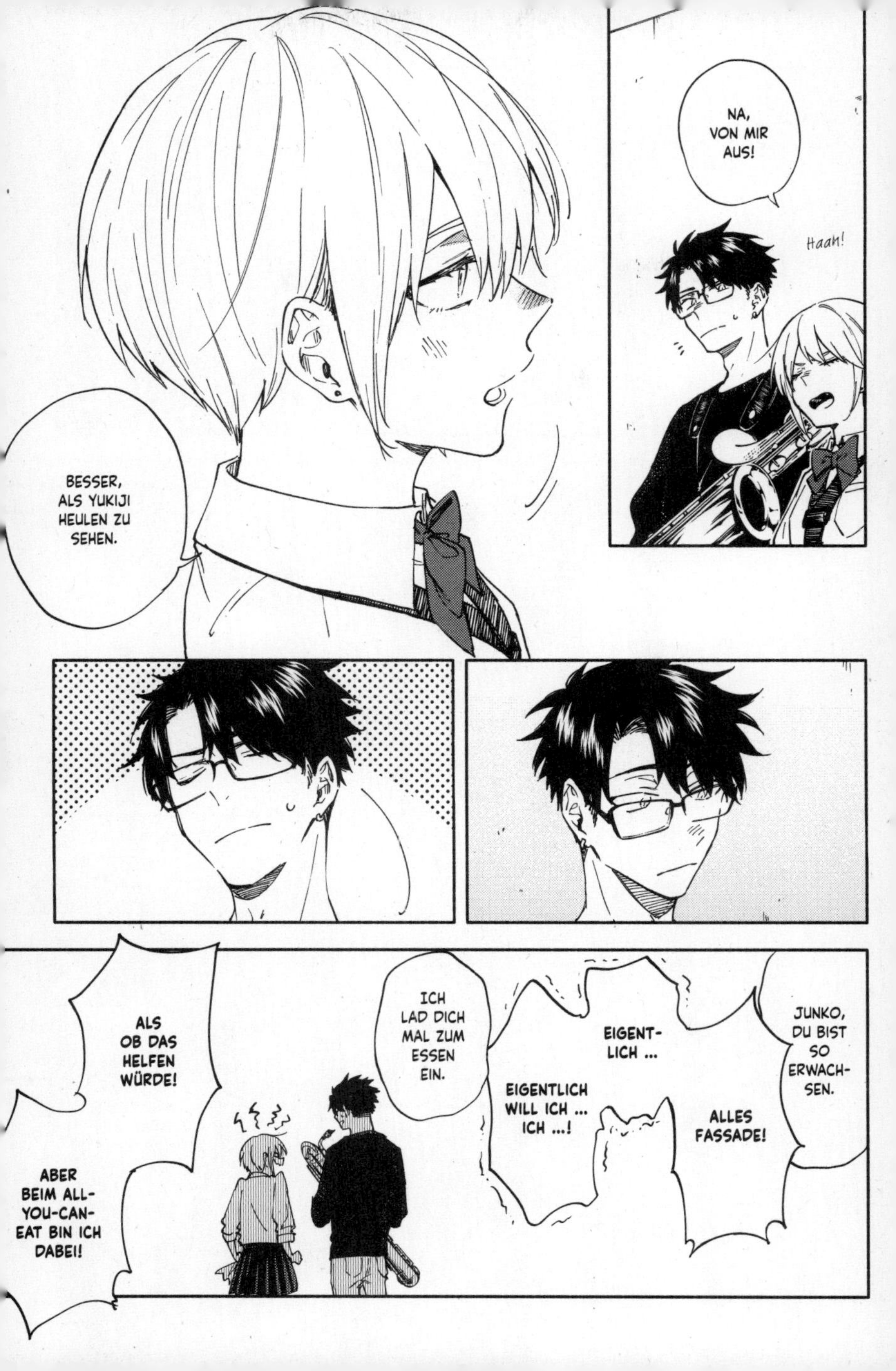
NA, VON MIR AUS!
Haah!
BESSER, ALS YUKIJI HEULEN ZU SEHEN.
JUNKO, DU BIST SO ERWACHSEN.
ALLES FASSADE!
EIGENTLICH ...
EIGENTLICH WILL ICH ... ICH ...!
ICH LAD DICH MAL ZUM ESSEN EIN.
ALS OB DAS HELFEN WÜRDE!
ABER BEIM ALL-YOU-CAN-EAT BIN ICH DABEI!

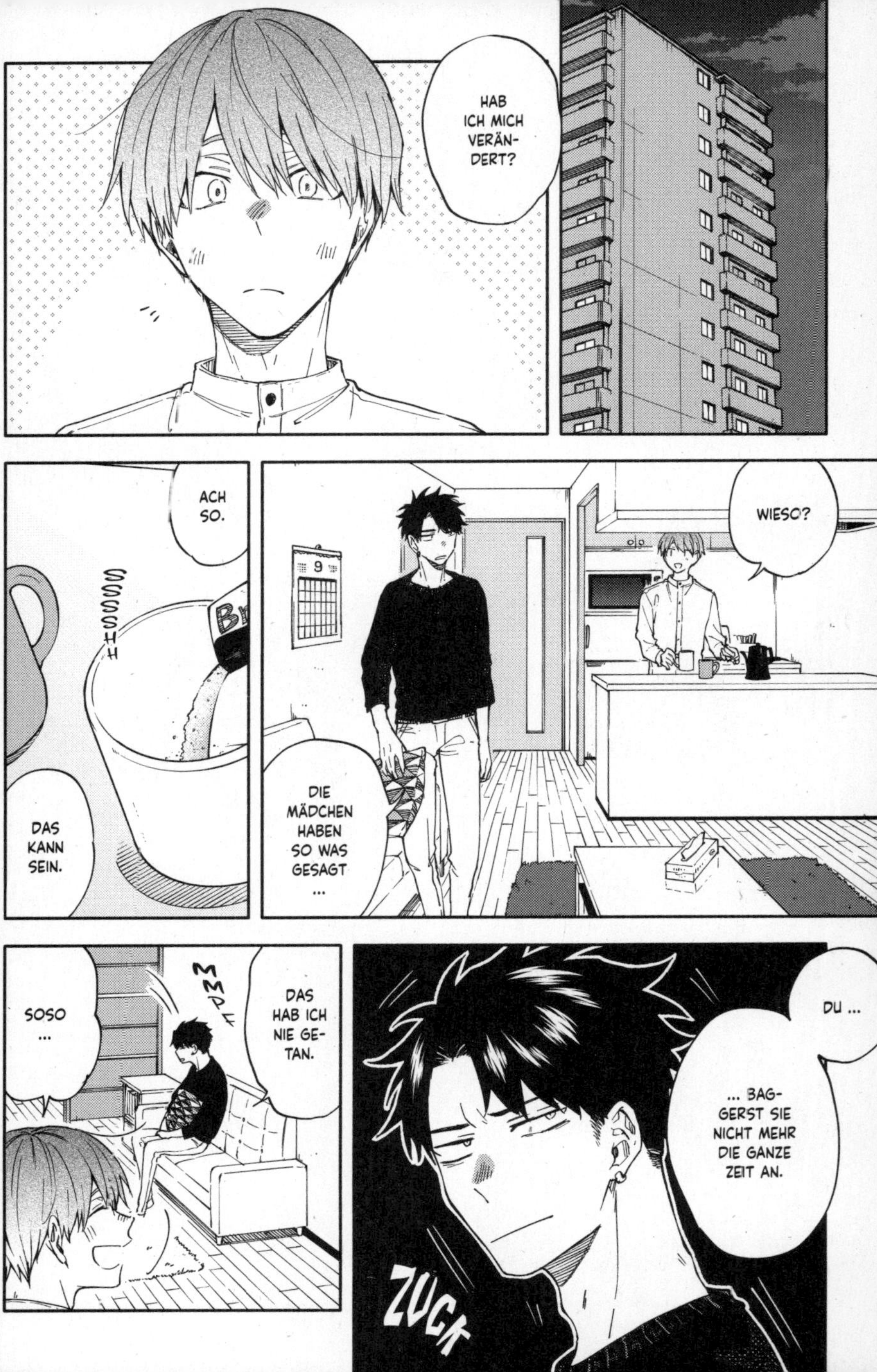
HAB ICH MICH VERÄNDERT?
WIESO?
DIE MÄDCHEN HABEN SO WAS GESAGT ...
ACH SO.
SSSSSHH
DAS KANN SEIN.
DU ...
... BAGGERST SIE NICHT MEHR DIE GANZE ZEIT AN.
ZUCK
DAS HAB ICH NIE GETAN.
MMPF
SOSO ...

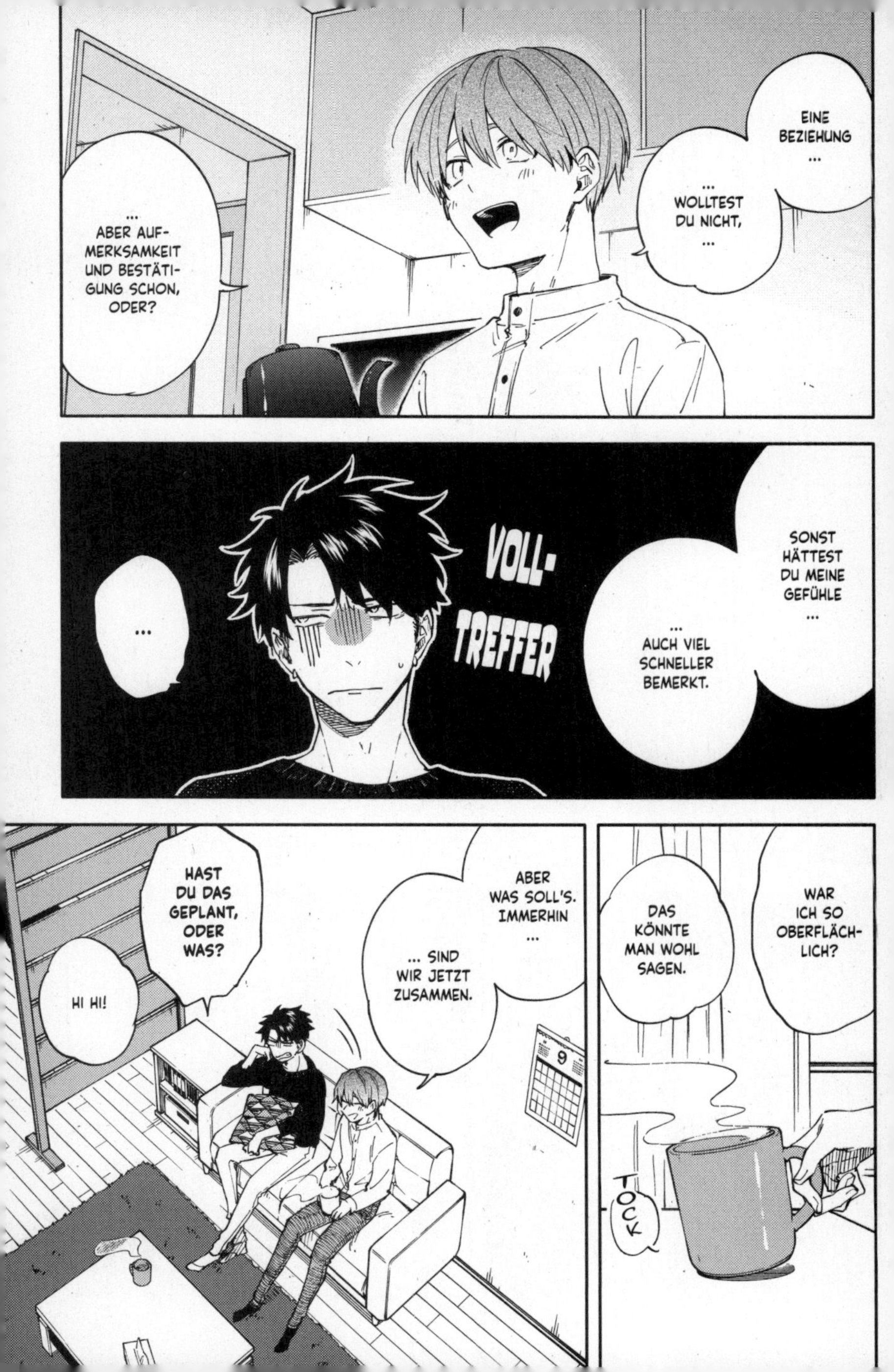
EINE BEZIEHUNG ...
... WOLLTEST DU NICHT, ...
... ABER AUFMERKSAMKEIT UND BESTÄTIGUNG SCHON, ODER?
SONST HÄTTEST DU MEINE GEFÜHLE ...
... AUCH VIEL SCHNELLER BEMERKT.
VOLLTREFFER
...
WAR ICH SO OBERFLÄCHLICH?
DAS KÖNNTE MAN WOHL SAGEN.
TOCK
ABER WAS SOLL'S. IMMERHIN ...
... SIND WIR JETZT ZUSAMMEN.
HAST DU DAS GEPLANT, ODER WAS?
HI HI!

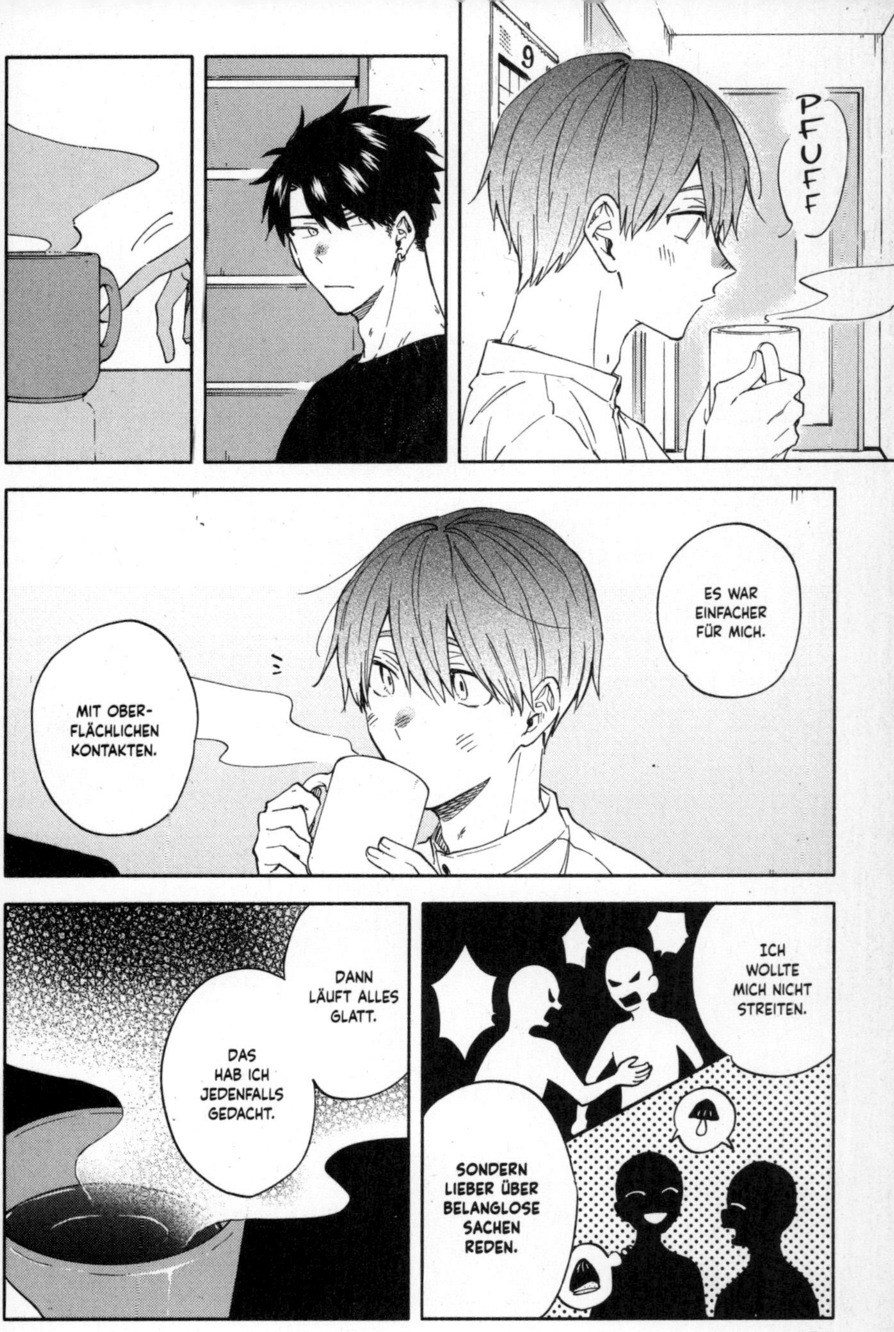
PFUFF
ES WAR EINFACHER FÜR MICH.
MIT OBERFLÄCHLICHEN KONTAKTEN.
ICH WOLLTE MICH NICHT STREITEN.
SONDERN LIEBER ÜBER BELANGLOSE SACHEN REDEN.
DANN LÄUFT ALLES GLATT.
DAS HAB ICH JEDENFALLS GEDACHT.

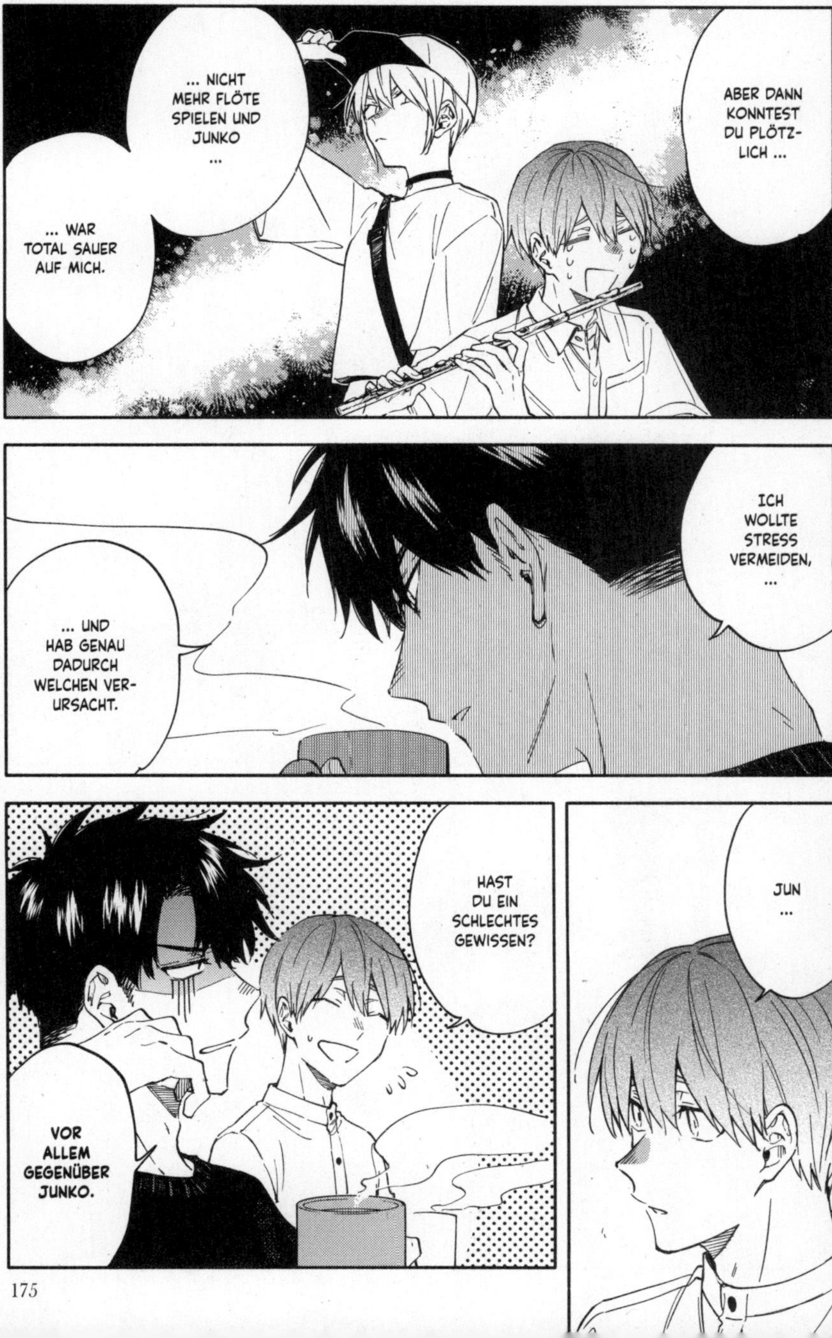
ABER DANN KONNTEST DU PLÖTZLICH ...
... NICHT MEHR FLÖTE SPIELEN UND JUNKO ...
... WAR TOTAL SAUER AUF MICH.
ICH WOLLTE STRESS VERMEIDEN, ...
... UND HAB GENAU DADURCH WELCHEN VERURSACHT.
JUN ...
HAST DU EIN SCHLECHTES GEWISSEN?
VOR ALLEM GEGENÜBER JUNKO.

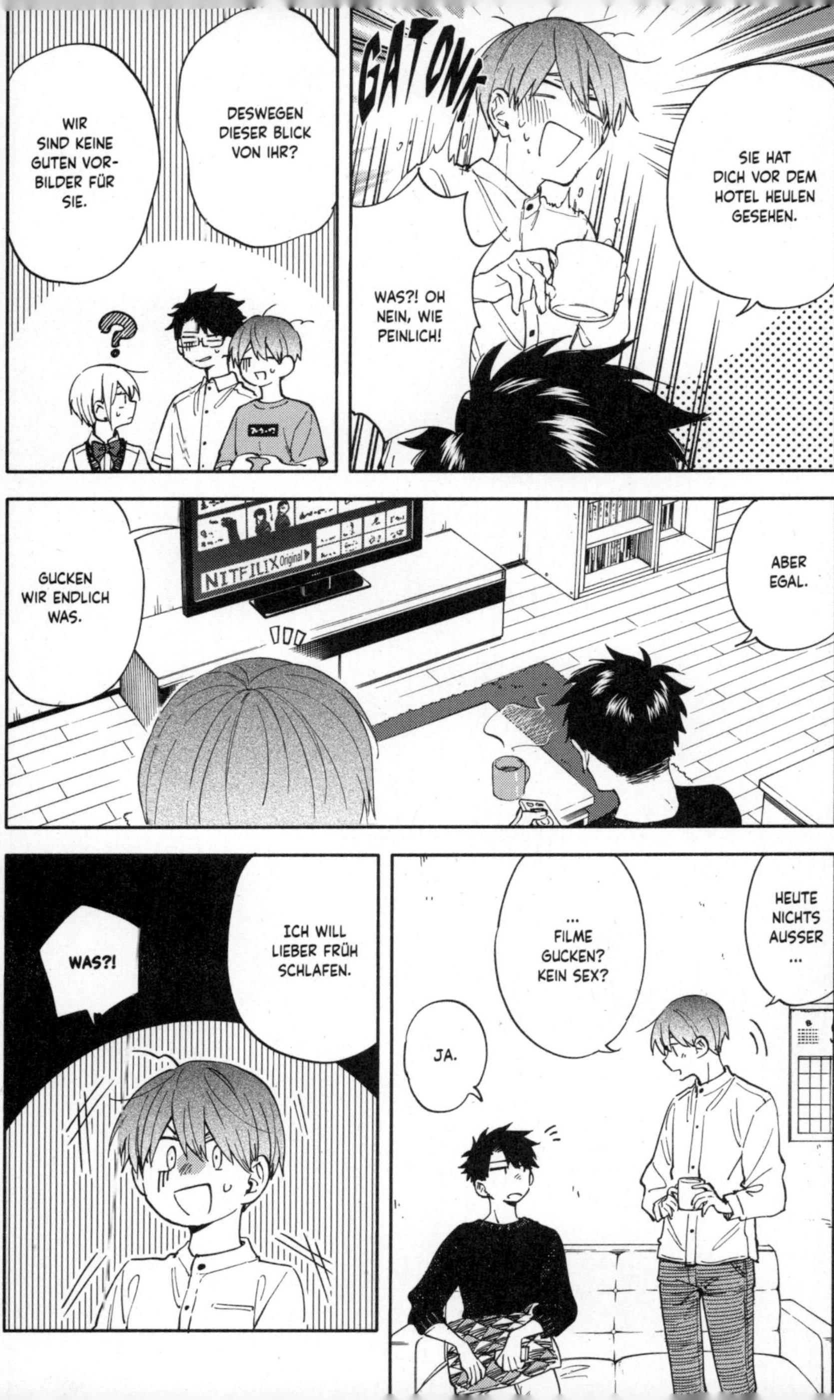
GATONK
SIE HAT DICH VOR DEM HOTEL HEULEN GESEHEN.
WAS?! OH NEIN, WIE PEINLICH!
DESWEGEN DIESER BLICK VON IHR?
WIR SIND KEINE GUTEN VORBILDER FÜR SIE.
ABER EGAL.
NITFILIX Original
GUCKEN WIR ENDLICH WAS.
HEUTE NICHTS AUSSER ...
... FILME GUCKEN? KEIN SEX?
JA.
ICH WILL LIEBER FRÜH SCHLAFEN.
WAS?!

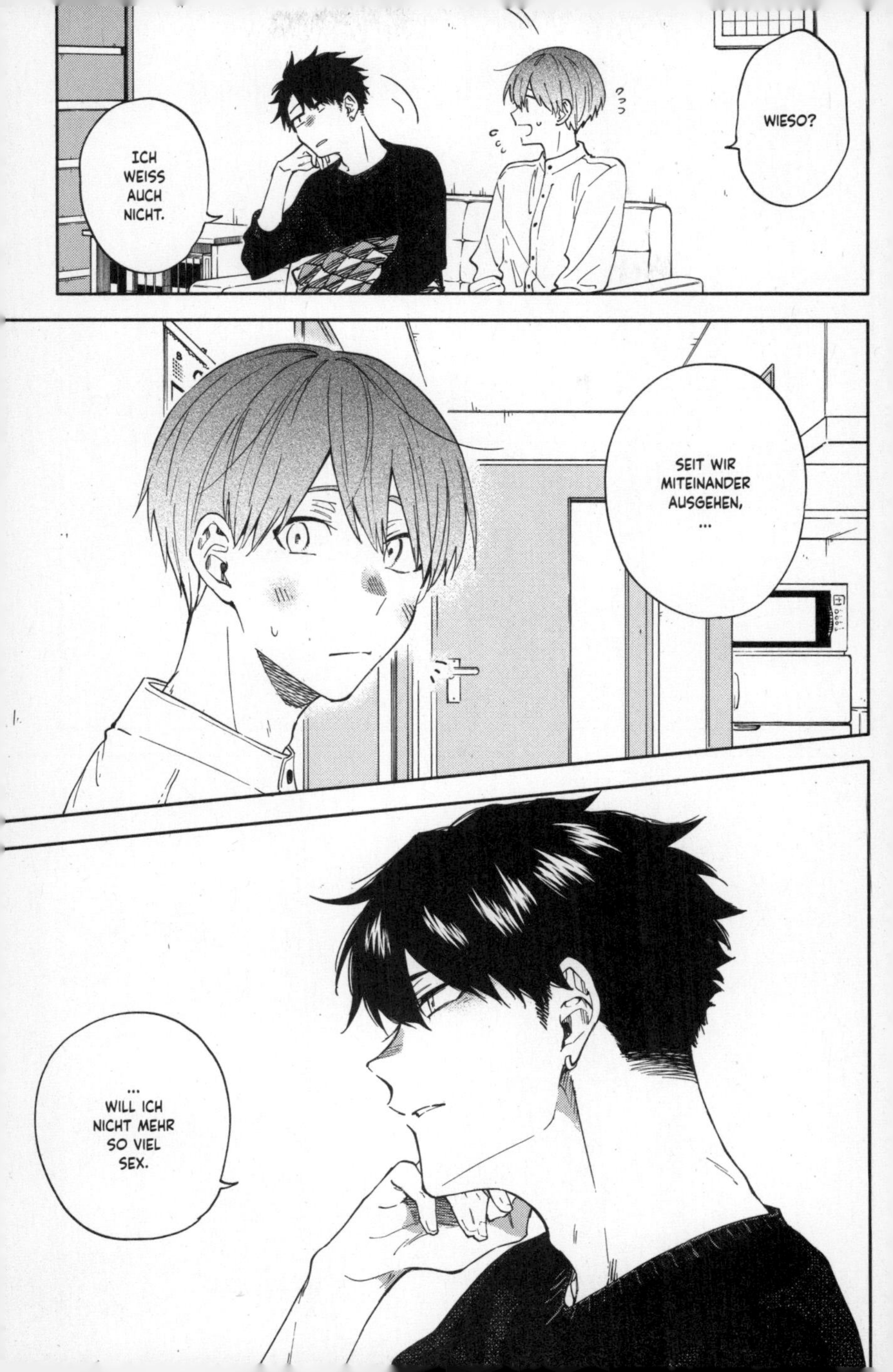
WIESO?
ICH WEISS AUCH NICHT.
SEIT WIR MITEINANDER AUSGEHEN, ...
... WILL ICH NICHT MEHR SO VIEL SEX.

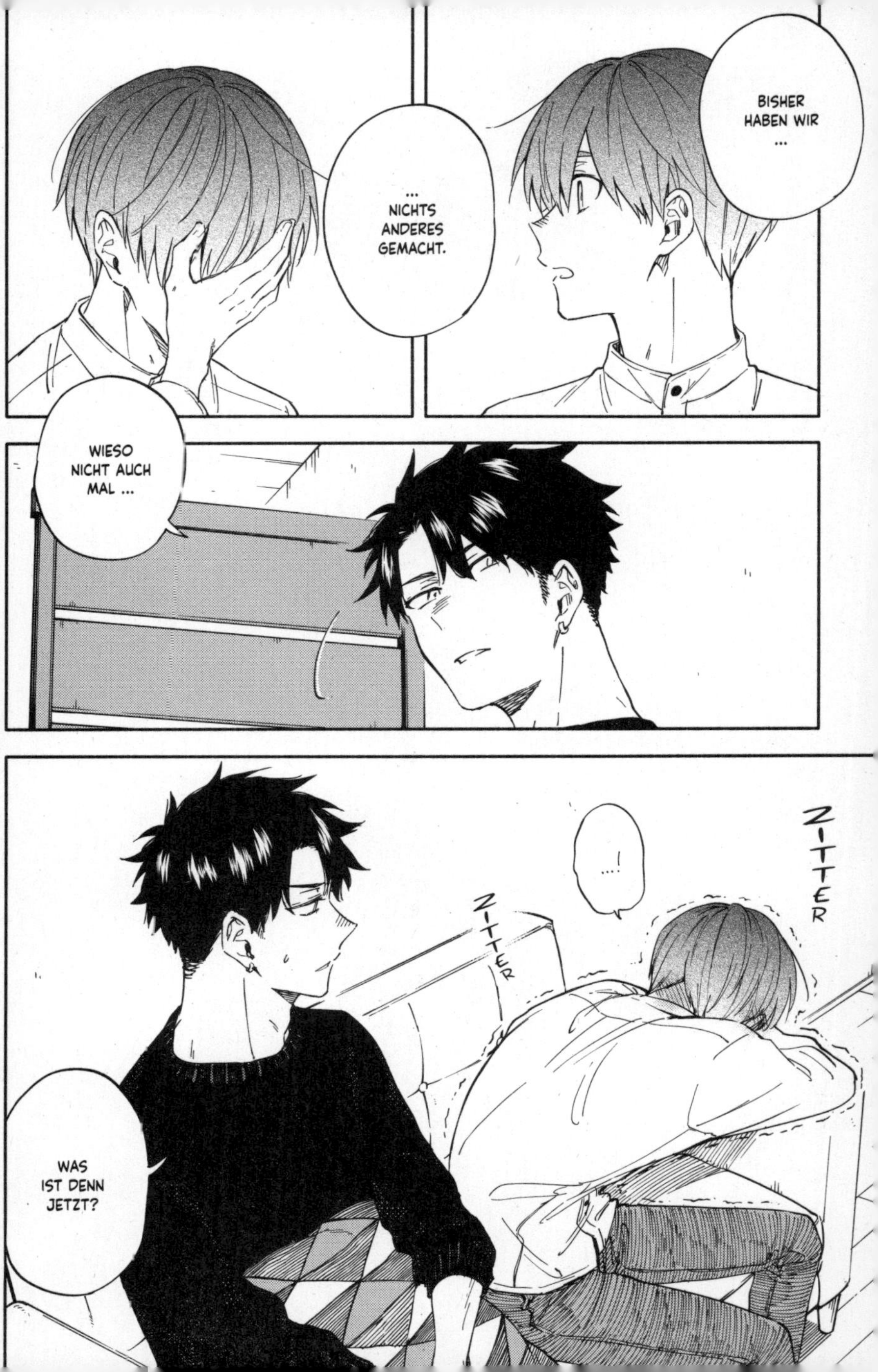
BISHER HABEN WIR ...
... NICHTS ANDERES GEMACHT.
WIESO NICHT AUCH MAL ...
ZITTER
...!
ZITTER
WAS IST DENN JETZT?

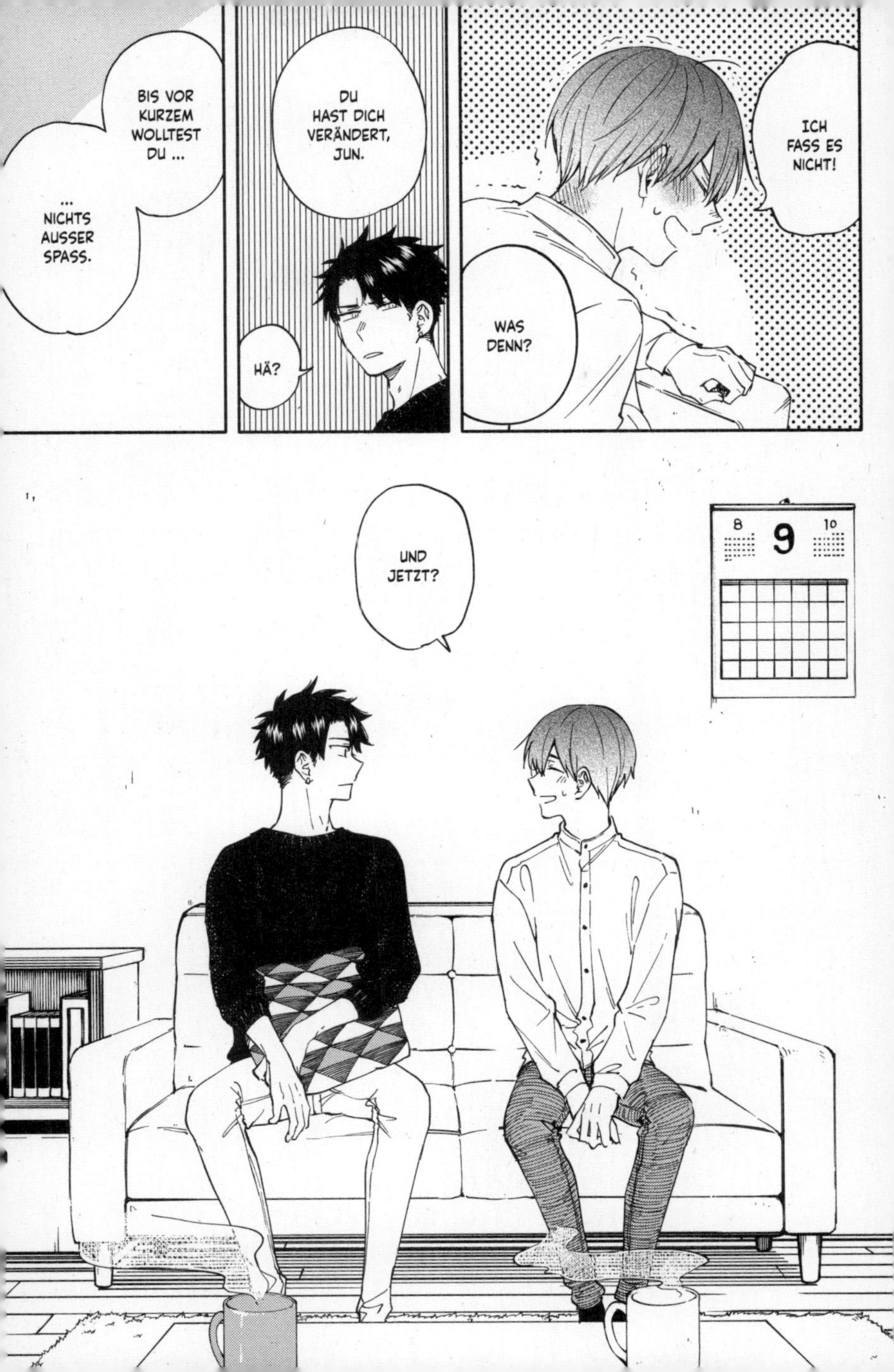
ICH FASS ES NICHT!
WAS DENN?
DU HAST DICH VERÄNDERT, JUN.
HÄ?
BIS VOR KURZEM WOLLTEST DU ...
... NICHTS AUSSER SPASS.
8
9
10
UND JETZT?

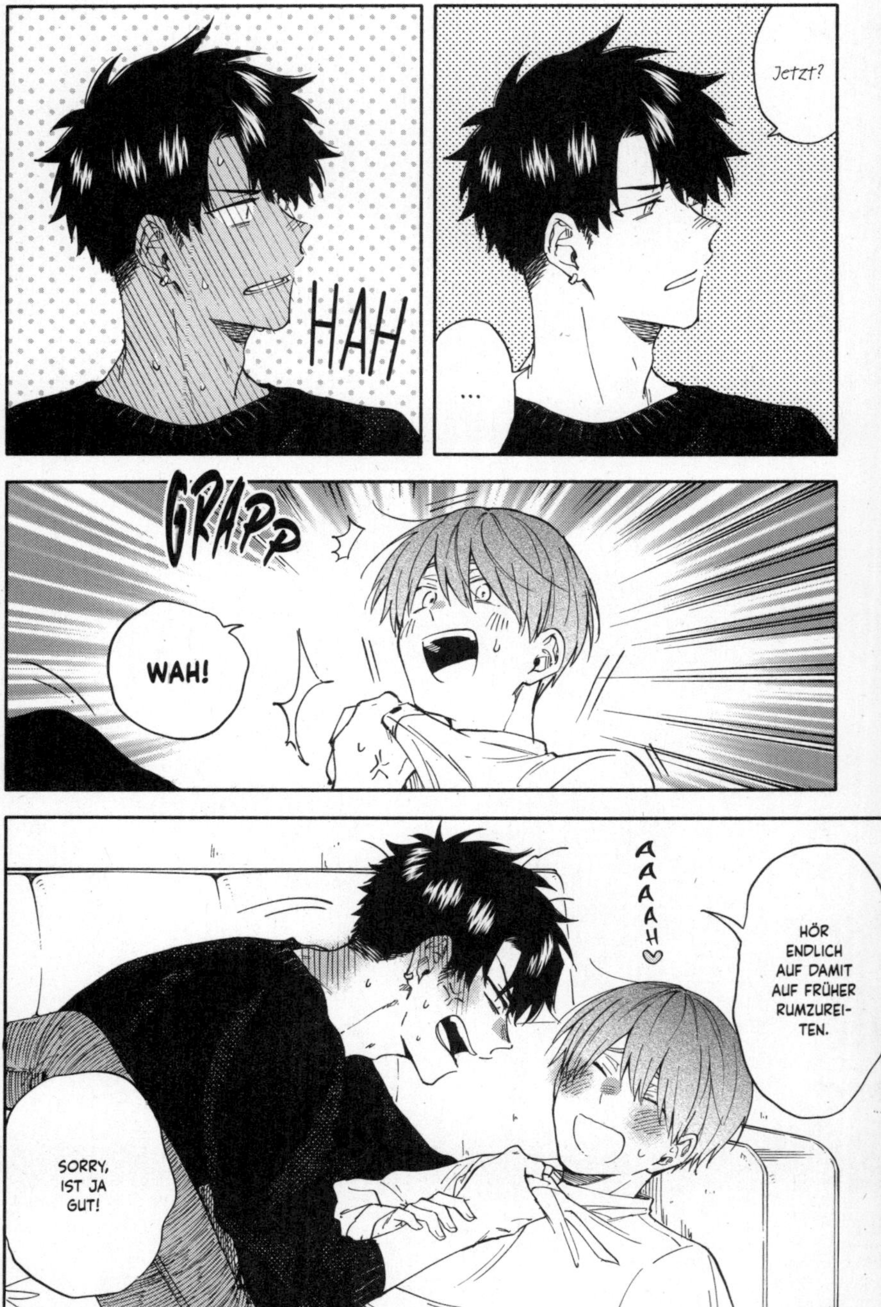

Jetzt?
...
HAH
GRAPP
WAH!
HÖR ENDLICH AUF DAMIT AUF FRÜHER RUMZUREI-TEN.
AAAAH♡
SORRY, IST JA GUT!

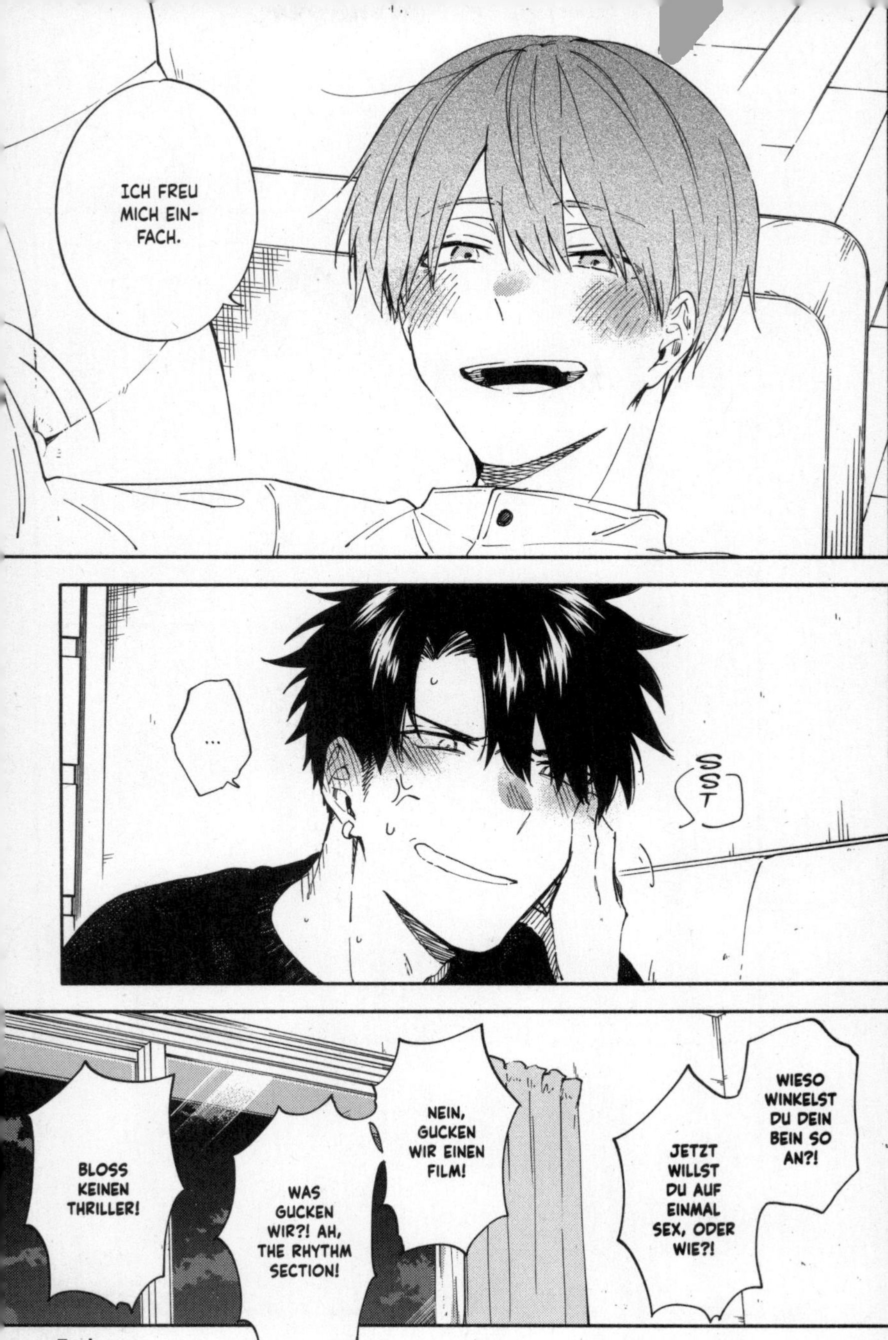
ICH FREU MICH EIN-FACH.
...
SST
WIESO WINKELST DU DEIN BEIN SO AN?!
JETZT WILLST DU AUF EINMAL SEX, ODER WIE?!
NEIN, GUCKEN WIR EINEN FILM!
WAS GUCKEN WIR?! AH, THE RHYTHM SECTION!
BLOSS KEINEN THRILLER!

Ende

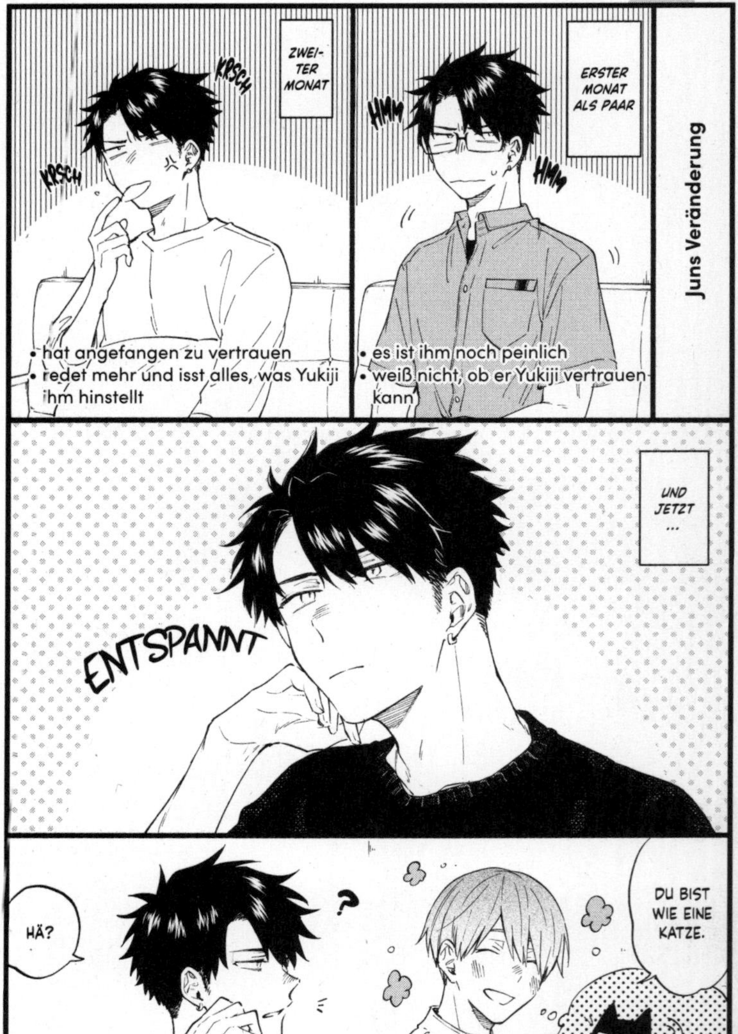
Juns Veränderung
ERSTER MONAT ALS PAAR
HMM
HMM
• es ist ihm noch peinlich
• weiß nicht, ob er Yukiji vertrauen kann
ZWEI-TER MONAT
KRSCH
KRSCH
• hat angefangen zu vertrauen
• redet mehr und isst alles, was Yukiji ihm hinstellt
UND JETZT ...
ENTSPANNT
DU BIST WIE EINE KATZE.
?
HÄ?

Extra Männermorgen

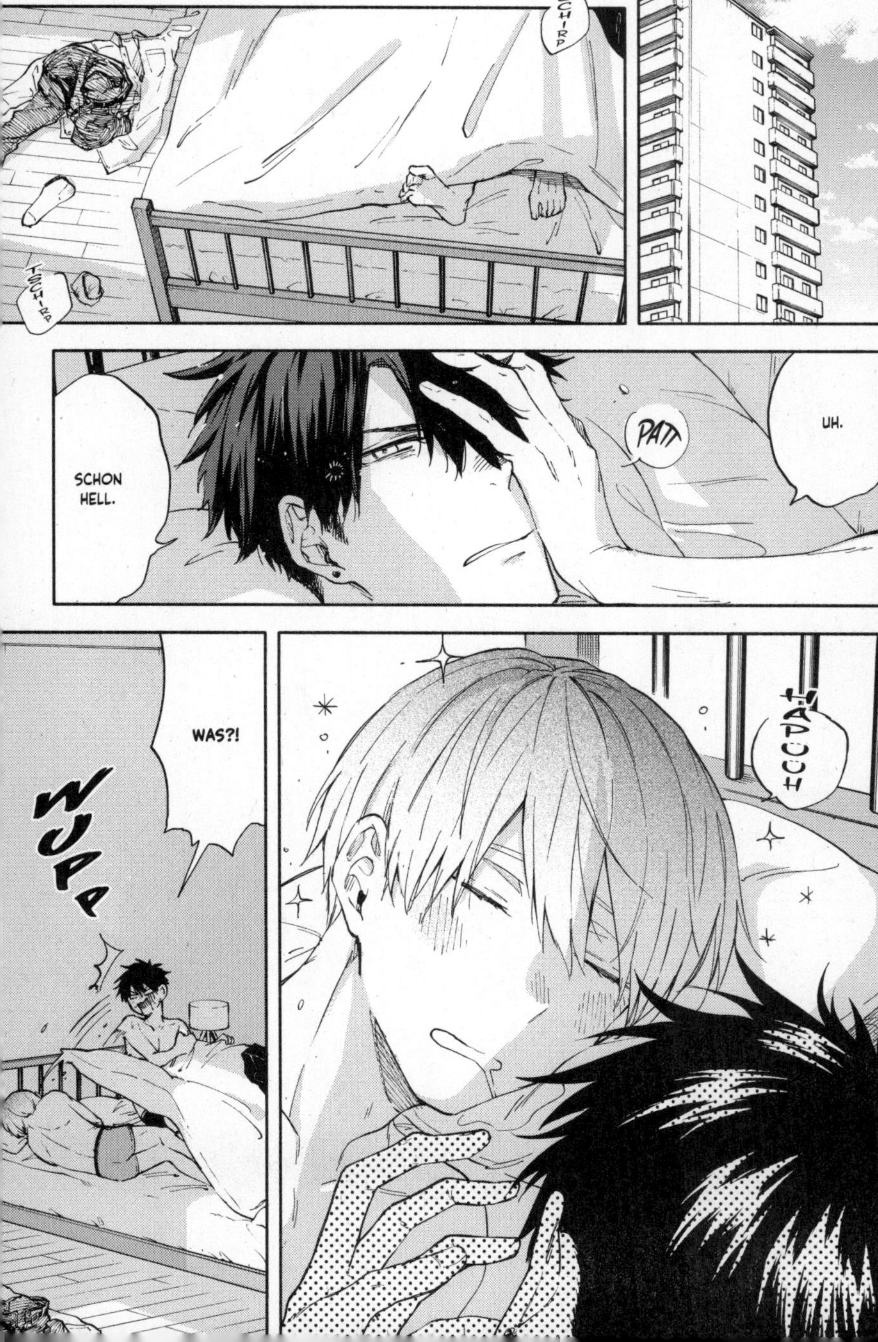

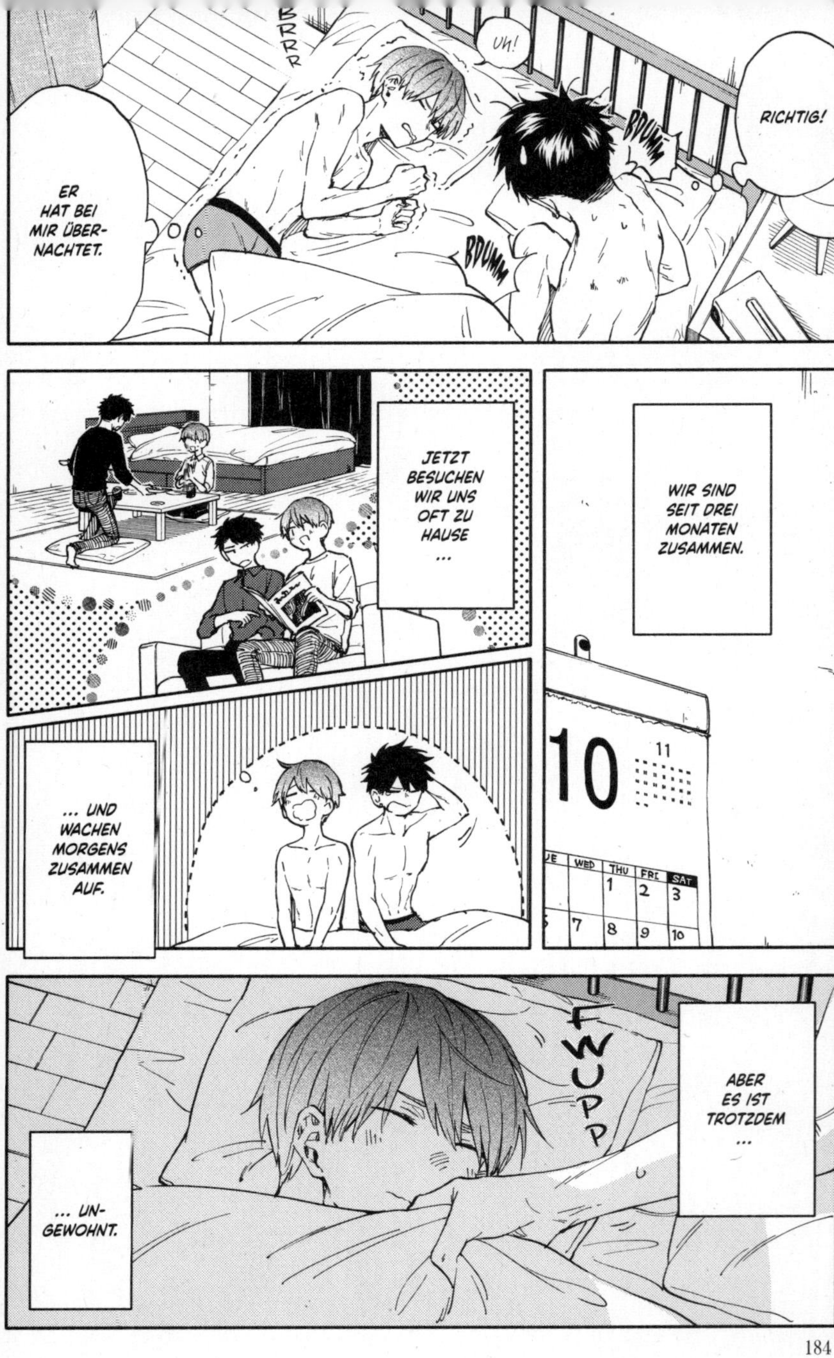
RICHTIG!
BDUMM
Uh!
BRRRR
BDUMM
ER HAT BEI MIR ÜBER-NACHTET.
WIR SIND SEIT DREI MONATEN ZUSAMMEN.
10
11
JETZT BESUCHEN WIR UNS OFT ZU HAUSE ...
... UND WACHEN MORGENS ZUSAMMEN AUF.
ABER ES IST TROTZDEM ...
FWUPP
... UN-GEWOHNT.

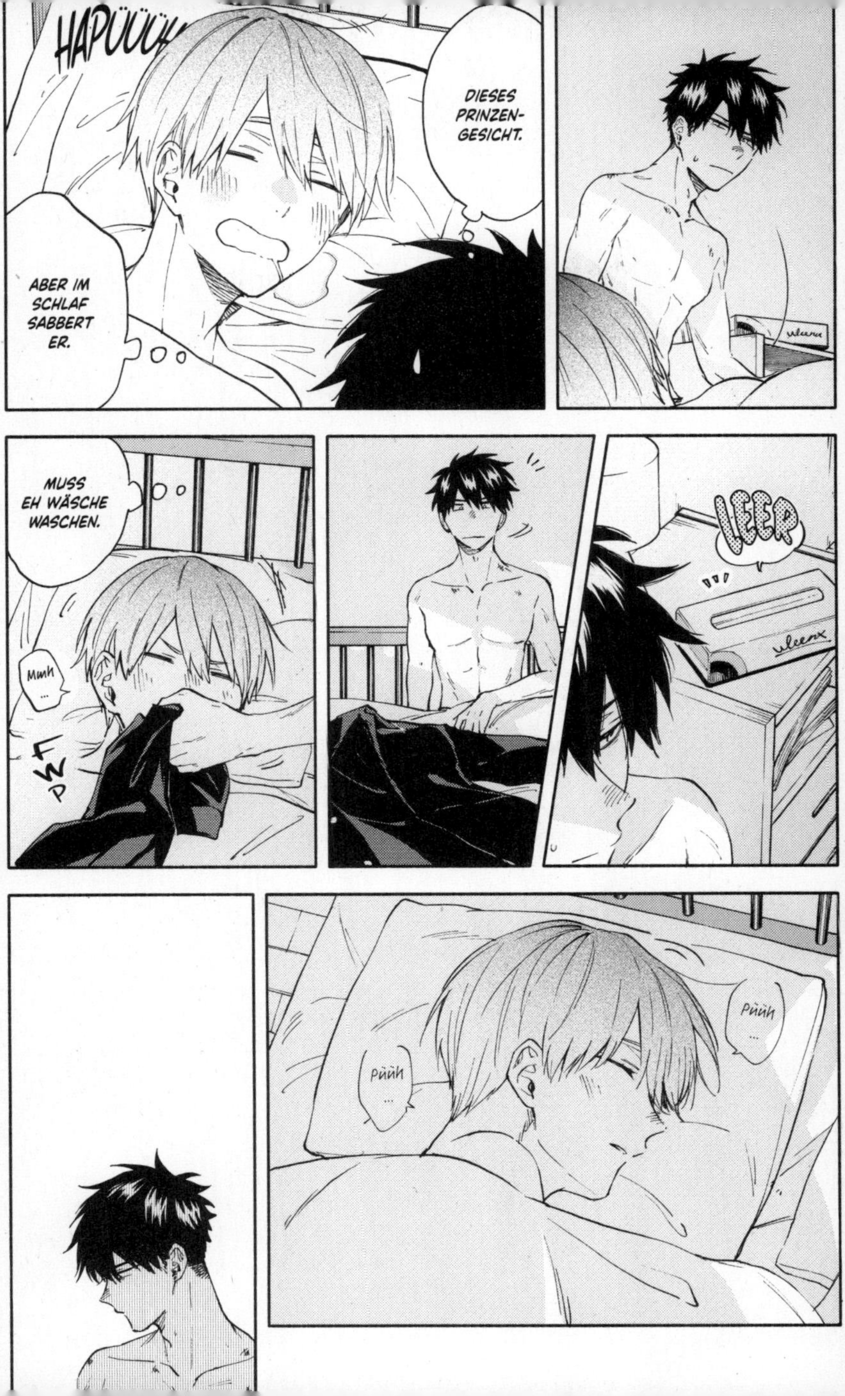
HAPÜÜÜH
DIESES PRINZEN-GESICHT.
ABER IM SCHLAF SABBERT ER.
LEER
MUSS EH WÄSCHE WASCHEN.
Mmh ...
FWP
Püüh ...
Püüh ...

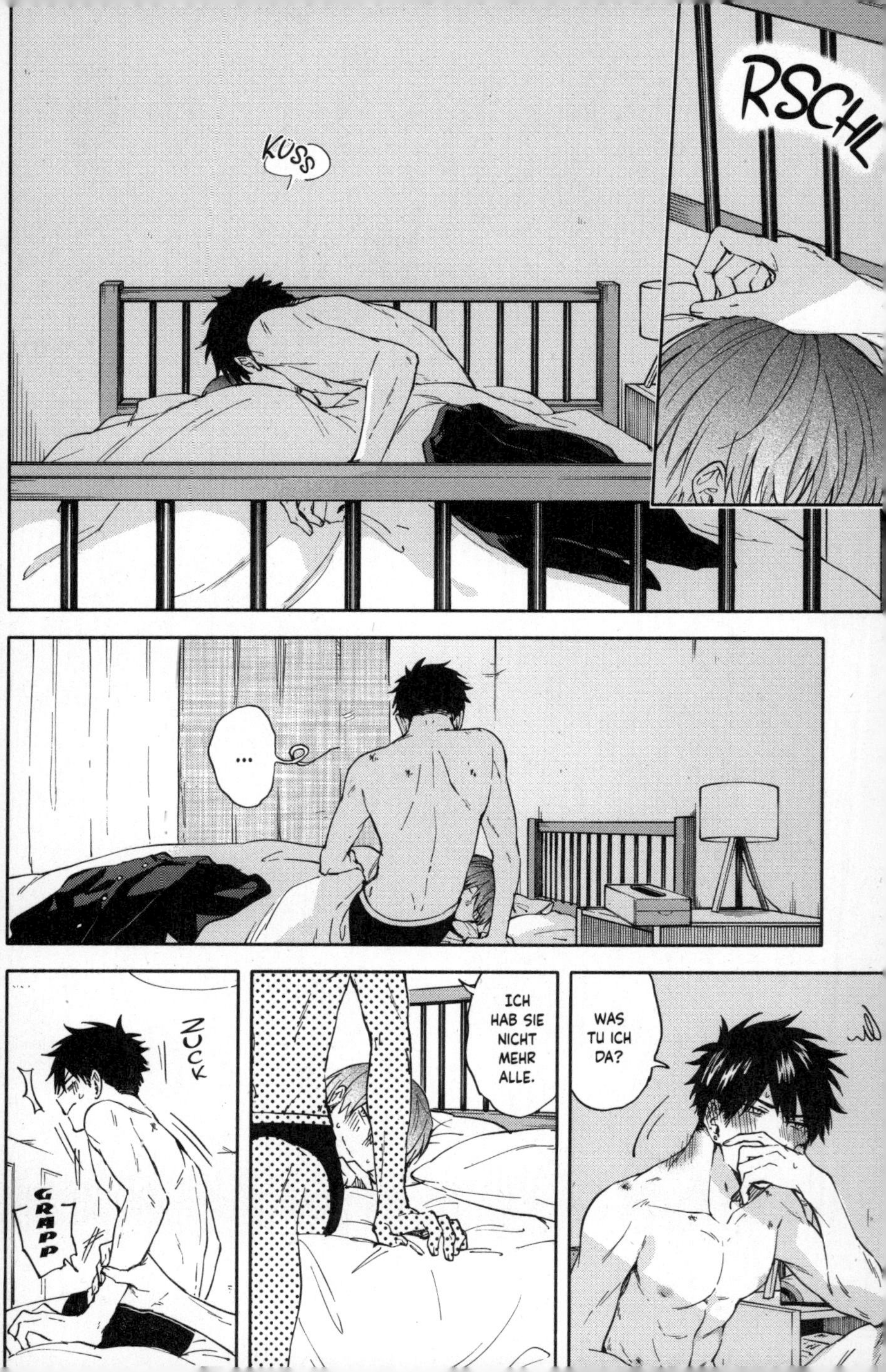
RSCHL
KÜSS
...
WAS TU ICH DA?
ICH HAB SIE NICHT MEHR ALLE.
ZUCK
GRAPP

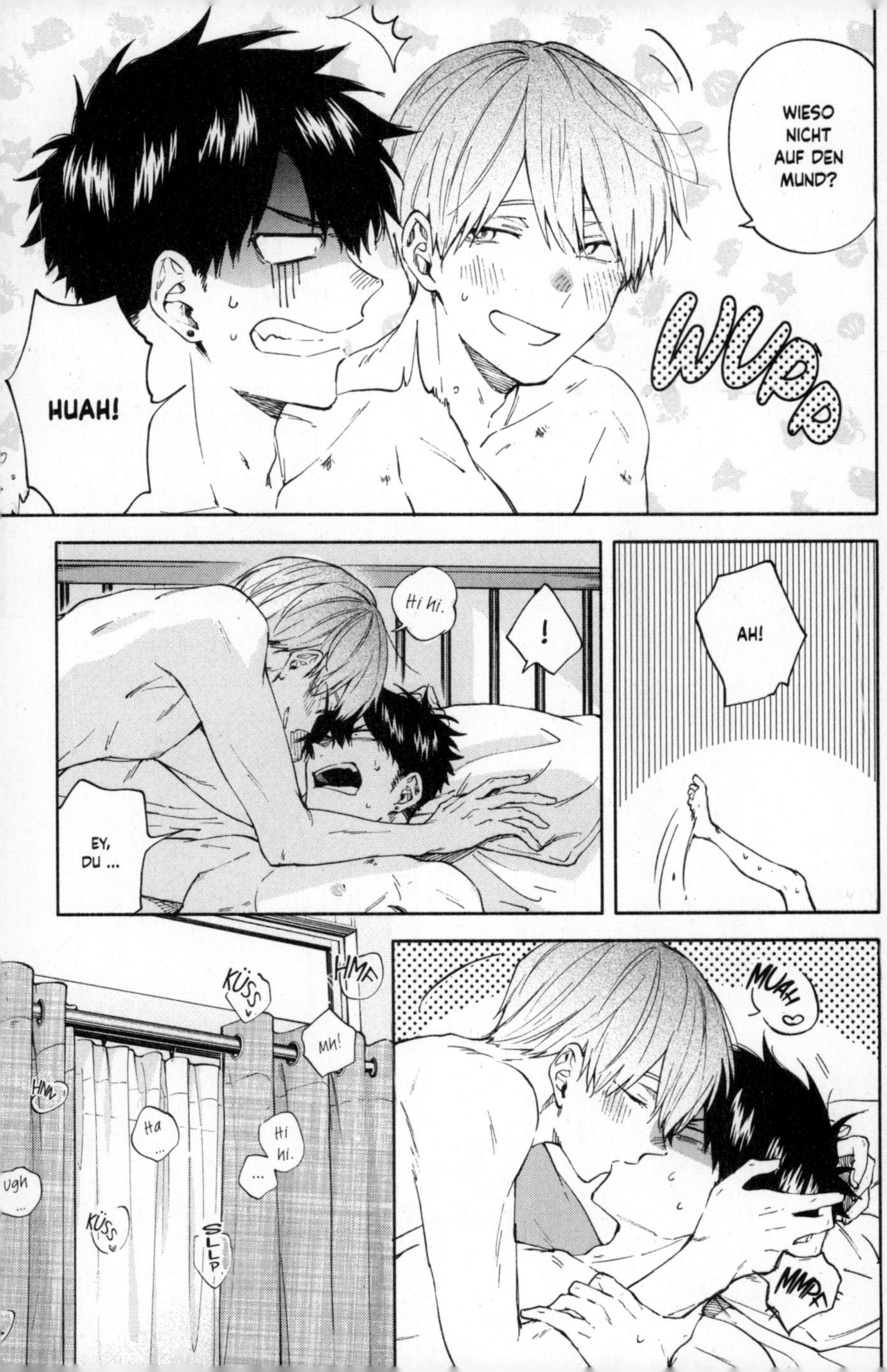
WIESO NICHT AUF DEN MUND?
WUPP
HUAH!
AH!
!
Hi hi.
EY, DU ...
MUAH
MMPF
HMF
KÜSS
Mh!
Hi hi. ...
Ha ...
HNN
Ugh ...
KÜSS
SLLP.

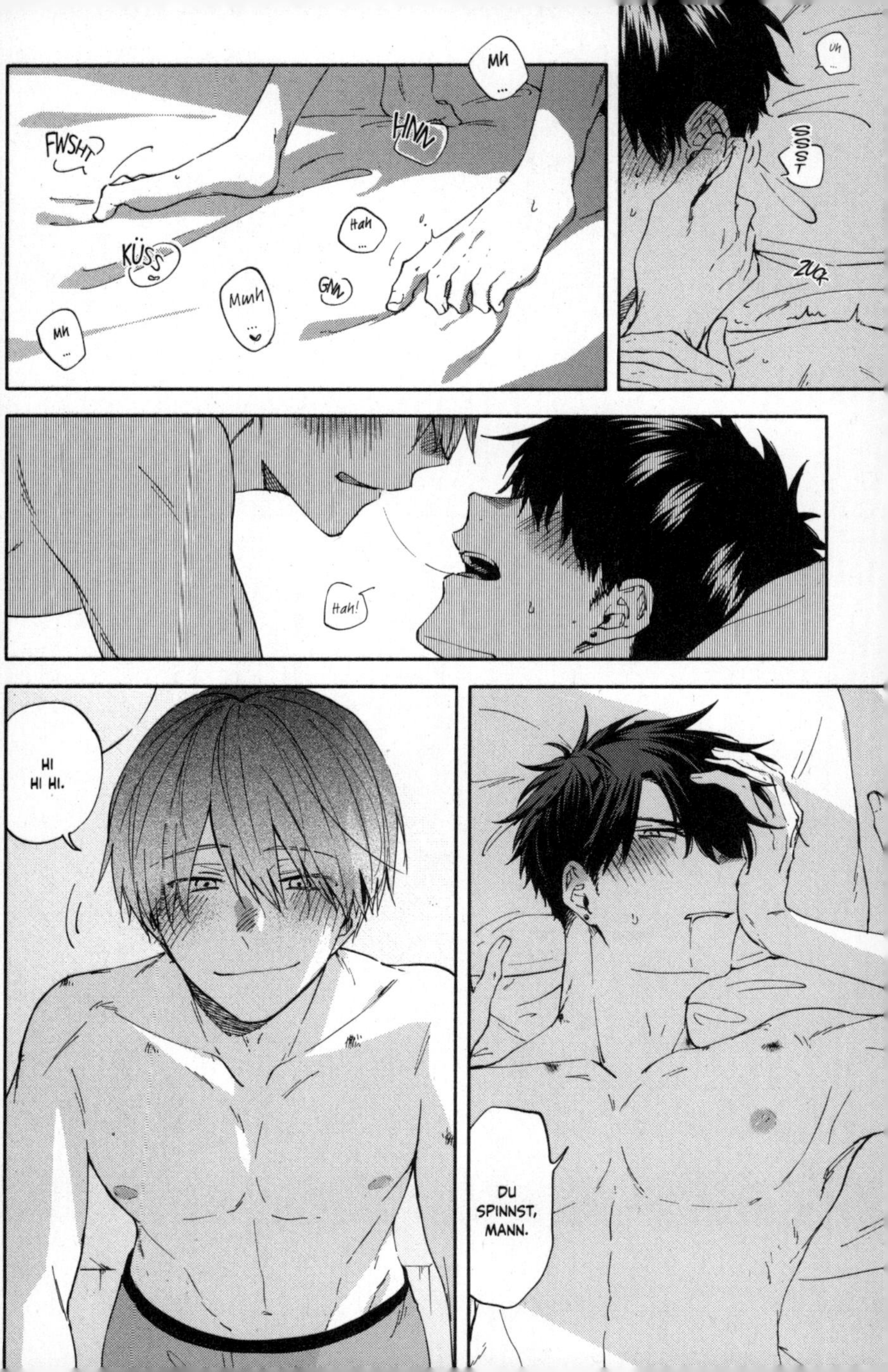
uh ...
SSSST
ZUCK
MH ...
HNN
FWSHT
Hah ...
KÜSS
GNN
Mmh ...
Mh ...
Hah!
DU SPINNST, MANN.
HI HI HI.

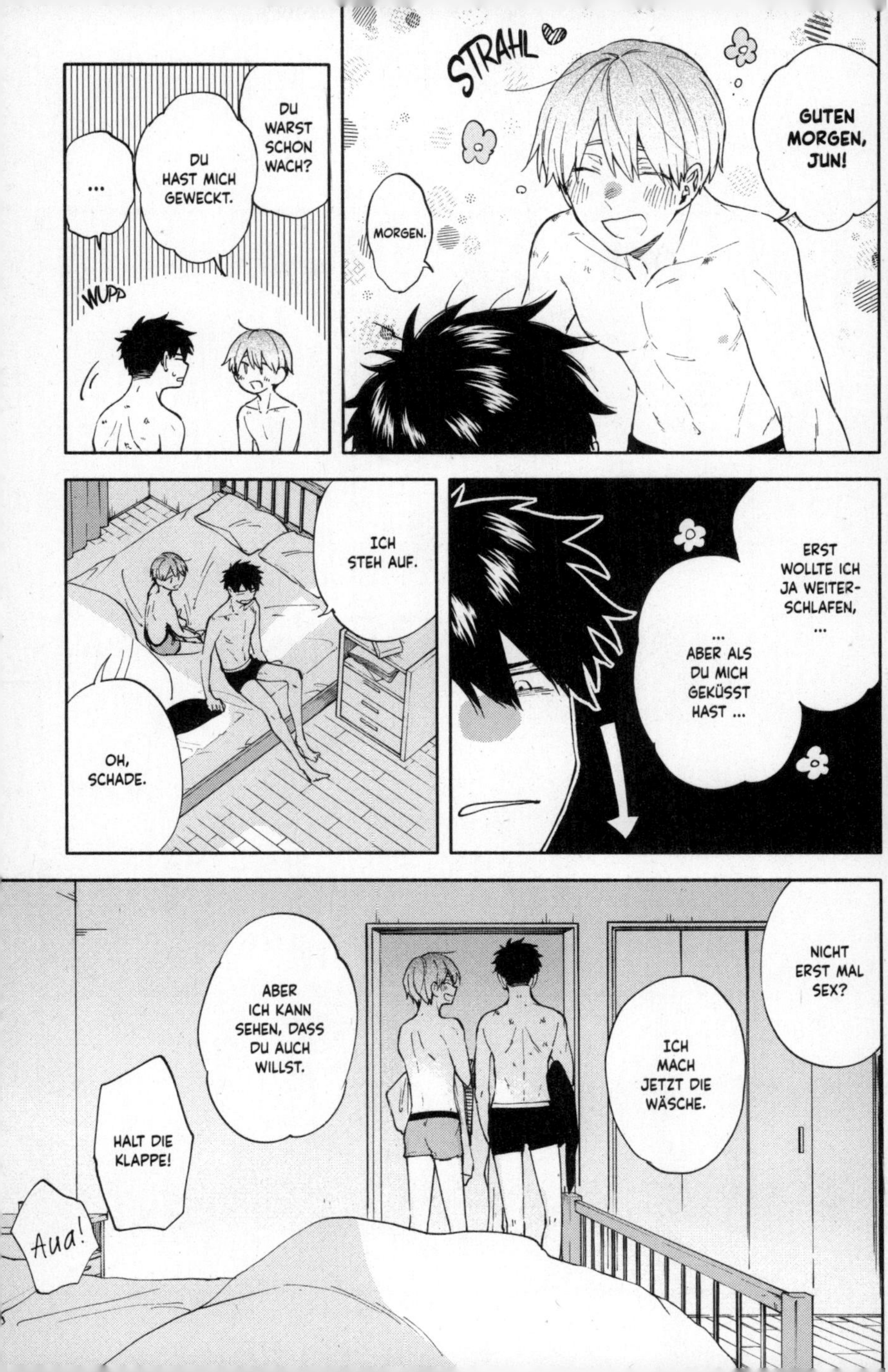
STRAHL
GUTEN MORGEN, JUN!
MORGEN.
DU WARST SCHON WACH?
DU HAST MICH GEWECKT.
...
WUPP
ERST WOLLTE ICH JA WEITER-SCHLAFEN, ...
... ABER ALS DU MICH GEKÜSST HAST ...
ICH STEH AUF.
OH, SCHADE.
NICHT ERST MAL SEX?
ICH MACH JETZT DIE WÄSCHE.
ABER ICH KANN SEHEN, DASS DU AUCH WILLST.
HALT DIE KLAPPE!
Aua!

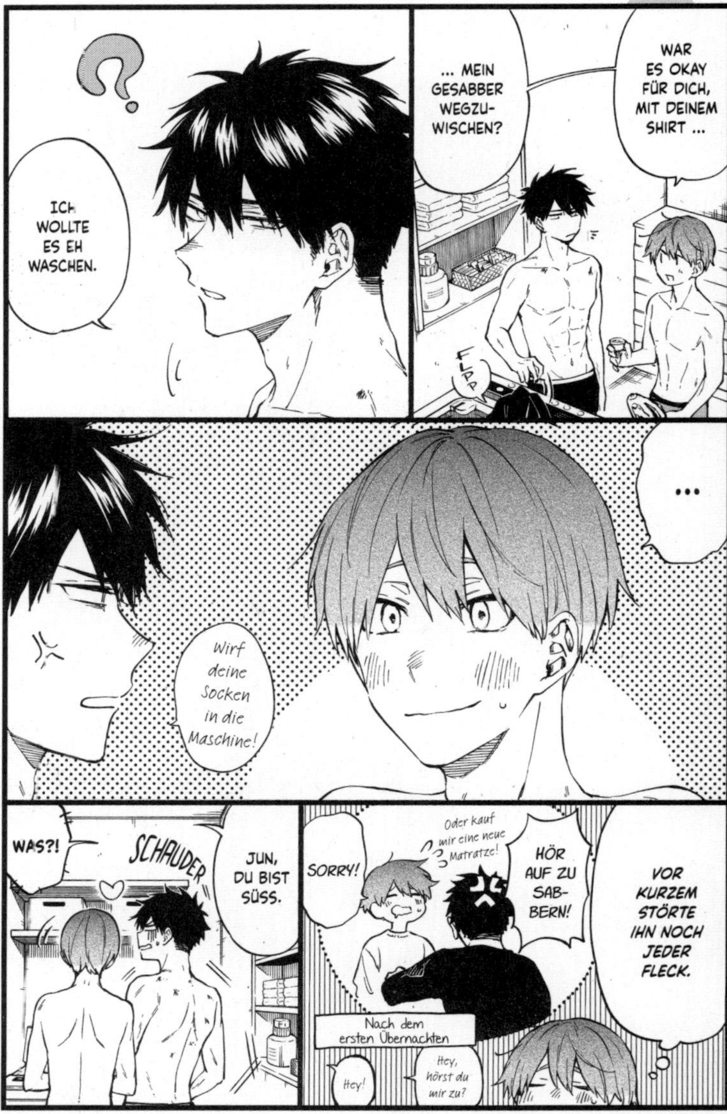
WAR ES OKAY FÜR DICH, MIT DEINEM SHIRT ...
... MEIN GESABBER WEGZU-WISCHEN?
FLPP
ICH WOLLTE ES EH WASCHEN.
...
Wirf deine Socken in die Maschine!
VOR KURZEM STÖRTE IHN NOCH JEDER FLECK.
HÖR AUF ZU SAB-BERN!
Oder kauf mir eine neue Matratze!
SORRY!
Nach dem ersten Übernachten
Hey, hörst du mir zu?
Hey!
JUN, DU BIST SÜSS.
SCHAUDER
WAS?!

Nachwort

Hallo! Hier ist Zeniko Sumiya. Vielen Dank für das Lesen des ersten Bandes von *Du raubst mir den Atem*. Ich hatte etwas Bedenken, ob es wirklich okay ist, diesen Manga über eine Freundschaft plus zu zeichnen. Aber das Ergebnis kann sich wohl einigermaßen sehen lassen!

Zuerst wusste ich nicht, wie ich den Übergang von einer körperlichen zu einer ernsthaften Beziehung mit Gefühlen gestalten sollte. Aber zufällig erinnerte ich mich daran, wie meine Mutter einmal zu mir gesagt hat, dass man mit dem richtigen Menschen auch einfach auf einer Parkbank sitzen und glücklich sein kann.
„Das ist es!", dachte ich und machte mich an die Arbeit. Mama, da hast du wirklich etwas Weises gesagt! Diesen Satz will ich irgendwann auf meinem Grabstein verewigen lassen.
Ja, in der Liebe geht es eben nicht ausschließlich um Sex, sondern darum, wie nah man sich im Herzen ist. Das klingt jetzt so, als sei ich selbst eine Expertin in Sachen Liebe, aber dem ist auf keinen Fall so.

Wie auch immer, ich hoffe, Juns und Yukijis Beziehung entwickelt sich in die Richtung, dass sie einfach glücklich sind, wenn sie zusammen auf einer Parkbank sitzen!

Noch mal vielen Dank fürs Lesen und ich freue mich, wenn wir uns im nächsten Band wieder lesen!!!

Januar 2021, Zeniko Sumiya =3

Special Thanks

- Redakteurin S.: Tut mir leid für meine vielen Fehler! Sie haben sich einen tollen Titel für diese Serie ausgedacht. Vielen Dank!
- Shindo: Danke für deine Hilfe beim Rastern, bei den Hintergründen, Schwarzflächen und den vielen kleinen Details!
- Watanabe: Vielen Dank fürs Zeichnen der Hintergründe und der Instrumente! Du warst mir eine wahnsinnige Hilfe!
- die Schwester der Chefredakteurin: Vielen Dank für die Flöte, die ich als Referenzexemplar benutzen durfte!
- Und natürlich danke an den Rest der Redaktion, meine Mutter und euch Fans.

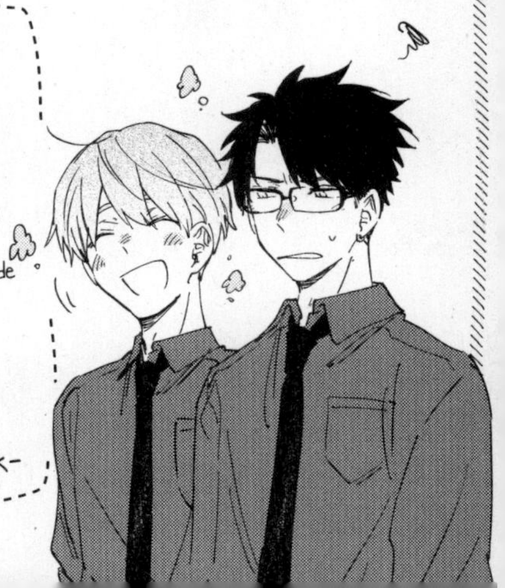

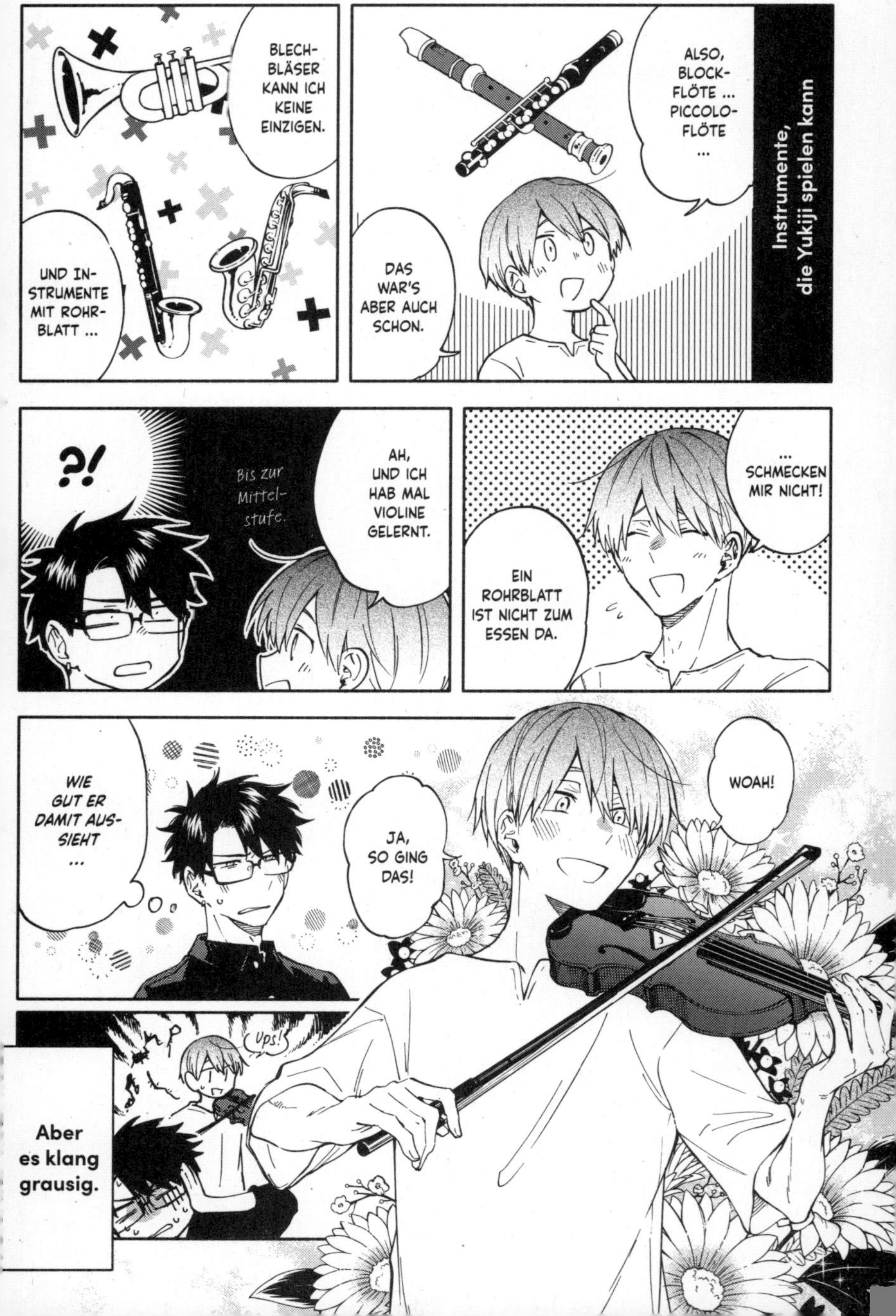

Instrumente, die Yukiji spielen kann
ALSO, BLOCKFLÖTE ... PICCOLOFLÖTE ...
DAS WAR'S ABER AUCH SCHON.
BLECHBLÄSER KANN ICH KEINE EINZIGEN.
UND INSTRUMENTE MIT ROHRBLATT ...
... SCHMECKEN MIR NICHT!
EIN ROHRBLATT IST NICHT ZUM ESSEN DA.
AH, UND ICH HAB MAL VIOLINE GELERNT.
Bis zur Mittelstufe.
?!
WOAH!
JA, SO GING DAS!
WIE GUT ER DAMIT AUSSIEHT ...
Ups!
Aber es klang grausig.

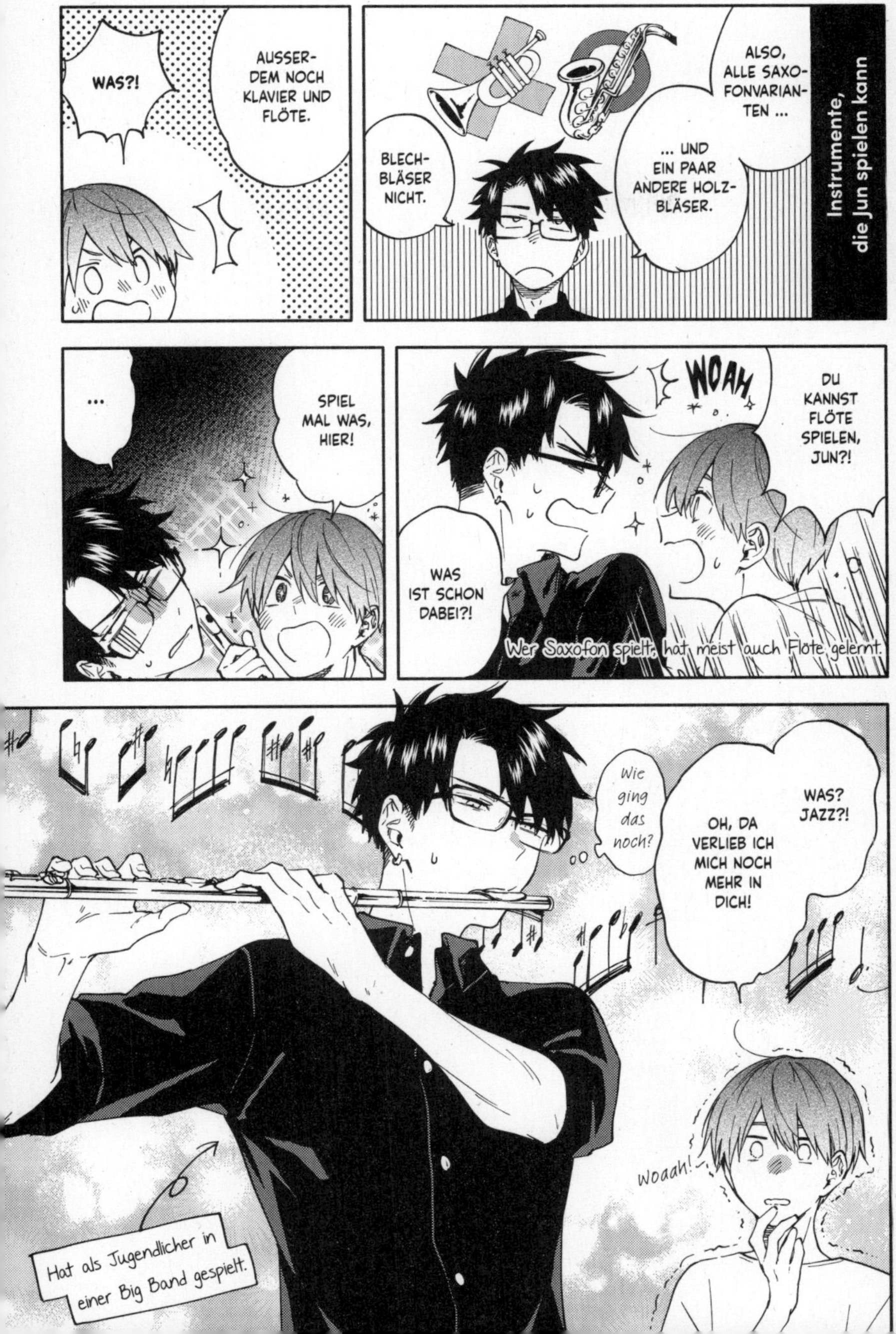
Instrumente, die Jun spielen kann
ALSO, ALLE SAXOFONVARIANTEN ...
... UND EIN PAAR ANDERE HOLZBLÄSER.
BLECHBLÄSER NICHT.
AUSSERDEM NOCH KLAVIER UND FLÖTE.
WAS?!
WOAH
DU KANNST FLÖTE SPIELEN, JUN?!
WAS IST SCHON DABEI?!
Wer Saxofon spielt, hat meist auch Flöte gelernt.
SPIEL MAL WAS, HIER!
...
WAS? JAZZ?!
OH, DA VERLIEB ICH MICH NOCH MEHR IN DICH!
Wie ging das noch?
Woaah!
Hat als Jugendlicher in einer Big Band gespielt.

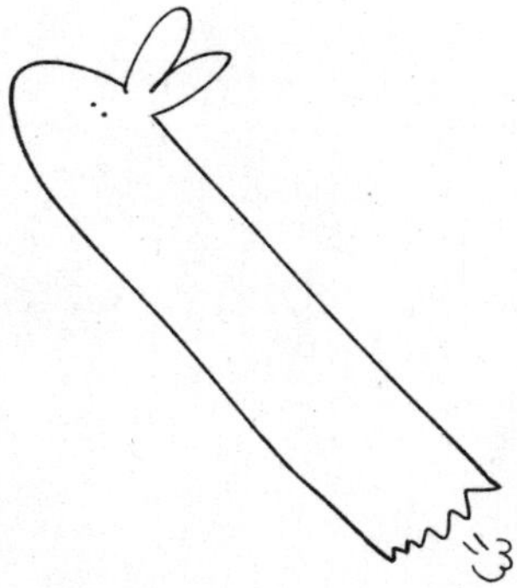

Zeniko Sumiya

Vielen Dank, dass ihr zu diesem Buch gegriffen habt! Meiner Meinung nach sollten sich reife Erwachsene mehr auf die platonische Liebe besinnen. In diesem Sinne: Viel Spaß beim Lesen!

DU
RAUBST
MIR DEN
ATEM

DU RAUBST MIR DEN ATEM

libre

IKI DEKINAI NOWA KIMI NO SEI

Original Cover Design: Nao Saito (BALCOLONY.)

First published in Japan in 2021 by Libre Inc., Tokyo.
German translation rights arranged with Libre Inc., Tokyo
through Tuttle-Mori Agency, Inc., Tokyo

Deutschsprachige Ausgabe / German Edition

CH-1007 Lausanne

Aus dem Japanischen von Ekaterina Mikulich

Redaktion: Swea Katharina Kräuter
Herstellung: Sonja Lesch
Deutsche Logo- und Covergestaltung: Jenifer Hüttmann
Lettering: Datagrafix, Inc.
Druck und Bindung: GGP Media GmbH, Pößneck

ISBN 978-2-88951-743-5